JN300349

講座 生存基盤論　第 2 巻

地球圏・生命圏の潜在力
―熱帯地域社会の生存基盤―

柳澤雅之・河野泰之・甲山　治・神崎　護 編

京都大学学術出版会

口絵1　火災によって消失した泥炭湿地

マラッカ海峡に面したスマトラ島北岸には広大な泥炭湿地が広がっており，排水された場合はきわめて火に弱い．人為的な開発が火災の頻発を招き，多量の二酸化炭素を放出している（第1章，インドネシア・リアウ州，2011年4月　甲山治撮影）．

口絵2　滋賀県田上山のはげ山

字奥山北谷国有林大正五年度砂防工事施行ヶ所法切以前原形ノ景（第3章，大正5年5月撮影，滋賀森林管理署所蔵）．

口絵3　タイ北部の山岳地域における焼畑耕作地の様子
尾根頂部や谷下部の樹木は，伐採されずに残される．陸稲，ウリ，カボチャ，キャッサバ，トウガラシなど，多くの作物を混作する（第5章，2005年10月　福島万紀撮影）．

口絵4　後発酵茶・ミアン生産のための茶葉収穫
タイ北部山地には，森林を残しそのなかでチャの栽培を行い，後発酵茶・ミアンを生産する集落が散在している．ミアン生産にもちいるチャ樹は樹高1.5mほどに管理される（第6章，タイ・チェンマイ県チェンダオ郡，2002年5月　佐々木綾子撮影）．

口絵5　東アジア熱帯の樹木作物を組み込んだ農地

湿潤熱帯では，樹木類が一年生作物と混栽され，森林のような作物配置となる耕地が少なくない．写真は，インドネシア・ランポン州ブトゥン山麓の例（第7章，2006年8月　田中耕司撮影）．

口絵6　グループを組んで営まれるタハン

乾季のサース（*Faidherbia albida*）は家畜飼料としてだけでなく，燃材としても重要である．皆でロンクを操り，硬い枯れ枝を引き落とす（第8章，セネガル・ティエス州，2009年5月　平井將公撮影）．

口絵7　深水稲アマンの田植え

深水稲アマンは雨季の洪水の湛水にも耐え生育する稲である．一般的に散播されるが，乾季のナタネ，高収量性品種の稲との三毛作を可能にするために，農民は移植法をあみ出した（第9章，バングラデシュ・タンガイル県ドッキンチャムリア村，1995年6月　安藤和雄撮影）．

口絵8　山間盆地に広がるバナナ畑

井堰灌漑による水稲作は，高速道路が開通し国内の大消費地と直結されると，「急激な発展」によりバナナ栽培へと移行した（第10章，中国・雲南省，西双版納，2010年9月　河野泰之撮影）．

本講座の刊行によせて

　アジア・アフリカの熱帯地域には，現在世界人口の約半分が住んでおり，その比率は今後さらに上昇するものと考えられる．資源・エネルギー価格の激変や地球温暖化によって最も深刻な影響を受けるのも，発展途上国の多いこの地域である．かれらのつくる地域社会にとって，どうしても欠かせない「生存基盤」とは何か．また，人類は地球環境の持続性を維持できるような生存基盤をどのようにつくっていけばよいのか．本講座は，これまでの開発研究の中心的話題だった1人当たり所得，教育，健康などの「人間開発」の側面に加え，大地，空気，熱，水などから成る生存のための環境を与えるとともに，化石資源を供給し，地震，津波や噴火によって人間圏をおびやかす「地球圏」，生命のつながりを人間と共有し，生物多様性や生態系の持続性への考慮をわれわれに求めている「生命圏」の二つの圏を視野に入れた「生存圏」の概念を提起することによって，こうした問題に新しい光を当てようとするものである．

　これまでのアジア・アフリカ研究の多くは，欧米や日本の歴史的経験に基づいた，したがってアジア・アフリカ地域全体からみればバイアスのかかった認識枠組から自由ではなかった．認識の偏りは，地域研究や開発研究に限らず，多くの研究者や知識人に共有されている．本講座では，そうした傾向を克服するために，これまで「地表」から人間の眼で見てきた世界を，より三次元的で複眼的な「生存圏」から捉え直すことを提案する．そして，現在なお広く共有されていると思われる二つの見方の根本的な転換を示唆する．

　その第一は，「生産」から「生存」への視座の転換である．産業革命以降の世界で「先進国」となった欧米や（戦後の）日本のような国では，社会の目標が「生産」，とくに1人当たり所得で測った生活水準の上昇に結びつく「生産性の向上」に集約されることが多かった．技術も制度も生産力の上昇を念頭において発達してきた．そうした社会では「労働」，とくに「公共圏」における労働のあり方が社会の価値を集中的に表現してきた．しかし，より

i

長期のタイムスパンをとり，先進国だけではなく世界を分析単位とするなら，このような「生産」への関心の集中は，限られた時期に，一部の地域で有力になった現象にすぎない．現生人類が20万年以上にわたって生き延びてきたのは，生産も含めた，しかしより根源的な，「生存」の力を鍛えてきたからである．そして，その主たる鍛錬の場は公共圏というよりは，家族や隣人のつながりから構成され，再生産を担う「親密圏」であり，それは，生命圏や地球圏からもたらされる疾病や災害に対処する場でもあった．そこでの価値を表現するのは労働というよりは広い意味における「ケア」のあり方である．現在必要とされているのは，生産性の向上や労働の尊さといった価値を否定することなく，しかしその意味を，もう一度この「生存」の観点から捉え直すことではないだろうか．

　第二は，「温帯」から「熱帯」への視座の転換である．熱帯は地球が得る太陽エネルギーの大部分を吸収し，大気や海流の動きをつうじて，温帯などにその一部を配分している．つまり，地球の物質・エネルギー循環の中心は熱帯である．また，それとも関連して，生物相（動植物，細菌など）の活動は熱帯において最も活発である．生物多様性の問題に挑み，地球全体の生命圏の力を引き出すには，熱帯を中心に考えなければならない．そればかりではない．人類は1万年以上にわたる作物化，家畜化，耕地の拡大をつうじて，自然をみずからの必要にあわせて改変してきたが，それは決して温帯の，資源の稀少な環境で始まったのではない．熱帯の自然の圧倒的な力に跪き，戦いながらもそれとの共生を求めて，人間社会の側から自然を「ケア」する努力が積み重ねられてきたのである．にもかかわらず，過去2世紀にわたる技術，制度の革新は，ほとんどが温帯で生み出されてきた．工業化の論理は生命圏との共生の論理ではない．現在人類が消費するエネルギーは，生活用のそれを含めても，じつに7割以上が化石エネルギーである．われわれは，地球環境における熱帯の本質的な基軸性と，技術や制度の発達における温帯の主導性との間に大きなミスマッチをみる．これを矯正しなければ，人類が地球環境を理解し，それと共生していくことはできない．温帯に住む人々も，熱帯を中心とした地球「生存圏」の全体と正しく共鳴しなければ生きていけなくなるのではないだろうか．

本講座の課題は，このような問題意識から，人類の生存基盤が持続する条件をできるだけ幅広く探ることである．人間環境の持続性を分析する基本単位として「生存圏」を設定し，そこで個人が生きるために，あるいは地域社会が自己を維持するために必要な物質的精神的諸条件を「生存基盤」と呼ぶとすれば，われわれの最終目標は，ローカルな，リージョナルな，あるいはグローバルな文脈で，持続型の生存基盤を構築する可能性を具体的に明らかにすることである．生存基盤論は，そのための分析枠組として構想された．

　本講座は，京都大学グローバルCOE「生存基盤持続型発展を目指す地域研究拠点」(2007-2012年)の最終成果報告であり，中間報告として刊行した『地球圏・生命圏・人間圏 ── 持続的な生存基盤を求めて』(杉原薫・川井秀一・河野泰之・田辺明生編，京都大学学術出版会，2010年)を継承，発展させたものである．

2012年3月
編者を代表して

杉原　薫

目　次

口絵
本講座の刊行によせて　i

序　章　熱帯生存基盤の再構築
　　　　　─ 地球圏・生命圏と人間圏の相互作用系 ─

柳澤雅之・河野泰之・甲山　治・神崎　護

1　はじめに　1
2　歴史的存在としての相互作用系　3
　2-1　人間圏の形成　3
　2-2　農耕の開始　5
　2-3　相互作用系の成長　7
3　人間圏の膨張と相互作用系の弱体化　8
　3-1　農業の集約化　8
　3-2　熱帯地域社会の変化　10
4　熱帯生存基盤の再構築に向けて　13
5　本書の構成　15

第 1 編　地球圏・生命圏の動態と生存基盤

第 1 章　地球圏からみた熱帯
　　　　　— 気候システムを中心に —

甲山　治

1　はじめに　23
2　熱帯地球圏に働く力　24
3　熱帯におけるテレコネクション　28
4　極端現象と人間社会　30
5　大規模開発が気候システムに与える影響　34
6　おわりに ── 熱帯地球圏の予測可能性　36

第 2 章　気候変動・食糧生産・農村社会
　　　　　— 1582 年から 2009 年のフィリピン —

J. F. ウォーレン（河野泰之訳）

1　はじめに　39
　1-1　本章のねらい　39
　1-2　飢饉と歴史変動　40
　1-3　フィリピン社会とエルニーニョ　41
2　エルニーニョと干ばつ　43
　2-1　エルニーニョとその影響　43
　2-2　干ばつの変動性　43
　2-3　干ばつが地域社会に与える影響　49
　2-4　サマール島　53
3　食糧不足，農民騒動，集団移住　54
4　干ばつと疾病　58
5　結　論　63

第3章　水循環をつうじた無機的自然・森林・人間の相互作用系

谷　誠

1 　地球圏・生命圏・人間圏の相互作用から環境問題を考える　69
2 　水循環をつうじた地球の無機的自然と森林生態系の相互作用　71
　2-1　安定大陸奥地における湿潤気候　71
　2-2　森林蒸発散の特徴　73
　2-3　安定大陸における森林の気候維持作用　77
　2-4　湿潤変動帯における生態系と土壌の関係　79
　2-5　森林保水力を支える土壌の役割　82
　2-6　水循環における無機的自然と森林の相互作用　85
3 　水循環をつうじた相互作用における人間の評価　87
　3-1　相互作用への人間圏の割り込みと自然災害概念の発生　87
　3-2　森林利用による里山の成立　89
　3-3　人間の森林利用が流出に及ぼす影響　91
　3-4　地球圏と生命圏の相互作用撹乱としての林業の位置づけ　94
　3-5　戦後の林業の経過　96
　3-6　木材輸入とバーチャルソイル　97
4 　森林がとりもつ地球圏と生命圏の相互作用の維持　98
　4-1　地球規模における地球圏と生命圏の相互作用　98
　4-2　相互作用の社会への還元のあり方　101

第2編　森とともに創り出す生存基盤

第4章　生存基盤としての熱帯多雨林
― 択伐天然林における木材生産 ―

神崎　護・稲田友弥・野草俊哉

1　はじめに　111
2　熱帯雨林の択伐と木材生産の持続性　112
　2-1　熱帯材の輸入元とその変遷　112
　2-2　熱帯多雨林内の商業樹種の存在形態　113
　2-3　持続的な生産を意図した伐採手法　113
　2-4　インドネシアにおける択伐方式の変遷　115
　2-5　植栽の必要性　116
　2-6　集約的植栽の実例　117
　2-7　低インパクト伐採　118
3　地域社会と森林の多面的機能に対する配慮　121
　3-1　伐採企業の社会的責任　121
　3-2　熱帯奥地における伐採会社の存在とCSR活動　121
　3-3　森林認証制度　122
　3-4　生物多様性保全　123
4　生存基盤としての択伐天然林　124

第5章　焼畑耕作が創出する生存基盤
― 種多様性が保持されるメカニズムに着目して ―

福島万紀

1　はじめに　131
2　定着型焼畑の持続的システム　132
3　焼畑耕作が創り出す二次林の種多様性の構造　133

4　焼畑耕作が停止すると，二次林の多様性はどのように変化するか　137
5　焼畑耕作が創出する植物資源　141
6　タイ北部の生存基盤としての焼畑耕作　144

第6章　農の場としての森林
　　　― 森林を利用したチャ栽培の構造と多面的機能 ―

佐々木綾子

1　はじめに ― 伝統的農業と人々の生存基盤　147
2　山地のくらしと茶生産との関係　149
3　タイ北部における茶生産と森林との関係　150
4　タイ北部山地のミアン生産村における生業と資源利用の変化　153
　4-1．チャ栽培の導入と拡大 ― 1930-70年　153
　4-2．タイ北部山地社会の変化とミアン林 ― 1970年代-2010年　154
5　ミアン林の構造とチャ樹の現存量　160
6　生業の安定性に寄与する生産物の特殊性　164
7　おわりに　165

第3編　農が創り出す生存基盤

第7章　樹木を組み込んだ耕地利用
　　　― 作物の時空間配置から熱帯の未来可能性を考える ―

田中耕司

1　東アジアグリーンベルトと耕地利用　173
2　農業における景観的秩序 ― 温帯と熱帯の比較　174
　2-1　自然と人為の交錯場としての耕地利用　174
　2-2　作付体系の多様性 ― 用語の整理　177

3　時空間利用の多様化 —— 温帯と熱帯の比較　182
　　3-1　樹木を組み込むことによる耕地利用の多様化　182
　　3-2　混栽の効果 —— 時空間の有効利用　187
4　熱帯における小農農業の未来可能性 —— まとめにかえて　191
　　4-1　土地資源賦与からみた熱帯　191
　　4-2　小農の「構想力の論理」と熱帯の未来　193

第8章　セネガルのセレール社会における生業変容と人為植生
　　　　—— 樹木資源をめぐる技術と制度の変化 ——

平井將公

1　はじめに　197
2　セレールの生業とサース　200
　　2-1　セレールの生業　200
　　2-2　サースの稀少化　202
3　経済の論理 —— 家畜飼養をとおした既婚男性とサースの関係　204
　　3-1　家畜飼養の変遷　204
　　3-2　舎飼肥育のはじまり　205
　　3-3　生計における既婚男性の役割と舎飼肥育　206
　　3-4　家畜の舎飼肥育におけるサースの意味　209
　　3-5　サースの枝葉を切るための技術　210
4　生存の論理 —— 女性の生計活動とサース　213
　　4-1　生活燃料の採集をめぐる状況の変化　213
　　4-2　備蓄型燃料採集 —— タハン　215
　　4-3　女性の生計活動と樹皮の剥ぎ取り　220
5　サースをめぐるアクター間の関係　222
　　5-1　沈黙する不満　222
　　5-2　樹皮の剥ぎ取りの解消に向けて　223
6　サースをつうじた人と自然の相互作用　225

第9章　ベンガル・デルタの洪水，サイクロンと在地の技術

安藤和雄

1　はじめに ── 生存基盤としての在地という視点　229
2　在地の技術の発見　231
3　ベンガル・デルタの自然環境の不安定性 ── 洪水とサイクロン　234
4　洪水とサイクロン被害を逃れる知恵と技術　237
5　在地の技術となったサイクロン・シェルター　241
6　「緑の革命」の導入と発展　243
7　稲作における在地の知恵　245
8　おわりに ── 在地の技術の精神世界の背景　249

第4編　熱帯生存圏における時間

第10章　熱帯生存圏における農業発展のメカニズム

河野泰之・佐藤孝宏・渡辺一生

1　本章のねらい　257
2　農業発展と地球圏・生命圏　259
3　急激な発展　262
4　緩やかな発展　270
5　「農業発展」のメカニズムを問い直す　277

第11章　熱帯バイオマス社会の複雑系
── 自然の時間，人の時間 ──

石川　登・祖田亮次・鮫島弘光

1　はじめに ── 時間の整合　283

2 熱帯バイオマス社会　286
3 熱帯バイオマスと人間を結ぶ時間　289
   3-1　焼畑陸稲耕作　290
   3-2　非木材森林産物利用　294
   3-3　木材伐採　300
   3-4　プランテーションによるバイオマス生産　306
4 考　察　307
   4-1　超複雑系のなかの反システム　308
   4-2　擬似ローテーションと資源の時空間的偏在　311
5 おわりに　312

おわりに　317
執筆者紹介　325
索引　331

序章

熱帯生存基盤の再構築
—— 地球圏・生命圏と人間圏の相互作用系 ——

柳澤　雅之・河野　泰之・甲山　治・神崎　護

1 はじめに

　本書のねらいは，とりわけ熱帯において，地球圏や生命圏と人間圏[1]の相互作用系こそが地域社会の生存基盤であることを論じ，相互作用系を中核とする持続型生存基盤を構築し強化する道すじを，長期的な視点から示すことである．

　時間が経過するとともに，20世紀は，人間圏が極度に膨張した時期と認識されるだろう．これは人間活動が地球の隅々にまで行きわたったという意味のみではない．生産の現場にしろ，生活の現場にしろ，人間社会はつねに，地球圏や生命圏の論理にしたがう自然と対峙している．自然は感染症や災害を引き起こす．同時にモノやサービスを提供してくれる．人間圏の膨張とは，人間の論理にしたがって，自然の脅威を抑制し，自然の富を効率よく利用するための人間圏の装置が充実したということである[2]．つまり，地球圏や生命圏の論理に左右されず，人間圏の論理が貫徹する圏として，人間圏が成長したということである．本講座第1巻では，これを「人間圏優位」の時代

---

1) 地球圏，生命圏，人間圏の定義については，本講座第1巻序章参照．
2) 本講座第1巻序章では，これを「「生存の足枷」からの解放」と呼んでいる．

と呼んでいる．

　この過程で，人間社会は，地球圏や生命圏を人間圏の論理にしたがって制御することが人間社会を持続的に支える生存基盤の構築につながるという考えを共有するようになった．私たちは，感染症を抑制し，自然災害を軽減するためのみならず，人間社会のニーズと欲望にしたがって自然資源を開発し，自然環境を調整している．そのための制度整備と科学技術の発達は目覚ましい．このような生存基盤の強化の延長線上にこそ，持続的な生存基盤があるとする考えである．

　本書では，この考えは，過去200年間，とりわけ過去100年間の温帯先進国の発展においては有効だったかもしれないが，決して時空間を超えて普遍的なものではないと考える．そして，より長期的な視座からは，そして熱帯を視野に入れるならば，地球圏や生命圏と人間圏の相互作用系を維持，強化することこそが生存基盤を持続的なものへと展開する道すじであり，そのためには，熱帯地域社会が実践しているように，人間社会が地球圏や生命圏の論理を承認し，共感する能力を涵養すること，すなわち地球圏や生命圏に対するケアを深める必要があることを唱える．

　本書でとりあげようとするのは，歴史的存在としての相互作用系である．人間社会は，地球圏や生命圏を観察・観測し，地球圏や生命圏に働きかけ，その影響をさらに観察・観測するという長年，繰り返してきた過程を経て，その知識体系や技術体系を充実させてきた．逆に，地球圏や生命圏も，人間社会の活動の影響を受け，変容してきた．私たちが目にする地球圏・生命圏・人間圏の関係は，こうした歴史的な相互作用の積み重ねの結果にほかならない．

　本書では，地球圏・生命圏と人間圏の相互作用を，おもに森とともに暮らす人々や農を営む人々の生業や生活の現場で考える．物質生活のさまざまな素材を提供する森や農は，森林産物の利用から，森林伐採後の二次林の植生回復を利用した焼畑農耕，水田を造成し化学肥料を多投するような集約農業までを含む．そこは，人間社会が地球圏や生命圏に積極的に関与する現場であり，人間圏が能動的に地球圏や生命圏の論理を取り込もうとする現場でもある．同時に，生産と生活，生産と流通と消費，自給と商品といった人間圏のさまざまな論理が交錯する場でもある．

本書の視座は地域研究にある．地域研究のこれまでの最大の学術的貢献は，地域の多様性が形成されるメカニズムを明らかにしてきたことであろう．物質動態におけるエントロピーや生命の自己複製，生物の自己組織化，生態系における恒常性維持機能（ホメオスタシス）といった生命圏や地球圏に固有の論理は普遍的かもしれないが，それが生み出す現象は地域によって異なる．地域社会も大きな歴史的，文化的な多様性をもつ．したがって，地球圏や生命圏と人間圏の相互作用系は，地域差がきわめて大きいものとなる．この多様性に対する理解こそ，20世紀の温帯先進国の発展径路を相対化するアプローチとして有効である．そして，熱帯地域社会の現場でいかなる相互作用系が，人々のどのような関わりによって維持・強化されているのかをみきわめることにより，持続型生存基盤の構築へとつながる道すじを探る．

本章では，まず，生存基盤の発展を歴史的にたどることにより，相互作用系とは何かを示す．次に，人間圏の膨張が相互作用系に与えた影響を論じて，今日の人間社会が人間圏の論理に偏った生存基盤に依存していることを示す．そのうえで，本書が全体として何を切り口として持続型生存基盤の構築へとつながる道すじを描こうとしているのかを眺望する．

2 歴史的存在としての相互作用系

2-1 人間圏の形成

地球の誕生以来，生物は自らの生命活動を活性化するための基盤を形成してきた．およそ20万年前に現生人類が地上にあらわれて以来，人間による活動の範囲が拡大し，人間圏が徐々に形成されてきた（本講座第1巻第1編）．それ以来，生命圏と人間圏は絶えず相互作用を重ねながら，生命圏と人間圏を変容させてきた．人類は7-5万年前から世界中に拡散し，およそ1万年前に世界中で農耕牧畜を開始した．

現生人類が誕生し農耕牧畜が開始されるまでの間，人類は生命圏が生み出す個々の動植物種を利用して生存を確保してきた．圧倒的に巨大な生命圏に

おいて，人類は，生命圏のごく一部を切り取って利用するだけで生存することができた．

野生の動植物の狩猟採集とおそらくほぼ並行して，人類はもう一つの食料採集方法を見いだした．森林がなんらかの人為的要因で撹乱され，その後，植生が回復する過程に出現する有用植物を利用する「半栽培」である（中尾 2004）．たとえば，狩猟のためのキャンプ地周辺はキャンプを設営するために周辺の木が伐採され，一定期間，生活の拠点が築かれる．森林で採集した木の実の種子や野生のイモの断片を，人間の排せつ物が蓄積して養分が増加したキャンプ地周辺の土地に棄てる行為は，無自覚的にであれ，植物を移動させる（中尾 2004）．そのなかから優良な植物が選抜され，人間の居住地周辺に生育することになる．このようにして半栽培化された有用植物は，現在でも，これまで考えられていた以上に狩猟採集民の食糧源として重要であることがわかってきた．たとえば中央アフリカのカメルーンの熱帯雨林では，森林の中につくられた狩猟採集民のキャンプ跡地にヤムが多数生育して，狩猟採集民の重要な食糧源となっている（Yasuoka 2009）．このほかに中尾は半栽培の例として，アマゾンのパラゴムの木や西アフリカのバオバブ，パルミラヤシ，タマリンド，アブラヤシ，シアバターノキ，カポック，東アジアのクリなどをあげている．農耕文化の前段階としての半栽培は，おそらく，森林の中だけでなく人間の生活圏内にある湿地や河辺の水生植物が群生する場所などでも起きたであろう．そして，狩猟採集とともに長い間，人類の生存を支えたと思われる．半栽培の長い歴史の中で人類は，意図的であったかどうかにかかわらず，有用植物を選抜し，農耕の開始を準備した[3]．

人類が農耕牧畜を開始するまでの人間圏と生命圏の関係は，いまだ生命圏の論理が卓越する関係であった．狩猟採集にしろ，半栽培にしろ，森林の一部を利用しているにすぎなかった．生命圏に対して人類がいかに適応できるかという一方向の関係であった．

---

[3] 中尾の半栽培が狩猟採集の時代と農耕開始との間に設定された発展段階的な概念であったのに対し，宮内は，ある時点のある地域における自然との関係が，野生と栽培との間のさまざまなバリエーションをもっているという意味で半栽培を捉え，半栽培を許容するような社会の仕組みづくりについて議論している（宮内 2009）．

2-2 農耕の開始

およそ1万年前，農耕牧畜が開始された．多様で豊富に存在する野生の植物のなかから，世界各地で栽培植物が選抜され，やがてコムギやトウモロコシ，イネなどの重要な作物が誕生した．その後，人々は粗放的とはいえ農地を造成し作物の種子を植え農耕を開始した．生命圏の長い歴史のなかでさまざまな変異をもつ植物があらわれ，その情報が遺伝子に蓄積されていた．人間はその中から，自らの生存に有用なものを選抜し，作物を生み出し，意識的・無意識的に品種の交配を繰り返し，より優良な品種・作物を生み出した（鵜飼ほか 2010）．交配の成否は生命圏の歴史，すなわち進化と試行錯誤の蓄積にかかっていた．進化の流れに反するような交配は不可能である．また，試行錯誤という生命圏の歴史的経験を超える能力を作物に発現させることもまた不可能であった[4]．

人間による植生利用という観点からみた場合，コムギやトウモロコシ，イネといったイネ科の植物が栽培化されたことは理解しやすい．イネ科植物は一般に，攪乱後の遷移初期に現れる草本である．繁殖力が強く，種子に養分を蓄積するので，比較的，貧栄養で不均一な資源環境に適応する．遷移初期に現れるという点は焼畑を想定するとわかりやすい．森林を伐採した後の畑は，他の植物に比べて旺盛な生長力を示すイネ科の植物にとって好適な条件である．種子に養分が蓄積されるという特性は人間の食糧資源としてもきわめて重要である．ある特定の時期に大量の食糧を獲得でき，しかも，長期間の貯蔵が容易である．イネ科植物の作物化は，植生遷移という生命圏の論理を最大限利用した結果である[5]．

イネ科だけでなくさまざまな植物が栽培化され，農耕が始まった．さらに，

---

[4] これを克服する技術が遺伝子工学であると一般に考えられている．しかし，遺伝子操作によってある特定の形質を発現させようとする場合，現時点でも，生命圏の歴史的蓄積の大きい場合にかぎってその組み合わせが有効であるケースが多いようである．
[5] ただし，植生遷移だけが作物選択の理由ではない．コムギやトウモロコシ，イネを栽培するには，季節性の降水が生育には必要である．また，イモ類のように貯蔵性が考慮されたり，マメ類のように空中窒素固定能という土壌改善のためのメカニズムも重要な要因の一つになっていたりするケースもある．

世界各地で複数の作物を組み合わせた農耕文化が形成されるにいたった．作物や農耕文化は人の移動にともない世界各地に伝播し，新たな栽培品種の創出と農耕文化の形成をうながした．たとえば東南アジアでは，最も古い基層的な農耕文化としてタロイモ，ヤムイモ，バナナなどから構成される根菜農耕文化がよく知られている．しかし，これらの文化のなかに，中国・揚子江中下流域で栽培化したと考えられるコメが取り込まれ，新たな稲作文化圏が形成された．その後，コメはアジアの広い範囲で栽培されるようになり，アジアの重要な作物となった．現在では，アフリカやアマゾンにもアジアのコメがもたらされ，現地の食料事情の改善に寄与している．このような栽培や農耕文化の伝播はコムギやトウモロコシでも同様にみられる現象である．

コメやコムギ，トウモロコシのように，半栽培の時代から現代にいたるまで人間が創出したとくに優良な作物やその品種が世界各地に伝播する一方，いったん栽培化されたにもかかわらず，利用されなくなった作物も多い．東南アジアのタロイモやヤムイモ，バナナのように，あるいはアフリカやインドの半乾燥地帯の雑穀のように，かつての主要作物が，イネやトウモロコシなどの主要作物にとって代わられるという変化が起こっている．

農耕の開始によって生命圏と人間圏の関係は大きく変わった．人間は，特定の優良な作物や品種を選択的に利用し，生産性の向上を目指すようになった．生命圏が生み出す多様性というプールから特定の優良な資源を取り出し，それを世界各地に普及させた．地球圏と生命圏，あるいは生命圏内部における相互作用の歴史的蓄積のない場所で作物が人為的に栽培され，それが世界各地に新たな地球圏・生命圏・人間圏の相互作用系を生み出した．

また，森林の伐採や農地の造成といった土地利用の改変は地表面と大気の間の水収支や熱循環に影響を与え，地域レベルの気候を変化させた (甲山 2010)．たとえば，ヒマラヤ山脈周辺のアジアモンスーン地域では，過去300年ほどの土地利用の変化がモンスーンのパターンに影響したことがわかっており，とくに1700年代から1850年代までの変化は土地利用の変化に由来する (Takata et al. 2009)．人間による土地利用の改変が地域の気候条件に影響を与え，それが人間による自然利用に反映されるという相互作用が広範囲で起きるようになった．

人間圏が拡大するにつれて，地球圏・生命圏と人間圏の相互作用が生命圏に与える影響が顕在化するようになった．たとえば生物の移動である．生命圏は長い歴史の中で地域ごとに生物相をつくりあげてきた．生物が通常移動する範囲を超えて人間が生物を移動させた場合，その生物を外来生物と呼ぶ．初期農耕民の作物をともなった移動は1万5,000年より古くから始まり（Bellwood＝長田・佐藤監訳2008），作物と同時に耕地雑草なども移動しただろう．さらに，世界的な人の移動が活発になった過去1,000年間に，このような人為的なかたちで分布域を拡大した「外来」生物は，在来生物とさまざまな関係を結んだ．オーストラリアや新大陸などでの在来生物の急激な絶滅の例はよく知られている（Ponting 1992）．一方，在来生物を駆逐したり在来生物と共生したりして，あたかも在来生物のような顔をしている「外来」生物も現在では多々みられる．大部分の農作物は「外来」生物である．

農耕の開始と人間の移動は生命圏と人間圏の間におけるそれまでになかった地理的範囲での相互作用を生じさせ，それぞれの圏内に互いの圏の論理を深く刻み込むことになった．このような生命圏と人間圏の相互作用系は，中世から近世の農村景観に刻み込まれている．

2-3 相互作用系の成長

中世から近世にかけての長い時間のなかで，人間が手をかけた農地や牧草地に生命圏と人間圏が相互作用する小さな空間が多数創られた．ヨーロッパでは，農耕と牧畜を組み合わせた輪作体系が発達し，二圃式，三圃式，ノーフォーク式と呼ばれる農法が展開した．休閑期間の導入，家畜放牧による施肥効果，マメ科作物の導入による地力の回復をつうじて農業生産性の向上が図られた．放牧地として利用する草地群落には，小規模ではあるが多種の植物が生育した．ある土地の生物多様性は，その土地がその時点でどのように利用されているかに加えて，過去の土地利用履歴が寄与するという（Cousins 2009）．居住地周辺の生け垣や農地縁辺の植生，道路わきの未利用地も，生物多様性の比較的大きい空間である．これらの空間が連結して，生物多様性を保全するための重要な環境を提供していると考えられる（Cousins 2006）．

現在，ヨーロッパで絶滅危惧種に指定されている動植物のうち，2割程度は農地などの人為環境下に生息する種である．そのためヨーロッパでは，とくに生物多様性の高い農地を高価値自然農地 (High value nature farmland) に選定し，積極的に保全しようという動きもある．

一方，日本では，江戸時代までに居住地・農地・里山・奥山という一連の物質循環システムが形成され，農地と背後の森林とが有機的に結び付けられるようになった．里山や奥山から安定して供給される水や養分が水田で有効に利用されるシステムが形成されたのである (Fukamachi et al. 2001)．農業生産性向上のためには，里山や居住地の有機物を有効活用するほか，各地で発生する産業からの廃棄物を肥料として利用したり，都市住民の排せつ物を農地に肥料として還元したりするように，都市と農村とが結びついた養分のリサイクルシステムが形成された．里山では，農地の物質循環を保証するだけでなく，薪炭材のような燃料源や現金収入源として林産物を採集するため，人々の生活に欠かせない人為植生が形成された．

日本の水田をはじめとする農地や里山も，ヨーロッパの草地と同様，さまざまな生物が生息する重要な環境を提供していた．日本でも絶滅危惧種の2割程度はやはり，農地や里山といった人為植生に生息する種である．水田や牧草地，生け垣といった人為的環境は，貴重な動植物が生息する地球圏・生命圏と人間圏の相互作用系である．そこには歴史的な履歴が埋め込まれている．

3 人間圏の膨張と相互作用系の弱体化

3-1 農業の集約化

産業革命以降，とりわけ化石燃料が大々的に使用されるようになると[6]，地球圏や生命圏と人間圏の関係が大きく変化した（本講座第1巻第5章および第3編）．

---

[6] 本講座第1巻序章では，これを「「化石資源世界経済」の興隆」と呼んでいる．

農業においては，20世紀初頭に窒素をはじめとする化学肥料の工業的製造法が確立され，その利用は農業生産に必須のものとなった．とくに，第二次世界大戦後の化学肥料の増加はすさまじい．1946年から1986年の40年間で，全世界における消費量は，窒素が35.7倍，リン酸が10.3倍，カリが12.4倍に増加した（高橋1991）．交通インフラが整備され，化学肥料や優良品種が外部から持ち込まれた．農産物が商品化されると，生産物は地域外へ販売されるようになり，その価格は外部社会の経済価値によって決定された．国家による農業への介入が強化され，農業生産は，世界の資源やエネルギー動向，国家の経済力や政策の影響を強く受けるようになった．その結果，農業生産は，地域の生存圏に内在化された相互作用系における物質・エネルギー循環としての性質を弱め，外部社会からもたらされる資源に依存するようになった．

森林に目を向けると，中世以来，ヨーロッパの多くの国で森林面積は減少傾向にあったが，逆に，増加に転じる国が出てきた．たとえばスコットランドでは，かつて国土の半分以上を占めた森林が17世紀には5%程度まで減少したが，20世紀になると増加に転じ，1990年には15%程度にまで回復した．回復の理由は，経済発展と生態系サービスの稀少化である（Mather 1992）．経済発展は，より好条件の農地での集約化をうながし，相対的に劣悪な土地での森林回復を助長した．また，森林が提供する生態系サービスの価値が稀少化により高まり，森林の管理者による森林回復が促進された．日本でも，明治時代半ばを境に，森林面積が回復した．とりわけ1960年代以降の人工造林がその動きを加速した．農業はさらなる集約化を遂げる一方，高度経済成長により農工間の格差が拡大し，都市への人口集中，農山村の過疎化といった問題が出てきた．

1980年代以降，地球環境問題への関心が高まり，さらなるグローバル化が進展し，環境保全は人間社会が協力して取り組むべき共通課題という認識が広まった．ヨーロッパや日本では，森林と農地と海（漁場）をつなぐ新たなネットワークの形成が試みられている．それは，都市と田舎，国内と国外といったように，外部社会を含むはるかに多様な人たちを巻き込んでリンクすることにより，農林漁業や農山漁村の維持や活性化を目指すものである．

人為的な景観を構成する森林に，生物多様性の保全や都市住民のリクリエーションの場の提供といった意味が付与されるとともに，森林の景観や機能を維持するために，森林環境税といった新たな制度が導入され，ボランティアによる森林育成事業等が展開されるようになった．これまで，森や農の現場で，地域住民が当事者として主体的に関わりはぐくんできた相互作用系に，公的な制度や組織が関与するようになった．すなわち，人間と環境の関わりの公共圏化が促進された．

3-2 熱帯地域社会の変化

　植民地化により，温帯の技術や制度が導入され，温帯の市場と直結された熱帯が経験した変化，とりわけ20世紀になってからの変化は，人類史上，かつてないほど大規模で急激なものであった．

　人口密度が低かった熱帯とはいえ，一部の地域は長い居住史をもち，成熟した技術と制度に支えられた相互作用系を形成していた．東南アジアではインドネシアのジャワ島やベトナムの紅河デルタ，ミャンマー中部のドライゾーンであり，アフリカではニジェール川中流域，ザンベジ川氾濫原，エチオピア高地である．これらの地域は，植民地統治が始まると一次産品の供給地としての役割を担わされ，コメ，コーヒー，茶，サトウキビ，バナナ，ココヤシ，ゴム，ラッカセイ，カカオなど，さまざまな作物とその栽培技術が導入された．これらは在来社会にも浸透した．ジャワ島では，オランダ植民地政府による強制栽培制度のもと，二重経済構造が創出され，水田とサトウキビを組み合わせた技術的にも制度的にも極度に精緻化した農業が展開した．C. ギアツ（Clifford Geertz）はこれをインヴォリューションと呼んだ（Geertz＝池本訳 2001）．

　一方，熱帯の多くの地域では，人口稠密な地域から大量の労働者を移住させ，森林を開墾し，世界市場向けの商品作物が栽培された．急速な人口の増加は，農民の自発的な開墾も促進した．これが今日まで続く熱帯フロンティアの開発である．沿岸部から内陸部へ向けて，河川沿いから後背地へ向けて，平野部から山地へ，そして泥炭湿地へ向けて，熱帯フロンティアは急速に進

行した（本講座第 4 巻）．熱帯フロンティアにおける人間社会の行動は，圧倒的な富と力をもつ世界市場と直結しているがゆえに地域の地球圏や生命圏との相互作用系への十分な配慮を欠き，まるで地球圏や生命圏に対する人間圏の優越性を誇示しているようにみえるほどである．同時に，世界市場の不確実性を見越した生産者たちは，短期的な収益の確保を優先した．熱帯フロンティアは，本来，地球圏や生命圏が旺盛な力を発揮してきた場であるにもかかわらず，人間圏の論理が優先された．それは，逆に，地球圏や生命圏の圧倒的な潜在力を制御し，人間圏との相互作用系を構築することの難しさをあらわしている．人間圏の論理にあまりに偏重していることが，熱帯フロンティア社会を結果として脆弱にしているのである．

どのような熱帯林が農地へと転用されたのか．1980-2000 年の変化を分析した H. K. ギブス（Holly K. Gibbs）らの研究によると，東南アジアでは，約 60％が手つかずの深い森（intact forest），30％が二次林（disturbed forest）であった．アフリカでも，約 60％が深い森，35％が二次林からの転用だが，中央アフリカでは 70％が深い森，西アフリカでは 50％以上が二次林と，地域によって異なる（Gibbs et al. 2010）．

森林をめぐる土地制度も大きく変化した．そもそも熱帯では，人口に対する森林の量が圧倒的に大きかった．森林は，自家消費のための食糧生産の場であり，かつ，外部社会へ販売する産物を確保する場でもあった．土地に対する明確な権利は発展せず，木や実などの地上部の利用は，先取占有権を認める場合もあるが，基本的にはオープンアクセスである．森林は樹木を組み込んだ耕地として利用され，とくに精緻な体系はアグロフォレストリーと呼ばれる．住民にとって森林は，必要に応じて，採集したり生産したりする場であった．しかし，このような状況は土地を統治するための制度が確立されると許容されなくなる．地元住民の慣習的な利用との摩擦を抱えながらも，植民地政府がまず資源管理に着手し，第二次世界大戦後は国民国家が近代法的な土地制度の導入を試みている．

同時に，農と森の峻別も進んだ．熱帯地域社会が創出してきた農業様式には，草本作物と木本植物を組み合わせたものがある（本書第 7 章）．ジャワ島の「タルン・クブンシステム」（Soemarwoto 1984）やタイ東北部の「産米林」

(京都大学東南アジア研究センター 1997: 400-401) はその典型である．農と森は，物質・エネルギー循環としてつながっているのみならず，住民の生業システムにおいても相互補完するものと位置づけられてきた．ところが，温帯先進国がつくりだした農業統治の制度は，農と森を明確に区分するものだった．それは行政機構のみならず技術開発体制にも反映された．結果として，農と森林利用，あるいは農業と林業の分断化が進んだ．

　温帯先進国からの制度と技術の導入を応用して，人間圏の論理に偏った開発が構築しようとしている生存基盤は，熱帯地域社会がそれまではぐくんできた相互作用系を中核とする生存基盤とはきわめて異質のものである．新たな生存基盤は，生産の効率性という観点からは優れたものかもしれない．しかし，それは同時に脆弱であり，持続的な生存を支えうるものではない．この弱点は，熱帯の地球圏や生命圏がその潜在力を発揮したときに顕在化する．

　ミャンマーのイラワジ・デルタの沿海部は，かつてはマングローブ林に覆われていた．しかし，ヤンゴンという大都市の木炭需要を満たすためにマングローブ林は大規模に伐採され，流入する農民による水田化が進行したために，現在ではマングローブの植被はきわめて少なくなった．2008年にイラワジ・デルタを通過したサイクロン・ナルギスは，死者・行方不明者合わせて8万人以上という大惨事を引き起こした．サイクロン被害が頻発してきたバングラデシュでは，嵩上げした屋敷地や，鉄筋コンクリートのシェルターなどが完備している（本書第9章）が，高波被害の経験の少ないイラワジ・デルタではこのような仕組みはできていなかった．この災害での村ごとの死亡率を調べたヤ・ミン・タン (Ya Min Thant) らは，村の近傍に天然のマングローブ林や植林地を有しているか否かで，死亡率が数倍違うことを明らかにした (Ya Min Thant et al. 2010)．生存者の証言は，林の内部に逃げ込んで助かった，あるいはいったん流されたが最後に流れ着いた樹木につかまって助かったと，森林植生が住民の生命を救ったことを示している．水田耕作に特化し，デルタ地域のもつ特定の機能のみを極端に追求した土地利用が，自然災害への柔軟な対応力を失わせてしまったといえるだろう．

　熱帯の地球圏や生命圏では，拮抗する多様な駆動力が相互に作用しながら動態を創り出している．その潜在力にあたかも対抗するかのような熱帯にお

ける人間圏の急激な膨張は，必ずしも本当の意味での生存基盤の強化につながらない．それに代わる熱帯地域社会の，ひいては人類の持続型生存基盤はどのような道すじによって確立されるのであろうか．

4　熱帯生存基盤の再構築に向けて

　人間社会が形成してきた技術と制度は，農耕開始前から基本的な方向性を転換していない．地球圏や生命圏の潜在力を利用し，そこから特定の有用なものを見いだして，その機能を最大限，有効活用しようとするものである．バイオ技術によるハイブリッド種の創出でさえ，この延長線上に位置づけることができる．すなわち，人間圏が手にしている技術や制度は根本のところで，地球圏や生命圏を注意深く観察し，その論理をみきわめてより深く理解しようとする営み，すなわち「地球圏や生命圏をケアする」ことと，それがはぐくむ地球圏や生命圏と人間圏の相互作用系に支えられている．

　しかし，産業革命や化石燃料の使用を契機とする人間圏の膨張を継続させようとする努力は，人間社会から地球圏や生命圏へのアプローチを希薄にし，地球圏や生命圏と人間圏の相互作用系の弱体化を招いた．その影響は，巨大な潜在力をもつ熱帯の地球圏や生命圏と対峙する熱帯地域社会において顕著にあらわれている．人間社会にとって短期的には必須だったかもしれない熱帯の開発が，人間圏の長期的な持続性を脅かしている．熱帯の地球圏や生命圏の何が相互作用系を醸成するうえで障害となっているのだろうか．熱帯における持続型生存基盤の構築に向けて何を出発点としていけばよいのだろうか．

　筆者たちは二つのことに注目している．

　一つは空間と時間のスケールである．本書で詳細に紹介するように，地球圏・生命圏・人間圏の相互作用系が弱体化したのは，すべての空間スケールやすべての時間スケールにおいてではない．特定の空間スケールや時間スケールでは，地球圏・生命圏・人間圏の相互作用系は健全に機能している．異なる空間や時間のスケールをつなぐどこかの連結に大きな負荷がかかり，その機能低下が人間圏全体に波及してしまったのではないだろうか．あるいは，

人間社会のスケールそのものが大きく変容してしまい，それに対応したスケールのネットワークを人間圏はまだ構築できていないのではないだろうか．

　本書の第2編および第3編で論じるように，熱帯地域社会の森や農の現場では健全な相互作用系が機能している．本書でとりあげた事例は決して例外ではない．そこでは，当事者としての住民の地球圏や生命圏へのケアが生きている．また本章第2節で述べた農地縁辺のような隙間空間でも健全な相互作用系が生み出されている．人間圏の論理を貫徹しようとする人間社会からの圧力が小さいからである．モンスーン由来の降水のような熱帯レベル，人間社会が排出する物質によるオゾン層の破壊のような地球レベルの相互作用系が，健全な機能を維持できているのかは明確にはわからない．スケールの大きい相互作用系ほど，複雑なメカニズムをもつ．そこでは一つの歯車の狂いが，数多くの多様な歯車に連鎖的な影響を与える．はっきりしていることは，森や農の現場と熱帯や地球レベルをつなぐスケール，すなわち国家や市場という人間圏が最も強力に作用するスケールにおいて，相互作用系への配慮が欠如していることである．先に，人間と環境の関わりの公共圏化が進んでいると述べた．人間と環境の関わりの制度化と言い換えてもよい．それは，環境保全においても統治や市場という人間圏の論理を優先するためではなく，健全な相互作用系の維持や強化において公的な制度や組織も応分の役割を担うためでなければならない．

　もう一つは熱帯の地球圏や生命圏がもつ巨大な潜在力である．これは，人間社会にとって圧倒的な脅威だが，同時に，かけがえのない恵みでもあるはずである．しかし，人間社会は，熱帯の地球圏や生命圏の潜在力を本当に理解し，対峙できているのだろうか．熱帯の地球圏や生命圏は，温帯と比較して，巨大であるのみならず，はるかに複雑である．かつ，これまでの人間社会の地球圏や生命圏を理解するための努力は，温帯に偏ったものだった．熱帯において，地球圏や生命圏の論理を十分に理解しないまま対峙するからこそ，人間圏の論理が無前提に優先されてしまっている．人間社会は，より能動的に，熱帯の地球圏や生命圏を理解するよう努めなければならない．この努力が本書で言う「地球圏や生命圏をケアする」である．熱帯社会の持続性は，熱帯の地球圏や生命圏の潜在力を前提としなければ成り立ち得ない．地

球圏や生命圏をケアすることにより，地球圏や生命圏の潜在力を，生存基盤を持続的なものへと強化する力にすることができる．

　地球圏や生命圏をケアするという営みが，熱帯地域社会では生きている．この森や農の現場で当事者によって受け継がれている営みを，現場を超えて，制度や科学技術が創出される場へと，そして温帯社会へも拡張することこそが，熱帯の地球圏や生命圏の巨大な潜在力との健全な関係性を結ぶ道すじであるというのが，本書の基本的な視座である．

5　本書の構成

　本書は以下の4編から構成される．
　第1編「地球圏・生命圏の動態と生存基盤」では，地球圏・生命圏・人間圏の相互作用系の形成過程を論じる．歴史的にみれば，とりわけ地球圏のゆらぎは，生存基盤の変動に決定的な意味をもってきた．それが地球レベルのものであれば特定の地域にとっては致命的な影響力をもつ．しかし，だからといって，生命圏は地球圏に，そして人間圏は地球圏や生命圏に規定されているわけではない．たとえ細いものであってもフィードバックの網の目があり，それが相互作用系を成長させてきた．
　第2編「森とともに創り出す生存基盤」では，とくに東南アジアの熱帯林を対象として，人間による森の利用と人間の利用によって維持される森が紡ぐ相互作用系を描く．森は，人間圏の辺境に位置づけられる空間である．そこでは，地球圏や生命圏の論理が優先する．とはいえ，森というバイオマスでさえ，相互作用系として成り立っているのである．この編では相互作用系というレンズをとおして，人間圏の広がりを眺望することを目指す．
　第3編「農が創り出す生存基盤」では，熱帯特有の環境条件のなかで人間が練り上げてきた在来の土地利用技術を検討する．農は，森と比較して，はるかに人間圏の論理が前面に出た空間である．しかし同時に，農は，地球圏や生命圏からの脅威につねにさらされているし，また地球圏や生命圏の恵みがなければ成り立たない営みである．人間社会は，熱帯の地球圏や生命圏と

どのような相互作用系を構築してきたのか，熱帯の地球圏や生命圏の潜在力をふまえたときに，どのような展望が開けてくるのか．

第4編「熱帯生存圏における時間」では，二つの議論が展開される．時間のスケールと地球圏や生命圏に対するケアである．農の現場（農業）でも，林の現場（林業; planted forests）でも，森の現場でも，相互作用系にはさまざまな時間のスケールが存在する．それがどのようなものであり，どのように連結しているのか．それを解きほぐしていかなければならない．この作業こそが，地球圏や生命圏のケアへとつながる．

持続型生存基盤論の大きな特徴は，人間圏のみならず，地球圏や生命圏を視野に入れていることである．これは革新的なパラダイムの転換である．この転換が何を目指し，何を生み出そうとしているのか感じ取っていただければ幸いである．

参考文献

Bellwood, P. 2004. *First Farmers: The Origins of Agricltural Societies*, Wiley-Blackwell（長田俊樹・佐藤洋一郎監訳『農耕起源の人類史』京都大学学術出版会, 2008年）.
Cousines, S. A. O. 2006. "Plant Species Richness in Midfield Islets and Road Verges: The Effect of Landscape Fragmentation", *Biological Conservation*, 127: 500–509.
—— 2009. "Extinction Debt in Fragmented Grasslands: paid or not?", *Journal of Vegetation Science*, 20: 3–7.
Fukamachi, K., H. Oku and T. Nakashizuka 2001. "The Changes of a Satoyama Landscape and its Causality in Kamiseya, Kyoto Prefecture, Japan between 1970 and 1995", *Landscape Ecology*, 16: 703–717.
Geertz, C. 1963. *Agricultural Involution: The Processes of Ecological Change in Indonesia*, Berkeley, Calif.: University of California Press（池本幸生訳『インボリューション —— 内に向かう発展』NTT出版, 2001年）.
Gibbs, H. K., A. S. Ruesch, F. Achad, M. K. Clayton, P. Holmgren, N. Ramankutty and J. A. Foley 2010. "Tropical Forests Were the Primary Source of New Agricultural Land in the 1980s and 1990s", *PANS*, 107(38): 16732–16737.
京都大学東南アジア研究センター 1997.『事典東南アジア　風土・生態・環境』弘文堂.
甲山治 2010.「地球圏の駆動力としての熱帯」杉原薫・川井秀一・河野泰之・田辺明生編『地球圏・生命圏・人間圏 —— 持続的な生存基盤を求めて』京都大学学術出版会, 129–152頁.
Mather, A. S. 1992. "The Forest Transition", *Area*, 24: 367–379.
宮内泰介 2009.『半栽培の環境社会学 —— これからの人と自然』昭和堂.

中尾佐助 2004. 『中尾佐助著作集第 1 巻　農耕の起源と栽培植物』北海道大学出版会.
Ponting, C. 1992. *A Green History of the World*, Penguin Books Ltd.
Soemarwoto, O. 1984. "The Talun-Kebun System, a Modified Shifting Cultivation in West Java", *The Environmentalist*, 4 (Supplement No. 7): 96–98.
高橋英一 1991.「肥料の社会史〔9〕9. 戦後における化学肥料の多様化とその意味（1）」,『農業および園芸』66(1): 23–26.
Takata, K., K. Saito and T. Yasunari 2009. "Changes in the Asian Monsoon Climate during 1700–1850 Induced by Preindustrial Cultivation", *PANS,* 106(24): 9586–9589.
鵜飼保雄・大澤良編 2010.『品種改良の世界史　作物編』悠書館.
Ya, M. T., M. Kanzaki and M. M. Than 2010. "Mitigation Effects of Forests as a Natural Shelter in the Cyclone Nargis in Myanmar", *Asian Journal of Environment and Disaster Management*, 2: 179–195.
Yasuoka, H. 2009. "Concentrated Distribution of Wild Yam Patches: Historical Ecology and the Subsistence of African Rainforest Hunter-gatherers", *Human Ecology*, 37: 577–587.

第 1 編

地球圏・生命圏の動態と生存基盤

第1編のねらい

　地球圏や生命圏はつねに動いている．ある程度の規則性をもった動きもあれば，不規則な動きもある．規則的な動きはさまざまな周期をもつ．不規則な動きはさまざまな頻度をもつ．科学の発達は，地球圏や生命圏のこれらの動きを精緻にモニタリングし，正確に予測しようとしているが，その実現までにはまだ長い道のりがあり，最終的に正確に予測できるようになるのかどうかも分からない．人間圏の膨張は，このような試みに新たな境界条件を加えた．それは二酸化炭素やメタンガスの排出であり，大規模な農地開墾や灌漑事業等による陸面の操作である．序章で述べたように，生存基盤は地球圏，生命圏，人間圏の相互作用系からなる．人間社会の地球圏や生命圏に与える影響が地球規模で顕在化したことにより，相互作用系の動きはますます複雑になった．

　本編の目的は，地球圏や生命圏の変動と相互作用を論じ，それが人間圏の編成に深く埋め込まれていることを提示することである．

　熱帯の地球圏や生命圏は巨大な潜在力をもつ．それは，拮抗する多様な駆動力が，圏内で，また圏を超えて相互に作用しながら動態を創り出しているからである．地球圏や生命圏の駆動力とは何か．両圏は，究極的には太陽エネルギーが駆動しているが，より具体的には大気循環や水循環，それにともなう物質循環，さらには生物の再生産と生態系の遷移が，地球圏と生命圏を駆動している．かつ，これらの駆動力はさまざまな時空間のスケールをもつ．これらすべての駆動力の相互作用によって生み出される変動の特性を，複雑系やホメオスタシス（恒常性維持機能）という概念を援用して明らかにすることが第一の目的である．

　歴史的にみれば，相互作用系は地球圏や生命圏の論理が卓越してきた．小氷期には世界各地で飢饉が頻発し，それが人間社会の持続性に決定的な意味をもった．人口増加を支えた作物や品種の創出は生命圏が生み出した多様性というプールに依存している．人間社会の歴史は，とりわけ熱帯地域社会では，相互作用系の動きに強く影響されてきた．それは，個々のイベントや技術開発に限定されるものではない．より深く，日々の生活・生業から統治や市場のための公的な制度まで，人間社会のあらゆる局面に反映されているはずである．本編の第二の目的は，とりわけ水に注目して，相互作用系という視点から人間圏の編成の特質を明らかにすることである．

　本編は以下の3章からなる．

　第1章「地球圏からみた熱帯」は，熱帯地球圏において，特定の時間スケールの力が卓越するのではなく，さまざまな時間スケールの力が拮抗し，かつ連動しているとする．これが熱帯地球圏の特異性であり，かつ熱帯地球圏の潜在力の源である．この

ような熱帯地球圏の論理を理解することにより，熱帯の地球圏や生命圏がもつ巨大な潜在力を人間圏にとって脅威から恵みに変えていく必要がある．そのためには，人間圏がはぐくんできた流動性と適応力を強化し，人間圏を再構築する必要があると唱える．

　第2章「気候変動・食糧生産・農民社会」では，フィリピンにおけるエルニーニョ・南方振動と干ばつや飢饉，さらに感染症の蔓延の関係性について，植民地期以降の文書資料に基づいた時系列分析により解明している．熱帯の地球圏の変動に起因するフィリピン社会の脆弱性は，植民地期に世界市場向けの農産物の生産が普及したことにより顕在化し，その構造は，独立後もますます増長していると論じる．熱帯においては，地球圏の変動を前提としなければ持続型生存基盤が構築し得ないことを示している．

　第3章「水循環をつうじた無機的自然・森林・人間の相互作用系」では，生命圏，とりわけ森林がもつ機能に着目し，地球圏・生命圏・人間圏の相互作用系を具体的に示す．地殻変動帯にある日本で斜面に土壌が侵食されずに存在できるのは，森林生態系と土壌とが相互依存システムを形成しているためであるとする．しかし，健全な相互作用系は徐々に損なわれつつある．人工林や里山等の二次植生は，天然林と比較して，水保全などの多目的な環境保全機能が劣る．海外からの木材輸入は，輸出国の環境保全機能を低下させるのみならず，日本の森林バイオマス生産を劣化させる．森林バイオマス利用を抑制するのではなく，閾値を超えない範囲で森林バイオマス利用を積極的に促進すること，すなわち，相互作用系として森林を維持することが持続型生存基盤の構築につながることを唱える．

〔甲山　治〕

第1章

地球圏からみた熱帯
—— 気候システムを中心に ——

甲 山 治

1 はじめに

　気候システムとは，地球に入ってきた太陽エネルギーを地球圏の大気・水循環および海洋循環プロセスを経て宇宙空間に再放出し，地球全体として定常状態を保つためのメカニズムである．赤道域では入ってくる熱量が出ていく熱量より大きく，中緯度地帯では両者が均衡しており，極域では逆転する．このアンバランスを調整するのが大気と水の循環による南北間の熱輸送である．この熱輸送がなければ，赤道域はより高温に，極域はより低温になるので，このメカニズムは地球レベルで気温を平準化する働きをもつ．すなわち，熱帯が受け取る太陽エネルギーが駆動力となって，地球規模の大気と水，および海洋の運動が引き起こされている．この運動こそが地球圏の主たる論理をなす（甲山 2010）．本章では，地球圏における熱帯の役割をより理解するために，この地域を熱帯地球圏として定義する．

　熱帯地球圏には，時空間スケールの異なるさまざまな力が働く．それらの力が拮抗しているために，熱帯地球圏の動きは複雑で，予測することがきわめて難しい．人間圏からみたときに，この複雑性，予測困難性は大きな意味をもつ．なぜなら，今日の人間圏の発展のパラダイムは，予測可能な環境，

確実に入手できる資源を前提として成り立っているからである．20世紀後半における世界各地での大ダム建設や大規模灌漑排水事業の展開は，温帯や熱帯という地球圏の特性の違いを超えて，このパラダイムに基づく開発が推進されたことを示している（河野ほか2010）．しかし，熱帯の地球圏は明らかに温帯の地球圏とは異なる．この点をふまえて人間圏の発展を考えることこそ，持続型生存基盤論が目指すところである．

本章では，複雑系としての熱帯の気候システムに焦点をあてて，熱帯における地球圏と人間圏の関係について考察する．第2節で熱帯地球圏に働く力を概観したのち，第3節と第4節ではテレコネクション[1]と極端気象を論じる．そのうえで，第5節では熱帯における近年の大規模開発が気候システムに与える影響について論じる．熱帯の地球圏は，温帯の地球圏とは比較にならないほど複雑である．かつ，人間社会が手にしている熱帯地球圏に関する科学的知見は，温帯と比較して，きわめて貧弱である．熱帯の地球圏を知る努力を続ける一方で，人間の想定を超えた複雑さをもつ地球圏とどのように向き合うのかを考えていかなければならない．

2 熱帯地球圏に働く力

熱帯地球圏には大きく三つのスケールの力が働いている．空間的に限定された地域レベルの局地風循環（海陸風循環），熱帯レベルで働くハドレー循環とウォーカー循環，全球レベルの大気循環である（図1-1）．それぞれの循環は異なる周期で変動している．地域レベルでは日周期変動が，熱帯レベルでは季節内振動が卓越し，全球レベルでは年周期変動やより長期の現象との関係が深い．熱帯以外においても同様のスケールの力は存在するが，熱帯の特徴はこの三つの力が階層を超えて結合している点にある．温帯では，温帯レベルと全球レベルの現象は熱帯や極域とのバランスで成り立っていることが多く，地域レベルの循環がより広域の循環に与える影響は限定的である．

---

[1] 地球上では，ある場所における気象が，遠く離れた他の場所の気象と密接に関係していることがあり，その関係をテレコネクションと呼ぶ．

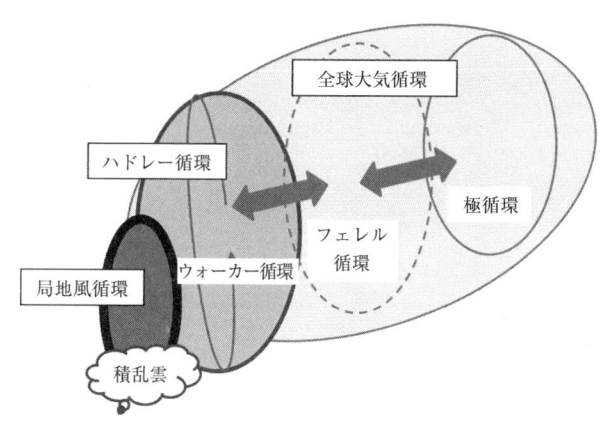

図1-1 熱帯地球圏に働く力
出典：筆者作成．

　まずは，熱帯レベルのハドレー循環とウォーカー循環に関して説明する．ハドレー循環は，赤道域で上昇し，北緯および南緯30度付近で下降する南北循環である（甲山 2010）．この循環は東西方向の全経度をつうじて働いており，太陽からの日射エネルギーが地表面に到達したのち，顕熱（直接加熱）や潜熱（水蒸気の蒸発・凝結にともなう熱）として放出されるエネルギーによって駆動されている．一方，陸地と海洋の分布が引き起こす東西循環がウォーカー循環である．同緯度ならば太陽からの放射エネルギーは同じになる．しかし，陸地のほうが海洋より暖められやすく，陸上の空気のほうが温度は上がる．すると，陸地では上昇気流が卓越し，相対的に温度の上がらない海洋では下降気流が卓越する．そのため，熱帯地方では，アフリカ大陸，南アメリカ大陸，インドネシア海洋大陸では上昇気流が，太平洋東部，インド洋西部そして大西洋では下降気流が卓越する．これがウォーカー循環である．ウォーカー循環の駆動には，海面水温の東西非一様性も関わっていることから，エルニーニョによる影響も大きい．エルニーニョの発生時には，赤道太平洋での海面水温の高い地域が平年よりも東に広がるために，大気の上昇気流域が東に移り，東西循環の上昇下降気流域の移動が起きる．

　ハドレー循環は，熱帯レベルの循環と全球レベルの循環をつないでいる．全球大気循環は，ハドレー循環と温帯に卓越するフェレル循環，極地域で卓

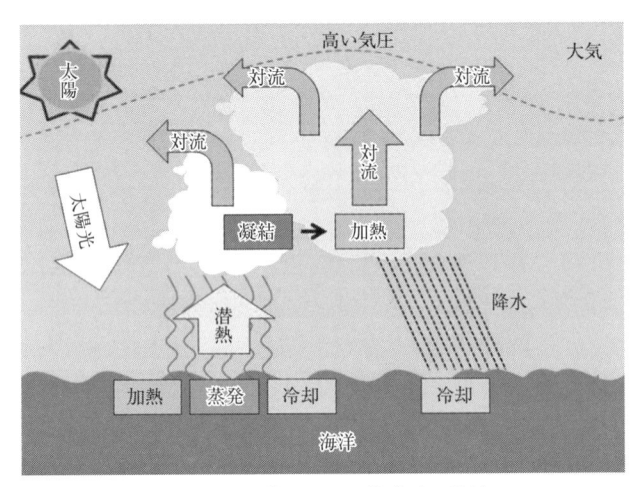

第1編 ──● 地球圏・生命圏の動態と生存基盤

図1-2 熱帯における積乱雲の役割
出典：筆者作成．

越する極循環の連鎖である（新田ほか 2002）．ハドレー循環と極循環は，熱的コントラストによって生み出される直接循環であり，フェレル循環は両者のバランスをとる補完的な循環である．エネルギー輸送の観点からみると，その駆動源はハドレー循環である．すなわち，フェレル循環は主としてハドレー循環によって駆動され，さらには極循環ともバランスを取りながら相互作用している．これが地球レベルでのエネルギーのアンバランスを解消するメカニズムである．これらの循環は，基本的には，年間をつうじて恒常的に働いている．空間的には年周期をもち，それがモンスーン等の季節を生む．また後で述べるテレコネクションに起因する現象は，一年を超えた周期ももつ．

　熱帯レベルの循環と地域レベルの循環はどのようにつながっているのか．まずは，局地風循環と呼ばれる地域レベルの循環を説明しよう．熱帯域は海洋が多くを占め，陸域も湿潤な地域が多い．したがって，地表面で受け取った熱を主として潜熱（気化熱）として放出する．水蒸気が上空に運ばれると凝結して雲をつくり，その時に潜熱（凝結熱）を開放して周囲の大気に熱エネルギーを渡す．すなわち熱帯におけるエネルギー輸送は，主として積乱雲が担っている．上昇した大気から放出された潜熱が，周囲の空気を加熱する

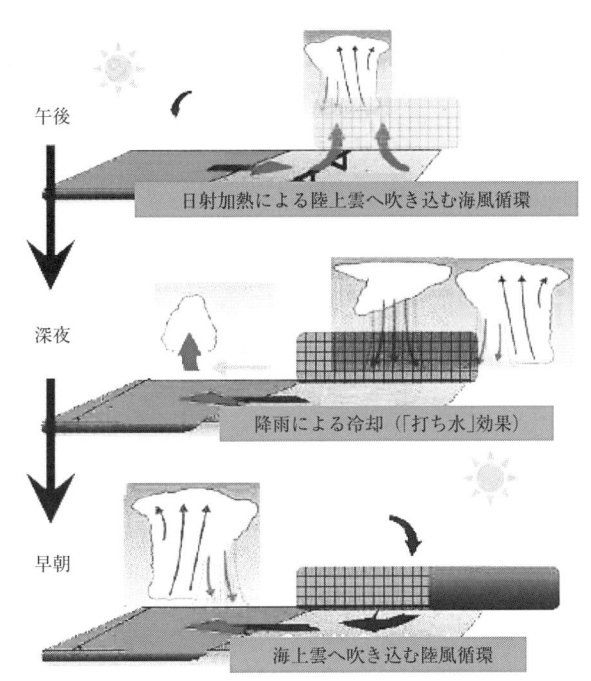

図1-3 「打ち水効果」による対流雲の日変化
出典：Wu et al. (2008).

ことでさらに上昇し，より大きな対流を形成する（図1-2）．しかし実際は，山に風が吹き込み強制的に上昇するなど，なんらかのきっかけがないと対流性の雲は生成されにくい．地球の自転による影響を受けない赤道域では，大規模水平渦運動がないことから雲の形成のためには局地風循環がより重要であり，なかでも日周期をもつ比較的小規模な海陸風循環が対流雲をつくる主たる要因である．海洋は熱容量が大きいので，一日をつうじて水温は大きく変化しない．これに対して陸面は，強い日射により加熱されやすい．日の出から正午ごろの晴れ間に強い日射が陸面を加熱すると，地表面付近の空気塊が上昇し，そこへ海風が吹き込む．この循環が積乱雲を発達させる．そして日没ごろから夜間に積乱雲は強雨を降らせ，大気を洗浄するとともに陸面を冷却し，積乱雲自身も消滅して大気をリセットする．海上では，真夜中から

日の出ごろには陸上より高温となるため，陸風が発生し，海上に雲が形成され日の出後に降雨を降らせる（図1-3）．このような小規模な対流活動がエネルギーを効率よく上空へと運ぶことこそが，ハドレー循環やウォーカー循環を駆動しているのである．数多くの島と海面水温の高い海が混在し「海洋大陸」と呼ばれる熱帯インド洋から西太平洋にかけてのインドネシア周辺では，海陸風循環が決定的な意味をもつ．

このように，熱帯地球圏では，異なるスケールの力が相互作用しているために，テレコネクションや極端現象が起こりやすい．以下ではそれぞれについて論じよう．

3 熱帯におけるテレコネクション

大気の流れは絶えず移り変わっているようにみえるが，前節で述べたように循環構造をもっている．テレコネクションとは，長周期の大気波[2]の伝播が引き起こす大気の循環構造のゆらぎである．テレコネクションは，ロスビー波のような長周期の大気波の伝播によって発生する．発生のメカニズムは海陸風循環と類似しているが，大気波によって遠隔まで伝播するために，地球規模の影響力をもつ．最初のテレコネクション研究として知られているのは，1924年にG. ウォーカー（Gilbert Walker）が名づけた北大西洋振動である．その後，熱帯のみならず，温帯や寒帯においてもさまざまなテレコネクションが「発見」された（山川 2005）（表1-1）．とりわけ1970年代から1980年代にかけてはエルニーニョに関連した研究が進み，太平洋赤道域の海水温異常が世界各地の異常気象と連動する仕組みが詳細に解明されはじめた．周期の長いものでは，大西洋数十年規模振動が知られており，これは海水のコンベアベルトと呼ばれる1,000年から2,000年を周期とする海洋の熱塩循環との関連が指摘されている．これらのテレコネクション研究が進むことで，地球

---

[2] 大気波は，大気中に発生するあらゆるゆらぎの総称で，発生の原因はさまざまである．代表的な大気波であるロスビー波は，大陸と海洋の温度差や地形の高低差などによって大気が揺すぶられて生じる．

表1-1 気候システムにおける代表的なテレコネクション

名　称	英語略称	対象とする地域	周期
マッデン・ジュリアン振動	MJO	西太平洋・大西洋・インド洋各地の赤道域	1-2ヵ月
半年周期振動	SAO	赤道域成層圏上部〜中間圏下部 / 赤道域中間圏上部〜熱圏下部	約半年
エルニーニョ・南方振動	ENSO	インドネシア近海 / ペルー沖の太平洋	不定期
ダイポールモード現象	IOD	インド洋赤道域東部 / インド洋赤道域西部	不定期
成層圏準2年周期振動	QBO	成層圏赤道域各地	約2-3年
太平洋十年規模振動	PDO	太平洋各地	約10年
太平洋・日本パターン	PJ	日本 / 西太平洋赤道域	不定期
太平洋・北米パターン	PNA	太平洋西部から北アメリカ大陸	不定期
北極振動	AO	北極 / 北半球中緯度	不定期
南極振動	AAO	南極 / 南半球中緯度	不定期
北大西洋振動	NAO	アイスランド付近 / アゾレス諸島付近	不定期
大西洋数十年規模振動	AMO	北大西洋	数十年

出典：筆者作成．

圏のシステムに関する理解が進むことが期待される．

　低緯度で顕著なテレコネクションとして，マッデン・ジュリアン振動 (Madden Julian Oscillation; MJO) が挙げられる．MJO とは，西太平洋・大西洋・インド洋からフィリピンにかけての赤道上空で偏西風と偏東風がぶつかりあい，積乱雲が発生する大気循環場が約1-2ヵ月かけて東進する大気振動で，7日から20日程度の周期をもつ季節内変動の一つである．とくに赤道上空では顕著で，気圧，循環，降水といった大気振動の波が地球を周り続けている．MJO は，熱帯に豪雨災害をもたらすほか，熱帯低気圧の発生やモンスーン，エルニーニョなどにより，全球レベルの気象や気候に大きな影響を与えている．

　エルニーニョ・南方振動 (El Nino Southern Oscillation; ENSO) は，赤道太平洋の現象であるエルニーニョと，それに密接に関係する大気現象である南方振動の二つの現象の総称である．太平洋赤道域の日付変更線付近から南米のペルー沿岸にかけての広い海域で海面水温が平年に比べて高くなり，その状態が1年程度続く現象である．逆に，同じ海域で海面水温が平年より低い状態が続く現象はラニーニャ現象と呼ばれている．ひとたびエルニーニョ現象やラニーニャ現象が発生すると，世界中の気候に影響を及ぼす．通常，熱帯

太平洋の西部は海面水温が高く，対流活動も大変活発な領域である．しかし，エルニーニョ年には，暖水域が太平洋東部に広がり，それにともなって対流活動域も東に移動するため，西部太平洋周辺（インドネシア・オーストラリア）では干ばつになりやすく，太平洋中部では降水量が増大する．また南アメリカの西岸では，大雨が発生しやすくなる．なお ENSO の影響は赤道域にとどまらず，対流活動域の変動によって励起されたロスビー波によって高低気圧のパターンを左右するなど，中高緯度にまで及ぶ．

　熱帯地球圏の論理を理解するには，固有の周期を知る必要がある．太陽放射だけならば，当然ながら，日周期や年周期が卓越する．しかしテレコネクションはさまざまな周期を生む．モンスーンにおける気圧や降水活動は数週間を周期とする季節内変動をもつ．ENSO の周期は 2 年から 7 年と言われているが，必ずしも明確ではない．さらに，数十年周期という長期的なトレンドも存在する．

4　極端現象と人間社会

　熱帯地球圏を人間社会からみた場合，どのようなことがいえるだろうか．日本の気象庁は過去 30 年の気候に対して偏りを示した天候を異常気象と定義している．これは気候を，一定の平均値のもとで変動する現象とみなす考えに基づいたものである．しかし実際には，ENSO に代表されるように，数年とか数十年という周期で変動している．このような変動は，住民も経験的に理解している．したがって，気候の変動を織り込んで異常気象を認定する必要がある．そこで近年は，異常気象に代わって，極端現象（Extreme Event）が注目されるようになりつつある．極端現象とは，極端な気象・現象のことであり，干ばつ，大雨，熱波，熱帯低気圧など，人間社会に大きな影響を与える．これは気象現象を，地球圏と人間圏の関係性のなかで理解する必要があることの表れでもある．熱帯では極端現象が多発する．以下では，熱帯の代表的な極端な気象である干ばつと台風についてみてみよう．

　赤道域に位置するインドネシアでは，熱赤道の位置と西寄りの気流と東寄

りの気流のバランスによって雨季・乾季が決まる．雨季の長短や強弱はその年の水稲の作柄を左右するので，大きな関心が払われてきた．境田らによると，ジャワ島における1976-99年の水稲生産量の変動を解析したところ，対象期間の前半の約10年間はエルニーニョの影響はあるものの，収穫面積と単位収穫量の単調増加がみられた（境田ほか2001）．後半は収穫面積，単位収量ともに伸びが鈍化し，エルニーニョ年に収穫量が減少するという変動がみられた．また降水量が3,000 mmを超える多雨地帯や，灌漑設備が必要な少雨地帯よりも，中間の地域の収穫量がより降水量変動の影響を受けると指摘している．

インドネシアと同じくフィリピンにおいても，エルニーニョになると全体的に乾燥をもたらすため，特定の地域では深刻な干ばつの危険性が高まる（本書第2章）．さらに，北緯5度から20度に位置するフィリピンは台風が発生しやすい地域である．年間を通して台風（熱帯低気圧）が発生しており，破壊的な台風の襲来は10月と11月がピークである．過去59年間のフィリピン周辺観測領域における年間台風発生数は平均で約20個，最も多い年で32個（1993年），最も少ない年で11個（1998年）であった．上陸数は平均約9個，最も多い年で19個（1993年），最も少ない年は4個（1955，1958，1992，1997年）であった（大石2010）．ただし，統計データからはフィリピンに上陸する台風数とENSOとの関連は，明確であるとはいえない．

一方，B. ワン（Bin Wang）らは台風の発生位置や経路に対して，季節ごとの解析を行った（Wang and Chan 2002）．1965年から1999年のうち，エルニーニョ年（1965，1972，1982，1987，1991，1997年）とラニーニャ年（1970，1973，1975，1988，1998，1999年）を選び，3-6月，7-9月，10-12月の期間の台風の発生数をカウントした（図1-4）．また，台風の発生数が顕著であった7-9月と10-12月については，北西太平洋領域を四分割し，それぞれの領域内で発生した台風の数を比較した．その結果，エルニーニョ年の7-9月には北西領域（北緯17-30度，東経120-140度）で7個，南東領域（北緯0-17度，東経140-180度）で31個と南東に集中しているのに対して，ラニーニャ年の7-9月には北西領域において28個，南東領域において2個と北西に偏っていた．10-12月においても同様の傾向がみられた．すなわち，ラニーニャ

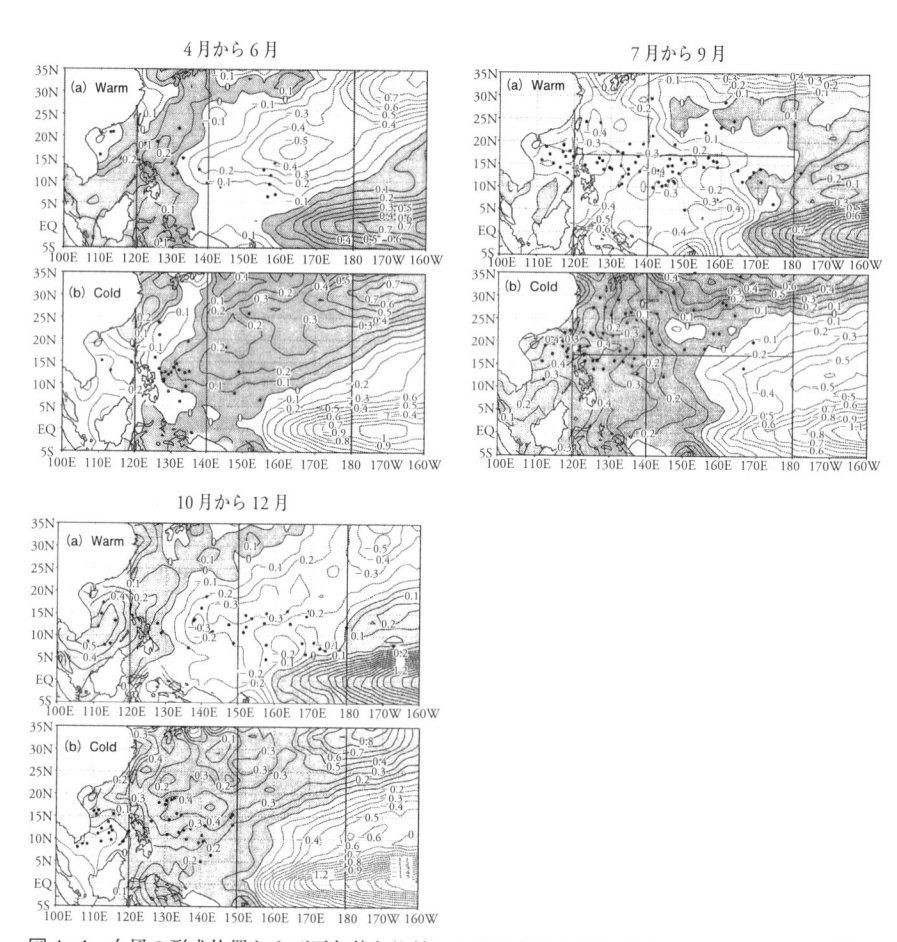

図1-4 台風の形成位置および平年値と比較した海面水温の偏差（(a)：エルニーニョ年，(b)：ラニーニャ年）
出典：Wang and Chan (2002).

年にはフィリピン近海での台風発生が卓越するが，エルニーニョ年の台風発生場所はフィリピンから遠く離れている．それにもかかわらず，「フィリピンでは，猛威をふるう台風や洪水により深刻な被害を受けた後，（エルニーニョに起因する）干ばつに見舞われるという悲惨な状況が生じることがある」（本書第2章）と18世紀末の聖職者や植民地政府当局者が記録している．科学的

図1-5 9月から11月に発生した台風の移動経路（(a)：エルニーニョ年，(b)：ラニーニャ年）
出典：Wang and Chan (2002).

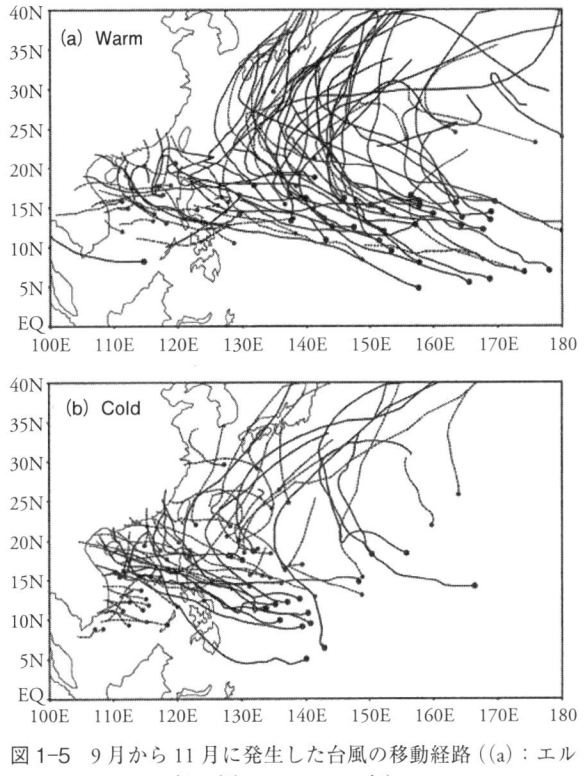

な観測データ（図1-5）が裏づけているように，エルニーニョ年に南東部で発生した台風も，一部はフィリピンにまで到達しているからである．

先に述べたように，熱帯では，地域，熱帯，全球という三つのレベルで働く力が階層を超えて結合している．これが，干ばつやエルニーニョと台風のように，一見関連しない現象が連動する原因である．ここにこそ，熱帯における極端気象のもう一つの特徴がある．

5 大規模開発が気候システムに与える影響

　ここまでは,熱帯地球圏がもつ特徴と人間社会へのインパクトを解説した.本節では,人間活動が熱帯地球圏に与える影響に関して述べよう.

　インドネシアでは,この 20 年間で,オイルパームやパルプ用のアカシアを生産するために,大規模プランテーション開発が進行し,熱帯雨林が急激に減少した.スマトラとカリマンタンの低地においては,1990 年から 2005 年までの 15 年間で,じつに 41％もの森林が失われたと報告されている(図 1-6).無秩序な開発と,エルニーニョによる極端な乾燥が重なると森林火災が発生する.エルニーニョ年であった 1997-98 年にかけて,スマトラおよびカリマンタンを中心に大規模な火災が発生した.それにより焼失した森林面積は,政府発表によると約 81 万 ha と言われている.従来は,それらの島では,年間をつうじて降雨量が多く,湿潤な熱帯雨林が広範囲に分布していたために森林火災は少なかった.しかし,1997-98 年の大規模森林火災の際には,エルニーニョの影響で干天が続き森林が激しく乾燥したところへ,オイルパームなどのプランテーション造成のための火入れが延焼して,消火不能な状態に陥ったものと考えられる.

　近年は,これまで開発が進んでいなかった泥炭湿地林のプランテーションへの転用が進んでいる.泥炭湿地は,泥炭中に多量の炭素を蓄積しており,さらには年中水位が高いことから,気候システムにおいては海洋と陸域の中間的な挙動を示す.プランテーションに転用するためには大規模な排水が不可欠である.しかし,排水された泥炭湿地はきわめて火に弱い.実際, S. E. ページ (Susan E. Page) らは,1997-98 年の火災による熱帯泥炭からの炭素放出量は,全世界の化石燃料利用による炭素放出量の 13％から 40％に相当すると推定している (Page et al. 2002).

　インドネシア海洋大陸は,全球のエネルギー・水循環の主たる駆動源である.そこでの大規模な土地利用の改変が熱帯地球圏にどのような影響を与えるのか,また,熱帯雨林の減少と泥炭湿地の開発が地域レベルや熱帯レベルの水循環にどのような影響を及ぼすのかは,まったくわかっていない.熱帯

第 1 章　地球圏からみた熱帯

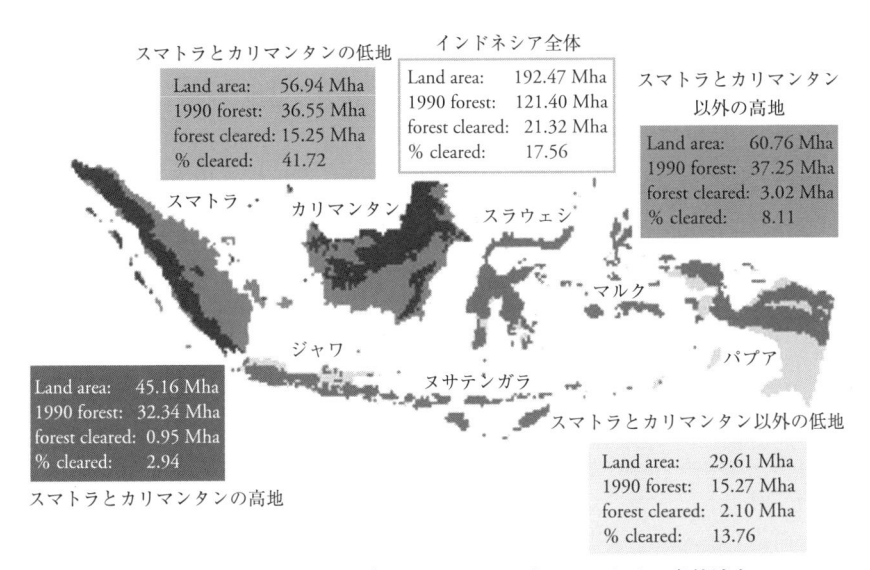

スマトラとカリマンタンの低地
Land area:　　　56.94 Mha
1990 forest:　　36.55 Mha
forest cleared: 15.25 Mha
% cleared:　　　41.72

インドネシア全体
Land area:　　　192.47 Mha
1990 forest:　　121.40 Mha
forest cleared: 21.32 Mha
% cleared:　　　17.56

スマトラとカリマンタン以外の高地
Land area:　　　60.76 Mha
1990 forest:　　37.25 Mha
forest cleared: 3.02 Mha
% cleared:　　　8.11

Land area:　　　45.16 Mha
1990 forest:　　32.34 Mha
forest cleared: 0.95 Mha
% cleared:　　　2.94
スマトラとカリマンタンの高地

スマトラとカリマンタン以外の低地
Land area:　　　29.61 Mha
1990 forest:　　15.27 Mha
forest cleared: 2.10 Mha
% cleared:　　　13.76

図 1-6　1990 年から 2005 年におけるインドネシアにおける森林減少
出典：筆者作成．

　雨林の減少で予想される影響としては，アルベド（albedo）の増加，蒸発散量の減少，河川流出量の増大，土壌保水力の低下による干陸化，干陸化にともなう地表面温度の上昇，地表面粗度の減少などが挙げられる．ここでアルベドとは太陽放射に対する地表面の反射率であり，熱帯雨林のような立体的な森林の方が他の土地被覆よりもアルベドが低い．粗度とは大気からみたところの地表面の細かな凹凸であり，粗度が大きいと風速が減少する効果がある．
　アルベドの増加により地表面が受け取るエネルギーは減少し，干陸化とも重なって蒸発散量は減少する．一方，エネルギーの総量は減るものの，乾燥が進行するので，日中から夕方にかけての地表面温度は今まで以上に上昇し，海陸の熱的コントラストは増大する．前者により，大気への水蒸気の供給量が減少するため，降水量は減少する．これに対して後者により，対流活動が活発になるので，降水量は増大する．どちらの効果が卓越するかは，海陸循環のスケールに依存し，海に近い地域では熱的コントラストの効果が卓越し，内陸部では水蒸気供給量減少の効果が卓越すると考えられるが，正確には予測できない．さらに，地表面粗度の減少は森林減少地域における大気

下層の風速上昇につながり，水蒸気収束および降水量の減少を招く可能性がある．このように熱帯雨林の減少が気候システムに与える影響は多面的である．とりわけ，大規模な泥炭湿地林の開発の場合はより複雑である．気候システムの予測は，人間圏や生命圏との相互作用が動的に変化するため，きわめて難しい．

6 おわりに — 熱帯地球圏の予測可能性

　熱帯は，地球圏と生命圏の核となる地域である．しかし一方で，自然現象が人間圏の状況を大きく左右する地域である．すなわち人間圏の地球圏や生命圏に対する位置づけが多少高まりつつあるとしても，熱帯の地球圏や生命圏を前にしたとき，人間圏がコントロールできる範囲はまだ小さい．この背景と意義を，複雑系と予測可能性という観点から考えてみよう．

　広義の複雑系とは，多数または未知の要素が関係して系全体の振る舞いが決まるシステムにおいて，それぞれの要素が相互作用するために予測困難な系である．狭義の複雑系では，さらに構成要素の関係性が動的に変化する．複雑系においては小さな要素の組み合わせでも未来に大きな影響を与える可能性があることから，例外的な事象を除いて正確な未来予想は不可能である．複雑な全体を分解し個々の要素を調べることで全体を理解しようとする還元主義的なアプローチでは難しく，複雑な系の全体をその複雑さを含んだまま理解する必要がある．熱帯の地球圏は，まさに複雑系である．

　現業の天気予報では，個々の雨や雲ではなく，高気圧，低気圧，前線，台風などの現象を予測する．この規模の気象現象を扱うのが総観気象学[3]であり，およそ 1,000 km から 10,000 km のスケールをもつ．温帯に降水をもたらす低気圧の寿命は 1 週間から 2 週間であることから，その期間であれば予測可能性がある．すなわち，現地観測および衛星観測によって求めた温帯低気

---

3) 総観気象学は，数日単位の気象を扱う気象学の一分野であり，天気予報に応用される．地上天気図で見る温帯低気圧や移動性高気圧，前線，高層天気図でみる気圧の谷や尾根など数千 km 規模で，数日単位の気象を解析する．

圧の空間スケールと移動速度から，降水の時期と場所を予測することができる．温帯の降水現象は，おおむね1日程度の時間スケールをもつことが多い．したがって，予測の時間スケールも1日程度でよい．一方，熱帯の雨は主として積雲対流で起こり，一つの大きな積乱雲のなかにいくつもの小さな降水セルが存在している．積乱雲の寿命は数時間であり，スケールが数 km から 10 km 程度とさらに小さい降水セルの寿命は約 30 分から 60 分程度である．このような時空間規模の現象を，総観気象学で把握することは難しい．

　近年，観測技術が向上するにつれて，さまざまな現象の解明が進んでいる．とくに衛星技術観測の発達により，ローカルな現象と地球規模の現象を結びつけて考えることができるようになった．気候モデルと計算機が発達し，陸面のパラメータを操作して気候をシミュレーションすることにより，人間社会の活動が気候に与える影響を定量的に把握することができるようになってきている．熱帯気象予測の観点からは，季節内変動と台風の発生過程の予測は依然として弱い．しかし，物理ベースの全球雲解像モデルによる再現精度の向上により，モンスーンの開始や MJO といった季節内周期を雲降水システムの日周期に基づいて予測できるようになる可能性がある．それでも熱帯低気圧の発生を正確に予測することは，さらに難しい．まずは数週間スケールの季節内変動や，より長期のテレコネクションを十分な精度でモニタリングすることが必要である．積乱雲や熱帯低気圧のような個々の事例に関しては，モデルをもちいた予測だけではなく確率統計的な処理を併用する必要がある．

　しかし同時に，科学技術がいくら進歩しても，正確な予測が可能になるわけではない．仮に予測が可能になったとしても，時空間的に多様な変動への対応を一般化することは難しい．すなわち従来の熱帯人間圏がそなえていた変動に柔軟に対応できる社会システムの構築を合わせて考えることこそが，熱帯地球圏とともに生きるためには必要である．耐用年数が 50 年を超えるような河川堤防や大規模ダムの建設などの社会資本の整備においては，数十年規模での気候変動に対応するために，ある程度の幅をもって柔軟な対策を検討する必要がある．ハードな構造物のみに依存するのではなく，気候変動をふまえた生業の変化や居住地の移動なども視野に入れる必要がある．科学

技術で得られた知見と従来のシステムの利点を組み合わせることで，熱帯が従来もつ潜在力を引き出すことが求められている．

参考文献

Hansen, M. C., S. V. Stehman, P. V. Potapov, B. Arunarwati, F. Stolle and K. Pittman 2009. "Quantifying Changes in the Rates of Forest Clearing in Indonesia from 1990 to 2005 Using Remotely Sensed Data Sets", *Environmental Research Letters*, 4(3): 1–12.

河野泰之・孫暁剛・星川圭介 2010.「水の利用からみた熱帯社会の多様性」杉原薫・川井秀一・河野泰之・田辺明生編『地球圏・生命圏・人間圏 ── 持続的な生存基盤を求めて』京都大学学術出版会，185–209 頁.

甲山治 2010.「地球圏の駆動力としての熱帯」杉原薫・川井秀一・河野泰之・田辺明生編『地球圏・生命圏・人間圏 ── 持続的な生存基盤を求めて』京都大学学術出版会，129–150 頁.

新田尚・木村龍治・安成哲三・伊藤朋之・住明正 2002.『キーワード気象の事典』朝倉書店.

小倉義光 1999.『一般気象学［第 2 版］』東京大学出版会.

大石哲 2010.「フィリピン・台風災害調査報告」『土木学会誌』95(2): 30–33.

Page S. E., F. Siegert, J. O. Rieley, H. -D. V. Boehm, A. Jaya, S. Limin 2002. "The Amount of Carbon Released from Peat and Forest Fires in Indonesia during 1997", *Nature*, 420: 61–65.

境田清隆・村山良之・田村俊和 2001.「インドネシアジャワ島における降水量と水稲生産の変動」『地球環境』6(2): 183–194.

Wang, B. and J. C. L. Chan 2002. "How Strong ENSO Events Affect Tropical Storm Activity Over the Western North Pacific", *Journal of Climate*, 15: 1643–1658.

Wu, P., M. D. Yamanaka and J. Matsumoto 2008. "The Formation of Nocturnal Rainfall Offshore from Convection Over Western Kalimantan (Borneo) Island", *Journal of the Meteorological Society of Japan*, 86: 187–203.

山川修治 2005.「季節～数十年スケールからみた気候システム変動」『地学雑誌』114(3): 460–484.

第2章

気候変動・食糧生産・農村社会
―― 1582年から2009年のフィリピン ――

J. F. ウォーレン
河野　泰之 訳

1 はじめに

1-1　本章のねらい

　本章では，食糧不足と飢饉の原因，およびその帰結を，エルニーニョという気候要因と干ばつ，食糧供給，地域特性，社会構造との関係性に基づいて検討する[1]．過去から現在にいたる飢饉の検討において強調されるのは，気候変動と食糧生産と農村社会の構造的連関である．食糧不足と飢饉はフィリピン社会を考えるうえできわめて重要な要素であり，この連環こそが，フィリピン社会の政治的・経済的変動や社会階層間の不平等に関わる歴史的諸関係に大きな影響を与えてきた．

　本章は，2009年12月15-17日に開催された京都大学グローバルCOEプログラム「生存基盤持続型の発展を目指す地域研究拠点」の第3回国際会議 "Changing Nature of "Nature": New Perspectives from Transdisciplinary Field Science"（於京都大学）に提出された論文 "Climate Change and the Impact of Drought on Human Affairs and Human History in the Philippines, 1582 to 2009" を著者の了解を得て翻訳したものである．訳者の質問に丁寧に答えていただいた著者に感謝する．

1) 気温の上昇が気候の変動と地球規模での歴史に与えた影響について概説した文献としては，Lamb (1982), Fagan (2008), Flannery (2006), Dirks (1980) を参照．

多くのフィリピン研究者にとって，飢饉や飢餓はあまりにも不快なものだったので，その歴史や社会への影響を理解しようとする努力はほとんど行われてこなかった．本章では，気候，環境，人間活動に対する古典的なアプローチをもちいて，干ばつ，病気，食糧不足，飢饉に関する過去の見取り図を再構築し，気候変動と食糧生産と農村社会の構造的連関が今日においてもフィリピン社会に内在するものであることを示す．

1-2 飢饉と歴史変動

M. デイヴィス (Mike Davis) が強調しているとおり，植民地支配下のアジア，アフリカ，ラテンアメリカの極貧層や極貧地域は，ヴィクトリア時代の最後の数十年間，大変な苦難を味わった (Davis 2001)．環境史と政治史に関するこの重要な著書で，デイヴィスは，1876年から1900年にいたる期間にブラジル，中国，インドで起きた深刻な飢饉に言及している．これらの地域では，エルニーニョ由来の干ばつに，相次いで3回襲われた．極端な気象と植民地を支配する政治勢力の無作為が重なったために飢饉が広がり，赤道近辺に住む3,000万人から5,000万人が飢えと干ばつで息絶えるという，14世紀にヨーロッパで猛威を振るった黒死病の蔓延以来の，人類史上最悪の悲劇がもたらされた．この出来事は，災害に対する脆弱性を歴史的な背景をふまえた政治問題として捉える必要があることを示している．

D. アーノルド (David Arnold) は，南アジアでの調査に基づいて，飢饉，社会危機，歴史変動に関する明晰な分析を行ったが，そのなかで，その異常性を強調して飢饉を以下のように定義している．

> （飢饉は）社会と経済に混乱をきたすほどの規模をもつ集団災害である．多くの場合，飢饉は，並はずれて深刻な困窮と飢えに加え，異様なほど多くの死をもたらし，…中略…さらには，それまでの労働と生存のパターンを完璧に破壊してしまい，…中略…労働倫理や社会行動を律する慣習的規範を大きな混乱に陥れることもある (Arnold 1988)．

アーノルドによれば，飢饉が気候変動に起因することは言うまでもないが，

同時にそれは政治経済構造と密接に関連している．死亡率の異常な増加（飢えと結びついた伝染病が要因となる場合が多い）や出生率の低下，移民の増加をつうじて，人口動態にも大きな影響を与える．

1-3 フィリピン社会とエルニーニョ

　植民地化されるまでのフィリピンでは，自然災害は時間的・空間的に隔離された現象だった．しかし，植民地支配が始まると，世界市場の動きや農村人口の大規模な移動，食糧危機をともなう自然災害が，時間的・空間的な構造をもつようになった．自然災害の影響は広域化したが，同時に地域差もみられた（Torry 1979; Dery 2006; de Bevoise 2002）．

　フィリピンの干ばつの現状と将来を考えるための過去の見取り図を再構築するためには 17 世紀まで遡るのが有効であろう．そのきわめて貴重な証拠となるのは，ベラルジュ（Belarge）が収集した 1514 年から 1929 年までの中部ジャワにおける気候変動の影響をとどめた年輪の記録である．A. リード（Anthony Reid）は，この記録をもちいて，1598 年から 1674 年までの東南アジアはその前後に比べて乾燥が著しかったこと，とりわけ 1643 年から 1671 年までは乾燥状態がピークに達していたことを明らかにした（Reid 1993）．一方，P. ボムガルヅ（Peter Boomgaard）は 17 世紀のインドネシア諸島の危機的な出来事を系統的に調べ，1605-16 年，1634-38 年，1659-65 年，1673-76 年，1684-87 年と，まさに 17 世紀をつうじて，深刻なエルニーニョが周期的に発生していたことを指摘した（Boomgaard 2001）．エルニーニョの発生は，現地社会の経済と農業生産に打撃を与え，凶作と飢饉を引き起こした（Reid 1993: 291-293）．フィリピンにおいても，とりわけ 1643-44 年と 1868-87 年の食糧不足と飢饉は，エルニーニョと明らかに関係している．

　17 世紀末以来今日まで，食糧不足と飢饉の発生頻度は増加しているが，その一因はエルニーニョとそれに起因する干ばつの発生頻度の増加にあると考えられる．そこで，本研究を進めるにあたり，フィリピンの過去数世紀における干ばつの発生頻度に関するデータを収集した．さらに，19 世紀，とくにその最後の 25 年間のデータを追加し，その期間にフィリピンの気候の

変動が大きくなったこと，それが飢饉のリスクを高めた可能性のあることを示した．

　食糧不足と飢饉は，これまでずっと，フィリピン社会にとってきわめて重要な関心事だった．デイヴィスによれば，「飢饉は，生存権をめぐる戦争である」(Davis 2001: 6-16)．最近，L. C. デリー（Luis Camara Dery）は，16 世紀から 18 世紀のフィリピンにおけるペストについての研究をまとめ，飢饉のように徐々に「忍び寄る」災害を含む自然災害（台風，地震，火山の噴火）に注目している[2]．しかし，生存をかけた恐ろしい戦争がフィリピンで何世紀にもわたって闘われてきたことは，あまり知られていないし，包括的に述べられたこともない．

　政治経済構造と気候変動の悪循環によって発生する食糧不足や飢饉は，穀物や仕事の分配構造や社会のセーフティーネットの崩壊を招く危険性を高めている（Brun, in Dirks 1980: 34-35）．フィリピンの農民はいまだに飢饉を克服するにいたっていない．スペインとアメリカの植民地支配下から今日まで，自然災害と食糧不足は欠乏と困窮と死を絶え間なく生み出してきた．20 世紀になると，エルニーニョとラニーニャが交互に発生するようになり，干ばつ被害が増加して，フィリピンの農業生産はますますその影響を受けるようになった（Benson 1997; Bankoff 2002）．この 20-30 年間でさえ，ビサヤ諸島やミンダナオ島の一部の地域では食糧不足が深刻であり，何百万人もが飢えや餓死の脅威と隣り合わせに暮らしている．本章で詳述する食糧不足と飢饉は，16 世紀から 20 世紀までのフィリピン社会の日常生活に組み込まれてきたものである．

---

[2] 17-18 世紀に植民地支配，洪水，干ばつ，飢饉，伝染病がもたらした州別の死亡者数については，Dery（2006: 57-144）を参照．

2 エルニーニョと干ばつ

2-1 エルニーニョとその影響

　気候変動とその影響をめぐる議論は，地表の気温が，過去1世紀という比較的短い期間にかつてないほどの速度で上昇したことを示している．エルニーニョは，太平洋の海面温度のわずかな変化が赤道沿いに吹く風を変化させることに起因する．この地域の海面温度は，通常は，西高東低だが，この温度勾配が緩やかになると，インド洋や西太平洋では干ばつが生じる一方，普段は乾燥している南米大陸の太平洋沿岸が大雨や洪水に見舞われる (Nicholls 1997)．20世紀になると，エルニーニョは前例のないほど頻発するようになった．その頻度は，過去13万年間をとおしてみても異常なピークである (BBC, 2011年1月26日)．過去20-30年間，南方振動の動きが変化し，その結果，エルニーニョが頻発するとともに，ラニーニャが減少した (Couper-Johnston 2000; Glantz 1996; Fagan 1999)．南方振動の動きは，降水量に代表される気象を変化させ，土地利用や農業生産に影響を与える．フィリピンでは，エルニーニョになると台風の数が減少するとともにその勢力が弱くなることが経験的に知られており，全体としては，エルニーニョは乾燥をもたらし，特定の地域では深刻な干ばつの危険性が高まる (Allen 1988; Nichols 1993; Diaz and Kiladis 1995)．

2-2 干ばつの変動性

　フィリピンでは，猛威をふるう台風や洪水により深刻な被害を受けた後，干ばつに見舞われるという悲惨な状況が生じることがある．1780年代から1790年代にかけて，スペイン人の聖職者たちと植民地政府当局者たちは，このような洪水と干ばつが交互に繰り返して発生することに注目するようになった．そして，18世紀末までには，ルソン島南部でフランシスコ会の神父たちが，さらに時代が下ってからはイエズス会の気象学者たちが，こうし

た周期的な干ばつが何年かにわたって続く可能性があると人々に警告するようになった．彼らは公式報告で気象災害，とりわけ干ばつの影響を詳しく記した．

エルニーニョ現象については，20世紀末になって解明が進み，21世紀初頭になると，国際的な気象予報士たちは，破壊的なエルニーニョ現象が，ほぼ4年から5年に1度という周期で発生すると予測できるようになっていた（Glantz 1996: 73-89）．しかし，それ以前は，どの地域が降雨量の減少等の影響を受けるのかを予測するのは，とりわけフィリピンの気象学者にとって困難だった．人口の大半が自給作物や輸出用の換金作物の栽培で生計を立てているにもかかわらず，干ばつと台風に周期的に襲われることは，イエズス会の気象学者たちにとって頭痛の種だった（Hookway 2007: 47）．

フィリピンで計器による気象観測が始まったのは，1875年にマニラ観測所が設立されて以降である．それ以前の干ばつに関する情報を収集するためには，歴史記録や著作を掘り起こさなければならない．ここでは，デリー（Dery 2006）による1571年から1800年までのフィリピン，とりわけルソン島における災害に関する情報を再構成してもちいる．表2-1は，干ばつとエルニーニョの発生パターンとその結果もたらされた食糧不足や飢饉との関連性を理解するための手がかりを提供している．

記録に残っている最も古い干ばつは1581-82年のエルニーニョの直後の1583年にパンパンガ，トンド，ブラカンの3州で発生した（図2-1）．また，表2-1からは1683年から1704年までの一連の干ばつが，これら3州の社会・経済と人口動態に深刻な影響を及ぼしたことを読み取れる．W. H. キン（William H. Quinn）ら（Quinn and Neal 1992）によると，1680年代には，1681年，1683-84年，1687-88年と3度続けてエルニーニョが発生したが，そのうち，フィリピンが影響を受けたのは1683-84年のみだった．だが，1690年代にもエルニーニョ由来の干ばつが，1692年，1694-95年，1697年と次々に発生し，いずれも3州に深刻な影響を与えたのみならず，1701年と1703-04年にもエルニーニョ由来の深刻な干ばつが発生して，1690年代の干ばつ被害からの復興を遅らせた．

フィリピンにおいて前例のない社会・政治的激動期の幕開けとなった

表 2-1　エルニーニョ，干ばつ，飢饉　1582-1795 年

年	事象	被害地域	エルニーニョ
1583	干ばつ，火災	パンパンガ，トンド，ブラカン	1582-1583
1614	干ばつ	トンド	
1626-1629	干ばつ，イナゴ	イロコス	
1644	干ばつ，イナゴ，高死亡率	パンパンガ，トンド，ブラカン　トンド	
1650-1653	干ばつ，イナゴ	トンド	1650, 1652
1651	干ばつ	パンパンガ	1650
1652	干ばつ，天然痘	パンパンガ，トンド	
1653	干ばつ	イロコス，パンパンガ	
1654	干ばつ	イロコス	
1658	干ばつ	イロコス	
1685	干ばつ，洪水	パンパンガ，トンド	1683-1684
1686	干ばつ，洪水	パンパンガ，トンド	
1690	干ばつ	ブラカン	
1692-1697	干ばつ，洪水	パンパンガ，トンド，ブラカン	1692, 1694-1685, 1697
1701-1705	干ばつ，イナゴ，洪水	パンパンガ，トンド，ブラカン	1701, 1703-1704
1729	干ばつ	ラグナ	1728
1735	干ばつ	ブラカン	1734
1738	干ばつ，洪水	トンド，ブラカン	1737
1739	干ばつ	カガヤン，バタンガス	
1742	干ばつ	パンパンガ	
1745	干ばつ	パンパンガ，ブラカン	1744
1748	干ばつ	パンガシナン	
1749-1750	干ばつ	パンパンガ	
1750	干ばつ	トンド，ブラカン	
1752-1753	干ばつ	ブラカン	1751
1757	干ばつ	ブラカン	
1758	干ばつ	ブラカン	
1766-1767	干ばつ	ブラカン	1765-1766
1768-1774	干ばつ，洪水	パンパンガ，トンド	1768-1769, 1769-1770, 1772-1773
1769-1771	干ばつ，洪水	ブラカン	1768-1769, 1769-1770
1771	干ばつ，洪水	パンガシナン	
1771	飢饉（大飢饉）	バタンガス	
1775-1777	干ばつ	ブラカン	1776-1778
1782	飢饉（大飢饉）	バタンガス	1782-1784
1789	干ばつ	カガヤン	
1795	飢饉（大飢饉）	イロコス	

出典：Quinn and Neal（1992: 623-648）; Dery（2006: 225-233）.

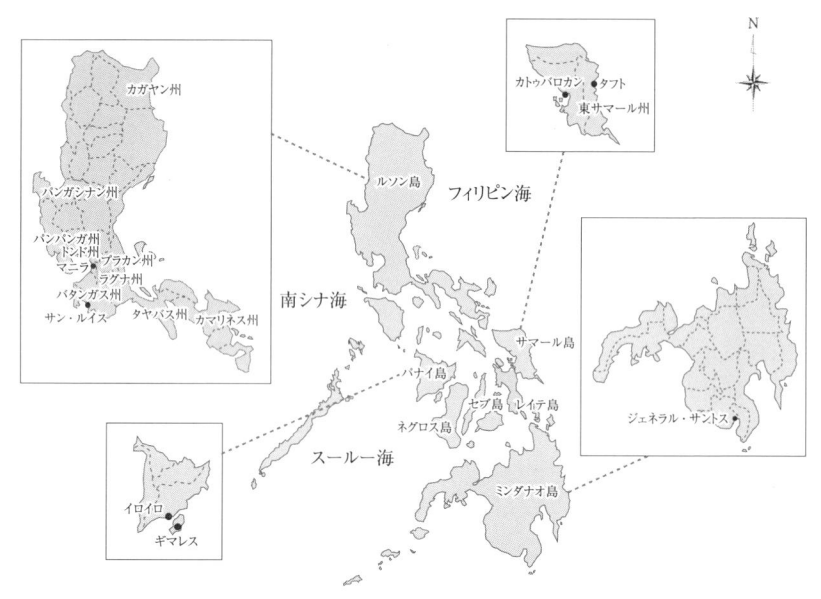

第1編 ──●地球圏・生命圏の動態と生存基盤

図 2-1　本章に出てくるフィリピンの州と都市

出典：訳者作成．

1760年代にも同様のパターンが生じている．ヨーロッパにおける七年戦争（1756-63年）の終結から1790年代にいたるこの時期に，ブラカン州では1766-67年と1769-71年に，パンパンガ州とトンド州では1768-74年にエルニーニョ由来の干ばつが起き，深刻な影響を受けた．パンパンガ，トンド，ブラカンの3州の干ばつの頻度は，1583年から1777年までの約200年間をとおしてみるとほぼ10年に1回だが，ブラカン州では1752年から1767年までの期間，ほぼ4年に1度ときわめて高い頻度で干ばつが起きている．また，17世紀の後半と同様，バタンガス州（1771年と1782年）やイロコス地方（1795年）でも大飢饉が発生し，多くの人々が深刻な飢えに苦しんだ．

　1875年に計器による気象観測が始まって以降は，エルニーニョは10年で数回の頻度で発生している（表2-2）．エルニーニョの影響は，1970年代以降，長期化，深刻化し，干ばつで壊滅的な打撃を受けた農民たちが飢餓状態に追い込まれるという事態が生じるのみならず，フィリピン経済も一度ならず不

第 2 章　気候変動・食糧生産・農村社会

表 2-2　エルニーニョとラニーニャ，1872-2000 年

年代	エルニーニョ	ラニーニャ
1870	1877-78*	1872-73
1880	1880-81* 1885 1888-89	1886-87 1888-90*
1990	1891-92 1896-97* 1899-1900*	1892-93
1900	1902-03* 1905-06	1903-04 1906-07 1908-09
1910	1911-12* 1914-15 1918-19	1916-17
1920	1925-26*	1924-25
1930	1930-31* 1939-40	1931-32 1938-39
1940	1940-41	1942-43 1949-50
1950	1951-52* 1953-54 1957-58*	1950-51 1954-55* 1955-56*
1960	1963-64* 1965-66* 1969-70*	1964-65
1970	1972-73* 1976-77*	1970-71 1971-72 1973-74* 1975-76*
1980	1982-83* 1986-87 1987-88	1988-89*
1990	1991-92* 1993* 1994-95* 1997-98*	1995-96 1998-99* 1999-2000*

註：星印 (*) は，記載の事象が当該年に発生したことについて，資料間に 80％の確率で一致が見られることを示す．
出典：表 2-2 のエルニーニョ (EN) とラニーニャ (LN) のデータの出典は以下のとおりである (Quinn and Neal 1992; D'Alco and Grubbe 2002; Diaz and Kiladis 1989).
　　コロンビア大学国際気候予測研究所 (IRI) のウェブサイトには，1950 年 1 月から 2001 年 12 月までの EN・LN 現象の一覧を示すページがある (http://www.iri.columbia.edu/climate/ENSO/background/pastevent).
　　また，Couper Johnston (2000: xiii) には，イギリス気象庁のデータに基づく 1870 年から 2000 年までの EN・LN 現象の年表が掲載されている (Dong 1988).

況に追い込まれた (Hookway 2007: 47)．エルニーニョは，20世紀には2年から7年に1度と準周期的に発生していたが，21世紀になるとその間隔が縮まった可能性がある．それにともない，フィリピンの干ばつは長期化しているようだ．

エルニーニョと逆に振り子が振れて，東部太平洋赤道域の海面温度が異常に低下するラニーニャ現象が発生すると，大雨と洪水が生じる（本書第1章）．エルニーニョとラニーニャが交互に発生するという気候パターンは，植民地国家（後には独立国家）のもと，世界市場向けの一次産品生産に依存したフィリピンの経済に対して深刻な影響を与えてきた．

干ばつと洪水の発生頻度や深刻度が増すと，食糧不足，飢饉，伝染病が発生するための前提が整う[3]．エルニーニョの変動により気候の経年変動が増幅され，干ばつと広範な大雨の発生を一年周期で交互に繰り返す時間的なパターンが固定化した (Nichols 1993)．このような気候がフィリピン諸島全域の環境・社会・経済に影響を与えるという点で，今日の状況は18世紀や19世紀の状況と大差ない．過去には，ルソン島，ビサヤ諸島，ミンダナオ島の一部地域が，深刻な干ばつの打撃を受けた後，どうにか復興に取りかかろうという矢先に大きな河川が溢れ，それまでからからに乾いていた田畑が洪水被害に遭う事態も生じた．食糧支援が不十分な状況で，干ばつと洪水が繰り返し生じたために，何百万人もが飢えの危険にさらされてきた．台風シーズンが洪水の脅威をもたらす一方で，乾季には河川の水量が急激に減るために，干ばつの影響が拡大して事態を悪化させることも多かった．そのため，植民地政府や独立政府は，ルソン島中部平原やビサヤ諸島で換金作物を生産する農民たちに対して，乾季で河川が干上がる数ヵ月の間にさえ，コメ，トウモロコシ，タバコ，野菜類といった作物を栽培せよと奨励してきた (McLennan 1980: 81)．

ミンダナオ島のジェネラル・サントス市は，20世紀の最後の数年間にエルニーニョと連動した干ばつと食糧不足によって最も痛めつけられた地域の

---

[3]　19世紀の最後の25年間における脆弱性と飢饉のポリティカル・エコロジー (political ecology) に関する考察については，Davis (2001: 280-310) を，20世紀の最後の25年間についてはSen (1981) を参照．

一つである．被災者は 17 の都市と州の約 80 万世帯，約 360 万人に及び，その惨状には全国民が心を痛めた (Philippine drought: 15-18)．フィリピンのほかの地域でも乾季が長期化して農地が疲弊し，同じような干ばつを経験した．1997-98 年のエルニーニョでは，多くの河川が干上がり，すでに悲惨な状況にあった流域や草地は火事が発生してさらに荒廃し，この年の後半までには農業生産を回復させようという希望は打ち砕かれた (Typhoon to induce recession 1998)．20 世紀の後半に，エルニーニョと連動した大規模な食糧不足と飢饉がますます多発するようになった．これは，間違いなく，フィリピン諸島の高地と半乾燥地において最も深刻な災害である．

2-3 干ばつが地域社会に与える影響

次に，とりわけ深刻な被害が発生した時期と地域に焦点をあてて検討しよう．

エルニーニョ由来の干ばつが，多くの人命を奪い，財産や作物に被害を与えることは，17 世紀にはすでに報告されていた．1643-44 年に，ミンダナオ島において干ばつが発生し，コメの凶作により原住民が飢饉に瀕した (Appendix, Events in Filipinas 1686-1688: 184; Mindanao and Jolo, Events in the Philippines, 1643-1644: 147)．1686-87 年には，雨季であるにもかかわらず干天が続いたのち，ラニーニャがもたらした台風と集中豪雨が襲い，カガヤン地方の水稲作に壊滅的な影響を与えた．

ルソン島南部のカマリネス州とタヤバス州の多くの地域では，1792 年のエルニーニョ由来の干ばつによる被害が，その後 2, 3 年にわたって地域経済のみならず世界経済にも悪影響を与えるのではないかと懸念され，実際にそれが続いた．カマリネス州知事のマニュエル・レカロスは，開設されて間もないコショウ・プランテーションの状況を尋ねられた際，「州全体がすでに極度の貧困状態に陥っているところに，干ばつによる飢饉が発生したために，「未曾有」の打撃を受け，何千人もが飢餓状態にある」と答えざるを得なかった (Selga 1939: 116)．

干ばつが深刻化すると，予想しにくく破壊的で無差別に人々を襲う気まぐれな気象に対して，教会の指導者たちが介入し制御しようと試みることも稀

ではなかった．当時の統治者であるスペイン人は，宗教的な観点から，フィリピン人の非道徳的な行動が異常気象をもたらしているのであり，神に祈り行動を慎めば干ばつは続かず十分な雨が降ると考えた．マニラ大聖堂の文書保管庫から見つかった珍しい回状には，1849年にタガログ地方のマニラを襲った大干ばつの状況と，大司教による司祭や信徒への指示が記されている．この年の8月末日，マニラ大司教のフライ・ホセ・アラングレンは，教区の司祭たちに対して，雨乞いのための祈祷集会を開催するように命じた．この回状は次のように始まっている．

> イネの作付期を迎えているにもかかわらず，干天が続き，水が枯れている．人々は，主食であり生活必需品の購入に欠かせないコメの深刻な不足に陥るのではないかと恐れている．猛暑と極端な大気の乾燥によって病が蔓延する可能性もある．こうした苦難のときに，田畑を潤し，肥やし，また，われらを苦しめる病から神の深い慈悲をもって守ってくださる豊穣の雨をお授けくださいと，神の恵みを請い願うのは，すべての民の義務であり，なかんずく教会の聖職者の義務である（Selga 1920: 96）．

この回状は，1849年にマニラを襲った干ばつが，きわめて深刻なものだったことを示している．情け深い大司教としては，飢えによる惨害と悪疫の流行を防ぐために，特別の，厳粛な祈祷集会を執り行うよう命ずるに足る十分な理由があった．祈祷集会で捧げられた祈りは，一種の道徳気象学（moral meteorology）とでもいうべき異常な性質をそなえており，神の恵みの必要性と緊急性を普段より強く表明していたようだ（Selga 1920: 96）．この回状から判断すると，8月末時点での1849年の降雨量は，1865年から1919年までの55年間に計器観測された降水量記録と比較しても，最低水準だったのではないかと推測されている（Selga 1920: 97）．

27年後の1876年から1878年までの時期も，同じように，エルニーニョと連動して長く深刻な干ばつが続き，ビサヤ諸島西部では，裕福だった農民ですら困窮する一方，祈るしかすべをもたない貧農が天を仰ぎ餓死していった．サトウキビ単作栽培の急激な拡大により伝統的な食糧自給がすでに崩壊していたネグロス地方では，干ばつの被害はとりわけ顕著だった．砂糖価格

の低迷，米価の高騰，高い失業率により，債務奴隷状態にあったアシエンダ（大農場）の日雇い労働者や島外から移住してきた刈分小作人，パナイ島から移住してきた町の貧困層が凶作とインフレに苦しみ，多くの人々が死亡した（Duesta 1980: 253, 259-261, 378-389, 400, 412-413; McCoy 1992: 109-114; Davis 2001: 94-97; Lopez-Gonzaga 1994: 105-110）．干ばつは，その後，1896-97 年に再びネグロス島のサトウキビ・プランテーションを，1899-1903 年にはルソン島とビサヤ諸島を襲った．

乾季が始まった 1902 年 10 月，ビサヤ諸島とミンダナオ島は，古老の記憶にもないほどのひどい干ばつを経験した．この年の 10 月から翌年の 6 月まで，フィリピンは日照りで乾ききり，小農の生活は悪化の一途をたどった．とりわけビサヤ諸島西部で状況はより深刻だった．なかでも最も深刻な被害を受けたのは最貧層の女性たちだった．フィリピンの女性たちは，家族の食べる物を栽培し，薪を集め，水を汲み，家族の衣類を織り，子育てと介護を担っている．干ばつで清潔な水や食糧の入手が困難になると，家族を養うために遠くまで水や食べ物を探しに出かけなければならないのは，きまって女性たちだった．

イギリス人の C. ドーンシー（Campbell Dauncey）夫人は，1905 年 3 月にイロイロから送った書簡のなかで，干ばつが比較的裕福な人々のライフスタイルに及ぼす影響は一様ではなかったことを記している．

> 最近は，さらに頻繁に干ばつが起きています．雨水を貯めるタンクは空になり，井戸水は塩辛くてまずくなりました．井戸水でお茶を入れるためには，フィルターで漉さなければなりません．…中略…ギマレスから運ばれてきた水が路上で驚くような値段で売られています．それに比べれば，幸いにも，私たちは，友達の井戸から毎日水を分けてもらえますし，注意深く使えばそれで何とか間に合うので，今のところとても恵まれています（Dauncey 1906: 172-173）．

1876-79 年の大災害以降で，最も深刻な影響を与えたのは 1885 年と 1903 年の干ばつである．いずれも，1 月から 5 月までの 5 ヵ月間，干天が続いた（Annual Report of the Civil General of the Philippines 1905: 151）．1903 年の干ばつ

で，セブ島はかつてないほど長期の干天を経験し，トウモロコシはほぼ全滅だった (Annual Report of the Civil General of the Philippines 1904: 242)．アメリカ領フィリピン総督による20世紀初頭の10年間の年次報告書には，長期にわたる干ばつとその農業生産への影響が繰り返し記載されている．干ばつは，1906年にはルソン島中部のコメ生産を脅かし，翌年にはレイテ島を襲った．1907年のセブ島の年次報告書は，焼けつくような酷暑に触れ，「大飢饉は8月まで続き，この50年では例のないものだった」と述べている (Annual Report of the Governor General of the Philippine Islands 1908: 239)．

1911年9月末から翌年にかけての干ばつは，フィリピン諸島のほぼ全域に影響を与えた．とりわけビサヤ諸島とミンダナオ島では，イネとトウモロコシの作柄に甚大な影響が出た．セブ島の一部の地域では，トウモロコシの植え付けが5回も繰り返されたが，水不足に加えて乾季の終わりにイナゴの大群が発生し壊滅的な打撃を被った．穀物の蓄えは底をつき，1912年初頭には米価が高騰した．これを受けて，政府は，飢えかけている人々に，生計のためには単一の作物栽培や単一の職に頼っては危険だから栽培作物の多角化を図り家内工業を始めるようにと呼びかけざるを得なかった (Annual Report of the Governor General of the Philippine Islands 1913: 25)．この年，干ばつの影響でコメの栽培を部分的に断念したために，トウモロコシの作付けが大幅に増えた (Annual Report of the Governor General of the Philippine Islands 1913: 238)．

アメリカの統治へと移行しても，深刻な干ばつのたびに米価が高騰し，フィリピン人は不満を募らせた．人々の関心の高さを反映して，新聞紙上では，国営コメ・トウモロコシ公社 (National Rice and Corn Corporation) の政策をめぐる論争が激しく繰り広げられた．しかし，何千もの世帯が飢えに直面していたにもかかわらず，当時の政府は有効な措置を打ち出さなかった．1903年，1911-12年，1938年の干ばつの後には，例年になく大量のコメが輸入されたが (Selga, The drought of 1938 in the Philippines; Dauncey 1906: 172-173)，コメ生産が不安定であることを理由に米価の統制は見送られていた．これに対して，州知事たちは不満の声を上げ，20人の議員が連名で，米価の統制とコメ不足にそなえたコメの緊急輸入 (サイゴンから40万カヴァン〔訳註：1カヴァ

ンは75リットル〕とアメリカから4万カヴァン）を実施するよう，大統領に請願状を提出した (Selga, The drought of 1938 in the Philippines)．エルニーニョに連動して1998年に起きた干ばつでは，国土の90%で降水量が平年の半分に減少した．ミンダナオ島の11州で200万人以上が影響を受け，政府はこの年，64万tのコメを緊急輸入した (Report drought-related effects of El Nino for April 1988 and a six-month general update 1998: 7)．

2-4 サマール島

辺境地域であるサマール島を舞台として，干ばつや伝染病の影響をより詳細に検討しよう．

サマール島は，フィリピン諸島のなかでは大きな島で，熱帯雨林に覆われている．古くから，とりわけ沿岸地帯では，災害が日常生活の一部となっている脆弱な地域である．19世紀の後半になると，マニラ麻を栽培するための土地収用，融資の不足，換金作物の市場価格の変動，森林伐採，リスクの高い土地の開墾などが脆弱性を増長した．起伏が激しく森林に覆われ貧しい内陸部は，人口も少なく，沿岸部と比較して統治ははるかに困難だった．植民地国家は，飢饉に対処するための対策，とりわけ農業を維持し食糧を確保するための対策を講ずべき立場にあった．そのために，換金作物を栽培する農家が干ばつの被害をこうむった際には損失を補てんし緊急用の食糧を提供することが期待された (Cruikshank 1975; Dery 2006: 216-217)．

しかし，植民地国家であるスペインはこのような対策を怠り，サマール島を含むビサヤ諸島東部は，災害の影響を被りやすい状態におかれた．19世紀末から20世紀初頭にかけてのサマール島では，干ばつが貧困と伝染病をもたらすおもな要因となっていた (Torry 1979: 527; De Bevoise 2002: 99)．干ばつに悩まされたサマール島の小農は，気候が不安定であった1870年代半ば以降，数十年にわたって，飢えや極度の貧困から逃れるために内陸部か沿岸のより大きな町へ集団移住した[4]．

---

4) 1844年と1846年の台風が，農業に甚大な打撃を与えた後にも同様の現象が起きた．Perez Jr. (2001: 121-122), Cruikshank (1975: 170-179) を参照のこと．

サマール島民の多くは，何十年もの間，食べる物にも事欠く生活を強いられた．地元の神父や下級役人たちの報告書には，深刻な栄養不良や大量飢餓の証言など，絶望的な状況が綴られている．サマール島東部丘陵やガンダラ地域などでは，人々は，ほかに食べるものがなく，野生の植物の根を食べたために死亡した．ビサヤ諸島の何万人もの住民が飢餓と慢性栄養不良に脅かされていることは，1880年代にはすでに周知の事実だったが，国内外からも地元からも十分な食糧援助を受けられなかった．サマール島奥地では，いかなる救済措置もなく，子どもたちの間に深刻な栄養不良が広まっていた．1886年時点で，地元の神父や役人たちは，島内全域にある孤立した農村地帯に適切な食糧と住居がすぐにでも提供されなければ，大量の餓死者がでるだろうと予言していた．

　1882年から1932年にいたる半世紀の間，サマール島民は，繰り返す飢饉と慢性的栄養不良と伝染病の蔓延に悩まされつづけた．飢饉と干ばつが引き金となった長期的な社会危機は，社会経済開発や輸出用のマニラ麻生産の拡大と関連しているが，同時に，アクセスが困難な地形や気まぐれな気候，さらに19世紀末の世界の政治経済構造，そのなかでの地域社会秩序，そしてそこに埋め込まれた貧困の根源というより広い視点から考察すべきである（Torry1979: 533; Cruikshank 1985: 201）．自然災害と社会の再生産の危機は，サマール島の社会システムそのものを不安定にし，植民地支配とそのもとでの社会のあり方が抱える矛盾をあぶり出した（Torry 1979: 533; Cruikshank 198: 201）．

3　食糧不足，農民騒動，集団移住

　植民地の社会・経済制度に内在する矛盾と干ばつが引き起こす飢饉による度重なる破壊に絶えず直面してきたビサヤ諸島の住民は，災害から逃れ生存するために，集団移住と武装抵抗という対抗措置を自らの力で手に入れた．

　サマール島の中部管轄区域に居住する，もともとの住処を追われたり病気になったりした数千人にとって，騒乱や山賊行為は，個人の安全を確保し，

第 2 章　気候変動・食糧生産・農村社会

伝統的な価値観の喪失に対抗するための闘いだった．サマール島における住民による抗議行動や反抗の歴史は長くはない (Cruikshank 1975)．しかし，スペインの植民地支配の後期になって，何千，何万の農民，小作農，季節労働者がマニラ麻の栽培に従事するようになると，植民地支配に対する抵抗運動が周期的に生じた．これは，自らに残された唯一の方法で絶望と抵抗を示そうとする行動と理解すべきものだろう．東サマール州の州都カトゥバロガンは，西部の豊かな州とサン・ルイス，タフトなど東部の小さな町とを結ぶ回廊地帯の先端に位置している．そこは，二つの海岸地方の間に広がる，荒涼として人を寄せつけない，森林に覆われた地域だった．スペイン人の役人や中国系メスティーソの商人は，山が連なるこのわびしい土地を，不安を抱きながら，貧しく孤立した村々から襲ってくる腹を空かせた山賊たちの犠牲にならないことを祈りながら，馬にまたがり，あるいは徒歩で，おそるおそる行き来した．19 世紀末には，サマール島の内陸部の全域で，職業化した山賊たちの出没が知られるようになったが，山賊行為は，飢饉のときや伝染病の流行時に多発したとみられる．

　東サマール州は，フィリピンで最も貧しい地方の一つだった．19 世紀末には，つねに社会不安と自然災害に直面しており，中央政府は注意深く統治しなければならなかった．一時的に落ち着いたかにみえても，それは表面的な安定にすぎなかった．スペイン人の支配者たちも，やがて彼らに代わったアメリカ人の支配者たちも，ともに，この社会には，社会不安や千年王国を望む反乱の可能性が，穏やかな外貌に隠れて渦巻いていることを感じていた．1884 年，飢えとガンダラ周辺におけるコレラの蔓延が引き金となった千年王国運動が起こったが，スペイン軍がぎりぎりのところで鎮圧した (Cruikshank 1985: 201)．それから 2 年後の 1886 年，同じような悲惨な状況を背景に，ディオス・ディオスと呼ばれる変革運動が生まれ勢力を振るった．山地を拠点とする反乱者たちは，赤い装束をまとっていたことからプラハネス (*pulahanes*; 赤装束団) と呼ばれ，20 年以上にわたって浮沈を繰り返しながらその勢力を維持した．1880 年代におきた飢饉とコレラの広範な蔓延は，プラハネスにとって，サマール島民が強いられた窮乏化と無力化の象徴だった．プラハネスは，超自然的な力に加護を求めはしたものの，同時に，武力

闘争による抵抗を止めることはなかった．サマール島の住民とスペイン植民地政府との間に存在していた暴力的状況は，アメリカ支配への移行によりさらに激しくなった．サマール島が1899-1902年の米比戦争で中心的な役割を演じたことが示すように，両者が防衛体勢を整え相手の先制攻撃を待っていた．

干ばつがもたらした食糧不足と飢饉によって，1880年代末までにビサヤ諸島全域で民衆のメシア信仰が復活するとともに，パナイ，ネグロス，サマール，レイテなどの島では，何千人もの零細農民や住民が内陸山地へ移住した（Duesta 1980: 253, 259-261, 378-379, 400, 412-413; McCoy 1992: 109-114; Davis 2001: 94-97; Lopez-Gonzaga 1994: 110）．1872年から1932年の間，エルニーニョ由来の干ばつと飢饉があまりにも頻発し，人々はババイラン（babay lan; 地元のシャーマン）の指示にしたがって逃亡した．引きつづく凶作と世界市場での農産物価格の変動に対抗するリスク分散メカニズムとしてババイランが機能したのである．借金を抱えて飢えたビサヤ農民たちは，スペインやアメリカの植民地当局の手が届かない起伏の激しい内陸部の土地に逃れた．住み慣れた土地を追われた農民は未開の土地に住みつく権利をもっていると皆が考えていた．結局，ビサヤ諸島の零細農民が食糧不足とエルニーニョによる干ばつの変動性に対処する重要な決め手として機能したのは移動（mobility）であった．生存を確保するための移動は自発的な場合も不本意ながらの場合もあった．フィリピンの各地における飢えた人々の移動は，干ばつに襲われた無防備な民衆がついに自立と生存の確保に向けて動き出したことを示していた．

ビサヤ諸島の零細農民は，1878-79年と1902-03年の飢饉が過ぎても将来の見通しは暗く，また資金もなかった．無理に故郷にとどまっても集団餓死の危険があった．のしかかる干ばつの苦しみが強くなるにしたがい，移住する住民が増えた．これが，エルニーニョ由来の災害の社会的コストを膨らませた．干ばつで土地を追われた零細農民には，武装集団やメシア信仰運動に加わる者が増え，植民地当局に深刻な問題を突きつけた（Duesta 1980: 253, 259-261, 378-379, 400, 412-413; McCoy 1992: 109-114; Davis 2001: 94-97; Lopez-Gonzaga 1994: 105-110）．この動きは，農村社会にとっては，エルニーニョ由来の干ばつと飢饉を契機として，これまでの生活を縛っていた生態的，経済

的制約から解き放されたことを示している．植民地政府にとっては，債務奴隷状態の賃金労働者や小農の奥地への移住の動きを止める手立てがなく，かつそれは取り返しのつかないシッペ返しを生む危険性をはらんでいるものにみえた．

1878-79年と1885年の大飢饉の後でも，植民地政府の統治政策は，人々の生活と食糧の安全保障を軽視し，貿易の自由化や通商を最優先課題としていた．農民たちの生活と資源や市場へのアクセス，さらにエンタイトルメント（権原）や所得を適切に保護する政策体系がなかったため，ビサヤ諸島とルソン島の民衆は飢えつつあった．パナイ，ネグロス，サマールといった島々では，零細農民は内陸部へ集団移住し，再び土地を手に入れた．借金を抱えて住む土地を追われ，植民地支配が及ばない内陸部へ逃げ込んだ小農たちにとって，土地の入手が飢えと貧困を根源的に解決する唯一の方策だった．しかし，内陸部に移住した何千人にものぼる人々は，その後，アメリカの支配下での激しい地域紛争や散発的な戦闘によって，再び，物乞いをしたり，草を食べたりして飢えをしのがざるを得ない状態へと零落した．

ここで描いたパターンが，その後の時代にどんな意味をもつかは明白だ．エルニーニョやラニーニョに由来する洪水や干ばつと戦争は，食糧不足と飢饉を引き起こした．そして，自発的にであれ，不本意にであれ，住む土地を離れて他の土地へ移住した人々は，政府の支援がまったくあてにならないなかで，何とか飢えに対処しなければならなかった．20世紀末の時点でも状況に変化はない．フィリピンの指導者は1998年にフィリピン諸島に壊滅的な打撃を与えたエルニーニョ由来の洪水と干ばつがもたらした社会・経済的被害を推計しようと努力している．5万ha以上の田畑が干ばつによって干上がるとともに，生命の根源であるはずの太陽がミンダナオ島に住む何百万もの人々に底知れぬ苦痛と苦難をもたらした．フィリピン赤十字社の職員，テレシータ・ウサプディンは，これら罹災民の不確かな将来について，また，干ばつによる飢饉としては過去50年近くで最悪といえるこの事態について，次のように語っている．

エルニーニョがいつまで居座りつづけるのか，誰にもはっきりしたことはわ

かりません．毎朝目が覚めて，朝日を見るたびに思うのです．私たちはこれまでいつも，太陽こそは人類の命とエネルギーの源だと考えてきたのに，そんな神聖な存在であるはずの太陽が，多くの人々に苦しみをもたらしているのは一体なぜなのか，と（Philippine National Red Cross society, Situation Report No. 1 1998: 17）．

4 干ばつと疾病

気候の変動と伝染病の蔓延は深く関係している．植民地時代も独立国家となって以降も，フィリピンでは，気候や気象の変動と疾病のパターンの変化，疾病対策や治療法の変化に応じて，伝染病の流行と衰退が繰り返されてきた．実際に，肺炎，インフルエンザ，コレラ，チフス，急性下痢，赤痢といった台風や洪水が原因となって蔓延する伝染病により，フィリピンへの侵攻当初にスペイン人が「心身ともにすこぶる健康」と記していたフィリピンの人々は，甚大な影響を被ることとなった．

エルニーニョが数年続くと川や井戸が干上がり，農村では不衛生な水を飲まざるを得なくなる．そうすると，多くの場合，消化器疾患が蔓延した．パンパンガ州の小作農の村落やビサヤ諸島のサトウキビ・アシエンダでは，井戸が干上がると飲み水が不足し，不潔な水源に依存しなければならなくなる．その結果，毎年のように，深刻な疾病や被害が季節的に広がった．

最も多くの命を奪ったのは天然痘である．スペイン人によって，フィリピンにおける天然痘が最初に確認されたのは 1574 年のことである（表 2-3）．地元の人々がボロトング（*bolotong*）と呼んだ天然痘の流行は，トンド州からパンパンガ州とパンガシナン州へ広がった．政府の公式文書にはグランド・エンフェルメダード（大病）として記録されている（Newsom 2004: 27）．

天然痘は，遅くとも 16 世紀には，商人との交易や海賊との交戦をつうじて，中国もしくは日本からもち込まれた可能性がきわめて高い．天然痘は，局地的な感染死を引き起こすのみならず，多くの場合，すさまじい勢いで伝染し，地域社会全体が影響を受けることもあった．

表 2-3　天然痘, 1574-1796 年

年	事象	被害地域	エルニーニョ
1574	天然痘（倭寇・林鳳（リマホン）の襲撃）	トンド, パンパンガ, パンガシナン	1574
1651-52	天然痘	ラグナ	1652
1652	天然痘, 干ばつ	トンド, パンパンガ	1652
1652-53	天然痘	ラグナ	1652
1653	天然痘, 干ばつ	イロコス, パンパンガ, タヤバス	
1657	天然痘（グラン・モルタリダード〔大量死〕）	イロコス, トンド, ラグナ, ミンドロ, マリンドゥケ, レイテ, ボホール, マスバテ	
1664	天然痘	ラグナ, バタンガス, タヤバス	
1666	天然痘	タヤバス	
1668	天然痘	ラグナ, バタンガス, タヤバス	
1715	天然痘, 台風	タヤバス, ブラカン	～1715-16
1740	天然痘	タヤバス	
1757	天然痘	パンパンガ	
1759-60	天然痘	パンパンガ	
1773	天然痘	パンパンガ	～1772-73
1774	天然痘	バタンガス	
1786	天然痘	パンガシナン, タヤバス	～1785-86
1787	天然痘	タヤバス	
1788	天然痘	イロコス, パンガシナン	
1789	天然痘	パンパンガ, バタンガス	
1791	天然痘	タヤバス	1790-93
1796	天然痘	タヤバス	1794-97

出典：Quinn and Neal (1992: 623-648); Dery (2006: 225-233).

　天然痘は急性の接触性・ウイルス性の感染症であり，空気感染を起こす病原菌が咳やくしゃみで空中にばら撒かれることで広がる．この病気の感染や流行は，過密な人口と人と人の頻繁な接触によって拡大する．干ばつがもたらす汚れた埃っぽい空気は，さらに拡大を助長する．17世紀後半の騒乱期にあったフィリピンの地域社会は，これらの3条件がすべてそろっていた．
　タヤバス州では18世紀の前半に2度にわたって天然痘が流行した．最初

表 2-4　天然痘と大量死，1574-1796 年

年	伝染病流行/気候事象	被害地域	エルニーニョ
1574	天然痘（倭寇・林鳳（リマホン）の襲撃）	トンド，パンパンガ，パンガシナン	1574
1651-52	天然痘	ラグナ	1650
1652	天然痘，干ばつ	トンド，パンパンガ	1652
1652-53	天然痘	ラグナ	1652
1653	天然痘，干ばつ	イロコス，パンパンガ，タヤバス	
1654	グラン・モルタリダード（大量死），干ばつ，洪水	イロコス，パンガシナン，タヤバス	
1656	グラン・モルタリダード	イロコス	1655
1657	天然痘（グラン・モルタリダード）	イロコス，トンド，ラグナ，ミンドロ，マスバテ，マリンドゥケ，レイテ，ボホール，マリンドゥケ，レイテ，ボホール，マスバテ	
1658	グラン・モルタリダード	ラグナ，イロコス	
1659	グラン・モルタリダード	パンガシナン，タヤバス	
1660	グラン・モルタリダード，洪水	イロコス，パンパンガ，タヤバス	
1660-61	グラン・モルタリダード	イロコス，ザンバレス，パンガシナン，パンパンガ，タヤバス	
1664	天然痘	ラグナ，バタンガス，タヤバス	
1666	天然痘	タヤバス	
1668	天然痘	ラグナ，バタンガス，タヤバス	
1679	グラン・モルタリダード	パンパンガ，タヤバス	
1683	グラン・モルタリダード	トンド	～1683-84
1691	グラン・モルタリダード，洪水	イロコス，パンパンガ，トンド	
1691-95	グラン・モルタリダード	イロコス	1692, 1694-95

1701	グラン・モルタリダード, 洪水	トンガ, ラグナ	1701
1703	グラン・モルタリダード, 台風	パンガシナン, パンパンガ, トンド	1703-04
1715	天然痘, 台風	ブラカン, タヤバス	1715-16
1740	天然痘	タヤバス	
1753-56	天然痘	イロコス, パンガシナン, パンパンガ, ブラカン, ラグナ, タヤバス	1754-55
1757	天然痘, 干ばつ	パンパンガ, ブラカン	
1759-60	天然痘, 洪水	パンガシナン, パンパンガ	
1767	グラン・モルタリダード	カガヤン	1765-66
1773	天然痘, 洪水	パンパンガ, トンド	1772-73
1774	天然痘	バタンガス	
1786	天然痘	パンガシナン, タヤバス	〜1785-86
1787	天然痘	タヤバス	
1788	天然痘	イロコス, パンガシナン	
1789	天然痘	パンパンガ, バタンガス	
1791	天然痘	タヤバス	〜1790-93
1791	グラン・モルタリダード	カガヤン	〜1790-93
1796	天然痘	タヤバス	1794-97

出典：Quinn and Neal（1992: 623-648）; Dery（2006: 225-233）.

は1715年にエルニーニョが発生した時期であり，2回目は1740年だった．また，1757年以降には，パンパンガ州中部の氾濫原で3年間猛威を振るった後，1774年にはバタンガス州に広がって10年間流行し，1786年のエルニーニョの発生中にタヤバス州にまで到達したという．その後の10年間にタヤバス州では，1787年，1791年，1796年と3回にわたって大流行したが，最後の2回はエルニーニョの発生時に起きたもので多数の死者が出た．さらに，イロコス地方では1788年に，パンパンガ州とバタンガス州では1789年にも天然痘が流行した．

　植民地時代の初期には，天然痘の流行を食い止めることは実質的に不可能

だった．マニラなどの大都市の人口過密，諸島間の頻繁な往来と交流，家族の排除を拒む血族集団の慣習によって，病人が隔離されることはめったになかった．天然痘を恐れるあまり，人々が病死者を埋葬せずに放置することもあった．死体は倒れたままの場所に放置され，死体をあさる犬やその他の生き物に食べられることも多かった (Duffy 1951: 324-341)．その結果，腐敗が進む死体から飛び散ったウィルスが空中に浮遊して，さらなる流行を引き起こした．

ルソン島では，1574年から1796年までに天然痘が全部で21回流行し，それにより人口が著しく減少する地域があった．しかし，それ以上に深刻なのは，この間に15回，とりわけ1656年から1661年にかけて大流行した未知の疾病の蔓延である（表2-4）．イロコス地方では，この疾病が，どちらもエルニーニョが発生した1656年と1661年に流行し，グラン・モルタリダード（大量死）を引き起こし，著しい人口減少をもたらした．グラン・モルタリダードという言葉は，イロコス地方のみならず，パンガシナン，パンパンガ，ラグナ，タヤバスの各州で，人口に顕著な影響を与えた1654年と1656年から60年にかけての大規模な伝染病の流行についてももちいられた．興味深いことに，18世紀にも，これに匹敵する伝染病の流行が4回起きているが，どれもエルニーニョの発生している期間だった．最初の2回は18世紀初頭の1701年と1703年にトンド，パンパンガ，パンガシナンの3州で，3回目はカガヤン州で，最後は1791年に再びカガヤン州で起きたものだ．

スペイン統治時代の末期からアメリカ統治時代にかけての天然痘の発生と流行については，「歴史データ新聞集」("Historical Data Papers") からうかがい知ることができる．天然痘は，農産物輸出の振興に取り組んでいたビサヤ諸島でとりわけ猛威を振るった．1895年から1945年までの間，ビサヤ諸島の農村や都市においては，天然痘はコレラに次いで2番目に流行回数の多い伝染病だった．

伝染病はスペイン人の世界観にも影響を与えた．スペイン人は，コレラであれ，天然痘であれ，伝染病の流行は神による報復と処罰であると考えた．すなわち，病に伏した人々は献身と信仰心が足りなかったために神が罰を与えたのだとみなした．したがって，悪疫の流行に対処するために広くもちい

られたのは，聖人の像を戴いて病に侵された村を練り歩くという宗教的な方法だった．この宗教行事が，もちろん故意にではないが，病害をさらに広げ，死者の数をさらに増やす結果となった．人々を集めて伝染病の流行が早く終わることを祈る祈祷集会も開催されたが，教会や修道院の閉ざされた空間に大勢の人々が集まったために，それが伝染病をさらに広げる致命傷となる場合もあった．

5　結　論

　本章においては，フィリピンにおける食糧不足や飢饉の発生原因とその結果を，エルニーニョと関連させて概観した．エルニーニョと干ばつの時系列的関係を長期的観点から考察するとともに，エルニーニョが干ばつの発生に及ぼす影響を，特定の時期や特定の地域に絞って詳細に検討し，食糧不足と農村社会と気象現象の三者の構造的連関を明らかにした．また，経済・政治の変化と飢饉時に際立つ社会集団内の不平等との歴史的な関連性や干ばつ，食糧不足と農民騒乱，集団移住の関係，干ばつと病気（とくに天然痘）の関係についても検討した．

　すでに述べたとおり，エルニーニョの影響は，農業，環境，水資源，エネルギー，健康とフィリピン社会の幅広い分野に及ぶ．だが，フィリピン大気・地球物理・天文機構のウェブサイト（PAGASA）で強調されているように，「干ばつの影響を最も受けやすいのは農業部門である．フィリピンでは，約1,300万haの耕地で多様な穀物，野菜，果物が栽培されているが，半分以上はフィリピン人の主食であるコメとトウモロコシの生産にもちいられている」．図2-2と図2-3は，コメとトウモロコシの栽培地域ごとのエルニーニョに対する脆弱性を示したものである．

　1960年代以降，ほぼ間断なく発生しているエルニーニョ由来の干ばつ（表2-2）が，かつてよりもはるかに増加した人口と拡大した農地に対して，かつてとは大きく異なる影響を及ぼしていることは明らかだ．

　政府の災害予防や危機管理のためのシステムをみると，フィリピンの官僚

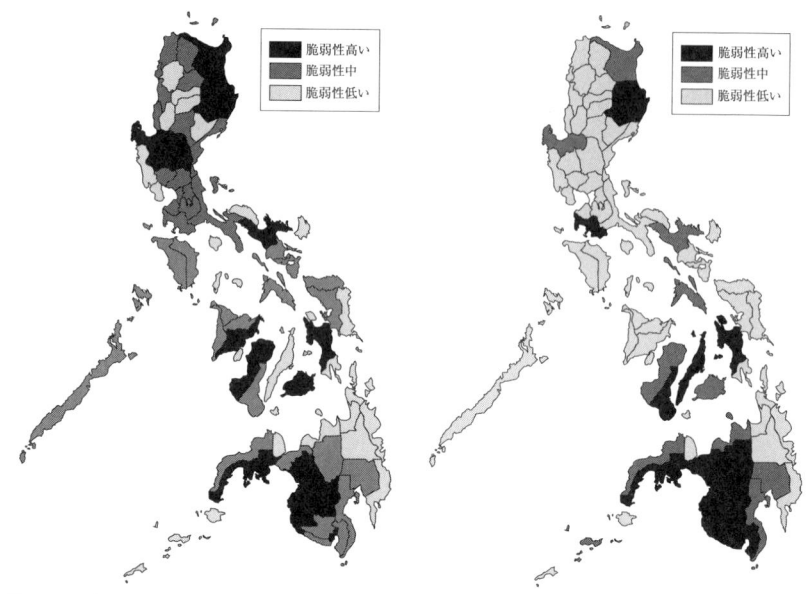

図2-2　稲作のエルニーニョに対する脆弱性マップ
図2-3　トウモロコシ作のエルニーニョに対する脆弱性マップ
出典：PAGASA（2008）．

機構の長所と短所が浮き彫りになる．多くの面で抜け穴が存在しているのである．厳格な実施が無理な規則もあり，予算も不十分で，資源が少なすぎるし，能力や資格をもった人材も足りず，いまだに協力体制をとろうとしない政府省庁もある．過去30年の間に，災害救援物資の輸送・分配に対する組織的な妨害や，計画的な窃盗，救援物資の横流しがときに発生していたという情報もある．

　今日，エルニーニョ由来の干ばつが，かつてないほどの精度で予測可能になっていることを考えると，政府がその異常事態に最悪の対応しかできないならば，その痛手は，経済危機や汚職スキャンダルの一掃に関する失策よりはるかに深刻なものであろう．

　数十年という時間尺度で考えると，エルニーニョ由来の干ばつが引き金となる飢饉と急性伝染病の脅威は間違いなく肥大化し深刻化している．それにうまく対処できなければ，その衝撃は計り知れないものになるだろう．そし

て，より長期的な視点からは，災害予防や危機管理という視点を超えて，熱帯の地球圏や生命圏のもつ巨大な潜在力を前提として生存基盤そのものの強化を目指す必要がある．

参考文献

"Appendix, Events in Filipinas, 1686–1688", in Emma H. Blair and James A. Robertson (eds), 1903–1909. *The Philippine Islands, 1493–1898*, Cleveland: A. H. Clark Company, vol. 39, p. 147.

"Mindanao and Jolo, Events in the Philippines, 1643–1644", in Emma H. Blair and James A. Robertson (eds), 1903–1909. *The Philippine Islands, 1493–1898*, Cleveland: A. H. Clark Company, vol. 35, p. 184.

Allen, R. J. 1988. "El Niño-southern oscillation Influences in the Australasian Region", *Progress in Physical Geography*, 12(3): 313–348.

Annual Report of the Civil General of the Philippines 1904. *Fourth Annual Report of the Philippine Commission 1903*, Part 3, Bureau of Insular Affairs, War Department, Washington: Government Printing Office.

—— 1905. *Fifth Annual Report of the Philippine Commission 1904*, Part 1, Bureau of Insular Affairs, War Department, Washington: Government Printing Office.

Annual Report of the Governor General of the Philippine Islands 1908. *Eight Annual Report of the Philippine Commission 1907*, Part 1, Bureau of Insular Affairs, War Department, Washington: Government Printing Office.

—— 1913. *Thirteenth Annual Report of the Philippine Commission 1912*, Part 1, Bureau of Insular Affairs, War Department, Washington: Government Printing Office.

Arnold, D. 1988. *Famine: Social Crisis and Historical Change*, New York: Basil Blackwell.

Bankoff, G. 2002. *Cultures of Disaster: Society and Natural Hazard in the Philippines*, London: Routledge Curzon.

BBC 2011. *Climate Change: What Can We Do?*, Talking Point, 26 January 2011.

Benson, C. 1997. *The Economic Impact of Natural Disasters in the Philippines*, London: Overseas Development Institute.

de Bevoise, K. 2002. *Agents of the Apocalypse Epidemic Disease in Colonial Philippines*, Quezon City: New Day Publishers.

Boomgaard, P. 2001. "Crisis Mortality in Seventeenth Century Indonesia", in Ts'ui-jung Liu, J. Lee, D. S. Reher, O. Saito and W. Feng (eds), *Asian Population History*, Oxford: Oxford University Press, pp. 191–220.

Couper-Johnston, R. 2000. *El Niño: The Weather Phenomenon that Changed the World*, London: Hodder and Stoughton.

Cruikshank, B. 1975. "A history of Samar Island, the Philippines, 1768–1898", Ph. D. dissertation, The University of Wisconsin.

───── 1985. *Samar 1768-1898*, Manila: Historical Conservation Society.

Dauncey, C. 1906. *An Englishwoman in the Philippines*, London: J. Murray, pp. 172-173.

Davis, M. 2001. *Late Victorian Holocausts: El Niño Famines and the Making of the Third World*, London: Verso.

Dery, L. C. 2006. *Pestilence in the Philippines: A Social History of the Filipino People, 1571-1800*, Quezon City: New Day Publishers.

Diaz, H. F. and G. N. Kiladis 1995. "Climatic Variability on Decadal to Century Time Scales", in R. Henderson-Sellers (ed.), *World Survey of Climatology Vol. 16 Future Climates of the World: A Modeling Perspective*, Amsterdam: Elsevier, pp. 191-244.

Dirks, R. 1980. "Social Responses during Severe Food Shortages and Famine", *Current Anthropology*, 21(1): 21-44.

Duesta, A. M. 1980. *History of Negros*, Manila.

Duffy, J. 1951. "Smallpox and the Indians in the American Colonies", *Bulletin of the History of Medicine*, 25: 324-341.

Fagan, B. 1999. *Floods, Famines and Emperors: El Niño and the Fate of Civilizations*, New York: Basic Books.

───── 2008. *The Great Warming Climate Change and the Rise and Fall of Civilizations*, New York: Bloomsbury Press.

Flannery, T. 2006. *We Are the Weather Makers: The Story of Global Warming*, Melbourne: The Text Publishing Press.

Glantz, M. H. 1996. *Currents of Change: El Niño Impact on Climate and Society*, Cambridge: Cambridge University Press.

Historical Data Papers (HDP), Philippine National Library, Vols. 91-98 (Samar), Vols. 49-51 (Leyte), Vols. 34-37 (Cebu), Vol. 43 (Iloilo), Vols. 6-7 (Antique), Vols. 30, 32-33 (Capiz), Vols. 15-16 (Bohol), Vols. 63-67 (Negros).

Hookway, J. 2007. "El Niño's Shadow", *Far Eastern Economic Review*, 4: 47.

Lamb, H. 1982. *Climate History and the Modern World*, London: Methuen.

Lopez-Gonzaga, V. 1994. *Land of Hope, Land of Want: A Socio-Economic History of Negros 1571-1985*, Manila: Philippine National Historical Society.

McCoy, A. 1992. "Sugar barons: formation of a native planter class in the colonial Philippines", *The Journal of Peasant Studies*, 19(3-4): 109-114.

McLennan, M. S. 1980. *The Central Luzon Plain: Land and Society on the Island Frontier*, Quezon City: Alemar-Phoenix Publishing.

Newsom, L. 2004. "Old World Diseases in the Early Colonial Philippines and Spanish America", in D. Doeppers and P. Xenos (eds), *Population and History: Demographic Origins of the Modern Philippines*, Madison: University of Madison Press, Center for Southeast Asian Studies, pp. 17-36.

Nicholls, N. 1997. El Niño: "Droughts and Flooding Rains", *Bureau of Meteorology Research Centre*, Australian Government Bureau of Meteorology, 16 October http://www.bom.gov.au/

bmrc/clfor/cfstaff/nnn/nnn_el_nino.htm（2009 年 11 月 24 日アクセス）.
Nicholls, N. 1993. "ENSO, Drought and Flooding Rain" in H. Brookfiled and Y Bryons (eds), *Southeast Asia, in Southeast Asia's Environmental Future: The Search for Sustainability*, Melbourne: Oxford University Press, pp. 154–175.
Perez, L. A. Jr. 2001. *Winds of Change: Hurricanes and the Transformation of Nineteenth-Century Cuba*, Chapel Hill: University of North Carolina Press.
Philippine Atmospheric, Geographical and Astronomical Services Administration (PAGASA) http://www.pagasa.dost.gov.ph/（2009 年 11 月 24 日アクセス）.
―― 2008. Vulnerability maps for rice and corn http://wb.pagasa.dost.gov.ph/index.php?option =com_content&task=view&id=155&Itemid=126&limit=1&limitstart=2（2009 年 11 月 24 日アクセス）.
Philippine drought in relief operations in Philippines, Philippine National Red Cross, file: IIIA/ relief-Philippines.htm9/07/3: 07.
Philippine National Red Cross Society 1998. *Situation Report No. 1*, 28 October–2 November.
Quinn W. H. and V. T Neal 1992. "The Historical Record of El Niño Events", in R. S. Bradley and P. B. James (eds), *Climate Since 1500*, London: Routledge, pp. 623–648.
Reid, A. 1993. *Southeast Asia in the Age of Commerce 1450–1680 vol. 2 Expansion and Crisis*, New Haven: Yale University Press.
Report drought-related effects of El Niño for April 1998 and a six-month general update 1998. *Report, 1–30 April 1998*, National Drought Mitigation Center, University of Nebraska-Lincoln, April.
Selga, M. 1920. "La sequia de 1849", *Revista de la Societad Astronomica de Espana y America*, 10(73): 96–97.
―― 1939. "Los antiguos plantios de pimienta y los baguios en Camarines", *Meteorological Note, no. 38*, Manila: Bureau of Printing, May, pp. 113–117.
―― "The Drought of 1938 in the Philippines, Archives of the Manila Observatory", Box 20, item 14.
Sen, A. K. 1981. *Poverty and Famines: An Essay on Entitlement and Depravation*, Oxford: Oxford University Press.
Torry, W. I. 1979. "Anthropological Studies in Hazardous Environments: Past Trends and New Horizons", *Current Anthropology*, 20(3): 517–541.
Typhoon to induce recession 1998. *Philippine Daily Inquirer*, 26 October, p. 2 http://www.icsea. or.id/sea-span/09981/cv102611.htm（2002 年 7 月 17 日アクセス，現在は閲覧不可）.

第3章

水循環をつうじた無機的自然・森林・人間の相互作用系

谷　誠

1 地球圏・生命圏・人間圏の相互作用から環境問題を考える

　地球は生命を，そして人間を産み出してきたが，その活動の根源的な力として，地球にとっての外力である太陽放射と内力である地殻変動がある．両者の相互作用によって地球圏が生まれ，その地球圏の無機的自然を条件に生命圏があらわれ，さらに人間圏が分離してきた．これら各圏がさらに相互作用のネットワークを構築することによって，現在の地球が成り立っている．たとえば，気象条件を造っている大気の組成は，光合成による二酸化炭素吸収が生物全体の呼吸を上回る時代が続くことによって，地球圏と生命圏の相互作用の産物として形成された．また，短い時間スケールでは，大気・海洋・陸面の熱や物質の循環は，地球圏における無機的な運動にすぎないが，生命圏のみならず人間圏の影響を受ける．地球圏表層の活動は，多様な相互作用の影響を受ける熱・物質の絶え間ない流れと，その影響を受けないでただたんに間歇的に起こる地震や火山噴火などの地殻変動とに区別される．われわれはこういう性質をもった自然力を前提に暮らしている．
　このような各圏相互の関係は自然科学によってかなり解明され，すでに周知された科学的認識となっているといえよう．しかし，そのことを社会的な

観点からどう捉えるかは別の難しい問題になる．地球圏と生命圏に相互作用があることは認識できても，それが具体的にどのように社会に関わるのかは容易にわかることではない．たとえば，科学技術が発達してきたとはいえ，大気現象を直接制御すること，たとえば日照りに降雨を降らせるなどは，きわめて難しい．大気現象は人間とは無関係に独自に変動しているようにみえる．しかし，大陸規模での森林伐採を行えば，意図にかかわらず，間接的に大気現象の平均的特性である気候が変化する可能性があり，これは大気大循環モデルによる予測研究から指摘されてきた（e. g. Nepstad et al. 1999）．すなわち，大陸規模の森林伐採が陸面・大気間の交換過程をつうじて大気・水・エネルギー循環に影響を及ぼすことが科学的に示されている．そしてこの予測結果は，持続的な木材利用という林業の課題に重大な前提情報を与えることも容易に理解できる．しかし，陸面・大気間の交換過程に関する科学的知見を林業計画に対してどのように応用すればよいのかを正面から論じることはいかにも無謀にみえる．仮に論じたとしても，多様な見解に分かれるだろう．

　科学研究は，個別の研究における新しい知見を提供する使命をもっているが，一般に，それが社会でどのような位置を占めるべきかについてはつねに関心が払われているわけではない．同じ科学であっても，基礎医学は難病治癒法の開発によって医療技術に結びつき，社会との関係がわかりやすい．医学で扱う人間の一個体においては，生命の破綻である死亡回避という解決策はあり得ないのだが，病院への入院に際して，退院を目標とした治癒過程を身近に感じとることができる．これに対して，環境の場合は破綻を回避することは原理的に可能であるにもかかわらず，病巣を抱える環境を病院にもち込んだとしても，退院の目処はたちにくく，複雑で難しい対策をひたすら施してゆかざるを得ない場合が多い．環境問題の深刻さが社会で認識されるようになって，そのことに真摯に取り組むことそのものを否定する人々の数は少なくなってきた．しかし，病気ほどには身近ではないので，それを社会の問題として捉え，どのような対策を立てるべきかが具体的になりにくいわけである．

　そこで，環境問題に関わる個別の科学的知見を，社会に結びつけ，独立して考察する立場が必要と考える．筆者は，環境問題を，地球圏・生命圏・人

間圏の相互作用全体のなかに位置づけることによって，さまざまな重要な社会的問題が認識しやすくなるように思う．そこで本章では，まず第2節において，人間圏の影響をひとまず脇において，生命圏と地球圏の自然の相互作用がどのように行われているのかを調べてみる．もちろん人間圏の影響を完全に除去はできないが，意識的に括弧に入れて考えるという態度をとって，地球圏と生命圏と人間圏の三者の相互作用に含まれる社会的な意味を考える前提を見いだしたい．そのうえで，第3節において，その相互作用が人間圏と関わることにより，自然災害その他の社会的な諸課題としてどのように現れてくるのかを調べ，その課題に対する包括的な対応策を考えることにしたい．

2 水循環をつうじた地球の無機的自然と森林生態系の相互作用

2-1 安定大陸奥地における湿潤気候

　生命圏にとって，地球圏における地理的な陸地の分布が決定的な外的条件を与えるのは言うまでもない．ここではまず，安定大陸に注目する．これは，約5億年前までの先カンブリア代に形成されてすでに侵食が終わってしまった広大な平原であり，現在の大陸の主体を為している．平坦で地殻変動が乏しい．こうした地理的条件は水循環に大きな影響を与え，気候を決定する．すなわち，熱帯収束帯，亜熱帯高圧帯という緯度位置によっても異なるが，一般的には内陸部での乾燥気候が予想される．ただし例外的に，内陸へ向かって降水量が減らない地域も存在する．たとえば，南米とアフリカの内陸赤道域には熱帯雨林が，シベリア内陸にはタイガの生育が可能な湿潤気候地帯が広がっていて，降水量が内陸に向かってあまり変化しないのである（Makarieva and Gorshkov 2007）（図3-1）．

　南米のアマゾン川流域やアフリカのコンゴ川流域は，赤道に沿った地球上の位置にあって熱帯収束帯にあるがゆえに，湿潤空気が集まりやすい．しかし，そのことは内陸で多雨であることの前提にはなっても，それだけで湿潤気候を説明することはできない．陸面では，降水量は蒸発量より大きく，そ

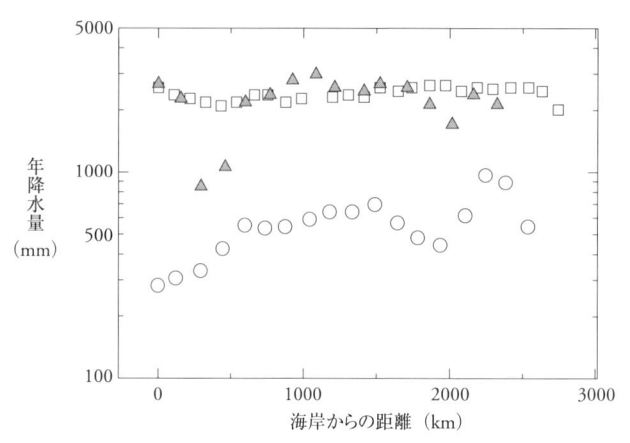

図 3-1 河川に沿って海岸から大陸内部へ向かう距離と年間降水量の関係
□：アマゾン川，▲：コンゴ川，○：エニセイ川
出典：Makarieva and Gorshkov（2007）に基づき一部改変．

の差の水が河川流出量となって，重力により海へ運ばれる．そこで，陸面での降水量と蒸発量の差は，海洋から水蒸気のかたちで逆に入ってこなければならない．入ってくる水蒸気は，河川の河口のある海洋から運ばれるとはかぎらないが，大陸を取り囲む海洋のどこかで蒸発した水蒸気のうち海洋に落ちる降水の余り分を起源としている．地球全体では，河川の流出水の総量は海洋から陸地に運ばれる水蒸気の総量に等しいことをもって，地球上の水収支が閉じているわけである（杉原ほか 2010）．日本の冬には，北西季節風が日本海を通過する際に蒸発した水蒸気が脊梁山脈西側の多雪のソースとなる．水蒸気はそこで消費され，東の太平洋側では晴天が続く．地形の平坦な大陸では水蒸気の消費は緩和されるであろうが，それでも，海岸から離れるに従って指数関数的な減少がみられるところも多い．図 3-1 のように内陸側で同じ量の降水が維持されるためには，緯度，海陸の地理的分布，地形，植生などの効果がうまく働いて，海洋からの水蒸気の降水としての消費が内陸側の降水減少の原因にならないようになっていることを必要とする（Yasunari et al. 2007）．そのメカニズムには，森林の蒸発散の役割が非常に重要であること

がわかってきた．

2-2　森林蒸発散の特徴

　ここで，森林の蒸発散について基礎的な説明をしておく．水の液相から気相への物理的な変化はすべて蒸発であるが，植生の体内を通過したものを蒸散と呼ぶことが多く，生態系からの蒸発全体を蒸発散と呼んでいる．森林は蒸発散量が大きいが，その原因は，他の植生よりも背が高く，大気の流れに対する摩擦が大きいので，物理的に空気の乱れによる輸送が大きいことにある（近藤 1994）．とりわけ，植物体に付着した雨水の蒸発である遮断蒸発が大きく，温帯の森林では，蒸発散量総量の半分程度をこれが占めている．もしも降雨の少ない気候条件で樹木が地面を覆ったとすると，遮断蒸発のために水が地面に落ちなくなり，生育不能の矛盾に陥る．必然的に樹木密度がサバンナのように低下して，雨が地面にそのまま落ちる空間ができる．樹木は根をそこに水平に広げて生きているのである．このように森林では遮断蒸発が物理的に大きくなりやすい事実があるのだが，根から吸い上げて葉から蒸発させる蒸散については，他の植生に比べて森林が必ずしも大きいとはいえない．ただ，森林の場合，蒸発散量が乾燥期間に低下しにくい特徴が指摘されている．シベリアのカラマツ林では，夏に降雨の少ない年には，冬季に凍結した前年の雨水が利用される傾向があることがわかっている．すなわち，永久凍土によって雨水が深部に浸透することがないため，少雨年には，前年に降った雨水が凍結融解したものが蒸散に利用できる．こうした巧妙なメカニズムが毎年一定の蒸発散の維持に寄与しているのである（Ohta et al. 2008）．また，タイの熱帯常緑季節林は，数メートルの深さに根を伸ばしていて，土壌が乾燥する乾季後半にむしろ蒸散量が大きくなる傾向が指摘されている（Tanaka et al. 2004）．南米アマゾンでも（da Rocha et al. 2004），マレーシアでも（Tani et al. 2003），熱帯雨林の蒸発散量が乾燥期間に大きい傾向は共通してみられる．

　こうした森林の蒸発散特性は，個体が長く成長しつづけ，気候変動のなかで発生する極端な乾燥にそなえるという，樹木の生き方そのものの特徴から

必然的にもたらされると，筆者は考えている．草本であれば，背が低いので物理的に遮断蒸発が大きくならないし，乾燥年には，いったん枯損衰退して種子などのかたちでその期間をやり過ごし，環境条件の良い年に再生するのが戦略となる．樹木は逆に乾燥年に枯れないことで競争に勝ち残るのが戦略となる．こういう樹木固有の性質は，熱帯雨林での二酸化炭素放出が雨季に大きくなる特徴にもあらわれている．すなわち，樹木の行う光合成による二酸化炭素吸収が季節によらず一定に近いのに (Kosugi et al. 2008)，土壌に住む微生物の有機物分解活動が湿潤条件下で活発になるため，雨季に二酸化炭素収支は放出側に傾くのである (Kosugi et al. 2007)．樹木が乾季に光合成を低下させないことは，草本などの短命な植物との競争に有利である．しかし，空気の乾いた時期に気孔を開くことになり，結果的に蒸散が増加してしまう．これによる水ストレスを防ぐために樹木は根を深く伸ばしているのであろう．

　著しい乾燥期間に蒸発散が大きいことの意味は，こうした受動的な意味合いをもつだけではないかもしれない．これについてさらに考えてみよう．蒸発散量は一般に，日射，気温，湿度，風速などの気象条件によって決まる大気側の蒸発要求，および，蒸発散を行う側である植生条件と地下の水の貯留量の両側の条件によって決まる (近藤 1994)．そこで，気象条件と植生条件が同じと仮定した場合，蒸発散量 e は貯留量 S に依存することになるが，過湿条件や乾燥条件を除けばそれに対する依存性は小さく，過湿・乾燥によるストレスがかかるときのみ低下する．ここでは乾燥側のみに注目し，無降雨で日射が強く，湿度が低い期間が長く続く場合に，貯留量が低下して大気の蒸発要求度が大きいのに蒸発散が追随できず減少する過程に注目する．そこで，水収支式を基に，貯留量の蒸散量への影響を考えてみよう．

$$\frac{dS}{dt} = r - e - q \tag{1}$$

ここで，S は土壌水や地下水による貯留量，r は降水強度，e は蒸発散強度，q は水平方向への地表面下の流出強度である．変形すると，

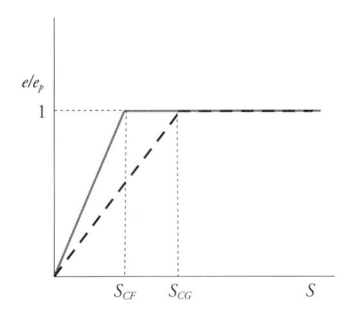

第3章　水循環をつうじた無機的自然・森林・人間の相互作用系

図 3-2　蒸発散の貯留量に対する依存性をあらわす概念図
大気の蒸発要求から推定された蒸発散量 e_p に対する実際の蒸発散量 e の比が地中の水貯留量 S に制御されるのは，貯留量が少ない場合である．制御が開始される閾値 S_C は，森林（実線）が草地など（破線）に比べて小さい．
出典：筆者作成．

$$\frac{de}{dt} = \frac{de}{dS}(r-e-q) \tag{2}$$

となる．ある植生において，先に述べたように，貯留量が通常の範囲であれば，蒸発散量は貯留量によらず，大気側の蒸発要求の大きさによって決まる．貯留量がある程度低下した場合はストレスがかかってきて貯留量が制御要因になる．実際の蒸発散量と大気の蒸発要求から得られる可能蒸発量の比をとると，湿潤側では1になり，ある貯留量から乾燥側では低下する．図3-2はこのことを示す概念図である．貯留量 S の限界値 S_C よりも大きい S の範囲では，(2)式左辺の de/dS はゼロで，蒸発散に対して制御はかからない．樹木は草本よりも根を深く伸ばしているから，S_C の値は小さく，貯留量によって蒸発散量が抑制されにくいことになるわけである．時間単位を1年にとると，森林は乾燥年にも蒸発散の抑制がかかりにくく，大気に水蒸気を送りつづけることになる．森林はたんに蒸発散量が大きいだけではなく，乾燥時にもそれを減らさず水蒸気供給強度を平準化する特徴があるといえよう．

日本の瀬戸内地方岡山県にある森林総合研究所関西支所の竜ノ口山試験地における観測結果（谷・細田 2012）により，この森林の水蒸気供給平準化機能を，実際にデータで確認したい．この試験地では，北谷と南谷で1937年以来，75年にわたって高い精度での水文観測が今も継続されている．図3-3は，17.3 ha の北谷流域における毎年の損失量を，その年の年末の基底流

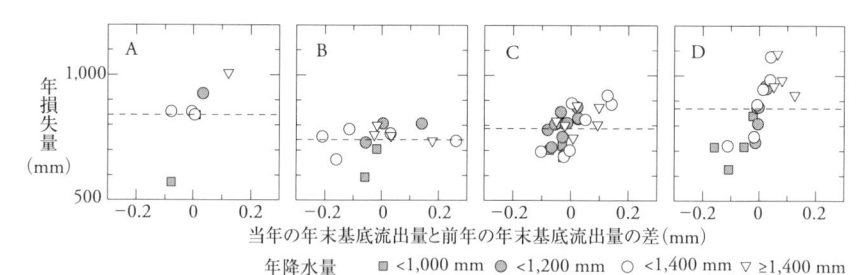

第 1 編 ─── ●地球圏・生命圏の動態と生存基盤

図 3-3 竜ノ口山北谷における年水収支から得られる損失量の，貯留量変動を表す指標（当年の年末基底流出量と前年の年末基底流出量の差）に対する関係
A：アカマツ林（1937-43 年），B：枯損後成林まで（1944-57 年），
C：広葉樹林（1958-85 年），D：広葉樹林（1986-2005 年）．
出典：谷・細田（2012）に基づき一部改変．

出量と前年末の基底流出量との差に対して表示したものである．損失量は，単位流域面積当たりの水収支式において，降水量 r から流出量 q を差し引いたもので定義され，(1) 式から $e+dS/dt$ になることがわかる．よって，貯留量変化がなければ蒸発散量に一致するが，その変化があれば，蒸発散量よりも貯留量増加分だけ大きくなるか,減少分だけ小さくなる．図 3-3 の横軸は，その年の 12 月 31 日の日流出量から前年の同日の日流出量を差し引いたものである．ただし，直前に降雨があった場合は，その降雨前の流出量としている．その結果，横軸は基底流出量の差から，流域貯留量の増減を推定した値を意味することになる．さて，この図は，1937 年のアカマツ天然林であった観測開始時点から虫害でマツが枯損するまでの期間 A（1937-43 年），その後，放置されてコナラを中心とする落葉広葉樹林が成林するまでの期間 B（1944-57 年），その後森林が成長していた期間 C（1958-85 年），気温が高く蒸発散量の顕著に大きい期間 D（1986-2005 年）の四期間に分けて作成されている．プロットは年降水量によって区分し，各期間の平均損失量を年蒸発散量の目安としてラインを描き込んである．

さて，期間 A と D では，縦軸と横軸とに正の相関が明瞭にみられ，C では相関が弱く，B ではほとんど相関がみられない．マツ林であった期間 A，温暖化によって蒸発散量が大きくなっている期間 D は，降水量が少ない年に基底流出量が低下，多い年に増加傾向が顕著にみられる．しかし，期間 B

は伐採直後で，年損失量が全体に少なく，その年々変動幅は小さい．期間Cは年損失量と基底流出増減の正の関係はみられるが，森林が成長中で，かつ期間Dよりも低温であったことが，相関が弱い原因になっているようである．これらの結果から，森林の場合，少雨年において年損失量が小さいのであるが，基底流で指標化された貯留量が減少するため，年蒸発散量はその貯留量減少分だけ年損失量より大きくなる．逆に，多雨年には，年蒸発散量は貯留量増加分だけ年損失量より小さくなると推定できる．こうした傾向は，森林伐採後にはなく，成林している場合にのみみられる特徴であって，雨が少ない年であっても，森林は地中に貯留された水を搾り取るようにして蒸散させる特徴をもっていることが明らかである．

　ところで，谷・細田（2012）は，年々の蒸発散変動のほかに，1990年代以降の高温によって年蒸発散量が大きくなる長期トレンドも指摘している．これについては，東大の愛知演習林白坂流域（田中・蔵治2011）や京大の滋賀県にある桐生流域（谷ほか2012）でも検出されていて，気候温暖化の一般的な傾向だと推測される．これに関連して，アフリカやオーストラリアでは，気候温暖化に追随して蒸発散量が増加してゆくことができなくなる結果がすでに得られている（Jung et al. 2010）．日本は湿潤で森林に覆われているので，温暖化による大気側の蒸発要求の高まりに対して蒸発散が比較的追随しやすいため，まだ蒸発散上昇傾向が継続しているのだとみられる．しかし，温暖化が進むと，大気の蒸発散要求量がさらに大きくなって，図3-2において説明した地中の貯留水量による抑制がかかってくることも予想される．温暖化が進むと現在の森林の蒸発散が最大に達した後に減少に転じ，衰退が危惧されるのである．ここでの議論とはやや離れる問題ではあるが，温暖化と森林蒸発散との関係は今後注視してゆく必要があることを指摘しておきたい．

2-3　安定大陸における森林の気候維持作用

　竜ノ口山の観測で得られた上記の知見，すなわち，森林が降水の多寡にかかわらず水蒸気量を大気に供給しつづける性質は，大陸・島嶼の環境を超えて重要な情報と考えるべきであろう．降雨がおもに海洋からの水蒸気流入に

よってもたらされる島国の日本では，蒸発散量の増加は単純に流出量を減らす原因になる．森林を適宜伐採してゆくことがむしろ水資源のために有効であろう．これに対して，大陸環境では，海洋から入ってくる水蒸気は内陸に行くほど降水によって減ってゆくことで奥地は乾燥気候となりやすい．したがって，森林蒸発散が大きく，かつ少雨年に低下しないことは，奥地に向かって水蒸気を送ることに貢献し，奥地の湿潤気候を支えていると考えられる．大陸規模の森林伐採が降水量低下に結びつくことの予測研究は，これまでにアマゾンで多数行われてきた（e. g. Nepstad et al. 1999）．しかし，大気への蒸発散量供給が少雨年にも低下しないという森林の特徴が，大陸における水循環において非常に重要な役割を果たしていることは，必ずしも強調されていないのではないだろうか．この森林の特徴は，蒸発散と降水の水のリサイクルに負のフィードバックをかけ，降水変動の振れ幅を抑制していると推測される．伐採によって少雨年に蒸発散量が低下すると，その影響が大気に対する水蒸気の供給不足をつうじて引き続く年の降水量減少につながり，気候の乾燥に拍車がかかる．極端な少雨年の出現を招き，森林生育に必要な湿潤気候が維持できなくなると考えられる．「鶏が先か卵が先か」のたとえのように，湿潤気候そのものが，湿潤でないと成立しない森林の多量かつ持続的な蒸発散によって支えられているわけである．

　さて，安定大陸の気候は地質年代的には大きく変動し，植生は決して同じであったのではなく，気候にともなって変化してきた．数万年の時間スケールでは，氷河期と間氷期の交替を経験しているから，現在，森林が内陸まで広がっているとしても，氷河期の植生は異なっていたと考えなければならない．シベリアを例にとると，10万年周期があって1万年程度のタイガ林以外の期間はツンドラ気候であったとされている（Shichi et al. 2007）．したがって，気候変動にともない，ダイナミックな森林の拡大縮小があったと考えなければいけない．植生とは無関係の地球気候の変動が大陸内の森林領域変動の根本原因になっているとしても，気温が高くなっただけでは森林域の拡大はできないはずである．温暖化とともに内陸での降水量が増加して初めて森林域が拡大できる．そうすると，気温上昇の時期には，湿潤気候が森林とセットで内陸に拡大していったと考えられる．その拡大においては，乾燥年

でも蒸散を維持して水蒸気供給を平準化し，降水変動の拡大を抑制するプロセスが重要な役割を果たしたであろう．地球圏のメカニズムにすぎない間氷期の温暖化は，生命圏の樹木に固有の蒸発散特性を通して降水量増加とその年々変動緩和という形態をもって気候へフィードバックされたということになる．こうした因果関係の理解はまだ研究途上であるが，気候変動によって植生変動が追随したという一方向ではなく，地球圏と生命圏の相互作用を通すことで初めて，森林の内陸への拡大が可能になったと推定されるのである．

2-4　湿潤変動帯における生態系と土壌の関係

　安定大陸について，地球圏と生命圏の相互作用の重要性を説明してきたが，地殻変動が現在活動的な地域においては，どうであろうか．プレートテクトニクスによれば，プレートの衝突や沈み込みによって地盤が押し上げられる地域では，急峻な山岳地形が卓越し，地震や火山活動が頻発する．生命圏はその影響を強く受けることになる．土壌の年齢は安定大陸と比べ格段に新しく，土壌が同じ場所に存在し続けるようなことはない．日本の山の場合，1万年で数 m 程度の山体隆起がある（米倉ほか 2001）．そのため，河川流路と斜面上端の尾根との高低差が開いて急な傾斜面が形成され，土壌の下の基盤岩が削られてゆく．その際，岩盤上の土壌が持ちこたえられるはずはなく，それを地盤とする植生生態系とともに，地震や豪雨を誘因として落下せざるを得ない．こうした生態系と土壌の消失があると，その時点で生態系遷移もリセットされることになる．こうして，裸地を出発点にして，草地や早生樹主体の生態系を経て最終的にクライマックス生態系に進んでゆく遷移過程が繰り返されることになる．この土壌発達の過程では，成熟土壌とクライマックス生態系のカップルが比較的長期に地表面を覆うことになる．しかし，変動帯という地球圏の無機的自然条件は，先に述べたことから，土壌ごとの根こそぎ消失を起こす原因を間歇的に用意している．そのため，成熟した土壌とクライマックスの照葉樹林などの生態系であっても，いつかは崩壊消失して，再度，土壌と生態系は発達輪廻の出発点に立つことになるのである（Shimokawa 1984）．そのため，地質年代的には，土壌が比較的新しい結果と

なる．日本では，酸性雨に対する中和緩衝作用が大きい傾向が指摘されているが (Ohte and Tokuchi 1999)，これも土壌年齢の若さゆえの特徴なのである．

ここでは，山腹斜面上の土壌と生態系の変化を対象に，湿潤変動帯における地球圏と生命圏の相互作用をさらに詳しく説明したい．もともと変動帯の急峻な地形は湿潤空気の通過にともなう上昇気流によって降雨を発生させやすい．とくに海洋に近く湿潤空気が流入する島嶼や半島などの地理的条件では規模の大きな豪雨も起こる．こうした地殻変動が激しく，豪雨に見舞われやすい日本に典型的にみられる自然条件では，基盤岩の風化生成物はきわめて侵食されやすい環境が整っている．花崗岩のはげ山を対象としてその地球圏の特徴の意味をつっこんで考えてみよう．はげ山は，人為による長期の森林伐採と落葉落枝採取の継続による植生と土壌の完全喪失が生じたものであり，地球圏や生命圏の活動から自然に生じたものではない．にもかかわらず，人為影響のない両者の相互作用を考えるにあたっても，はげ山は植生と土壌のない状態として安定しており，ひとりでには緑化が回復しないという観点から重要な意味をもつ．

滋賀県田上山に試験研究のために残されたはげ山での観測によると，冬季に土壌水分の凍結によって生じた霜柱によって山腹斜面風化基盤岩から持ち上げられた砂粒子は，早春の融解によって風化基盤岩表面上に力学的に離脱したかたちで落下し，梅雨前には侵食される．凍結融解によって土砂が毎年ほぼ一定量生産されるため，1年間の土砂流出量は，降雨規模によらず毎年ほぼ同じで，森林で覆われた場合に比べておよそ1,000倍の規模になることがわかっている (鈴木・福嶌 1989)．はげ山緑化の歴史では，江戸時代には，斜面上にクロマツをただ植栽するだけであったのですぐに流され，緑化は成功しなかった．明治時代に積苗工が開発され，斜面を構成している風化基岩を切って階段状に水平面を造成してその上に盛り土をすることで，ようやく成功に転じたのである．この積苗工は，土壌の自然生成を待つのではなく，水平面を設けて外部から土を持ち込んで積み上げることを特徴とする．その土の固まりが徐々に侵食されないように表面を藁や芝で保護し，さらに，その固まりが一気に崩壊しないように，クロマツや肥料木であるヒメヤシャブシを植えて，根で抵抗強度を高めるという，まさに手の込んだ手法である．

裸地状態は基盤岩上に不安定物である土壌がそもそも存在できない一種の安定状態なのであるが，土壌と植生をセットで外部から持ち込み，それらが支え合って侵食されない条件を人工的につくり出したわけである．積苗工は，まさしく土木的工法であり，そこまでやらなければ緑化が成功しなかったということを理解したい．

　人為影響のない場合でも，火山性や高山性の大崩壊で大量に土砂が堆積した場合，頻繁に侵食が起こって土砂へ植生が定着する余裕のない荒廃状態があらわれる．常願寺川源流の立山の鳶崩れや姫川支流の浦川源流にある稗田山の崩壊などがその例になる．このような例からわかるように，地殻変動帯の急傾斜面において風化なり大崩壊なりで生産される土粒子は急斜面上に存在することは難しい．土砂が絶えず大量に流出する河川は，普通の休眠性河川に対して活動性河川と呼ばれ，毎年土砂害をもたらす (柿 1958)．そして，空間規模の大きい裸地と小さい裸地とでは，全く異なる経過をたどるのである．表層崩壊などによって生じた小規模な裸地では，崩壊のまわりの林地土壌が崩れ落ちて裸地外周部から徐々に草本が侵入する．これによって土の小さな固まりが固定されるとそこにマツなどの早生樹が取り付いて土壌発達が始まる (Shimokawa 1984)．土壌と植生の発達にはこういう支え合いのプロセスが必要である．生命力のおかげでひとりでに緑化が進んで森林に戻ってゆく．しかし，大規模な裸地はこのまわりの森林に助けられた回復プロセスを欠くため，荒廃状態として安定してしまうのである．

　以上のように，はげ山や大規模崩壊地では，土壌がないので植生が生育できず，植生がないので土壌が侵食されるということになって，裸地状態が継続する．その一方，森林で覆われた斜面上の土壌は容易に崩壊せず，土壌が樹木の成長を支える安定した地盤となり，その樹木が根で土壌を崩壊から保護するという関係が数百年程度は持続する．森林と土壌は，鶏と卵のように，相互に依存し合うシステムであるといえよう．このことから，地球圏の条件が全く同じ地殻変動・気候として与えられていても，森林状態もはげ山状態も，いずれもが安定して存在できることがわかる．この事実は，ごく普通の山がはげ山ではなくて森林の地盤となる土壌をもつこと自体が，地球圏と生命圏の相互作用の産物にほかならないことを教えているのである．

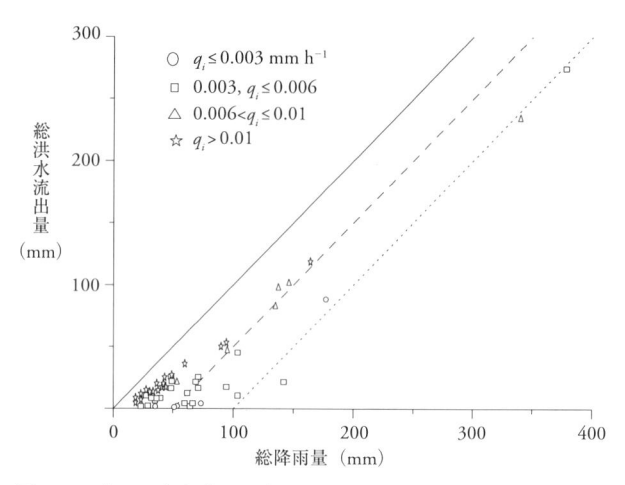

図3-4 竜ノ口山北谷のひと雨における総降雨量と総洪水流出量の関係

註：q_iは降雨前の流量で，乾湿条件をあらわす．実線，破線，点線は，総洪水流出量が総降雨量に等しい関係より，それぞれ，50 mm，より100 mm少ない関係を示す．
出典：Tani et al. (2011) に基づき一部改変．

2-5　森林保水力を支える土壌の役割

次に，こうした地球圏と生命圏の相互作用が森林の保水力の源にもなっていることを示そう．森林の保水力は「緑のダム」とも呼ばれ，洪水の緩和策として広く期待されている（蔵治・保屋野 2007）．しかし，学術的研究においては限定した評価をすることが多く，欧米では「神話」と呼ばれることもある（チャペル 2005）．しかし，すでに説明したように，湿潤変動帯における斜面上の土壌は，森林によって長期間維持される．本節では，ひと雨の総洪水量の大きさを減らすことと総洪水量が同じでもピークを下げることを区別し（谷 2011a），前者を降雨の洪水配分，後者をピーク形成と呼んで，詳しく調べてゆきたい．

図3-4は，先にも参照した，岡山県にある森林総合研究所関西支所の竜ノ口山森林理水試験地北谷流域の多くの降雨例から，ひと雨の総降雨量と総洪水流出量の関係をプロットしたものである（Tani et al. 2011）．総洪水流出

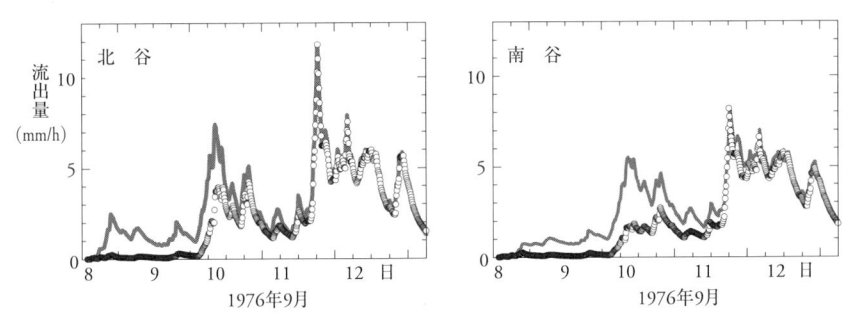

第 3 章　水循環をつうじた無機的自然・森林・人間の相互作用系

図 3-5　1976 年台風 17 号の降雨による竜ノ口山試験地の南谷（左図）と北谷（右図）の流出量の観測値（〇）と貯留関数モデルによる計算値（灰色実線）の比較
筆者が森林総合研究所勤務時に解析した未発表データを利用した．計算結果は，10 分単位降雨をそのまま貯留関数モデルに入れて計算したものである．
出典：谷（2011 b）に基づき筆者作成．

量は 17.3 ha の流域面積で割ってあるので，45°の勾配の直線上にプロットが並ぶと，すでに雨が続いているある時点から後に降った雨量はすべて洪水流出量になるということを意味する．プロットはばらついているが，降雨前の基底流出量の大きさによって整理でき，それが小さい場合には総降雨量が同じ場合でも総洪水流出量は小さい．しかし，総降雨量が大きくなると，45°の勾配の直線に乗ってきて，降雨の洪水への配分率は 1 に近づき，降った雨がすべて洪水に配分されてしまうことがわかる．このことから，降雨前に流域が乾いていて基底流出量が小さいときは，湿潤であった場合に比べて大きな連続降雨量が必要であるとはいえ，いずれの場合も，降雨量が多くなればすべて洪水になる．そのため，流域の土壌が飽和してその保水力が限界に到達したように受け止められる場合も多い（吉谷 2004）．しかしながら，こういう状態でも，洪水波形の変化に関して発揮される保水力は残る．北谷に隣接する南谷との比較によって次に確認しよう．なお，竜ノ口山試験地のデータは，筆者が森林総合研究所関西支所の職員であった期間に取得したものを使用した．

　図 3-5 は，総雨量 375 mm の規模の大きな台風降雨があったときの竜ノ口山試験地 2 流域の流出を示したものである．総洪水流出量は南谷が 238 mm，北谷が 270 mm であったが，この差は，土壌の厚い南谷のほうが，

乾燥した土壌に吸収される雨水が多かったためだと推定される (Tani et al. 2011).また，両図には，貯留関数モデルという流出モデルに，観測降雨をそのまま入れて求めた計算結果をあわせて示した．このモデルは，洪水の流出経路を，浴槽に水道蛇口から水を注ぎながら同時に排水孔から流出させるような簡単なタンクとみなしたものである．ここでは，タンクの貯留量 S と排水孔から出てくる流出量 q に，K, P をパラメータとして，次の簡単な関係があると仮定されている．

$$S = Kq^P \tag{3}$$

貯留関数モデルにおいては，実際の浴槽とは異なり，貯留水深が2倍になったとき流出が2倍以上になる傾向があり，パラメータ P は一般に1より小さい．K の意味については，後で詳しく説明する．モデルで降雨から流出を計算するには，もうひとつ (1) 式のような水収支式が必要であり，入ってくる降水と出ていく蒸発散・流出との差が貯留増加になる．ここでは，洪水期間なのでその期間の蒸発散量 e はゼロとし，なおかつ，通常の貯留関数モデルでの流出解析でもちいられる有効降雨ではなく降雨そのものを入れて計算した．そのため，計算流出量は，降りはじめから，降雨全量が洪水に配分されたと仮定して計算したものということになる．パラメータの K や P の値は，この仮定がほぼ満たされる後半期間において，計算流出量が観測流出量に合うように決めており，P は両谷でそろえて0.3，K は南谷が40，北谷が25とした．

降雨前半は，雨水は蒸発散によって使われる水や基底流出量に配分されるために，観測された洪水流出量は，圧倒的に計算流出量よりも少ない．しかし，9月10日，11日と雨が続き流域が湿潤になってくるにともない，観測流出量と計算流出量が一致してくる．洪水期間の後半は，降雨の洪水への配分率が1になり，降雨のすべてが洪水になるとみてよいことになる．北谷と南谷にはどちらもこの傾向があるが，9月10日頃には，観測流出量と計算流出量の差は，南谷が北谷よりも目立って大きい．南谷の方が降雨の洪水への配分率が1になるまでにより多くの降雨量が必要なのである．これは，すでに述べたように，南谷の方が北谷よりも土壌が厚いからである．洪水期間

の後半は計算結果が観測結果をよく再現しており，実際に，降雨のすべてが洪水になるとみてよいことになる．南谷と北谷を比べると，前者が後者よりも洪水流出量の変化が緩やかでピークが小さくなっている．

水収支式(1)式から(2)式に変形して蒸発散と貯留量の関係を考えたのと同様，ここでも，(1)式を流出と貯留量の関係を表すように変形し，さらに(3)式を代入すれば，

$$\frac{dq}{dt} = \frac{r-e-q}{dS/dq} = \frac{r-e-q}{KP} q^{1-P} \tag{4}$$

となる．左辺は流出量の時間変化をあらわすから，この式は，Kの値が大きいほど流出量の変動に対する貯留量変動が大きく，そのために流出が緩やかに時間変化することをあらわす．すなわち，Kの値の大きい南谷が北谷よりも流出平準化機能が大きくなるわけである．この結果は，降雨が大きくなってそれがすべて洪水流出に配分されるようになっても，ピーク形成は流域によって異なることを明瞭に示している．南谷のほうが北谷よりも保水力が大きく，これは，やはり，南谷が北谷よりも土壌が厚いことからもたらされると推定される．

以上のように，降雨がすべて洪水に配分されるときでも，斜面土壌の中での洪水流出メカニズムを通して降雨の洪水流出応答の平準化がもたらされることになり，少なくとも，洪水配分の限界をそのまま保水力の限界とみなすことはできないだろう．岩盤上の土壌層全体における雨水の貯留変動が依然として機能しているからである．そして，その機能を発揮する土壌は，前節で説明したように森林の根が強い侵食力に抵抗しているからこそ，急な斜面上に長期間保持されることができるのである．

2-6 水循環における無機的自然と森林の相互作用

以上の検討から，地球圏の活動の一つである水循環に生命圏がもたらす影響が，地理的な条件によって大きく異なることがわかる．まず第2-1節，第2-3節で述べたように，乾燥しやすい安定大陸の奥地においては，陸面の蒸

発散を起源とする水の降水に占める割合が海洋に囲まれた島嶼環境と異なって大きいので，大量の森林蒸発散量が湿潤気候を支える役割をもっている．とくに，地下に貯留される水量が少なくなる乾燥期間にも蒸発散量が減らないように維持し，大気への水供給をコンスタントに行うことで，降水量の年々変動を緩和している点は強調しなければならない．無機的自然と森林の相互作用は，海岸から遠い奥地の湿潤気候として示されているのである．

他方，日本のように地球圏の条件が地殻変動と豪雨であらわされる場合は，侵食崩壊に耐えることが長年にわたる成長を続ける樹木にとって必須の条件となる．山岳隆起と降水供給は基岩を刻んで侵食地形を発達させる．そのため，風化生成物である岩屑は，はげ山がそうであるように，急斜面上にとどまりにくい．しかし，森林生態系の物質循環によって土壌が生成され，その土壌は生態系の主メンバーである樹木の根によって侵食崩壊から保護される．その結果土壌内に雨水が貯留され，水の河川への流れの時間変動は緩和されて，洪水流のピークは小さくなる．こうした水源山地での流出緩和の結果，沖積平野の氾濫も弱まり堆積土壌が固定されて生態系が低平地にも広がり，その根の作用によってますます川の流路が安定する．湿潤変動帯では，森林生態系にとって必要な土壌地盤の長期安定が樹木根系によって保証されており，両者に強固な相互依存関係が認められよう．

以上のように，地球圏の特性に応じた生命圏との相互作用が形成され，大陸奥地の湿潤気候や湿潤変動帯の地盤安定がもたらされる．こうした無機的自然と森林の相互作用によって確保されるマイルドな環境があって初めて，人間圏が発生できる前提条件が生まれる．しかし，人間はこの地球圏と生命圏の相互作用を前提に生きるだけにとどまらず，地球圏と生命圏の相互作用のネットワークに割り込みをかけ，人間圏を構築して相互作用の一翼を担うようになってくるのである．第3節は，この人間圏の関わりについて考えてゆく．

3 水循環をつうじた相互作用における人間の評価

3-1 相互作用への人間圏の割り込みと自然災害概念の発生

　噴火・地震・津波・豪雨など，地球圏に備わっている外力に対して，前節では，生命圏が順応しつつ抵抗して，マイルドな環境を創り出す点を説明した．地球圏活動を代表する地殻変動と気候変動はいずれも，頻繁に起こる小規模変動から発生頻度の低い大規模変動まで，さまざまな規模の変動から構成される．生命圏は，相互作用をつうじてこの破壊力を緩和することによって，湿潤気候や地盤安定を獲得して生命圏自らの繁栄を維持しているわけである．人間もおそらく，生命圏のなかで種間競争を行う当事者の一つとして発生したであろうが，やがて人間の活動が地球圏と生命圏の相互作用に顕著な影響を与えるようになる．新たな相互作用が割り込んでくるわけである．すなわち，人間は，食料などの生物資源を得るために，および地球圏と生命圏の相互作用で得られるよりもさらに自らに有利な環境を得るために，地球圏と生命圏の相互作用によって成り立っている環境をさらに変化させる．これによって，生命圏から独立した人間圏が成立したと考えられる．人間によって付け加えられた相互作用の形態は多様である．そのなかで，水循環に関わる相互作用のあり方について，日本の流域治水と災害の関係を例として考えよう．

　日本では，古来，地球圏変動の一部を為す水循環の変動から集落の生活を守るため，また農業生産を向上させるため，水循環を部分的に変化させる行為が営々となされてきた（古島1967; 玉城・旗手1974）．すなわち，堤防による洪水防止やため池灌漑による稲作の安定化などが行われ，農業基盤が頻繁に脅かされていた以前の状況が改善された．農業や生活は，頻繁な水害・干ばつを新しい設備によって回避できる高度な段階に進化したわけである．しかしながら，地球圏の活動に由来する豪雨などの外力は，頻度は低くとも大規模なものが発生するので，人間が築き上げてきた防御対策はいつか破壊される．自然災害の概念は，こうした人間活動の進化とともに成立してきたと

考えられる．すなわち，人間は，地球圏と生命圏の相互作用よって緩和された地球圏外力を前提とし，生活・生産の防御活動によってさらに変化を加える．人間圏の防御活動は生産・生活に対する地球圏外力を緩和する効果をもつわけである．人間圏の割り込みは，生命圏が行ってきたのと同じように，自らに有利な環境を創り出すはたらきをもつ．そうした相互作用があるのだけれども，非常に大きな外力に対して，これもまた生命圏と同様に，抵抗することはできない．自然災害は，広義には，地球圏の破壊力一般を指す場合もあろうが，狭義には，こうした地球圏外力への人間によるはたらきかけがあって成立した生産・生活が外力によって破壊される場合を呼ぶべきだろう．破壊外力をどのようにして避けようとしてきたか，それがどのように破壊されたかは，社会的な問題を発生させる．自然災害は，こうした地球圏・生命圏・人間圏の相互作用全体を映し出す鏡とみることができるのである．具体的にみてゆこう．

　こうした自然災害の社会的な性格のため，自然外力を避ける人間活動は社会的な制度と深く関わってきた．水害防止や灌漑に関わる施設が設置導入されて生産・生活の向上が達成されると，施設の維持管理において社会的変化が要求されることが多い．この施設導入過程によって，毎年のように，日照りと洪水の対策に明け暮れていた生活に終止符が打たれる．頻度が低く規模が大きい外力の発生時点でのみ災害が発生することになる．この過程で維持管理は，以前の地域社会から切り離されて公共的な組織に担われるような変化が生まれ，たとえば，地元の寄り合いでの話し合いを離れ，領主や自治体が行うように変わってゆく．そのため，地域住民の自立的な対応が不可能になる方向に向かわざるを得ず，これは一種の社会的な脆弱性を生じさせる．水にまつわる社会的問題は，住民間の上流と下流との対立，住民と自治体や国などの治水管理組織との間の水害裁判，ダム設置の可否など，枚挙に暇がないが，これらは治水対策と利害調整を流域住民がいまだ担えていない脆弱性から発生してくるところが大きい．どうすれば解決を導けるのか，きわめて難しい問題である．とにもかくにも，頻繁に発生する災害を防ぐことは，日常生活のために必須の条件である．それはまさしく重要なことなのであるが，それで問題がなくなることにはならない．防げる範囲をきちんと認識し

て，頻繁な豪雨から極端に大きいまれな豪雨にいたる自然外力の変動を認識し，これに基づいた流域治水を住民自身が担うというプロセスは，われわれの社会にとって，まだまだ未発達なテーマだということになろう．

ここでの考察は次のようにまとめられる．堤防やため池などは，地球圏外力のひとつである水循環変動を緩和する働きによって，生命圏が相互作用をつうじて発揮させてきた緩和効果をさらに改善させ，人間の生産・生活を向上させるのに貢献した．しかし，こうした改善は社会的な制度にも影響を及ぼす．そのため，頻度の低い大規模な豪雨がもたらす災害が防止できない問題が残るだけではなく，さまざまな紛争が生じてしまう．自然災害に関わる問題は，頻度が低く規模が大きい地球圏の破壊力がもたらす被害への対策そのものが困難であるだけではなく，規模に幅のある破壊力に対する防止対策を社会的に民主的にどのように扱うのかに関する未熟さにもあるのだと考えられる．このように，生命圏によって緩和された地球圏の外力を人間がさらに生活に有利なように変更する努力のなかにおいてこそ，水害の社会問題が生じてくる．現在直面している治水等の災害対策が困難であるのは，自然災害に対する認識，すなわち，それが地球圏・生命圏・人間圏の相互作用全体からあらわれるとの認識が，必ずしも社会に共有されていないことが原因の一つとなっているのである．

3-2　森林利用による里山の成立

第3-1節では，災害を防ぐ対策が新たな社会問題を引き起こしてきた経過に基づき，地球圏と生命圏の相互作用への人間圏の割り込みのあらわれ方を考えてきた．ここでは，農業集落にとって重要な役割を果たしてきた里山について，相互作用を調べたい．農地と集落を囲む山腹の急傾斜面は相対的に農作に不向きなので，農業と生活に必要な物質を持ち出す場として利用されてきた．農業であれば，農地での作物の生産持続性は，肥料の投入，あるいは休閑地として地力回復を図るなどの技術体系に依存し，一つひとつの作物個体の成長を管理して繰り返し収穫を得ることになる．これに対して，これを取り巻く傾斜地は，農地という工場への材料を調達する場となり，これ

は，現在，里山と呼ばれている．里山の持続的再生産は，そこにある生態系が全体としてもっている物質循環に基づく，いわば恒常性維持機能（ホメオスタシス）に依存しているとみてよかろう．そこに肥料を投入することが皆無とは言えないが，生産過程全体を管理して樹木を収穫するわけではなく，自然のなりゆきに任せる傾向が強い．海もまた生活に必要な食料を採取する場であるが，海洋の生命圏がもつ恒常性維持機能が，持続的な漁業を支えている．同様に，里山生態系の場合，生活に必要な生物資源を持ち出して生態系の恒常性維持を支える物質循環に撹乱を与えながら，その再生産は生態系全体がもつ恒常性維持機能によって賄われるわけである．

　人間の利用によって，元の原生林生態系は，まったく同じ再生産は維持できないことになり，必然的に土壌を含む生態系の変質がもたらされる．里山の生態系はそのような人間利用の影響によって変質した結果であり，長年の落葉落枝の持ち出しによって土壌も変化し，原生林の時に比べればやせてきたと考えられる（徳地ほか 2010）．こうした長い持ち出し利用の期間は，1960 年代になって化石燃料と化学肥料の利用が可能になって終了する．森林利用が途絶えると，持ち出されていた構成物の一部である落葉落枝はその場に蓄積され分解されるようになる．そのため，徐々に，原生林のときにそうであった成熟土壌を基盤にもつクライマックス生態系が再生されるだろう．それが，どのくらいの年数を要するのかはまだ調べられていないが，人間圏が生命圏に与える撹乱の影響は，このような樹木の何世代にも及ぶ長期にわたる歴史のなかで推移していると考えられる．

　有機物を多く含む土壌の表層部分は，乾燥密度が小さく，強度的に弱いので，有機物が乏しい下層土に比べて，侵食されやすい．その表層を生産する材料である落葉落枝を繰り返し採取すると，物質循環が影響を受けるうえに，落葉を欠くことによって部分的に発生する地表流で表層から土壌が侵食されやすくなる．下層土が砂質土である花崗岩は，樹木の伐採による根の崩壊抑止力の低下も手伝って，侵食が風化基岩層表面に達してはげ山にいたる．他の地質を母材とする下層土壌層は花崗岩に比べて相対的に粘土質で侵食に抵抗する強度があり，そこまではいたらなかった．いずれにせよ，人間圏活動のひとつである木材や落葉落枝の持ち出し利用は，森林生態系の維持機構を

低下させる影響を与えたことが明らかである.

このように,生活の場である集落と里山が空間的に分かれることにより,地球圏と生命圏の相互作用への人間圏の割り込みは,集落と里山では異なるかたちであらわれる.集落では,自然災害に対する社会的に難しい問題を残してゆくとはいえ,生産・生活を安定・向上させる結果をもたらすが,里山では,地球圏と生命圏の相互作用の結果成立している生態系の維持機構にマイナスのインパクトを与える.このインパクトは地球圏と生命圏の相互作用として生じている森林と土壌の相互依存関係を弱化させるにとどまらず,水移動・土砂輸送を増加させることを通じて,下流の集落へ災害をもたらす.この水を媒介にしたプロセスは,地球圏と生命圏の相互作用への人間圏の割り込みが招いた相互作用の一つとして捉えられるものであり,第3-3節でさらに詳しく検討を行いたい.

3-3 人間の森林利用が流出に及ぼす影響

花崗岩山地と堆積岩山地とでは,人間の森林利用の結果がはげ山になるかならないかという違いがあることはすでに述べた.こうした人間の長期利用によって土壌層が減ったりなくなったりという過程があったわけであるが,その流出への影響を,具体的に調べてみよう.しかしながら,何百年に及ぶ土壌の変化を追いかけることは無理である.そこで,地質や森林利用履歴の異なる複数流域の流出特性の比較を行うことから,人間の影響を推定することにする.その場合,土壌以外の流域条件や降雨等の気候条件を揃えることが望ましいわけである.そこで,流出を計算できる流出モデルの力を借りて,降雨や蒸発散条件を同じにし,土壌の影響を推定する手法が考えられる.その比較研究例を紹介する.

流出モデルをもちいると,降雨量の時系列変化(ハイエトグラフ)から流域からの流出量の時系列変化(ハイドログラフ)を計算することができる.そこで,花崗岩山地内にあっても寺院の境内であったためにはげ山化されず,成熟林が成立している不動寺F2流域,花崗岩のはげ山である裸地谷流域,中古生層堆積岩で森林土壌が比較的残されている信楽C流域,および,表層

土壌がほとんどなく粘土質土壌をもつ竜ノ口山北谷流域のデータをもちいて比較解析を行った (Tani et al. 2011). まず, HYCYMODEL と呼ばれる流出モデルで (福嶌・鈴木 1986), 各流域の 1 時間データをもちいて降雨量から流出量を計算し, パラメータの最適化を行った. この計算には, 水収支式からわかるように, 入力として降雨量のほかに蒸発散量の時系列変化が必要である. 蒸発散量については, 厳密には, 図 3-2 に示したような土壌水分によるフィードバック影響もある. しかし, 第 2-2 節で, 竜ノ口山北谷流域が森林に覆われているときには, 少雨年においても蒸発散量が低下しない傾向を示したことを基に, 気象条件によってのみ蒸発散量が決定されると仮定した. ただし, 同じ値をもちいたのは森林の場合であり, 裸地谷では観測から明確に蒸発散量が小さい傾向がみられた. このことから, 年蒸発散量は, どの森林流域でも 799 mm, はげ山のみ 427 mm とした.

　図 3-6 は, 竜ノ口山北谷の 1976 年 1 年間の 1 時間雨量を各流域のパラメータの値をもつ HYCYMODEL に入れて計算した結果の比較である. 下の図は 9 月全体について流出量を対数表示で示しており, 上の図は図 3-4 でも示した総雨量 375 mm の台風豪雨の部分を抜き出して流出量を普通表示で示している. まず, 北谷は洪水ピークが最大で降雨のない時の基底流が最小であり, 最も変動が激しい. 信楽の洪水流は北谷に次いで大きい. 信楽の洪水のボリュームは裸地谷より大きいが, ピークは裸地谷がむしろ大きい. 不動寺はピークが最も小さい. 基底流は裸地谷が最大になり, 不動寺がやや小さく, 信楽は後半の基底流がさらに小さく, 北谷に次ぐ. これらの結果は, 第一に, 洪水流と基底流の配分に地質条件が支配的であることを示すものである. すなわち, 花崗岩は基底流への降雨配分が大きく, 堆積岩は洪水流への配分が大きい. また, 裸地谷の基底流量が大きいのは, 蒸発散量がきわめて少ないことによるものであって, 同じ地質の不動寺と比べると, 蒸発散量が少ない分, 洪水流出量が大きくなって, 基底流出量の差は小さい. 堆積岩の信楽は北谷よりも, 花崗岩の不動寺は裸地谷よりも, 洪水ハイドログラフが明らかに緩やかになっており, 地質が同じであれば, 土壌の貯留量変動が大きい場合に平準化機能が高い.

　以上のように, 地質の違いは, 降雨の基底流と洪水流への配分割合の違い

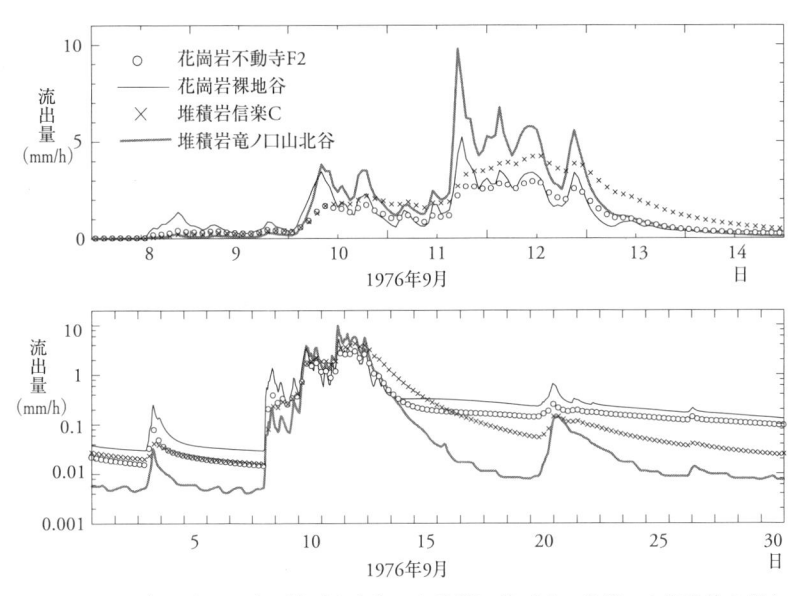

第3章　水循環をつうじた無機的自然・森林・人間の相互作用系

図 3-6　1976 年の竜ノ口山の降雨をもちいた計算に基づく，地質・土壌条件の異なる小流域ハイドログラフの比較

竜ノ口山北谷は観測値．他の小流域は流出モデル（HYCYMODEL）に，竜ノ口山の雨量を入れて計算した推定値．筆者が森林総合研究所勤務時に得たデータを，Tani et al.（2011）で解析したものを再解析した．
出典：筆者作成．

として大きく流出特性を決めるのに対し，土壌の効果は洪水ハイドログラフを緩やかにする．したがって，森林を繰り返し利用することによって，前者の変化はないが，後者の効果が減少する結果を招く．この結果は，土壌と植生がともに喪失したはげ山はもちろん，森林の存在する堆積岩の里山でもみられる．しかも，降雨の洪水流への配分が多いことと相乗効果によって，堆積岩で森林土壌が少ない里山森林流域の洪水ピークは，花崗岩のはげ山をも上回る結果になる．花崗岩のはげ山は，地下に風化基岩による貯留変動が森林でおおわれていたときと同じように大きいため，基底流は小さくならない．植生がなく蒸発散量が小さいので，流出量全体が森林よりも大きくなるが，その結果は基底流出量をあまり変化させず，総洪水流出量の増加としてあらわれることになる．さらに，雨水が土壌に入らず地表面流になることで一気に流れ，洪水ピークは大きくとがったものになるわけである．

93

人間の利用によって土壌が変化した場合の流出への影響について，さまざまな特徴をもつ小流域における観測結果を流出モデルで比較する研究結果を紹介した．これを，地球圏・生命圏・人間圏の相互作用の観点からまとめてみよう．まずは，地球圏独自の活動が地質の差として明確にあらわれ，降雨の洪水流への配分の違いが生じる．また，同じ人間活動が加えられても，地球圏と生命圏の相互作用として斜面上に維持されている土壌への影響は地質によって異なる．ただし，はげ山になる花崗岩も，それ以外の地質の場合も，人間活動による森林利用は，洪水ハイドログラフを遅らせ緩やかにする土壌内貯留の効果を低下させるようにはたらく．結局，地球圏と生命圏との相互作用に人間圏が割り込んだ結果は，集落の生産・生活向上，必要な資材を求めた里山での土壌貯留効果減少を通じて，下流の集落で洪水ピークが大きくなるという因果関係を生み出してきたのである．

　第3-1節から第3-3節までにおける人間圏の相互作用に関する考察で重要なのは，部分的な因果関係の評価．たとえば，水害と治水対策の関係に対する評価，森林利用の洪水への影響の評価などは，時間的空間的に多様な各圏の相互作用で構成される因果関係全体の中で，改めて行う必要性があるということである．そうすることによって，その部分的な因果関係の意味は再構成されると考えられる．林業はその観点からの見直しの意味が大きいと考えている．そこで，林業の位置づけについて次に考察する．

3-4　地球圏と生命圏の相互作用撹乱としての林業の位置づけ

　すでに第2-4節で述べたように，地殻変動帯にある日本で斜面に土壌が侵食されずに存在できるのは，森林生態系と土壌とが相互依存システムを為しているためである．森林生態系の主要メンバーである樹木と下草の根系で土壌を支えていることが森林自体の持続において重要な意味をもっている．多様な種と多様な樹齢をもつ個体が含まれている原生林は，恒常性維持機能が最も高く，土壌を支える効果が最大であるとみられる．里山二次林がこの相互依存システムを弱体化することは，第3-2節で説明したところであるが，人工林もまた，原生林に比べて，樹齢に多様性がなく，伐採されること

により根が腐朽して植栽樹の根系が十分に張っていない幼齢時期に崩壊が起こりやすい（北村・難波1981）．したがって，急斜面を人工林として利用すると，原生林に比べて土砂の侵食・崩壊の発生頻度が高まることになる．また，早生樹であるマツ類は根の引き抜き抵抗力が広葉樹やスギ・ヒノキに比べて弱い傾向があり（北原2010），樹種選択が土壌保持機能に影響を及ぼす．

　半田（1972）は，林業生産技術について，林木個体を超えた森林という集団の管理であり，生態学的な認識に基礎をおくことによって初めて体系化されると述べている．林業は農業のように作物個体における閉鎖した生育技術に基づいて収穫を得るのではない．原生林から同一種・同樹齢の人工林に変更しても，何とか維持される森林生態系全体の生産力に依存して有用林産物を獲得する．林業は，このような生産技術段階にあることを認識しなければならないということであろう．半田は侵食崩壊防止機能にふれているわけではないが，その理論は，無機的な自然としての山体がもつきわめて強い侵食環境に耐えながら生態系自らを維持しているはたらきが，木材収穫を可能にする生産力の源泉の一つであることを示唆していると，筆者は解釈している．林業生産力は無機的自然と生物的自然の相互作用全体に依存しているわけで，その相互作用には土壌を根系で保持する作用も包含されるのである．

　結局，スギ・ヒノキの人工林を造成して木材を収穫する場合も，燃料や肥料の必要性によって植生・土壌が変化してきた里山と同様，原生林の土壌が変化するはずである．侵食崩壊防止機能から言えば，切り株から新しい個体が発芽成長する里山のコナラ萌芽林が根系の腐朽が少ないのに比べて，人工林では一斉皆伐による根系の腐朽があるため，崩壊に対して弱くなる傾向はより大きいと考えられる．しかし，里山では落葉落枝を採取するため，表面侵食は起こりやすい．人工林でも，高密度未間伐ヒノキ林などでは下草がなくなって表面侵食が起きやすい（恩田2008）．したがって，土壌が侵食崩壊で失われる程度は森林利用の仕方と強度によって異なるが，人間圏の関わりによって，土壌が原生林よりも失われやすくなるという点は，里山と同様である．土壌はもともと地球圏と生命圏との相互作用によって生成され，その層の厚さが発達してくるものであり，人間圏の介入である林業施業は，里山利用と同じく，この相互作用の弱体化をもたらすのだといえよう．この因果

関係は単純なものである．しかし，これは地球圏・生命圏・人間圏のもっと大きな相互作用のなかで，再評価されなければならない．これについて考察を進めてゆこう．

3-5　戦後の林業の経過

　こうした林業の地球圏と生命圏との相互作用への攪乱としての性格は，日本の災害防止や地球環境保全に関わる戦後史のなかでどのようなかたちで推移してきたのかを考えてみよう．そのためには，まず，終戦直後の森林状態について理解しなければならない．戦争中と直後の食料難によって乱伐され，当時は山が荒れていたということが言われる．しかし，その後の戦後復興の為に行われた伐採と拡大造林から逆に推定できるように，照葉樹林やブナ林など原生林に近い植生状態が維持されていた奥山があった．農業を生業とする日常生活に必要な堆肥・薪炭の採取によって二次林となっていた里山の植生はたしかに貧弱であったが，花崗岩山地とそれ以外の山地では大きく異なっていた．花崗岩山地は，土壌も植生もなく，風化基岩の表面が裸出していたはげ山が広がっていたが，それ以外の地質の山地では，乱伐されたとしても土壌がなくなってしまっていたわけではない．その他に，炭焼，焼畑，人工林など，さまざまな山地森林の利用によって，人間のアクセスの便不便によって植生状況はさまざまであったに違いない．だが，終戦直後の森林状態は，少なくとも，生態系攪乱の少なかった奥山，二次林と土壌の存在していた花崗岩以外の里山，花崗岩のはげ山は，最低限区別しておかなければならないだろう（谷 2011b）．

　高度経済成長期にあった1960年当時には，木材需要が高まって木材価格が高騰し，冷温帯のブナ林など，それまで攪乱の少なかった奥山の森林が伐採利用され，スギ・ヒノキが植栽される，いわゆる拡大造林が行われた．それでも需要は賄いきれず，木材を安く供給することが急成長する産業界の強い要求であり，1961年の木材価格安定緊急対策などによって木材自由化に道が拓かれていった．当時の国会ではソ連材の輸入促進が議論され，林野庁長官経験者である石谷憲男参議院議員が積極的な輸入増加を国会で政府に要

求している (西尾 1988). こうして, 米作に対する食糧管理制度と価格支持の保護政策とは異なり, 保護障壁構築はなされずに, 木材輸入が急増した. この結果, それまで行われてきた奥山天然林の伐採拡大が止まるなど, 国内の森林伐採は劇的に減少し, その結果, 土壌崩壊も少なくなった (沼本ほか 1999). 森林の公益的機能の低下が避けられ, 治山目的に沿った経緯がたどられたわけであるが, これはいわば結果的にそうなってしまったのであって, 林野庁がそのように誘導したわけではないことは, 石谷の主張からも明らかである. 結局, 1961年当時は, 海外に膨大な天然林が存在していたため, 安価な木材供給に対する経済的要求に応じて, 海外に伐採を転嫁することが可能であった. よって必然的に国内林業は衰退に向かっていった. しかし, もし, 国内でこの要求をまかなおうとした場合, 木材生産の拡大は森林の侵食崩壊防止機能の低下を招いていたことは, 想像に難くない. きわめて皮肉な因果関係が進行したのである.

3-6 木材輸入とバーチャルソイル

こうして伐採されなくなった国内森林と対照的に, フィリピン, インドネシア, マレーシアのボルネオ島などで熱帯林が伐採され, 森林が再生されずに, アブラヤシのプランテーション・草地などに変化していった. ただちに生じるのは, 傾斜面での強度の大きいスコールによる表面侵食の増加であろうが, 草地状態が長年続けば, 侵食のみならず根の腐朽によって土壌層の崩壊も発生しやすくなり, 下流への土砂流出量の増加などが推測される (Sidle et al. 2006). また, 森林伐採による蒸発散量減少が流出量を大きくする影響も考えられる. しかし, 日本のような地殻変動帯においては, 規模の大きい豪雨時における洪水のピーク流出量への影響は比較的少ない. 流出水量の少ない時期は増加割合が大きいけれども, 流出量そのものが大きい洪水ピークには蒸発散低下による流出増加割合は大きくなりにくいのである (谷・阿部, 1986). しかし, 大陸河川の広大で平坦な沖積平野においては, 河川の勾配もきわめて小さく, 流出の短時間変化は流下過程で完全に平準化されてつぶれてしまい, 総流出量が大きいことが河川の氾濫を引き起こす. したがって,

蒸発散減少はそのまま氾濫災害に結びつく可能性がある．たとえば，タイのチャオプラヤ川における 2011 年の大規模な水害は，総降雨量が大きいことによって引き起こされたものであるのは間違いないが，森林伐採と土地利用変化によって，森林消失による蒸発散量の減少が河川流出量を大きくした点は無視できないかもしれない．土壌の保水力は伐採後数十年程度の期間ではあまり低下しないとしても，チャオプラヤ川流域では，森林伐採後の森林再生が為されない結果，蒸発散量の減少を招いていることが指摘されているからである（ニポン 2005）．こうした大陸河川の森林変化の蒸発散をつうじた流出への影響は，アマゾン川支流の大河川でも推定されている（Costa et al. 2003）．以上のように，森林伐採による土地利用変化は，変動帯の地形急峻な山岳では土砂害を，平坦な沖積平野では氾濫害を増加させるなど，水循環特性の地理的な違いを反映した悪影響をもたらしたと推定される．

　森林伐採の影響は，ここでみたように気候や地形などによって同じではないが，地球圏と生命圏の相互作用を攪乱することによって，災害の助長に貢献するであろう．したがって，1961 年以降の日本の木材輸入拡大は，森林伐採による環境面での負荷をその地域で引き受けることなく，貿易によって，他国に転嫁したものと言わざるを得ない．筆者は，こうした問題を，食料等の貿易産品にともなう水のバーチャルな輸送になぞらえて，バーチャルソイルと表現することにしている（谷 2011b）．

4 森林がとりもつ地球圏と生命圏の相互作用の維持

4-1 地球規模における地球圏と生命圏の相互作用

　安定大陸奥地の湿潤環境が降水と蒸発散から構成される水リサイクルに依存している点に今一度立ち戻る．こうした内陸に湿潤環境があって原生林が広がっている場所は，熱帯収束帯に位置する南米大陸のアマゾン川流域，アフリカ大陸のコンゴ川流域，および，亜寒帯であるユーラシア大陸の北ヨーロッパからシベリア，北米大陸のアラスカからカナダの地域である．前二者

には熱帯雨林が，後者には，針葉樹による北方林が占めている．日本の木材自由化が関わって森林が消失していった東南アジア熱帯林は，島嶼の環境にあって，おおむね地殻変動帯に位置する．降雨は，海洋で蒸発した水蒸気がアジアモンスーンによる南西と北東の風に乗って陸地に進入し，上空で凝結してもたらされる．すでに述べてきたように，こうした大陸と島嶼の地理的環境の相違は，森林伐採や森林が再生されずに草地などに変化した場合の環境への影響をまったく異なったものにする．

　東南アジアの場合は，前節で述べたように，日本と同じような急斜面上の土壌保持強度の劣化，土砂害増加，そこでの保水力低下による洪水が主である．大陸河川の造る広大平坦な平野の場合は，蒸発散量の減少が氾濫に影響することが考えられるが，入力である降雨量そのものが変わる傾向は小さい．それでも，タイにおいて，モンスーンによる海洋からの湿潤な風の流入が終了する9月の降雨量が森林の減少した期間に減少傾向があることが検出されている（Kanae et al. 2001）．これに対し，大陸環境では，降水の減少が危惧される．パッチ状の森林伐採であれば，水リサイクルのシステムに影響がなく降水量が変化しないから，その伐採跡地の土壌は蒸発が減るのでおそらく過湿になる．湿地化して森林再生が困難になることが問題になろう．しかし，蒸発散減少が水リサイクルに影響しはじめる程度の広さになると，海洋からの水蒸気流入に加わる陸面蒸発散起源の水蒸気が減少して降雨に影響が及ぶものと推定される．アマゾンでも熱帯雨林の牧草化の規模が小さい場合は蒸発散減少の直接的効果により河川流出量が増加するが，ある程度以上牧草化が進むと逆に降水量減少の影響があらわれ，河川流出量が減少に転じると推定されている（Coe et al. 2009）．こうなると，気候そのものが森林再生に必要な湿潤さを失い，環境の最終的な破綻にいたる．

　以上のことから，地球全体における人口増加・経済発展という人間圏の拡大は，明らかに，地球圏と生命圏の相互作用の最終的な破綻につながっていて，その破綻への「閾値（threshold）」が存在している（Zehe and Sivapalan 2008）ことが予見される．生命圏が地球圏との相互作用に基づいて発揮している恒常性維持機能は，人間による利用によって影響を受ける．それが恒常性維持機能の範囲内であれば，資源としても利用でき，環境保全においても

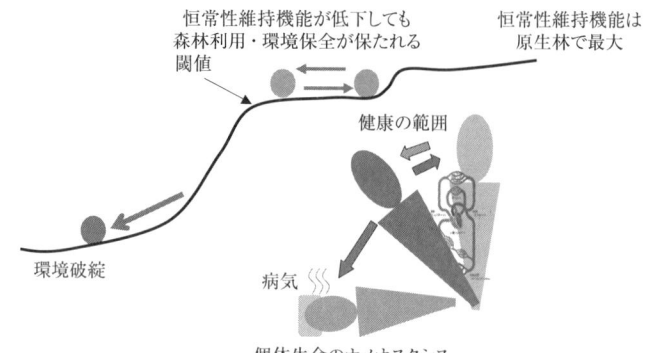

図 3-7 生態系の恒常性維持機能を個体生命のホメオスタシスと対比させた概念図
出典：筆者作成．

破綻にはいたらない．図 3-7 に示すように，森林で言えば，原生林を人工林に変えると，恒常性維持機能がやや小さくなるかもしれないが，それを保持しつつ利用することまでも否定されるべきではない．しかし，環境破綻への閾値を超えることは問題であり，これは避けなければならない．恒常性維持機能を活かすように生態系を利用することが肝要なのである．

今や，その環境破綻危険性をバーチャルに輸送することはできないであろう．過去には，危険性を負担できる原生林が広大に存在していたため，第 3-5 節でみたとおり，こういう転嫁が行われてきた．その結果，東南アジア島嶼の熱帯雨林はすでに大きく失われたが，その影響は，土壌侵食による局地的な土砂害増加や蒸発散減少による大陸河川の氾濫となってすでにあらわれてきている可能性がある．今後，傾斜地の土壌崩壊が徐々に進むことにより，土壌の保水力の減少もありうるであろう．他方，大陸奥地の伐採は現在までは何とかパッチ状にとどまり，蒸発散減が降水量につながる因果関係は，森林再生に必要な湿潤環境を失う事態にまでには到達していない．アマゾンやシベリアは今後どういう経過をたどるであろうか．最近の研究では，カラマツ林の持続性における永久凍土の役割や，温室効果ガス増加による気候温暖化の影響予測なども得られてきている（Zhang et al. 2011）．こうした温暖化を通じた間接的な人間圏の影響と直接的な伐採影響が合わさって，シベリアの

環境が，いつ破綻への閾値を超えるかが問題となるであろう．今後は，バーチャルソイルの転嫁先が地球上になくなるとみなければならない．

4-2 相互作用の社会への還元のあり方

　地球圏と生命圏の相互作用の変化が人間圏にもたらすリアクションは，このように，科学的にはかなり明瞭になってきている．しかし，第1節で述べたように社会で広く認識されるようにはなっていない．破綻への閾値を超えるまでには，十年単位の時間がかかるため，短期的な政策としては問題になりにくいのであろう．こうした構造は，災害対策問題をはじめ，財政赤字の問題，原子力発電やエネルギー供給問題など枚挙に暇がないところである．日本に蓄積している森林資源の有効利用の問題も，1960年代の自由化と同時に，木材の輸入元とバーチャルソイルによってもともと明確な因果関係をもっていたはずであるが，あまり意識されることはなかった．急傾斜地では，森林伐採後の後継樹の成林までの侵食崩壊危険性が一時的に増加する．また，人工林化は花粉症増加などの災いをもたらす．しかし，こうした国内のマイナスを受忍してでも，人工林の伐採・育林の林業サイクルを確立することが本来必要であったのである．林野庁は50年前に輸入促進政策を受け入れ，国内の森林伐採の拡大を抑制して，結果的に，侵食崩壊増加や保水力低下を防いだことになる．ところが日本の世論は，木材自由化によって山が荒廃したように錯覚して，こうした環境防止機能の増進を要求した．こうして，科学的な根拠の乏しい世論に林野庁は振り回された．すなわち，木材供給の立場から環境重視にシフトし，2006年の森林・林業基本計画においては，国民の森林に対する多様なニーズをふまえて多面的機能の発揮を強調した方針が示されている（林野庁 2006）．

　しかし，こうした多面的機能を重視して国内に蓄積している人工林の皆伐を回避し，木材需要を海外の原生林の伐採に依存することは，明確に伐採地における地球圏と生命圏の相互作用の破綻を招くことになる．森林・林業再生プランが2009年12月に発表され，森林資源蓄積に対して積極的な伐採を否定しない政策対応が提起された（林野庁 2009）のは，必然的なものと理

解できる．これが定着するためには，林業従事者の後継問題，木材の低価格問題など，課題があまりにも大きい．しかしながら，森林・林業再生プランは，地球環境の閾値を超えた破綻に抵抗しうる数少ない道の一つを提示しているだろう．3年前の2006年の森林・林業基本計画との明らかな対比をみたとき，むしろ決して揺るがない確固たる森林・林業政策の確立が重要だろうと筆者は考えている．

　第3-4節で述べたように，人工林や里山として森林を利用した場合，水保全などの環境保全機能の低下は明らかである．しかし，地球圏・生命圏・人間圏のもっと大きな相互作用のなかで再評価した場合，閾値を超えない森林の伐採利用の必要性を積極的に評価しなければならない．地球圏と生命圏の相互作用に与える人間圏の影響は必然ではある．しかし，バーチャルな水や土の輸送をも含む地球規模への拡大を明確に意識しておくことが重要である．ローカルな物質循環利用を，地球圏・生命圏・人間圏の相互作用の網全体のなかで今一度見直し，そのなかで社会を再構築することがなければ，科学的には，閾値を超えた環境破綻が明瞭に予見される事態に直面しているのである．

参考文献

チャペル，ニック・A. (Chappell, N. A.) 2005．「湿潤地帯の森における水の流出 ── 神話 vs. 観測結果」『水利科学』48(6): 32-46.
Coe, M. T., M. H. Costa, S. Britaldo and Soares-Filho 2009. "The Influence of Historical and Potential Future Deforestation on the Stream Flow of the Amazon River: Land Surface Processes and Atmospheric Feedbacks", *Journal of Hydrology*, 369: 165-174.
Costa, M. H., A. Botta and J. A. Cardille 2003. "Effects of Large-scale Changes in Land Cover on the Discharge of Tocantins River, Southeastern Amazonia", *Journal of Hydrology*, 283: 206-217.
da Rocha, H. R., M. L. Goulden, S. Miller, M. C. Menton, L. D. V. O. Pinto, H. C. de Freitas and A. M. e Silva Figueira 2004. "Seasonality of Water and Heat Fluxes over a Tropical Forest in Eastern Amazonia", *Ecological Applications*, 14(4): S22-S32.
福嶌義宏・鈴木雅一 1986．「山地流域を対象とした水循環モデルの提示と桐生流域の10年連続日・時間記録への適用」『京都大学演習林報告』57: 162-185.
古島敏雄 1967．『土地に刻まれた歴史』岩波書店．
半田良一 1972．「林業生産力に関する基礎的考察」京都大学大学院農学研究科博士学位論文．
Jung, M., M. Reichste, P. Ciais, S. I. Seneviratne, J. Sheffield, M. L. Goulden, G. Bonan, A.

Cescatti, J. Chen, R. de Jeu, A. J. Dolman, W. Eugster, D. Gerten, D. Gianelle, N. Gobron, J. Heinke, J. Kimball, B. E. Law, L. Montagnani, Q. Mu, B. Mueller, K. Oleson, D. Papale, A. D. Richardson, O. Roupsard, S. Running, E. Tomelleri, N. Viovy, U. Weber, C. Williams, E. Wood, S. Zaehle and K. Zhang 2010. "Recent Decline in the Global Land Evapotranspiration Trend due to Limited Moisture Supply", *Nature*, 467: 951–954.

柿徳市 1958.「流砂量と砂防計画について」『新砂防』31: 19–22.

Kanae, S., T. Oki and K. Musiake 2001. "Impact of Deforestation on Regional Precipitation over the Indochina Peninsula", *Journal of Hydrometeorology*, 2: 51–70.

北原曜 2010.「森林根系の崩壊防止機能」『水利科学』53(6): 11–37.

北村嘉一・難波宣士 1981.「抜根試験を通して推定した林木根系の崩壊防止機能」『林業試験場研究報告』313: 175–208.

近藤純正 1994.『水循環の気象学 ── 地表面の水収支熱収支』朝倉書店.

Kosugi, Y., T. Mitani, M. Itoh, S. Noguchi, M. Tani, M. Matsuo, S. Takanashi, S. Ohkubo and N. Abdul Rahim 2007. "Spatial and Temporal Variation in Soil Respiration in a Southeast Asian Tropical Rainforest", *Agricultural and Forest Meteorology*, 147: 35–47.

Kosugi, Y., S. Takanashi, S. Ohkubo, N. Matsuo, M. Tani, T. Mitani, D. Tsutsumi and N. Abdul Rahim 2008. CO_2 Exchange of a Tropical Rainforest at Pasoh in Peninsular Malaysia", *Agricultural and Forest Meteorology*, 148: 439–452.

蔵治光一郎・保屋野初子 2004.『緑のダム ── 森林・河川・水循環・防災』築地書館.

Makarieva, A. M. and V. G. Gorshkov 2007. "Biotic Pump of Atmospheric Moisture as Driver of the Hydrological Cycle on Land", *Hydrology and Earth System Sciences*, 11: 1013–1033.

Nepstad, D. C., A. Veríssimo, A. Alencar, C. Nobre, E. Lima, P. Lefebvre, P. Schlesinger, C. Potter, P. Moutinho, E. Mendoza, M. Cochrane and V. Brooks 1999. "Large-scale Impoverishment of Amazonian Forests by Logging and Fire", *Nature*, 398: 505–508.

ニポン，タンタム（Nipon, Tangtham）2005.「森林からの土地利用の転換が流出に及ぼす影響 ── タイ王国における最近の知見」『水利科学』48(6): 47–63.

西尾隆 1988.『日本森林行政史 ── 環境保全の源流』東京大学出版会.

沼本晋也・鈴木雅一・太田猛彦 1999.「日本における最近 50 年間の土砂災害被害者数の減少傾向」『砂防学会誌』51(6): 3–12.

Ohta, T., T. C. Maximov, A. J. Dolman, T. Nakai, M. K. van der Molen, A. V. Kononov, T. Maximov, T. Hiyama, Y. Iijima E. J. Moors and H. Tanaka 2008. "Interannual Variation of Water Balance and Summer Evapotranspiration in an Eastern Siberian Larch Forest over a 7-year period (1998–2006)", *Agricultural and Forest Meteorology*, 140: 1941–1953.

Ohte, N. and N. Tokuchi 1999. "Geographical Variation of the Acid Buffering of Vegetated Catchments: Factors Determining the Bicarbonate Leaching", *Global Biogeochemical Cycles*, 13(4): 969–996.

恩田裕一 2008.『人工林荒廃と水・土砂流出の実態』岩波書店.

林野庁 2006.「平成 18 年 9 月森林・林業基本計画」
 http://www.rinya.maff.go.jp/j/kikaku/plan/pdf/kihonkeikaku.pdf

（2012 年 2 月 24 日アクセス）．
――― 2009．「森林・林業再生プランについて」http://www.rinya.maff.go.jp/j/kikaku/saisei/index.html（2012 年 2 月 24 日アクセス）．
K., Shichi, K. Kawamuro, H. Takahara, Y. Hase, T. Maki, and N. Miyoshi 2007. "Climate and Vegetation Changes around Lake Baikal during the Last 350,000 years", *Palaeogeography, Palaeoclimatology, Palaeoecology*, 248: 357–375.
Shimokawa, E. 1984. "A Natural Recovery Process of Vegetation on Landslide Scars and Landslide Periodicity in Forested Drainage Basins", Proceeding of Symposium on Effects of Forest Land Use on Erosion and Slope Stability, East-West Center, University of Hawaii, Honolulu, 99–107.
Sidle, R. C., A. D. Ziegler, N. N. Negishi, N. A. Rahim, R. Siew and F. Turkelboom 2006. "Erosion Processes in Steep Terrain: Truths, Myths, and Uncertainties Related to Forest Management in Southeast Asia", *Forest Ecology and Management*, 224: 199–225.
杉原薫・川井秀一・河野泰之・田辺明生編 2010．『地球圏・生命圏・人間圏 ―― 持続的な生存基盤を求めて』京都大学学術出版会．
鈴木雅一・福嶌義宏 1989．「風化花こう岩山地における裸地と森林の土砂生産量　滋賀県南部，田上山地の調査資料から」『水利科学』133(5): 89–100.
玉城哲・旗手勲 1974．『風土 ―― 大地と人間の歴史』平凡社．
田中延亮・蔵治光一郎 2011．「森林からの蒸発散量と気温の長期変動に関する予備的研究」日本地球惑星連合 2011 年大会予稿：AHW027-03.
Tanaka, K., H. Takizawa, T. Kume, J. Xu, T. Chatchai and M. Suzuki 2004. "Impact of Rooting Depth and Soil Hydraulic Properties on the Transpiration Peak of an Evergreen Forest in Northern Thailand in the Late Dry Season", *Journal of Geophysical Research*, 109: DOI: 10.1029/2004JD004865.
谷誠 2011a．「山地流域における自然貯留の洪水緩和機能に関する方法論的考察」『水利科学』55(1): 151–173.
――― 2011b．「治山事業百年にあたってその意義を問う ―― 森林機能の理念を基にした計画論の構築に向けて」『水利科学』55(5): 38–59.
谷誠・阿部敏夫 1986．「森林変化の流域に及ぼす影響の流出モデルによる評価」『林業試験研究報告』342: 42–61.
谷誠・細田育広 2012．「長期にわたる森林放置と植生変化が年蒸発散量に及ぼす影響」『水文・水資源学会誌』25(2): 71–88.
谷誠・勝山正則・小杉緑子 2012．「日本の小流域における気候温暖化への蒸発散追随傾向の検出について」日本地球惑星科学連合 2012 年大会予稿．
Tani, M., N. A. Rahim, Y. Yasuda, S. Noguchi, S. Siti Aisah, S. Mohd Md and S. Takanashi 2003. "Long-term estimation of Evapotranspiration from a Tropical Rain Forest in Peninsular Malaysia", in S. Franks, G. Bloeschl, M. Kumagai, K. Musiake and D. Rosbjerg (eds), *Water Resources Systems ― Water Availability and Global Change*, IAHS Publ. No. 280: pp. 267–274, IAHS Press.

Tani, M., M. Fujimoto, M. Katsuyama, N. Kojima, I. Hosoda, K. Kosugi, Y. Kosugi and S. Nakamura 2011. "Predicting the Dependencies of Rainfall-runoff Responses on Human Forest Disturbances with Soil Loss Based on the Runoff Mechanisms in Granitic and Sedimentary-rock Mountains", *Hydrological Processes*, DOI: 10.1002/hyp.8295.

徳地直子・臼井伸章・上田実希・福島慶太郎 2010.「里山の植生変化と物質循環 —— 竹林拡大に関する天王山における事例」『水利科学』54(1): 90-103.

Yasunari, T., K. Saito and K. Takata 2007. "Relative Roles of Large-scale Orography and Land Surface Processes in the Global Hydroclimate. Part I: Impacts on Monsoon Systems and the Tropics", *Journal of Hydrometeorology*, 7: 626-641.

米倉伸之・貝塚爽平・野上道男・鎮西清高 2001.『日本の地形1　総説』東京大学出版会.

吉谷純一 2004.「「緑のダム」議論は何が問題か —— 土木工学の視点から」蔵治光一郎・保屋野初子編『緑のダム —— 森林・河川・水循環・防災』築地書館，118-130頁.

Zehe, E. and M. Sivapalan 2008. "Threshold Behavior in Hydrological Systems and Geo-ecosystems: Manifestations, Controls and Implications for Predictability", *Hydrology and Earth System Sciences Discussion*, 5: 3247-3312.

Zhang, N., T. Yasunari and T. Ohta 2011. "Dynamics of the Larch Taiga: Permafrost Coupled System in Siberia under Climate Change", *Environmental Research Letters*, 6: DOI: 10.1088/1748-9326/6/2/024003.

第 2 編

森とともに創り出す生存基盤

第2編のねらい

　この編の主題は，「森林を利用しながら創り出す生存基盤」である．人間は，作物などの生物資源，道具・機械とそれを操る技術を駆使して，生命圏と地球圏のなかで生存基盤を創り上げてきた．このような生存基盤の典型的なものが農耕システムであり，森の利用もまた同様に捉えることができる．森は人類の狩猟採取の時代から現在にいたるまで重要な生業の場であり，生産される林産物は人類の生存を支え，さまざまな技術の発展に寄与してきた．

　森林と農地との最も異なる特質は，森の存在によって人類全体の生存基盤が創り出されることにある．森は，水循環の安定化（本書第3章），多様な生物の住処としての機能，炭素をはじめとするさまざまな物質の循環経路，あるいは景観や文化を構成する要素といったかたちで，地域，国土，あるいは地球全体を支えるという役割が大きい．このような森林の機能は，公益的機能，環境サービス，または生態系サービスなど，異なった定義をもつさまざまな言葉によって表現されている．

　そのため，森林を取り込んだ生存基盤は，"森林であり続けること"をそのシステムの内部から求められるだけではなく，外部からも要請されることが大きな特徴である．ある場合には，国家主体の森林保護政策として強制力をもって進められ，ある場合には上流の水源林域に暮らす人々と下流の農地に暮らす人々との調整といったかたちで要請される．このように森を取り込んだ生存基盤は，その地域で生活する人々だけでなく，多様なステークホルダーがそれぞれの要求を持つなかで，利用されてきたという歴史的な経緯がある．

　しかし，過剰で不適切な森の利用や農地への転換が，人類史のなかで何度も生存基盤の崩壊を招いてきたのも事実であり，現在でもいたるところで同じ過ちを繰り返している（本書序章および第3章）．森林保護と林産物生産のバランスをどうとるのか，森と農地をどのように組み合わせていくのかは，個々の生産システムを組み合わせたさらに高次の生存基盤を創り出す作業であり，そこには統合的なデザインが必要となる．しかし，森林を生活，生業の場としてきた人々のなかには，現在求められているような統合的な管理を経験則的に築き上げ，森林のもつ多様な機能を損なうことなく，それを活かして生存基盤をかたちづくり，それを維持してきたと思われる事例が多々ある．このような森を組み込んだ生産システムの最小単位として，ここでは熱帯における三つの事例をとりあげる．いずれの事例でも過去数十年のシステムの変容が明らかにされ，自らの生存基盤をケアしつづける人間の姿が浮かび上がるだろう．

　第4章「生存基盤としての熱帯多雨林」では国際マーケットに木材を供出する熱帯多雨林をとりあげる．生命圏のなかで最も生物多様性が豊富な熱帯多雨林で，どのよ

うにして特定の樹種の生産を行うのか．生物多様性と炭素貯留という機能がグローバルな関心を集める熱帯多雨林での木材生産活動が，さまざまな外部要因に影響されながら，技術や制度を変遷させ，どのように持続性を担保しようとしているのかを，地域の住民と消費者への責任という視座をもふくめて検討する．天然更新という，森林が本来もつ再生能力に依存するこのシステムが，いま大きく変容しようとしている様子がここでは紹介される．また，森林内部の資源多様性を活かした重層的な森林利用という新しい生存基盤のかたちが提言される．

第5章「焼畑耕作が創出する生存基盤」では，熱帯山地の焼畑民が主要作物である陸稲とともに資源として利用してきた休閑林の植物資源に注目する．このシステムでは，森林を周期的な伐採火入れという攪乱によって，農耕地から二次林へとつながるクロノシークエンスへと変貌させることにより生存基盤を創り出す．焼畑システムの持続性を担保するには一定の年数以上の休閑期間を設けることが必須であるが，じつは休閑林の植物多様性を保持するためにもその休閑年数が必須であり，休閑林の植物資源の確保につながることが明らかにされる．

第6章「農の場としての森林」では，チャの林内栽培システムをとりあげる．この生産システムでは，自生しているチャを資源化するために，森林の構造をわずかに改変するだけで生存基盤を創り出す．そこでは日々の森林とチャ樹の手入れが綿々と続くように見えるため，このシステムは伝統的かつ森林保全と矛盾しない生業として評価されてきた．しかし，じつはこのシステムが，マーケットや社会の変化に合わせて，ダイナミックに変容してきた様子がここでは描き出される．

［神崎　護］

第4章

生存基盤としての熱帯多雨林
―― 択伐天然林における木材生産 ――

神崎　護・稲田　友弥・野草　俊哉

1 はじめに

　私たちの身の回りの建材や家具材などの多くは，薄板を貼りあわせた合板でつくられている．2010年度の統計を調べると，日本で使われる合板のうち44％は輸入されたもので，そのうち85％はマレーシア，インドネシアが原産国である（農林省平成22年度木材統計など）．これら熱帯産の合板の材料は，熱帯多雨林で伐採された木材である．消費者である私たちには，原材料となる木材がいったいどのような場所で伐採されているのか，そして伐採が熱帯多雨林にどんな影響を与えているのかを直接知る機会はなかなか得られない．熱帯多雨林を木材生産に利用するためにどのような技術と制度が使われているのだろうか．たとえば，インターネットで検索すると，熱帯で行われる林業活動そのものが，おそろしく反環境的で反社会的なものだという情報で満ち溢れている．実際，永続的に森林を利用する意志をもたずに，アブラヤシなどのプランテーションへの転換を前提にした森林開発や，森林内に居住する人々を強制的に排除するような不適切な森林管理も多い（本書第11章）．しかし，熱帯の林業の現場を訪れると，熱帯多雨林と向き合い持続的な木材生産を目指す人々が存在し，熱帯林業の歴史的変遷をみると持続的な

生産への努力の跡をみることができる．

この章では，熱帯多雨林における択伐天然林を例にあげて，人類の生存基盤の重要な要素である森林について考察する．熱帯多雨林は地球の陸上生態系のなかで最も多様性が高く，高い生物生産力をもち，生物圏のなかでもきわめてユニークな存在である（神崎・山田 2010）．資源の存在の様式，その生態的な特徴，そして木材生産の持続性のためのさまざまな技術と制度について解説したい．本章で具体的事例としてとりあげるのは，インドネシア，中央カリマンタンの Sari Bumi Kusuma 社が伐採権を保有するコンセッション（以下 SBK と略記する）である．この択伐林で筆者たちは，科学技術戦略推進費の援助のもと持続的な熱帯林利用の確立を目指した研究プロジェクトを進めている[1]．このプロジェクトの未発表の研究成果の一部も紹介する．

2 熱帯雨林の択伐と木材生産の持続性

2-1 熱帯材の輸入元とその変遷

第二次世界大戦後の日本の本格的な熱帯材の輸入は，戦後経済復興のめどがたった 1960 年代から始まった（本書第 3 章も参照）．合板を生産するためのラワンと呼ばれる一連の種群の丸太が，まず，フィリピンで伐採され大量に輸入されはじめた．ラワンとは，フタバガキ科サラノキ属の合板生産に適した木材で，インドネシアやマレーシアではレッド・メランティと呼ばれる種類群にほぼ対応している．フィリピンではその後，森林消失が急速に進行し，輸出量は急速に減少し，これに代わって，インドネシアとマレーシアからの輸入が急増していった．さらにパプアニューギニアからの輸入が加わって現在にいたっている．日本が輸入する熱帯材の供給元の国々の森林面積は，木材輸出の増加と歩調を合わせるように減少してきたため，熱帯林消失に対する日本への強い批判がひろまる一方で，日本も ODA や技術協力，国際熱

---

[1] 科学技術戦略推進費「熱帯多雨林における集約的森林管理と森林資源の高度利用による持続的利用パラダイムの創出」．

帯木材機関への援助など，さまざまな熱帯林保全のための取り組みを進めてきた (神足 1987; 黒田・ネクトー1989)．このように自家用の薪炭材や建材を小規模に伐採するのではなく，販売目的で木材を生産するための伐採は商業伐採と呼ばれ，生産のターゲットとなる樹種は商業樹種あるいは商用樹種と呼ばれている．上記の合板用材は，いまでは木材の産出国で合板に加工してから輸出されるのがほとんどで，丸太のまま輸出され海外で加工されるのはごく少量である．

2-2 熱帯多雨林内の商業樹種の存在形態

日本が使用する合板の主要な原材料調達の場として使われてきたインドネシアやマレーシアの熱帯多雨林は，生物多様性が著しく高いという特徴をもっている．東京ディズニーランドの敷地に相当する約 50 ha ほどの広さの森林のなかに，1,000 種前後の樹木が混在する．合板材料となるのは，フタバガキ科のサラノキ属のなかの一部の樹種群であるが，フタバガキ科のなかには商業樹種が多い．しかし，低地熱帯多雨林と呼ばれる森林タイプの内部には，フタバガキ科樹種の比率は幹断面積合計という指標を使うと 20 から 30％くらい，さらにサラノキ属の比率となると 20％以下しかない (Losos and Leigh 2004; Manokaran and Kochummen 1987)．商業樹種として伐採価値のある樹種は，このほかにもフタバガキ科フタバガキ属や，キョウチクトウ科，クスノキ科樹種など多数あるが，いずれにしても商業樹種全体の混交率は高くないため，熱帯多雨林で行われている林業の多くは，このように低頻度で分布する資源を選択的に伐採するいわゆる択伐林業と呼ばれる形式をとっている．

2-3 持続的な生産を意図した伐採手法

択伐林業では基本的には木材を伐採収穫したあとの資源量の回復は，天然更新に依存していた．択伐林を持続的に経営するためには，次回以降の伐採で収穫することになる若い個体を残しておくこと，そして種子の発芽から始まる商業樹種の更新が十分に行われ，資源量が回復することが重要である．

このため，択伐においては伐採する個体を一定の基準で制限すること，そして伐採から次の伐採までの間に資源量が回復するための時間を確保することが必要となる．伐採対象個体を制限する一番簡単な方法は，伐採下限サイズを設定することである．合板をつくるためには，大根を桂剥きするようにベニヤと呼ばれる薄板をロータリーレースという機械で丸太からはぎ取っていく．この加工に使える丸太は一定以上の太さのものに限定されるため，伐採下限サイズの設定には伐採後の材の利用加工上の制約も影響してくる．

　伐採下限サイズの設定だけでは，持続的な木材生産が実現できない状況も起こる．より長期的な資源の持続性に目を向けた場合には，種子からの更新も確保しておかなければならない．2周期目の伐採には，切りのこした直径の小さな個体の成長によって資源は回復するかもしれないが，3周期目，4周期目になれば種子からの更新が円滑に進んでいなければ，伐採可能な個体を確保することは難しい．このため，種子生産を確保するために，伐採下限サイズ以上の個体であっても，種子供給源として，林内に一定数以上の母樹をのこしておくことも必要である（Sist et al. 2003）．

　伐採から伐採の間隔は，国や地域，対象となる森林によって異なるが，25年から30年という周期がよく使われる周期である．この周期の決定には，切りのこした幹直径の小さな個体が伐採可能なサイズ以上に育つのに必要な年数が基準となる（Appanah 1998; Ko Ko Gye and Kyaw Tint 1998）．

　東南アジアの各国は，基本的にはこのような伐採時のルールを制定することで，自国の森林資源の持続的な利用を図ってきた．このようなルールが東南アジアで初めて制定されたのは，インドとビルマのチーク天然林の伐採林に対してつくられたルールで，19世紀中ごろに確立し，やがてそれはビルマ式択伐方式と呼ばれるものになった．この制度は，ドイツ人でイギリス植民地政府に雇用された森林官ブランディスらが中心となって制定した制度である（Ko Ko Gye and Kyaw Tint 1998）．原理的には，このような方式を厳守して択伐を実施すれば，資源持続性は確保できそうである．それでは，実際にインドネシアでは天然林の択伐方式はどうなっているのだろうか．

2-4 インドネシアにおける択伐方式の変遷

インドネシアでは，過去40年ほどの間に，天然林における伐採方法が次々に改訂されてきた (Gusti Hardiansyah et al. 2006)．TPIと略称されるインドネシア択伐法は1972年から適用された．TPIの後にはインドネシア択伐植栽法 (TPTI, 1989年から)，インドネシア択伐列状植栽法 (TPTJ, 2000年から)，インドネシア択伐集約的植栽法 (TPTII, 2009年から) と推移してきた．

これら択伐方式には，択伐後の森林の取り扱いに大きな差がある．TPIでは，伐採下限サイズを原則として幹直径で50 cmと設定し，伐採後には伐採作業で裸地化した場所，たとえば土場と呼ばれる伐採した樹木を集材するためのスペースや，伐採した樹木を運搬するための重機が入った通り道を修復するための植栽が義務づけられている．次に制定されたTPTIにおいては，択伐後の森林に商業樹種の蓄積が少ない場合には，商業樹を植栽すべきことが規定されている．さらにTPTJでは，商業樹種の残存密度とは関係なしに，伐採後の森林に一律に植栽することが義務づけられた．この方法では，択伐後の森林に25 mおきに森林を切り開いて幅3 mほどの植栽のための空隙を設け，この内部に5 mおきに商業樹種であるレッド・メランティを植栽する (写真4-1)．さらにその後制定されたTPTIIでは，20 mおきに植栽ラインを設けて，この内部に2.5 mおきにレッド・メランティを植栽することとなり，植栽密度が1 haあたりTPTJでは80本だったものが，TPTIIでは200本へと増やされた (加藤 2008)．

この間，択伐の周期は30年程度が想定されてはいたが，実際には，この周期に達する前に次々に択伐方法が変更されていった．つまり，択伐方法の変更は実際の伐採周期が一巡した状態で評価されたわけではなく，伐採直後の二次林のなかに，商業樹種のストックがきわめて少ないという現実が，植栽義務の強化につながっていったと考えられる．また，一律に植栽を義務化するTPTJやTPTIIを制定するにいたった背景には，伐採会社が植栽義務を怠ることを排除するという意味もあったと思われる．このように，インドネシアの択伐方式は，天然更新に任せる従来の方法から，徐々に集約度を高めて，択伐後の森林に積極的に商業樹種を植栽する方向へと変化してきた．商

115

写真4-1 1999年から2000年にかけて択伐後林分に列状に植栽されたレッド・メランティ（左）．林内には伐りのこされたバンキライ（*Shorea laevis*）の大木が多数残っている（右）．
出典：2009年9月神崎撮影．

業樹種の更新を確保して，永続的な択伐林経営を可能にしようとするはっきりとした方針がみてとれるだろう．当然，このような植栽作業の増加はコスト増につながり，伐採による純益を減らすことになる．しかし，長期的な観点からみれば，天然林からの永続的な木材資源調達と木材産業の保護に確実につながることが期待できる．

2-5　植栽の必要性

インドネシアの択伐様式がこのように変化してきたのには，レッド・メランティと呼ばれるフタバガキ科の一部のグループのもつ生態的特徴が関係している．この樹種群は成長が早く比重が比較的軽く，加工しやすい特性をもつため，合板をつくるための薄板生産のために多用されている．

材の比重は，成長速度を反映しているし（Suzuki 1999; Sungpaleeal et al. 2009），さらに更新時の光要求性の程度とも相関がある（van Gelder et al. 2006）．上に述べたレッド・メランティは，フタバガキ科のなかでは材比重が軽く成長は早いが，更新のための光要求性が高い．このため，択伐によっ

て林冠が疎開しても，レッド・メランティにとっては更新に十分な量の光が得られないという現実がある．実際に択伐跡地でよく見かけ，更新に成功しているのは，より光要求性が低くて成長が遅く，材比重も大きな *Sherea laevis* などのバラウと呼ばれる樹種群である．*S. laevis* はバンキライとも呼ばれる．伐採数年後には，バンキライの稚樹が下層を埋めているような光景を目にすることがある．しかし，この樹種群は，材の気乾比重が 0.8 以上と重硬な材をもち，薄板生産には不向きで，筆者たちが調査する SBK においても，母樹となりうる切りのこされた大径の残存木をいたるところでみることができた(写真 4-1)．逆に，違法伐採で小径木まで伐採された森林では林内への入射光が多いため，レッド・メランティが多数更新してきているような例も観察されている(加藤 2008)．

　天然林の択伐施業においては，あとで述べるように森林劣化を防ぐために RIL と呼ばれる低インパクト伐採の実施が強く求められている(Sist et al. 2003)のだが，これを適用すれば，さらに伐採対象となる樹種の更新が悪化し，森林の資源価値が減少する可能性さえある(Fredericksen and Putz 2003)．このような商業樹種として利用される樹種の生態的な特性が，列状植栽導入にいたった一つの理由だと考えられる．

2-6　集約的植栽の実例

　筆者たちが調査する中央カリマンタンの択伐林では，4 種類のレッド・メランティ(*Shorea leprosula, S. parvifolia, S. johorensis, S. macrophylla*)と，ダーク・レッド・メランティの 1 種(*S. platycladus*)が列状に植栽されている．これらの苗は，野外で採取した自然生の苗(山引き苗)や種子採取して発芽させた苗(実生苗)を利用している．また，1990 年代から実用可能となった挿し木苗による苗生産も行っている(写真 4-2)．

　TPTJ で植栽されたレッド・メランティの定着率は高く成長速度も速い(神崎 2010)．実際の持続性検証には，次の伐採時までの継続的なモニタリングが必要ではあるが，次の伐期までにはこのうちの一部は確実に収穫可能サイズ(現在はほぼ直径 45 cm が経済的に可能な伐採下限となっている)に達する

写真 4-2　レッドメランティの苗の生産の様子
右は，プラスチック容器中で高湿度下で育苗中の苗．インドネシアの中央カリマンタンにて．択伐後の天然林内に植栽するために，大量に苗が生産されている．
出典：2009 年 9 月神崎撮影．

と予想されている（Gusti Hardiansyah et al. 2006; Prijanto Pamoengkas 2010）．伐採会社が所有する伐採植栽後の森林動態のデータをもとに，筆者たちが解析したところでも，植栽した樹木は高い生存率をもち，個体間差は大きいものの成長速度も十分に速く実用的に問題はないと結論できた．また，3 m 幅の植栽列をもうけることによる光環境の改善によって，植栽個体以外の天然更新の成功率も上昇しているため，商業樹種を含むフタバガキ科の比率は，列状植栽されない実験区にくらべて，有意に高くなっていた（図 4-1）．

2-7　低インパクト伐採

森林での木材の択伐と搬出作業は，森林に一定のダメージを与える（小林 1992）．たとえば，伐採によって成熟した大きな樹木を除去してしまうと，繁殖に参加する同種個体群の密度が下がり，花粉の個体間でのやりとりに支障がおきて，種子生産量や発芽の成功率が低下する近交弱勢が起こりうる（Naito et al. 2005）．樹木の伐採時には，切り倒す方向が悪いと森林下層に存在する次の世代の商業樹を大量になぎ倒してしまうこともある．林内部から伐採した樹木を重機で搬出する作業も，森林下層の若い個体を押し倒し，さらに森林内の土壌の硬化を招いて新たな樹木の定着を難しくする．こういった伐採作業にともなう森林の劣化を防ぐために行われるのが低インパクト伐

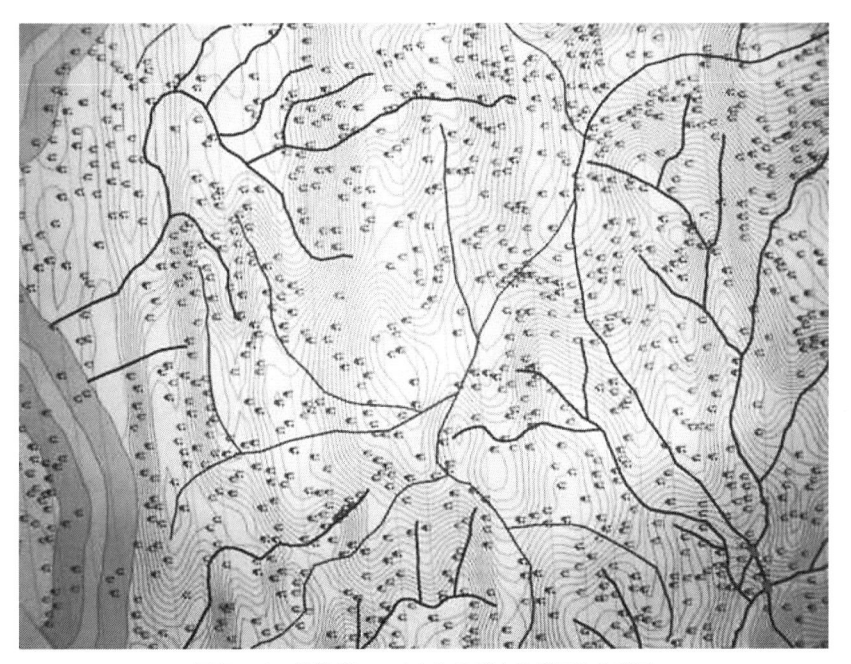

第4章 生存基盤としての熱帯多雨林

写真 4-3 択伐前につくられる樹木位置図と地形図
10 m おきに設定される測量線沿いに地形測量をしながら，幹直径 20 cm 以上のすべての樹木個体をマッピングし樹種群に分類していく．このデータを GIS ソフトで図化して，伐採木の選定や搬出経路の設計を行う．写真左の塗りつぶした帯状区は川沿いの保全区域でこの区内は伐採しない．

採である (Sist et al. 2003)．低インパクト伐採は，1990 年代からその重要性が指摘され，国際熱帯木材機関や世界食糧農業機関などが積極的にその導入を提唱してきた．その甲斐もあり，現在多くの熱帯の国々が導入を進めている．

　伐採時のインパクトを小さくするためには，いくつかの手法を組み合わせることが普通である．通常使われる手法には，(1) 伐採する樹木の下限のサイズを大きくするなどして，森林から持ち出す木の量を減らし，(2) 木を伐採する際の倒伏方向をきちんと管理して，伐採しない樹木へのダメージを少なくし，(3) 木を搬出するための重機を入れる経路を短くする，あるいは，急斜面をさけて土壌の流出がおきないように設計する，などがある．場合によっては，伐採したその場で製材することで，搬出時のダメージを少なくすることもある．SBK の伐採地では，伐採前に伐採対象区内の幹直径が 20 cm

119

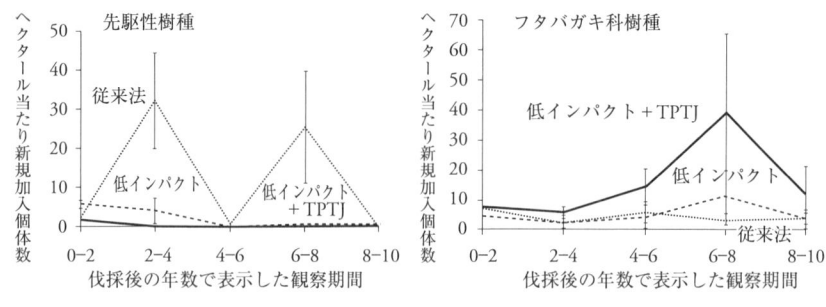

図 4-1　伐採後の天然更新による新規加入個体数の経年変化
従来の択伐方法（従来法），低インパクト伐採（低インパクト），低インパクト伐採後に列状植栽（低インパクト＋TPTJ）した場合それぞれの先駆性樹種（左図）とフタバガキ科樹種（右図）の新規加入個体数の経年変化．先駆性樹種の侵入は低インパクト伐採を実施すると著しく減少する．フタバガキ科樹種の新規加入（植栽個体を除く）は列状植栽のために行った 3 m 幅の除伐によって著しく増加した．1-ha 調査区三つの平均値と標準偏差が示してある．
出典：稲田ら未発表資料より筆者ら作図．

　以上の樹木をすべて測定し分布図を作成する．同時に地形測量も行って，等高線入りの樹木分布図を作成する．これに基づいて伐採可能な商業樹種で直径 45 cm 以上の樹木を選定するとともに，伐採後に木を搬出するための搬出経路を事前に設計（写真 4-3）し，それにあわせて伐採する木を切り倒す方向も事前に決めておく．こういった伐採前のインベントリー調査にほぼ 1 年間を費やしている．このような，伐採作業自体の低インパクト化により，森林へ与えるダメージを低下させることに成功し，非商業樹種である先駆性の樹種の侵入を防ぐことが可能となっている（図 4-1）．
　しかし，このような低インパクト化に対して，さきほど述べた列状植栽の実施は逆に森林へのインパクトを強めていることに留意する必要がある．たとえば，列状植栽による幅 3 m の植栽用のスペースの刈り払いは，小径木に伐採対象が限られているとはいえ，直接的に伐採強度を上昇させることになる．林内への太陽放射の入射量は上昇し，レッド・メランティの天然更新を増加させるという資源量確保のための効果がみとめられたが，同時に他の樹種の更新を阻害し森林全体の多様性に影響を与えている可能性は否定できない．また，森林生の生物，たとえば鳥類，哺乳類，昆虫類のハビタットとしての森林の構造や質は変化していくだろう．このような生態的機能の低下

の実態は，まだまだ明らかになっていない．

3 地域社会と森林の多面的機能に対する配慮

3-1　伐採企業の社会的責任

　森林は，木材資源を生み出す生態系だが，同時に高い生物多様性や水資源の安定供給，国土保全といったさまざまな役割を果たしている．天然林を持続的に林業利用するには，木材生産の持続性が必須であるが，それ以外にも生物多様性の保全や，水資源の安定供給など森林がもつ環境機能や生態機能を保持することが求められるようになってきた．このような森林の多面的な機能の保全を含めて，事業者の社会的な責任として課せられる項目は多岐にわたる．

3-2　熱帯奥地における伐採会社の存在と CSR 活動

　熱帯林における林業活動に従事する企業には，地域社会に対する社会的責任（CSR）も厳しく求められている．インドネシアの林業コンセッション，とくに択伐コンセッションの面積はきわめて大きく，一つのコンセッションが 1,000 km^2 以上に達する場合も多い．日本の県の面積レベルに相当する．このような大規模な林業活動が，森林内で焼畑や狩猟採取をしていた住民に与える影響はきわめて大きい．さらに，林業活動が行われる場所の多くは，伐採会社が入るよりもはるか以前から，先住民や地元農民によるさまざまな生業活動の場となってきた．伐採会社が法的に正しく伐採権を得たとしても，現地では焼畑農民による森林地の利用が先行しており，その既得権を無視することはできない．インドネシアでは，スハルト政権が崩壊した 1998 年以降，開発独裁体制が崩れて地方分権が進行し，地方の住民の権利意識も高くなっている（斉藤・井上 2003）．択伐会社が伐採権を楯に，住民を無視して企業活動をすることはできない社会状況下にある．

インドネシア林業省は1999年から「森林村に対するコミュニティ開発」(Pembinaan Masyarakat Desa Hutan; PMDHA) と呼ばれる支援プログラムを実施することを伐採会社に義務づけている．対象となるのは，コンセッション内に位置する村や，隣接する村である．SBKでは，じつにさまざまな地域社会向けの活動を行っている（栁澤 2011）．教育施設や教員の提供，遠方から来る生徒の寮の確保，各集落と中核的な町までのトラック輸送の無償提供，さまざまな農業技術の普及活動，先住民文化の保護に対する援助などが挙げられる．このような活動には，地域社会と企業間の緊張関係を回避する効果や，企業側に直接的な貢献をもたらすものもある．たとえば，焼畑から水田耕作への転換のための援助や，魚の養殖技術やパラゴムノキの導入を援助することで，焼畑への依存度を低下させて，択伐林内への焼畑の侵入を抑えるという効果が期待できる．しかし，あくまでコミュニティ開発プログラムは利益には直結しない，CSR活動としての要素が強い．第4節で述べるように，地元住民の自立的発展を目指すのであれば森林資源自体の協働利用を考えていく必要があるだろう．

3-3 森林認証制度

現在日本を含めて森林認証制度が世界的に普及してきた．森林認証制度とは，中立的な第三者機関が，森林を管理する事業体の企業活動を審査して，木材生産の持続可能性，生物多様性や森林の環境機能に対する適切な配慮，先住民に対する人権の尊重といった点を満たしているかどうかを認証する制度である．基準を満たした森林から生産された認証材とその加工品が，非認証材と混在せぬよう管理されているかどうかも審査することで，消費者が商品選択する際に信頼できる情報を提供することが可能となった．この認証制度の実現の端緒になったのは，1980年代後半からヨーロッパを中心に始まった熱帯材の不買運動であった．不買運動のなかから生まれてきた新たな考え方は，適正な方法で生産された木材を消費者が識別できるようラベリングを行う認証制度の必要性であった（Fern 2001; 内藤 2010）．1993年に森林管理協議会（FSC）による最初の認証制度がスタートした．FSCの森林認証には大

きく分けて森林管理（forest management; FM）と，製造・加工・流通における認証制度（Chain of Custody; CoC）の2種類があり，10原則56規準に基づいて事業者を審査する（FSC ジャパン http://www.forsta.or.jp/fsc/）．

SBK の択伐林は，国際的にも認証の基準が厳しいとして知られている FSC の認証（Fern 2001）を 2006 年に受けている．FSC 認証をうけるには，木材生産の持続性確保だけではなく，適切な生物多様性保全と地域住民の人権保護のためにクリアすべき基準も設けられている．このような認証は1回受けてそれで終わりというわけではない．毎年行われる認証機関による査察と勧告，それに対する改善活動，それにかかる費用の負担も含めて，企業側の継続した努力が必要とされる．一方，このような森林認証制度は，消費者が森林や生物多様性の保全，気候温暖化緩和といったグローバルな問題にコミットすることを可能にし，当事者性を高めることに貢献している．

3-4　生物多様性保全

FSC の認証基準のなかには，生物多様性に対する適切な配慮も含まれている．インドネシアの林業省も保全価値の高い動植物の分布の有無の確認を伐採事業者に求めている．このため，SBK では保全価値のある動植物の調査を実施するために，生態部門というセクションを設けて動植物相の調査を実施している．調査にはインドネシア国内外の環境 NGO や研究者が協力している．このような調査のなかから，この伐採地内に多くのオランウータンが多数生息することが確認され，無肺のカエルの生息も確認されている（Bickford et al. 2008）．

1979 年から択伐を開始した SBK では，コンセッション内のほとんどすべての伐採可能な森林を1回は伐採し，すでに2巡目の伐採を行った森林も存在する．このような長期間の林業的利用が熱帯林に与える生態的な影響を評価できるだけのデータが現時点ではとられていない．今後，長期的で客観的なモニタリング手法の確立が求められている．現在われわれの研究プロジェクトによって，1980 年代から熱帯林で多用されるようになった大面積長期生態観察調査区の設置による森林のモニタリングや，1990 年代から使

われるようになったカメラトラップによる哺乳動物モニタリングをSBKに導入中である．これらの手法が熱帯林管理の現場で利用できるようになれば，より客観的に森林管理の評価が可能になり，森林管理の改善に結びつけることも可能になると期待している．

4 生存基盤としての択伐天然林

　ここで紹介したような熱帯林における択伐天然林は，生命圏，地球圏のなかで人類が創り出すさまざまな生産システムの一つとしてみた場合にどのような特徴があるだろうか．

　まず最初に，生産システムとしては，人工的な制御がきわめて少ない系といえる．非木材林産物の採取とは比較にならないほどのインパクトを森林に与えるのは確かだが，天然更新に依存するかつての択伐天然林は，肥料投与や苗生産，殺虫剤の散布などをともなわない，本来森林がもつ再生能力に依存する生産システムであった．しかし，このシステムも商業樹種の再生産をより強固にするための列状植栽という集約化への道を進みはじめた．いままでの人工林 vs. 天然林という単純な区分ではなく，林業における生産システムは，もっと多様なかたちへと変化していくことを示唆しているのかもしれない．実際には，いままで人類が生み出した木を育て生産林を管理する技術（育林技術体系）にはさまざまなものがある（藤森2003）．熱帯，温帯，亜寒帯を広く見渡せば，さまざまな環境と森林利用の歴史に影響されながら，多様な林業体系が世界中に展開している．林業主体も，国，事業体，共同体，個人とさまざまである．熱帯における森の利用をより広く捉えれば，本書の第5章から第8章までで紹介されるさまざまな森林利用の体系が，農と組み合わせて創られてきた．農と林を組み合わせた生産システムはアグロフォレストリーとして知られているが，まだまだ農と林を切り離した温帯パラダイムが強いのが現状である．

　熱帯林，とくに熱帯多雨林における択伐林は，樹種多様性がきわめて高いシステムである．そのなかで商業樹種の量を維持するためには，モニタリン

グが欠かせない．天然林伐採という荒々しい印象とは対照的に，択伐作業前に実施するインベントリー調査は精緻にわたり，きわめて繊細な作業である．このモニタリングは，商業樹種以外については，分類学的な樹種同定が不十分ではあるが，森林を適切に管理するうえで，不可欠な情報を提供してくれている．この情報の有効利用が，生産システムの持続性向上に今後役立つと期待できる．

生物資源や野生生物の管理には，適応的管理（あるいは順応的管理; adaptive management）の有効性が指摘されている（松田 2008）．この方法は，管理の対象となる資源や生物をつねにモニタリングし，その結果によって次の対応を変化させる，いわゆるフィードバック管理である．不確定性要素の多い対象物の管理にきわめて有効である．すでに紹介した SBK におけるインベントリー調査はこの適応的管理に十分応用できるデータの質を有しており，画一的な伐採強度，伐採サイクル，植栽密度を定めるいままでの森林管理の手法は，今後見直されるようになるかもしれない．しかしその場合，伐採企業は，将来の資源動態に対する説明責任を果たす必要が求められるだろう．

すでに述べたように，SBK のような熱帯多雨林の択伐天然林において，現時点で木材生産に利用できる商業樹種はごくわずかにすぎない．択伐天然林がもつ樹種の多様性という特徴を利点として発揮するには，未利用樹種についての用途の開発，木材加工技術の発展も不可欠である．さらに，熱帯多雨林は材としての価値は低いがさまざまな用途に利用できる可能性をもつ生物を多数内包している．医薬品や果実，樹脂など木材以外の用途に使用できる種は多数存在し，それら非木材林産物と木材生産を重層的に組み合わせれば，森林は多面的な資源としてさらに有効な利用も可能になる．すでに伐採企業が行う CSR 活動を紹介したが，この活動は強者が弱者を保護するという印象をぬぐえない．森林のもつ多面的な資源としての特性を活かした森林利用体系，すなわち，木材林産物と非木材林産物を組み合わせた重層的な利用体系は，森林のさまざまなステークホルダーが協働して創り出す生存基盤として，一考の価値があると考えている．

択伐天然林には生物多様性や環境保全機能をはじめとしたさまざまな機能の発揮が求められ，伐採企業には社会的な責任を果たすことが求められてい

る．これは林業だけにかぎったことではないが，林業とくに熱帯多雨林における林業活動の場合，国際的な世論や枠組みはきわめて大きな役割を果たしているように思われる．1992年にブラジルのリオ・デ・ジャネイロにおいて開催された「環境と開発に関する国連会議」(UNCED／地球サミット）では，「環境と開発に関するリオ宣言」，そのための行動計画である「森林に関する原則声明」が採択された．森林のもつ多様な機能の保全と持続可能な開発の重要性を強調した世界で初めての合意文書である．その後の森林，とくに熱帯林の利用と保全に関する国際的な枠組みや取り組みは整備され，ここで紹介したような天然林における択伐という林業活動にも，地域社会や生物多様性を含めた総合的な持続性の実現に向けた制度や技術への努力が着実に進んでいると思われる．

　しかし，今回紹介したさまざまな制度や技術が，当初の目論見どおりに機能を果たすかどうかは，実際に林業活動を行う事業者の意志に依存する部分も大きい．今回事例としてとりあげたSBKは，持続性に配慮した林業をモットーとする会社であり，インドネシアの林業会社のなかでは，例外的といってもいいかもしれない．決してすべての企業がここで紹介したような高いレベルでの要求にこたえているわけではない．さらに，SBKはたんに林業省の定める伐採方式を黙々と遵守してきただけではない．TPTJという列状植栽の制定にさいしては，むしろ率先してこの野心的かつ実験的な方式を取り入れ，ガジャマダ大学林学部などの学術関係者と林業省がTPTJ方式の実効性を検証するのに協力したという経緯がある．森をはぐくむという基本的な企業風土の存在を無視して，論じることはできないと考える．まさに生存基盤を創りはぐくむという姿勢なくして，現在の生産方式が定着することはあり得なかっただろう．

　ここで，日本の林業とインドネシアを含めた熱帯アジアの国々の林業主体をくらべてみよう．最も異なるのは森林地の所有者と林業の実施主体者の違いであろう．私有地における個人規模の林業が主体の日本に対して，熱帯アジアの基本は，国が森林を所有し，国が直轄で，あるいはコンセッション方式で企業が事業主となって林業活動をするという点にある．このことが，熱帯アジアにおいて事業者と地元住民との間にさまざまなコンフリクトを引き

起こし，森林管理を誰が担うべきかという問題を喚起している（市川ほか 2010）．日本における現在のような私有林の多い状況は，6-7 世紀の古代から始まる組織的な大規模な森林利用の歴史のなかで，為政者，農民，寺社，共同体などの間のさまざまな葛藤を経て，徐々にかたちづくられてきたものである（Totman＝熊谷訳 1998）．熱帯アジアでは日本が 1,500 年ほどかけてきたこのようなプロセスを，わずか 100 年から 150 年の間に展開してきたと考えることもできる．

公共性の高い森林を誰がどのように管理すべきかという森林のガバナンス論の発展は，熱帯アジアの森林のあり方を大きく変えていくと予想できる．すでに国や地方政府が独占的，排他的に森林を管理する体制は，東南アジアにおいても崩れつつある．しかし，森林を管理していくものが企業であろうと個人であろうと，生存基盤として森林が適切に機能するには，創りはぐくむという姿勢が最低限必要だと思われる．さらに森林の場合には，公益性とのバランスをとるための制度の確立がどうしても必要になると思われる．いま熱帯で進んでいる共同体林業の拡大においても，企業あるいは政府機関から主体が移行すればすべて解決するというわけではない．地域住民に対する責任から始まって，生物多様性や森林のもつ生態系サービスに対する責任までをも同時に負わなければならないのは，誰が森林管理の主体者となろうが変わりはないのである．さらに，森林，とくに熱帯林の管理は，グローバルな課題となっており，生命圏と地球圏を明確に意識した管理が求められている．その意味で，森林管理者だけの問題ではなく，さまざまなステークホルダーを巻き込んだ意思決定が必要になっており，それぞれのステークホルダーの力量が問われている．

参考文献

Appanah, S. 1998. "Management of Natural Forests", in S. Appanah, M. Jennifer and J. M. Turnbull (eds), *A Review of Dipterocarps: Taxonomy, Ecology and Silviculture*, Bogor: Center for International Forestry Research, pp. 133-149.

Bickford, D., D. Iskandar and A. Barlian 2008. "A Lungless Frog Discovered on Borneo", *Current Biology*, 18(9): R374-R375.

Fern 2001.『[和訳版] ロゴの舞台裏　森林認証スキームの環境および社会的評価』世界自

然保護基金ジャパン.
Fredericksen, T. S. and F. E. Putz 2003. "Silvicultural Intensification for Tropical Forest Conservation", *Biodiversity and Conservation*, 12: 1445-1453.
藤森隆郎 2003.『新たな森林管理 —— 持続可能な社会にむけて』全国林業改良普及協会.
van Gelder, H. A., L. Poorter and F. J. Sterck 2006. "Wood Mechanics, Allometry, and Life-history Variation in a Tropical Rain Forest Tree Community", *New Phytologist*, 171: 367-378.
Gusti H., T. Hardjanto and M. Mulyana 2006. "A Brief Note on TPTJ (Modified Indonesia Selective Cutting System)", in Hari Priyadi, Petrus Gunarso and Markku Kanninen (eds), *Permanent Sampling Plots: More Than Just Forest Data*, Center for International Forestry Research. pp. 23-32.
神崎護 2010.「インドネシア択伐天然林における集約的植栽法 —— 持続的林業へのチャレンジ」『日本熱帯生態学会ニューズレター』78: 7-12.
神崎護・山田明徳 2010.「生存基盤としての生物多様性」杉原薫・川井秀一・河野泰之・田辺明生編『地球圏・生命圏・人間圏 —— 持続的な生存基盤を求めて』京都大学学術出版会,153-184 頁.
神足勝浩 1987.『熱帯林のゆくえ —— みどりの国際協力』築地書館.
加藤剛 2008.「インドネシアにおける荒廃化した熱帯林とその修復の可能性」『日本熱帯生態学会ニューズレター』72: 1-5.
小林繁男編著 1992.『沈黙する熱帯林』東洋書店.
Ko Ko Gyi and Kyaw Tint 1998. "Management Status of Natural Teak Forests", in M. Kashio and L. White (eds), *Teak for the Future: Proceedings of the Second Regional Seminar on Teak*, Bangkok: FAO Regional Office for Asia and the Pacific, pp. 27-48.
黒田洋一・F. ネクトゥー 1989.『熱帯林破壊と日本の木材貿易』築地書館.
Losos, E. C. and E. G. Leigh Jr. (eds) 2004. *Tropical Forest Diversity and Dynamism: Findings from a Large-scale Plot Network*, Chicago, Illi.: University of Chicago Press.
Manokaran, N. and K. M. Kochummen 1987. "Recruitment, Growth and Mortality of Tree Species in a Lowland Dipterocarp Forest in Peninsular Malaysia", *Journal of Tropical Ecology*, 3: 315-330.
内藤大輔 2010.「マレーシアにおける森林認証制度の導入過程と地域住民熱帯」生方史数・市川昌広・内藤大輔編『熱帯アジアの人々と森林管理制度 —— 現場からのガバナンス論』人文書院,151-169 頁.
Naito, Y., A. Konuma, H. Iwata, Y. Suyama, K. Seiwa, T. Okuda, S. L. Lee, M. Norwati and Y. Tsumura 2005. "Selfing and Inbreeding Depression in Seeds and Seedlings of Neobalanocarpus Heimii (*Dipterocarpaceae*)", *Journal of Plant Research*, 118: 423-430.
Prijanto Pamoengkas 2010. "Potentialities of Line Planting Technique in Rehabilitation of Logged over Area Referred to Species Diversity, Growth and Soil Quality", *BIODIVERSITAS*, 11: 34-39.
斉藤哲也・井上真 2003.「熱帯植林と地域住民との共存 —— インドネシア・東カリマンタンの事例より」依光良三編著『破壊から再生へ アジアの森から』日本経済評論社.

21-66 頁.
Sist, P., R. Fimbel, D. Sheil, R. Nasi and M. Chevallier 2003. "Towards Sustainable Management of Mixed Dipterocarp Forests of Southeast Asia: Moving beyond Minimum Diameter Cutting Limits", *Environmental Conservation*, 30(4): 364-374.
Suzuki, E. 1999. "Diversity in Specific Gravity and Water Content of Wood among Bornean Tropical Rain Forest Trees", *Ecological Research*, 14: 211-224.
Sungpalee, W., A. Itoh, M. Kanzaki, K. Sri-ngernyuang, H. Noguchi, T. Mizunoa, T. Teejuntuk, M. Hara, K. Chai-udom, T. Ohkubo, P. Sahunalua, P. Dhanmmanonda, S. Nanamia, T. Yamakura and A. Sorn-ngai 2009. "Intra- and Interspecific Variation in Wood Density and Fine-scale Spatial Distribution of Stand-level Wood Density in a Northern Thai Tropical Montane Forest", *Journal of Tropical Ecology*, 25: 359-370.
Totman, C. 1989. *The Green Archipelago; Forestry in Preindustrial Japan*, The Regents of the University of California (熊崎実訳『日本人はどのように森をつくってきたのか』築地書館).
生方史数・市川昌広・内藤大輔 2010.「ローカル，ナショナル，グローバルをつなぐ」生方史数・市川昌広・内藤大輔編『熱帯アジアの人々と森林管理制度 —— 現場からのガバナンス論』人文書院，243-261頁.
柳澤雅之 2011.「熱帯林の包括的な利用システムを考える」『日本熱帯生態学会ニュースレター』82: 2-5.

第5章

焼畑耕作が創出する生存基盤
—— 種多様性が保持されるメカニズムに着目して ——

福 島 万 紀

1 はじめに

　熱帯地域で古くから行われてきた焼畑耕作は，森林を伐採，火入れをして養分を土壌に還元し，作物を育てる農の営みである．樹木の伐採方法や，耕作期間，休閑期間などによって焼畑耕作にはさまざまな形態がみられるが，ミャンマー東部からタイ北部，中国雲南地方へと続く山岳地域では，6-10年周期で同じ森林を繰り返し伐採，火入れをして耕作を行う定着型焼畑（established swidden）が古くから行われてきた（Conklin 1957; Walker 1975; Grandstaff 1980）．主要な作物は陸稲であるが，ウリ，カボチャ，キャッサバ，タロイモ，トウガラシ，カラシナなど，たくさんの野菜や香辛料が混作される．定着型焼畑では，1シーズンのみ作付けし，連続耕作は行わないため，耕作期間中の土壌養分の流出が最小限にとどめられる．さらに，焼畑を開く際，樹木は地表から0.5 mから1 mの高さで伐採され，火入れ後も生き残った切り株から萌芽の更新がみられる．この萌芽の更新こそ，焼畑後の森林の初期回復において重要な役割を果たすことが，これまで多数の研究により報告されてきた（Nakano 1978; Sabhasri 1978; Kanjunt and Oberhauser 1994; Bond and Wilgen 1996）．

しかしながら，1950年代以降，森林を消失させてしまう焼畑耕作が，問題視されるようになった．森林を切り開いた後，木や草の根株を掘り起こしてから焼き払い，収穫量が低下するまで数年間連続して耕作を行う，開拓型焼畑（pioneer swidden）である．タイ北部では，焼畑が拡大し，耕作放棄後にはチガヤ（*Imperata cylindrica* (L.) P. Beauv.）草原が広がったことが航空写真等に記録されている（Renard 2001）．

　開拓型焼畑の広がりは，焼畑耕作を「森林消失の脅威」と直結させる世論を助長した．タイでも1960年代以降に森林保護政策を強化し，定着型焼畑も，開拓型焼畑も，一律に禁止した（Thomas et al. 2004）．しかしながら，代替換金作物を常畑で繰り返し栽培する場合，肥料や農薬，灌漑設備などが必要となる．周辺環境への農薬や肥料の流出汚染の影響や，山地民の経済的な自立などを考慮した場合，焼畑から常畑への移行においては，解決するべき課題は多い．森林を「保護」するため，焼畑を規制することが主流となっている現在，焼畑耕作が同地域においてどのように生存基盤として機能してきたかを振り返り，今後の森林管理計画の方向性を考慮していくことは，たいへん重要な意味をもっていると考える．

　本章では，焼畑耕作がもつ持続性のメカニズムや，焼畑耕作とともに生み出される森林の種多様性，焼畑耕作が停止した場合のそれらの変化に着目し，焼畑耕作という技術が，同地域の地球圏，生命圏，人間圏をどのように結合させ，生業として定着してきたかについて議論する．

2 定着型焼畑の持続的システム

　それでは，焼畑耕作を継続的に行うためには，休閑期間にどれくらい森林が回復している必要があるのだろうか．1970年代以降，焼畑耕作の是非をめぐって多数の研究が行われたが，ここではおもに森林生態学や土壌学の分野から出されてきた知見を紹介しよう．定着型焼畑の場合，耕作期間中に消失した土壌中の養分は，6年から10年程度の休閑期間中に植物から供給される落ち葉等により，十分に補充されることが報告されている（Funakawa et al. 2006).さらに，焼畑の後に成長する森林は，その初期回復が速い．これは前述の通り，定着型焼畑では十分に成長した木を地表 0.5 m から 1 m の高さで伐採するため，燃え残った切り株からの萌芽再生がみられることによる (Schmidt-Vogt 1998, 1999)．つまり，焼畑耕作の生態学的な持続性は，耕作期間中に消耗する土壌養分と休閑期間中に回復する養分とのバランスによって決定されるといってよい．逆にいえば，耕作期間の長期化や休閑年数の短縮化は，定着型焼畑の持続的システムを崩壊させてしまう．

しかしながら，焼畑耕作が地域の自然生態系に与える影響を評価する際には，土壌の養分収支などから焼畑耕作の持続性を評価するだけでは不十分である．休閑期間中に回復する植物種は，山地民が日常的に利用する植物資源と密接に関連しており，山地民の文化の基盤になっている (Nawichai 1999; Johnson and Grivetti 2002; Delang 2006)．さらに，焼畑休閑林がその地域の原植生へと回復する潜在力を検証する際にも，植物の多様性はたいへん重要な指標となり得る．以下では，焼畑耕作が創り出す二次林の種多様性の構造について，東南アジア大陸部の山岳地域で焼畑耕作を継続する集落の事例と，焼畑耕作を停止して 20 年以上経過した集落の事例を紹介したい．

3 焼畑耕作が創り出す二次林の種多様性の構造

タイ北部は，北西はミャンマーのシャン高原へ，北東は中国雲南地方へと続く丘陵地の南端に位置している．標高 1,000 m 程度の中低山帯が連なり，多くの山地民が移動と定住を繰り返してきた地域である．冷涼で湿潤な気候化でブナ科やクスノキ科など温帯性の樹木が優占し，バンコクを中心とする中央湿原帯に注ぐ主要河川の水源域でもある．1960 年代以降，同地域の森林の大部分は国立公園，野生動物保護区，水源涵養林などの保全林に指定された (倉島 2007)．しかしながら，保全林指定区に居住する住民の農業活動に関わる権利調整が，いまだに進んでいない地域が多い．

タイ北部，チェンマイ県の西部に位置する Y 村には，37 世帯 196 人のカレン人が暮らしている．Y 村では，ほとんど全世帯が共同で大きな焼畑地を

開き，その内部を世帯ごとに分割して，1年間耕作後，10年間休閑する周期で焼畑耕作を続けている．おもな栽培作物は陸稲であり，さまざまな野菜や香辛料を混植する．細かい谷と尾根が入り組む丘陵地形のうち，尾根の頂部と谷の下部では焼畑耕作を行わない．このような形態の焼畑耕作が，150年以上にわたり，同じ土地で繰り返し行われてきた（口絵3）．Y村周辺は水源涵養のための保全林に指定されており，法律のうえでは焼畑耕作は規制されているが，国立公園などには指定されていない．さらに，行政の監視区域から比較的遠いことなどが，従来の焼畑耕作の存続を許容していると考えられる．

　Y村は，標高950–1,500 mに位置している．Y村の住民の祖先が，19世紀半ばに50 km西方のミャンマー国境付近から移り住んできた当時は，Y村の周辺は常緑カシを中心とした原生林であったと考えられる．このような原生林では，地形に応じて植物が分布位置をずらして生息する，いわゆるニッチ分割と呼ばれる現象が顕著であり，これが種多様性の維持に貢献していることが報告されている（Sri-ngernyuang et al. 2003; Noguchi et al. 2007）．つまり，谷の下部では，1日の日射量が少なく，水が集まる湿った土壌環境が形成されやすく，そのような環境に適応した植物種が生育し，逆に谷の上部では明るい場所を好み，比較的乾燥にも強い植物が生育することにより，森林全体の種多様性を増加させるのに貢献している．

　一方，焼畑耕作放棄後の自然回復によって形成される焼畑二次林では，伐採と火入れによる撹乱に強い萌芽更新性の種や，明るい場所に侵入するパイオニア種が優占する．また遷移にともなって耐陰性の種が林地で量を増やしてくるために，林齢によって種組成が急速に変化していく．さらに過去の土地利用の履歴によっても森林の構成種は変化していくと考えられる．それでは，立地環境，自然遷移，土地利用の履歴といった各要素は，それぞれどのように焼畑二次林の組成や多様性に関与しているのだろうか．

　筆者は，Y村周辺の焼畑二次林の多地点において植生調査を実施し，焼畑二次林がどのような植物種によって構成されるかを明らかにした．その結果，アカネ科，トウダイグサ科，クスノキ科の中低木種，フウチョウソウ科の木性つる種，キク科の草本をそれぞれ指標とする五つの植生グループが抽出された．そのうちアカネ科，トウダイグサ科，クスノキ科の中低木種，フ

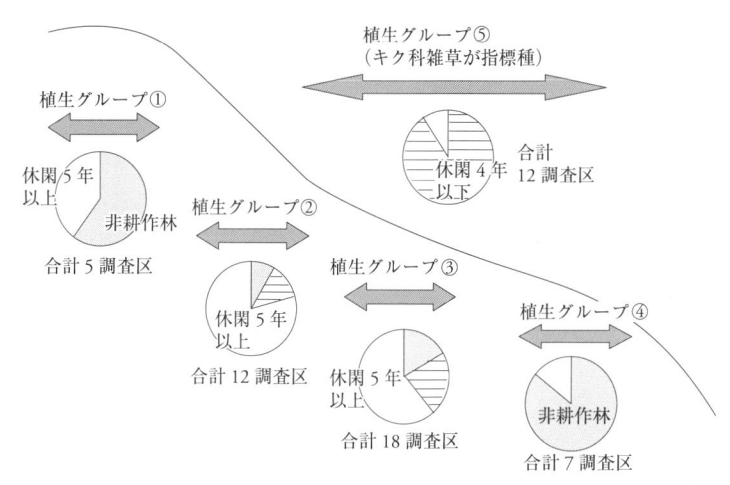

図 5-1　Y 村の焼畑二次林にみられる種のニッチ分割
Y 村では，焼畑二次林の植物種の出現パターンが，第一に地形的立地環境に，第二に尾根の頂部や谷底を利用しない土地利用様式に，第三に休閑年数により決定される．
出典：筆者作成．

ウチョウソウ科の木性つる種を指標とする 4 グループは，尾根頂部から谷下部にわたる地形的立地環境に応じて序列的に出現した．一方，キク科草本を指標とするグループは，地形に依存せず，4 年以下の若い休閑林に特徴的に出現した（図 5-1）．

この結果は，休閑 5 年以上経過した焼畑二次林では，第一に地形に応じた種のニッチ分割が種組成の構造を決定することを示している．タイ北部の天然老齢林でも，地形に応じた種のニッチ分割が森林の種多様性の保全に貢献することが指摘されてきたが，焼畑二次林でもそのような構造がみられることは，Y 村にみられる焼畑耕作システムが，高い種多様性の回復ポテンシャルを保持していると評価できる．また，尾根の最頂部および谷の最下部には，焼畑耕作が行われない保全林が分布しており，地形的立地環境に対応した山地民の土地利用様式も，焼畑二次林全体の種多様性を高めるのに貢献していた．

一方，休閑 4 年以下の若い二次林に特徴的に出現するキク科草本は，19 世紀に南米から帰化したヒヨドリバナ（*Choromoralena odorata*）と呼ばれる植物である．*C. odorata* は，明るい場所を好んで繁殖するが，周囲に低木が繁茂

し，日陰になると繁殖力が低下し，やがて消失する．*C. odorata* のこのような特性こそが，休閑5年目以降の二次林内で木本類が回復することを可能にし，同地域の森林にみられる地形に応じたニッチ分割を再度成立させることを可能にしているのである．逆にいえば，休閑4年目で木本類を伐採し焼畑耕作を繰り返すと，*C. odorata* が生育しやすい環境が長期間維持され，やがて二次林の種多様性が低下する可能性がある．

　C. odorata に続いて優占するのはトウダイグサ科の *Macaranga* 類や，*Mallothus* 類である．これらの種子は土壌中で長く生き残る埋土種子を形成し，発芽に適した環境を待って発芽する能力をもつ．熱帯では，森林伐採後の明るい場所に最初に侵入するパイオニア種として知られている．とくに *Macaranga denticulata* は，タイ北部に広範にみられる種であり，この種が群生する場所では地上部バイオマスの回復速度が高く，また焼畑耕作を行った場合の収穫量も高いことが報告されている (Yimyam et al. 2003)．

　さらに焼畑二次林では，切り株からの萌芽による再生も重要である．Y村では，地表から0.5-1 mの高さで樹木を伐採し，焼畑を開く．このような農法は，切り株に十分な栄養を残し，萌芽による再生を促進すると考えられる．実際に，焼き畑二次林全体で優占度の高い *Schima wallichii*（ツバキ科）や，植生グループの指標種である *Aporosa octandra*（トウダイグサ科），*Phoebe lanceorata*（クスノキ科），*Wendlandia tinctoria*（アカネ科），*Quercus mespilifolia*（ブナ科）などでは，切り株からの萌芽が多く観察された．だが，伐採と火入れによる継続的な撹乱のある焼畑生態系のような環境下では，萌芽による再生能力の違いによって競争が働くため，特定の種の優占度が相対的に高くなる可能性がある．

　以上のように，焼畑二次林の多様性は，立地条件に応じた水や光条件だけでなく，植物自体がその立地の光環境を形成し，さらに新しく生み出された光環境に適応した種が繁殖することにより，形成されている．山地民の焼畑耕作の技術は，それらの自然遷移を巧みに利用し，成り立っているといえよう．では，焼畑や土地利用の様式の変化は，焼畑二次林の種組成の回復にどのような変化を与えるのだろうか．また焼畑耕作を停止すると，焼畑二次林はどのように変化するのだろうか．次節では，Y村から南東200 kmの国立

公園内に位置するK村における調査事例を紹介し，議論したい．

4 焼畑耕作が停止すると，二次林の多様性はどのように変化するか

　K村は，1890年頃から周辺に居住を始めたカレン人の村である．陸稲や各種の野菜類，ハーブ類を耕作する焼畑耕作を営んでいたが，1920年代に水田の開拓が始まり，1940年代頃から焼畑耕作と水田耕作が並行していた．1925年前後から隣村のモン人が村の西半分の山を伐採し，大規模にケシを栽培するための焼畑が行われ，K村の住民の一部も労働者として関わっていた．1972年に周囲が国立公園に制定されると，焼畑耕作の継続が困難になり，1980年代後半までにすべての焼畑耕作を完全に停止した．現在は天水を利用した水田耕作のみを行っている（写真5-1）．

　ケシを栽培するための焼畑耕作は，陸稲を主体とする焼畑耕作と農法が大きく異なっていた．陸稲を主体とする焼畑耕作では，Y村の場合と同様に，樹木は地表から0.5 mから1 mの高さで伐採され，火入れをしても十分に燃え残るほど大きな木は，伐られずに残された．その後，1シーズン耕作し，6年間から10年間土地を休ませるサイクルで焼畑が行われていた．一方，ケシを栽培するための焼畑耕作では持続性は考慮されず，木や草の根株を掘り起こしたあと，火入れし，収穫量が低下するまで数年間耕作が続けられた．

　聞き取り調査の結果，K村のカレン人は，モン人が切り開いたケシの焼畑跡地において，一定期間が経過したあと，再び小規模にケシを栽培していたことがわかった．だが，ケシの焼畑が行われたことがない村の東側の山では，新たにケシの焼畑を開くことはなかった．逆に，ケシの焼畑跡地で十分に植生が回復した場所では，再び陸稲の焼畑耕作を行うことがあった．すなわち，K村の焼畑二次林は，(1) 陸稲の焼畑耕作のみ行われた場所，(2) ケシの焼畑耕作後，陸稲の焼畑耕作に転換された場所，(3) ケシの焼畑耕作後，再びケシの焼畑が行われた場所，の3パターンの土地利用履歴に分かれていたことが判明した．

第2編 ──● 森とともに創り出す生存基盤

写真 5-1　1980 年代に焼畑耕作が行われなくなり，水田耕作に完全に移行した K 村の稲刈りの様子
出典：筆者撮影（2004 年 11 月）．

　それでは，1980 年代以降，上記のすべての焼畑耕作が停止し，20 年以上経過した K 村の二次林は，どのように変化したのだろうか．植生調査とクラスター解析の結果，K 村周辺の焼畑二次林では，種子更新性のパイオニア種であるトウダイグサ科の *Macaranga* 類を指標とする植生グループの他に，遷移後期種であるブナ科を指標とする植生グループと，ツバキ科のヒサカキ属を指標とする植生グループが抽出された．この結果は，焼畑耕作が停止後，*Macaranga* 類の優占を経てブナ科が回復するプロセスと，ヒサカキ属が優占する低木林に停滞するプロセスの二つの遷移系列があることを示していた．これらの植生グループは，過去の土地利用パターンとどのように対応しているのだろうか．
　まずツバキ科のヒサカキ属である *Eurya acuminata* が優占する二次林は，

第5章 焼畑耕作が創出する生存基盤

	Plot	Elevation (m)	Cultivated crop Before	Cultivated crop Last	Stand age (yr)	Indicator species	Family	p < 0.05	
焼畑履歴のない老齢林	R-1	1100	Rice	Rice	20-29 yrs				（極相林構成種）ブナ科
	U-6	1410	-	-		Lithocarpus cerifer	Fagaceae	0.000	
	U-5	1510	-	-		Castanopsis calathiformis	Fagaceae	0.001	
	R-7	960	Rice	Rice	30-39 yrs	Lithocarpus fenestratus	Fagaceae	0.008	
	R-8	1380	Rice	Rice	40-49 yrs	Castanopsis acuminatissima	Fagaceae	0.009	
	U-3	1840	-	-		Symplocos macrophylla subsp. sulcata	Symplocaceae	0.014	
	U-4	1680	-	-					
陸稲の焼畑耕作履歴のみ	R-3	1080	Rice	Rice	20-29 yrs				
	N-2	1140	Unkown	Unkown		Myrica esculenta	Myricaceae	0.039	
	R-9	1380	Rice	Rice	30-39 yrs				
	R-1	1320	Rice	Rice	40-49 yrs				
	U-7	1290	-	-					
	R-1	1320	-	-	40-49 yrs	Pyllanthus emblica	Euphorbiaceae	0.001	（種子更新性の先駆種）トウダイグサ科
						Macaranga denticulata	Euphorbiaceae	0.002	
	R-4	1070	Rice	Rice	20-29 yrs	Dalbergia ovata	Leguminosae	0.004	
	R-5	1060	Rice	Rice	20-29 yrs	Colona floribunda	Tiliaceae	0.008	
	R-6	1040	Rice	Rice	20-29 yrs	Glochidion sphaerogynum	Euphorbiaceae	0.011	
	U-1	1200	-	-		Garuga pinnata	Burseraceae	0.014	
陸稲とケシの焼畑耕作	U-2	1100	-	-		Michelia rajaniana	Magnoliaceae	0.014	
	PR-4	1180	Poppy	Rice	20-29 yrs	Castanopsis indica	Fagaceae	0.031	
	PR-3	1180	Poppy	Rice	20-29 yrs	Aporosa villosa	Euphorbiaceae	0.032	
	P-5	1190	Poppy	Poppy	20-29 yrs				
ケシの焼畑耕作	P-1	1200	Poppy	Poppy	30-39 yrs				
	P-2	1270	Poppy	Poppy	30-39 yrs	Eurya acuminata var. wallichiana	Theaceae	0.015	
	PR-6	1250	Poppy	Rice	30-39 yrs	Eriobotrya bengalensis	Rosaceae	0.033	
	PR-5	1250	Poppy	Rice	30-39 yrs				
	P-3	1300	Poppy	Poppy	40-49 yrs				
	N-1	1420	Unkown	Unkown		ツバキ科ヒサカキ属			
	PR-2	1320	Poppy	Rice	40-49 yrs	（埋土種子からの回復が早い種）			
	R-2	1050	Rice	Rice	30-39 yrs				
	P-4	1470	Poppy	Poppy	40-49 yrs				

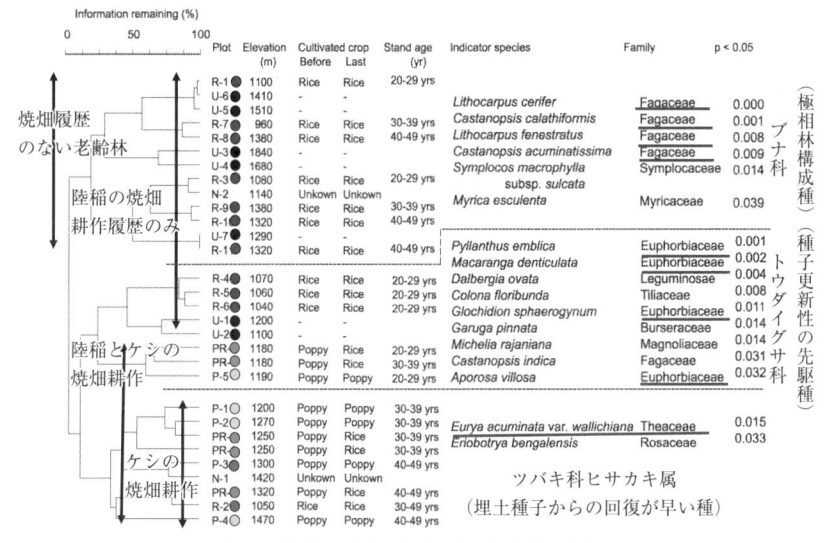

図 5-2　焼畑耕作停止後の二次林の繊維パターン

陸稲の焼畑耕作のみ行われてきた林分では，極相林の構成種であるブナ科の回復がみられるが，過去にケシの焼畑履歴がある場合は，森林の回復プロセスは異なる系列に移行する．
出典：Fukushima et al. (2008).

過去にケシの焼畑履歴がある林分に特徴的に出現していた（図 5-2）．*E. acuminata* の果実は，0.3-0.6 mm 程度であり，鳥などの小動物によって広域に種子が散布される．これらの特性は，過去に植物が根元から除去され，数年間連続で耕起された後の土地への侵入に有利に働いたと考えられる．

一方，*Macaranga* 類の埋土種子は，数年の連続したケシ栽培の間に種子が失われてしまった可能性が高い．トウダイグサ科の *Macaranga* 類を指標とするグループは，陸稲の焼畑停止後，20 年から 29 年が経過した二次林にのみ特徴的にみられた．*Macaranga* 類は，*C. odorata* と同様，他の植物が成長し，陰になると発芽できないため，その後の森林遷移をスムーズに移行することが可能となる．遷移後期種であるブナ科の回復も，それらの先駆種が創り出す光環境に支えられ，促進されたと考えられる．

焼畑停止後に回復する種組成の違いは，地上部バイオマスの回復力にも影響を及ぼす．陸稲の焼畑耕作のみ行われて焼畑が停止した二次林では，

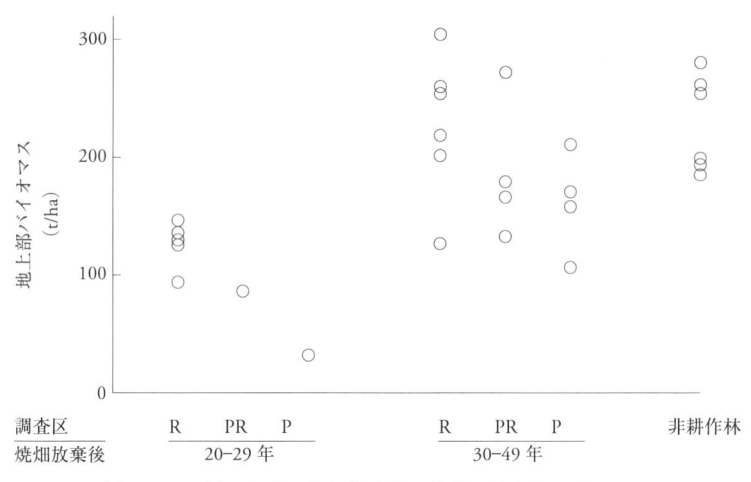

図 5-3　K村における焼畑停止後の森林の地上部バイオマス
Rは陸稲の焼畑のみ行われた林分，PRはケシの焼畑のあと，陸稲の焼畑に転換した林分，Pはケシの焼畑のみ行われた林分を示す．
出典：Fukushima et al. (2008).

30年から49年で地上部バイオマスが焼畑履歴のない老齢林の7割程度まで回復していたが，ケシの焼畑履歴がある林分では5割程度にとどまっていた（図5-3）．さらに，ケシの焼畑履歴がある二次林では，焼畑停止後20年から29年経過した林分においても，焼畑停止後30年から39年経過した林分においても，陸稲の焼畑のみ行われてきた二次林と比較して種の多様性が低い（図5-4）．

　このように，土壌が強度の撹乱を受け，埋土種子などが失われた状態から再生した二次林においては，先駆種から耐陰性の種への種組成の移行とは異なる遷移系列をたどることになる．その場合，老齢林と同様の種組成への回復には，数百年以上の長期間を要すると考えられる．だがK村の事例では，過去に陸稲の焼畑耕作のみ行われたのち，焼畑が停止した村の東半分の区域では，同地域の極相林を構成するブナ科などの回復がみられた．このことにより，隣接するK村の西半分の区域でも，種子の供給を受けやすい状態が確保されていたと思われる．同じ地域内で土地の利用方法が明確に区分され，多様な土地利用履歴が混在してきたことが，種の多様性保全や，それに付随

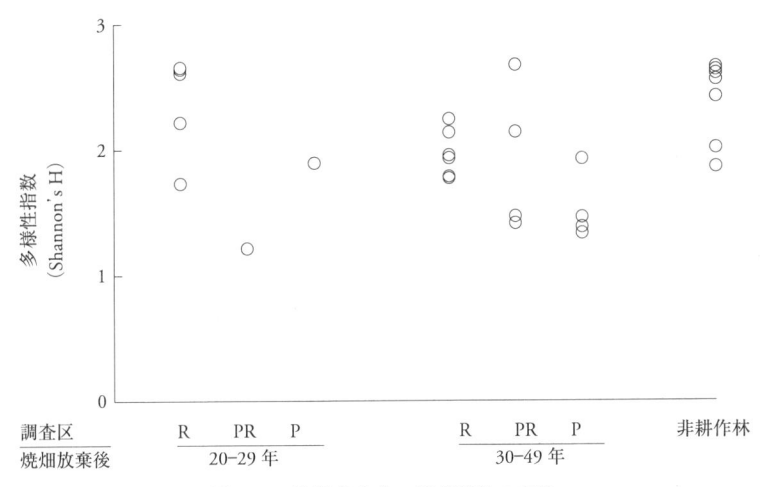

図5-4 焼畑停止後の種多様性の変化
Shannonの多様性指数は,種数の多さに加えそれぞれの種の優占度が均等であるほど高く評価される.
出典：Fukushima et al. (2008).

する植物資源の確保に貢献してきたことを指摘したい.

　一般的には，森林の遷移が進行すると，耐陰性の極相種が最終的に生き残り，種組成が均質化することによって種数が減少することが知られている．一方，毎年焼畑耕作を行う村周辺では，第3節で述べたように，林齢の異なる二次林が恒常的に生み出されることで，高い空間的な多様性が生み出されている．それでは，さまざまな遷移段階の林分がつねに周囲に存在するY村と，遷移が進行したK村全体では，種の多様性および植物資源の出現にどのような違いがあるのだろうか．

5　焼畑耕作が創出する植物資源

　焼畑二次林に出現する植物は，山菜などの食料，内用薬や外用薬，農機具や食器など道具類，建築材，薪炭材などに利用され，焼畑民の生活の一部を支えていることが，数多くの事例で報告されている（Nawichai 1999; Johnson

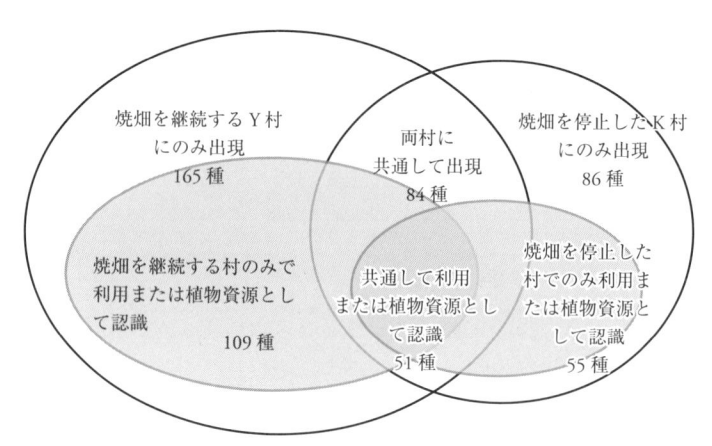

```
         焼畑を継続するY村                         焼畑を停止したK村
           にのみ出現          両村に              にのみ出現
            165種           共通して出現             86種
                             84種

          焼畑を継続する村のみで                    焼畑を停止した
          利用または植物資源と    共通して利用      村でのみ利用ま
          して認識           または植物資源と     たは植物資源と
            109種           して認識          して認識
                             51種              55種
```

図5-5　Y村およびK村に出現した樹木の種数および植物資源数

出典：筆者作成．

and Grivetti 2002; Delang 2006)．このような植物利用は，焼畑耕作が継続することで創出される植物の種多様性と深く関わっていると考えられる．

　焼畑を継続するY村周辺の二次林と，焼畑が停止したK村の周辺の二次林に出現する樹木の種数を比較したところ，Y村では249種，K村では170種が出現し，そのうち84種が両村で共通して出現した（図5-5）．Y村にのみ出現した165種のうち，とくに種数が多かったのはトウダイグサ科（19種），クスノキ科（13種），アカネ科（12種）であった．明るい場所を好むパイオニア種であるトウダイグサ科の各種が，焼畑後に回復する植生を特徴づけていることがわかる．

　植物資源として利用または植物資源として認識される種に着目すると，Y村周辺の二次林にのみ出現した165種のうち109種が，K村周辺の二次林にのみ出現した86種のうち55種が，両村に共通して出現した84種のうち72種が利用されていた（図5-5）．両村に共通して出現したにもかかわらず，片方の村でしか利用されない種もあった．たとえば焼畑耕作を継続するY村でのみ利用されていた種は15種あり，それらの多くは，薬や道具などに利用する植物資源であった．そのような植物資源は，焼畑を停止したK村ではわずかに出現するものの，個体数が低下して利用されなくなり，植物資

源として認識されなくなったのかもしれない．

　食料，薬，道具，建築材，薪などの用途別に植物資源の全体数を比較すると，Y村では食料や道具に利用される種が多い．焼畑耕作を継続するY村にのみ出現した食料に利用される植物は51種であり，トウダイグサ科7種やアカネ科4種が含まれた．これらの種は，実，新芽，花，種，樹皮などがスープやお菓子の材料に利用され，また，道具に利用される植物資源をみても，Y村にのみ出現した種は17種みられ，おもちゃ，洗髪材，日焼け止め，オノやナイフの柄，ヤスリ，機織りに使用する道具，カゴ，パイプ，釣をする際の魚の餌，ロープの材料，フルートの材料などに利用する植物資源であった．このように，焼畑を継続することで集落周辺に維持される植物種は，山地民の文化的な多様性と密接に関連しているといえよう．

　一方，焼畑を停止したK村では，植物資源は遷移が進んだ森林に卓越するブナ科やクスノキ科の樹木など，建築材などに利用可能な植物資源が多かった．実際に，K村の住民が居住する家屋の柱や梁，床材には，それらの樹木が活用されている．しかしながら，かつては薬に利用されていた植物資源のいくつかは，現在では村の周囲にほとんどみられなくなった，という声も聞かれた．焼畑耕作は，それが生み出す二次林の多様性も含めてその価値が評価されるべきであり，資源的価値をもった有用植物種の多様性が低下すると，焼畑民は日々の暮らしを支える食料，道具などの調達することが困難となる可能性があることを指摘したい．

　現在，タイ北部で焼畑耕作を継続する地域では，休閑年数が5-6年程度まで短縮される事例が報告されており，さらに休閑年数が短縮された場合は二次林の種組成の劣化も懸念されている．その一方で，森林の保全が政策的に強化され，多くの地域で焼畑耕作が停止すると，焼畑休閑植生が創り出す種の空間的多様性が失われ，山地民が日常的に利用する植物資源の供給源も消失する可能性がある．森林の農業利用ともいえる定着型焼畑の多面的な機能を再評価し，種の多様性保全や森林の環境機能の維持と焼畑による農業生産の両立を目指すことは，東南アジア山岳地域における生存基盤の持続的な安定性を確保するうえでたいへん重要であると主張したい．

6 タイ北部の生存基盤としての焼畑耕作

　これまでみてきたように，タイ北部の山岳地域では，山地地形をたくみに利用した焼畑耕作が生存基盤として確立してきた．原植生を開拓し，繰り返し焼畑耕作が行われる過程で，人々は独自の焼畑生態系を創り上げ，化学肥料や農薬に依存しない農業生産を行いながら，生態系からさまざまな有用植物を引き出してきた．水田開拓が順調に進んだK村においても，水田開拓に適した土地の少ないY村においても，陸稲以外に多数の野菜や香辛料を栽培する焼畑は山地民の暮らしや文化を支える重要な生存基盤であり，そのための土地では，大規模な換金作物の栽培を行わなかった．焼畑耕作によって創り出される生態系は，農業生産の場として，また暮らしに関わるさまざまな資材供給の場として，そこに暮らす住民の生命と切り離すことができない．

　だが本書第11章で石川らが論じているように，焼畑の周期はそのときの人口や利用可能な土地面積に応じて変化していく．さらに100年以上の時間スケールをとれば，集落自体の移動や置き換わりといった変化がともない，ある時点で周期的とみえたものがじつは擬似サイクルであるという指摘は正しい．では，焼畑という生存基盤は，東南アジア大陸部の今後の変化のなかで，どのような意味をもつのだろうか．

　タイでは主要河川の水源地の確保などを背景に，住民の農業活動に関わる権利調整に先んじて保全林の指定が行われた．たしかに森林は，水源涵養機能や生物多様性保全機能など，より広域的で普遍的な利益に関与している．しかしながら，かつてタイ北部に広がったケシ栽培を主とする開拓型焼畑とは異なり，定住型焼畑は周期的な森林と利用の再生を前提としている．また，焼畑耕作の代替作物として，換金作物が大規模に導入された場合は，開拓型焼畑と同様の森林消失をもたらす可能性があることを考慮すると，定住型焼畑の規制は，上記の目的に対して，むしろ逆の効果をもたらす可能性があるのではないだろうか．

　市場経済が世界のすみずみに広がるいま，焼畑民はさまざまな変化に直面している．だが，焼畑耕作はたんなる農業生産の手段ではなく，数世紀にわ

たり創り上げられてきた文化と生存基盤そのものであることを忘れてはならない．むしろ，焼畑生態系のもつ独自性を現代的視点で再評価し，技術的・制度的な革新を組み合わせることにこそ，大きな可能性があるといえよう．

参考文献

Bond, W. J. and B. W. van Wilgen 1996. "Fire and Plants", *Population and Community Biology Series 14*, London: Chapman and Hall, pp. 124-134.

Conklin, H. 1957. "A Report on an Integral System of Shifting Cultivation in the Philippines. Hanunóo Agriculture", Rome: Food and Agriculture Organization of the United Nations.

Delang, C. O. 2006. "Indigenous Systems of Forest Classification: Understanding Land Use Patterns and the Role of NTFPs in Shifting Cultivators' Subsistence Economics", *Environmental Management*, 37(4): 470-486.

Fukushima, M., M. Kanzaki, M. Hara, T. Ohkubo, P. Preechapanya, C. Choocharoen 2008. "Secondary Forest Succession after the Cessation of Swidden Cultivation in the Montane Forest Area in Northern Thailand", *Forest Ecology and Management*, 225: 1994-2006.

Funakawa, S., Y. Hayashi, I. Tazaki, K. Sawada, and T. Kosaki 2006. "The main Functions of Fallow Phase in Shifting Cultivation by Karen People in Northern Thailand: A Quantitative Analysis of Soil Organic Matter Dynamics", *Tropics*, 15(1): 1-27.

Grandstaff, T. B. 1980. *Shifting Cultivation in Northern Thailand*. Resource Systems Theory and Methodology Series, No. 3. Tokyo: United Nations University.

Johnson, N. and L. E. Grivetti 2002. "Environmental Change in Northern Thailand: Impact on Wild Edible Plant Availability", *Ecology of Food and Nutrition*, 41(5): 373-399.

Kanjunt, C. and U. Oberhauser 1994. "Successional Forest Development in Abandoned Swidden Plots of Hmong, Karen, and Lisuethnic Groups", NAMSA Research Paper, Sam Muen-High Land Development Project, Thailand.

倉島孝行 2007．「タイ国家による「森林地」の形成と東北部におけるその展開」『タイの森林消失 —— 1990 年代の民主化と政治メカニズム』明石書店，69-83 頁．

Nakano, K. 1978. "An Ecological Study of Swidden Agriculture at a Village in Northern Thailand", *Southeast Asian Studies*, 16(3): 411-446.

Nawichai, P. 1999. "Use of Wild Plants in Karen Women's livelihood Systems", Master's Thesis, Graduate School of Agriculture, Chiang Mai University.

Noguchi, H., A. Itoh, T. Mizuno, K. Sri-ngernyuang, M. Kanzaki, S. Teejuntuk, W. Sungpalee, M. Hara, T. Ohkubo, P. Sahunalu, P. Dhanmmanonda and T. Yamakura 2007. "Habitat Divergence in Sympatric *Fagaceae* Tree Species of a Tropical Montane Forest in Northern Thailand", *Journal of Tropical Ecology*, 23: 549-558.

Renard, R. D. 2001. "Alternative Crops", *Opium Reduction in Thailand 1970-2000: A Thirty-Year Journey*, Chiang Mai: Silkworm Books, pp. 57-68.

Sabhasri, S. 1978. "Effects of Forest Fallow Cultivation on Forest Production and Soil", in P.

Kunstadter, E. C. Chapman, S. Sabhasri (eds), *Farmers in the Forest*, Honolulu: University of Hawaii Press, pp. 160–184.

Schmidt-Vogt, D. 1998. "Defining degradation: The Impacts of Swidden on Forests in Northern Thailand", *Mountain Research and Development*, 18(2): 135–149.

――― 1999. "Swidden Farming and Fallow Vegetation in Northern Thailand", *Geoecological Research*, 8: 50–56.

Walker, A. R., 1975. Farmers in the Hills: Upland peoples of Northern Thailand. Penerbit Universiti Sains Malaysia, Chiang Mai.

Yimyam, N., Rerkasem, K. and Rerkasem, B. 2003. "Fallow Enrichment with Pada (Macaranga denticulate (Bl.) Muell. Arg.) Trees in Rotational Shifting Cultivation in Northern Thailand", *Agroforestry Systems*, 57: 79–86.

第6章

農の場としての森林
—— 森林を利用したチャ栽培の構造と多面的機能 ——

佐々木 綾 子

1 はじめに —— 伝統的農業と人々の生存基盤

　近年，伝統的に営まれる農業によって維持されてきた土地利用や自然への働きかけが，その地域における，生物多様性の保全に寄与していることが評価されている．これらの営農形態は，人間が生命圏へと絶え間なく手を加えることによってつくられた安定した人間の生活基盤であるといえる．国際連合食糧農業機関（Food and Agriculture Organization; FAO）はこうした伝統的農業を「世界重要農業資産システム」(Globally Important Agricultural Heritage Systems; GIAHS)[1]として認定して，世界各地の優れた農業の事例を蓄積・共有し，持続可能な資源管理・活用の基盤を築くだけでなく，現代社会の変化や環境の変化に適応しながら先祖代々受け継がれてきたシステムを重視し，農法や土地利用だけではなく，生態系・景観・習慣なども含めて地域資源として考え，次世代への継承を目指している（FAO 2011；佐渡市役所 2011）．
　1960年代以降，急激な森林面積の減少を経験した東南アジアでも，近年

---
[1] これまでペルーのバレイショ農法，フィリピン・イフガオ地方の棚田，中国・浙江省の水田養魚，また日本では石川県能登半島の棚田を含む「里山里海」と新潟県・佐渡市の「トキと共生する里山」など10の事例が認定されている（FAO 2011）．

の環境意識の高まりから，こうした「伝統的」農業が観光資源として脚光を浴びはじめている．とくに，1960年代から後の約30年間で森林の51％を消失したタイでは，1989年の天然林伐採禁止法制定や1996年のマングローブ天然林の商業伐採禁止令を契機に環境・森林保護への意識が高まった（佐藤 2002; Santasombat 2003）．それと同時に，それまで森林面積減少の原因とされてきた山地民による伝統的な農業の一部が，一転して環境親和的な伝統的生業として，都市部生活者の間である種の憧憬をもって受けとめられはじめた．

こうした変化のなか，タイ北部山地では，豊富な森林を残し，そのなかでチャの栽培を行いタイ北部に特徴的な嗜好品であるミアン（噛み茶）を生産する地域が注目されてきた．メディアはこれを，「森林のなかで伝統的なくらしを守る人々」が「昔ながらの生活を維持することで自然を守っている」として称え，取り上げる機会を増やしている．

しかし1960年代からのタイ国の農村開発や，その後の急速な工業化の影響を受け，農村の姿は変化を続けてきた．とくに，換金作物の栽培を主たる生業とする村では，外部社会の変化は直接，村の変化につながる可能性が大きい．実際，タイ北部山地で林内チャ栽培を行ってきた地域は，換金作物であるチャが唯一の生産物であることから，その生業は地域内外の経済や生活様式の変化により強い影響を受けてきた（Van Roy 1964, 1965; Le Bar 1967; Sasaki et al. 2007）．「伝統的」農業に依存した「伝統的」なくらしといわれているものは少なくとも過去50年の間に大きな変化を経験している．

生業活動だけでなくくらし全般をみてもタイ北部山地の村が「昔ながらの伝統的な生活」を守ってきたわけではないことがわかる．外部社会の急速な変化は村のなかにまで浸透しており，物質的な生活レベルは向上し，出稼ぎが増え，それにともなって村の社会にも変化が起きている．

豊かな森のなかで伝統的嗜好品を生産しているという側面にのみ着目し，その営農形態を「伝統的」の枠組みのなかだけで理解するだけでは，山地に居住する人々による生業と生活の実態を捉えきれてはいないといえよう．このような外部者のイメージは，森林を活用しながら外部社会の変化に柔軟に対応してきたという事実を無視しており，山地でくらす人々が自然のなかで蓄積してきた知恵を現代的に活用しながら，新しい生存基盤を創造していく

過程を過小評価することにつながる．

　本章では，タイ北部山地における森林を利用したチャ栽培を事例とし，山地にくらす人々が，森林を生業の基盤とするため行ってきた働きかけとその変遷を明らかにする．また，人々の生存基盤の安定と，その目的のために保持されてきた森林構造との関係性を明らかにすることで，両者の共存を可能にした相互作用を検討するとともに，森林構造を維持した営農形態が人間圏の変動に対して高い弾力性（レジリアンス）をもつ生存基盤であることを示したい．

2　山地のくらしと茶生産との関係

　はじめに，タイ北部を含む東南アジア大陸部山地におけるチャ利用の歴史を説明しよう．東南アジア大陸部山地では基本的な土地利用形態として，周囲の森林を伐採し火入れを行い，雑穀や根栽類を栽培する定住型の焼畑農耕が行われてきた（佐々木 1970; 本書第5章）．チャ（*Camellia sinensis*）はそもそも焼畑農耕がさかんに行われた照葉樹林の下層植生の一部として自生していた．チャは高い耐火性を有し，萌芽によりさかんに更新する性質から，焼畑の火入れ後でも生存することが可能である．また，中国西南部から東南アジア，インドのアッサム地方に分布する大葉種（アッサム種）は日陰でも良好に生育する性質を有するため，休閑後の年数とともに回復していく森林の林床でも生育することができる（松下 2002）．焼畑民が休閑林から利用可能な樹木・植物の選別を繰り返すなかで，チャの葉は，覚醒作用を含む健康機能的特性から食用・飲用として重要視されるようになり，利用が広まっていったと考えられている．

　その後焼畑が行われる地域を中心とした山地において茶の加工・利用が発展するなか，収穫した茶葉を加熱した後，人工的にバクテリア・カビ発酵させる「後発酵茶」が中国西南部で生産されるようになった．後発酵茶は他の利用法と比較し，茶を長期保存できるだけでなく，水分を多く含む茶葉を長時間噛むことにより味が持続し，さらに茶葉が有する覚醒作用をより有効的

に利用できる特長をもった茶生産物である．後発酵茶の生産技術と利用はその後ラオス，ミャンマー，タイ北部の山地に広がり，その結果，後発酵茶を農作業中に食したり，来客の供応や食後に煙草とともにもちいたり，また冠婚葬祭などの儀礼に欠かせない供物として利用するなど，これらの地域において共通する習慣がみられるようになった（守屋1981; 佐々木1981; 中村1992）．その後，山地で行われていた後発酵茶の利用とその文化が低地・平野部の他の民族社会に拡大し定着したことで，後発酵茶は山地に居住する人々にとって重要な収入源として位置づけられるようになった．

3 タイ北部における茶生産と森林との関係

　タイ北部で生産される後発酵茶は「ミアン」と呼ばれる．その生産はミャンマー（ビルマ）から移住したパラウン族によって始められ，その後タイ族，モン族など山地に居住し焼畑を行う民族によって生産されるようになったといわれている（守屋1981）．タイ北部においてミアン生産が始まった時期は不明だが，1500年ごろに書かれたラーンナー王朝から寺への喜捨についての文書にミアンの記載があることから，約500年以上前にはすでにミアンが低地タイ人社会のなかで欠かせない嗜好品として定着していたことが推測できる．また，ミアンが幼少期から食されていたという記載もあり，タイ北部の食文化の特徴をなしていたことがうかがえる（Reichart and Philipsen 1996）．

　山地における焼畑と並行して行われていたミアン生産だが，その後，1900年前後，焼畑休閑林に自生するチャ樹を目的として低地タイ人が山地に流入，定住したことにより，以降ミアン生産は低地タイ人によって専業的に行われることになる（佐々木 未発表）[2]．この背景として，1900年ごろからのタイの人口増加と，それにともなう山地への移住の増加が考えられる．タイ北部地域では人口の増加がすなわちミアン消費量の増加につながり，しかも嗜

---

[2] チェンマイ県チェンダオ郡，メーテン郡のミアン生産村9村における聞き取りによれば，すべての村は1900年代から1930年代に設立された．

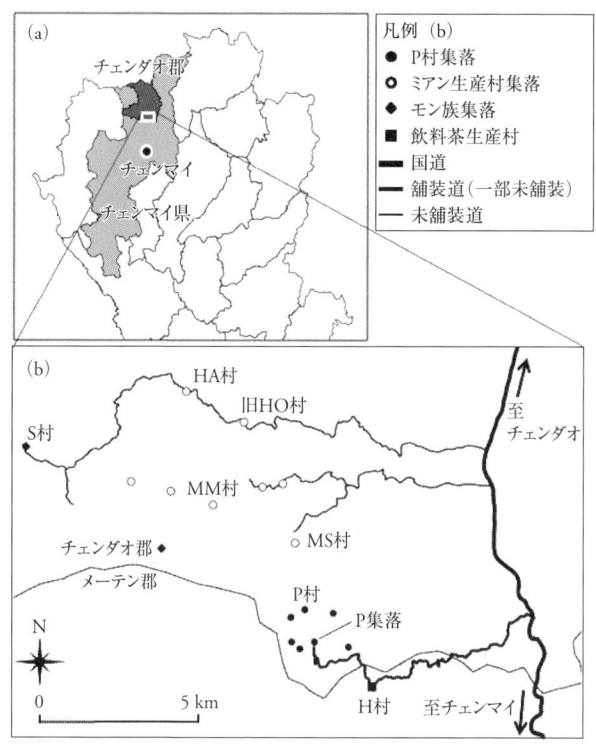

図6-1　調査地：タイ北部チェンマイ県チェンダオ郡P村
出典：筆者作成.

好品としてだけでなく，儀礼での供物としての需要が必ず確保できるミアンが，換金生産物としての価値を高め，低地タイ人がそれに注目しはじめたのではないかと推測される．

　本章では，低地タイ人によって形成され利用されてきたミアン生産のための林内チャ園を「ミアン林」と呼称し，その形成過程や構造，管理形態について明らかにした．調査対象は，チェンマイ県チェンダオ郡に位置する低地タイ人集落P村を事例とした（図6-1，写真6-1）．低地タイ人のミアン生産村はチェンマイ県のチェンダオ郡，メーテン郡，ファーン郡に分布している．

151

写真 6-1　P集落と集落を囲むミアン林の遠景
集落周辺の森林はすべてミアン林として利用されている．
出典：筆者撮影（2004年8月）．

　なかでもチェンダオ郡は同地域に4村[3]が集中する県内でも有数のミアン生産地である．

　P村は標高 900–1,300 m に位置し，周囲の原植生は丘陵常緑林である．P村を含む周囲の森林は水源林に指定されているが，農業活動は認められている[4]．P村は1931年にチャ栽培および茶生産を目的とした低地タイ人によって設立され，以来茶生産を生業の基盤としている．P村は七つの小集落によって構成され，2002年時点で70戸223人が居住し，ほぼすべての世帯がミア

---

[3] 2000年以前には五つのミアン生産村が散在していた．2004年時点，5村中1村ではすべてのミアン生産世帯が離村したため，チャ樹を含むミアン林が放棄されていた．離村以前の世帯数や人口については不明である．村内の土地の一部は，同郡内に茶葉加工工場をもつ飲料茶会社によって新たにチャ栽培園として利用されていた．

[4] タイ王室林野局ファイゲオ水源域開発局技術・GIS部門により作成された「ピン川支流第1区画における水源域等級地図（แผนที่ ชั้นคุณภาพลุ่มน้ำ ลุ่มน้ำสาขาแม่น้ำปิงส่วนที่1）」による．

ン生産を主生業としていた．本章では7集落の中心的機能をもち，P村全世帯数の46%（32戸）が居住するP集落を対象とし，ミアン生産をつうじて生命圏と人間圏が相互作用を繰り返してきた歴史を検討する．

4 タイ北部山地のミアン生産村における生業と資源利用の変化

4-1 チャ栽培の導入と拡大 — 1930-70年

P村はチャ生産を目的とした低地タイ人によって1931年に設立された村である．それ以前この地は，ルアの人々が焼畑を生業としてくらしていたが，低地タイ人の移住にともないルアの人々はより高い山地部へ移動し，低地タイ人はルアの人たちの焼畑跡地でチャ栽培を主たる生業として生活を始めたという[5]．

新たなミアン生産者である低地タイ人は，焼畑休閑林であった二次林の大径木を残し，その林床で自生するチャを利用することで，少ない労働力と投資でチャ栽培を始めることができた．その後，自生の株から採取した種や実生を移植し，また幹の剪定を行い萌芽の更新をうながすことで，茶葉の生産量を増やしていった．ミアン林の上層に残された樹木は，直射日光により茶葉が変色するのを防ぐ被陰樹として，また茶葉を蒸す際に大量に必要となる薪の供給源としての役割を果たすことから，その後も林内に保持された．またP村周辺には，尾根沿いの樹木を伐採したりミアン林を開墾し陸稲栽培を行ったことで土砂災害や水害が引き起こされた経験をもつ集落があり，そのためP村を含むチェンダオ郡のすべてのミアン生産村4村では，ミアン林内での樹木の伐採や，集落内の土地における陸稲や野菜などの作物栽培を禁止する慣習法が伝承されている[6]．ミアン林の多層構造が維持されたのは，チャ栽培のためだけでなく，居住環境の安全性や快適性という点からも考慮

---

[5] P村寺院が所有する寺院および村の歴史を説明した文書による．
[6] チェンマイ県メーテン郡・ドイサケット郡，プレー県ムアン郡におけるミアン生産村での聞き取りからも，すべての村に土地利用を制限する慣習法があることが明らかになった．

写真 6-2 ミアン生産にもちいられる茶葉
出典：筆者撮影（2004 年 5 月）．

された結果であると推測される[7]．

4-2 タイ北部山地社会の変化とミアン林 —— 1970 年代-2010 年

ミアン生産が主たる生業となっていた P 村では，1970 年代以降，急激な社会経済的変化を経験した．P 集落の世帯数は 1970 年の 36 戸（173 人）が 1982 年に 60 戸まで増加したあと，1992 年には 53 戸，2002 年には 32 戸へと減少しつづけ，2010 年には 28 戸とピークのときのほぼ半数にまで減少し

---

[7] 渡辺ら（Watanabe et al. 1990）は，構造と土地利用形態からミアン林をアグロフォレストリーのなかでも，林業・農業・畜産業を組み合わせたアグロシルボパストラルに分類した．また渡辺（2002）は森林減少の著しいタイ北部において，多様な機能をもつ森林を維持しながらチャ栽培を行うことは，有効な土地利用であると評価している．

た．またタイ北部山地の社会経済変化により，村のミアン生産も大きな影響を受けることになった．以下では，外部社会の変化が著しかった1970年代以降に焦点をあて，村人がどのように森を維持しつつミアンを生産し，自らの生業の変化を実現したのかを検討する．

1970年時点，P集落の居住者によって利用される範囲は129.6 haであった．内訳は，ミアン林81％（105.0 ha），チャを栽培していない林分15％（19.2 ha），居住地4％（5.6 ha）であった（Keen 1972）．P集落に居住する36戸のうち33戸がミアン生産に従事しており，2戸をのぞき各世帯1筆[8]のミアン林を管理していた．ミアン林の境界は各利用者によって明確にされている一方，ミアン生産者がミアン林内で用益権を主張できるのはチャ樹のみであり，その他の薪，建材，非木材林産物などはミアン林の管理者にかかわらず採取できた（Keen 1978）．また，村内のミアン林を含めて家畜（おもに牛）の林内移動・放牧が許可されていた．このように1970年当時，P集落ではミアン生産を基盤とした生業が維持され，ミアン林内部ではチャ栽培を軸に複合的な土地利用が行われていた．

1970年，P集落には36戸173人が居住しており，全世帯のうち16戸（44％）が過去4年間のうちにミアン生産を目的に移住した世帯であり，110人（64％）はP集落外の出身者であった（Keen 1972）．この時期，P集落への移住が増加したことがうかがえる．

その後，P集落における世帯数は1982年には60戸に増加し，人口増加に対応するため尾根沿いや他集落との境界に残されていた森林にチャが植栽され，ミアン林へと転換された．また既存のミアン林内でもチャ樹の新たな植栽が増加したことから，植栽後の苗を保護するために林内での放牧が禁止になるという変化が起こった．これらの変化は，それまでミアン林をチャ栽培と放牧の複合的生業の場として管理してきたミアン生産者が，土地・資源利用をチャ栽培に特化したことを示唆している（Sasaki et al. 2007）．このように1970年代から1980年代前半まではミアン生産に特化し増収を目指した時期であった．

---

[8] 「筆」は田畑などの一区画を示す．本章では，各ミアン林が境界で明確に区分されていることから，ミアン林の単位として筆をもちいる．

このチャ栽培面積の拡大と茶生産への特化は二つの要因を契機として引き起こされたと推測される．一つは，タイ北部における農業人口の増加が考えられる．1960年代から80年代にかけ，チェンマイ県を含むタイ北部における農地面積の割合は1960年の11％から，70年の17％，80年には24.5％と増加を続けた（辻井2001）．北部地域は農業就労を目的とした移住者の受け皿となり，20年間で人口密度は60年の1 km^{2}あたり38人から1980年には54人へと増加した（渡辺1988）．前述したように，タイ北部の低地・平野部における農作業中にはミアンが食されることが多く，農業人口の増加がミアンの需要拡大への期待を高めたと考えられる．

　さらにもう一つの要因として，1960年代後半に調査地と接するH村に紅茶会社の工場が設立され，製品の出荷のためにH村までの公道が整備・舗装されたことが挙げられる．これにより，P村の住民にとって低地への利便性が向上しただけでなく，これまで牛をもちいていたミアンの運搬に車両が導入される契機となった．車両導入によりミアンの一回の運搬量が増加し，運搬にかける労働力と時間の軽減，さらに出荷先の拡大が可能となったことでミアン増収の機運が高まったと推測される．

　1970-80年代のP集落における世帯数増加は，ミアン増収の機運が高まると同時に，道が整備され低地からのアクセスが比較的容易となったことによって，低地の農業面積に対し余剰となった労働人口が農地を求めてミアン生産村に流入した可能性を示していると考えられる．

　しかしその後20年で状況は一転する．P集落における世帯数は1992年には53戸，2002年には32戸となり，1982年のほぼ半数にまで減少した．世帯数の減少のほか，世帯当たり労働人口は1970年の3.6人から2002年では2.2人に減少し，労働人口のおもな年齢層は1970年代には10-30歳代であったものが，2002年には40歳代へと変化した．この背景には，タイ社会全体の農業の相対的価値の低下と，それにともなう他種業への労働力流出が挙げられる（Sasaki et al. 2007）．さらに，社会構造の変化にともなう都市部生活者の増加と生活の西洋化は，ミアン需要の低迷を招いたと考えられる．

　ミアン林内部では，80年代前半までの「ミアン増収期」に多数植栽されたチャ樹が，一転して放棄され管理されなくなるという変化が起こった．

2002年にはミアン林全体の29%（38.9 ha）に相当する面積においてミアン林は利用されず放棄されていた．もう一つの特徴的な変化としては，ミアン林内における果樹の商品化が挙げられる．ミアン林内に自生するザボンは栽培品種でないため[9]，酸味が強くこれまで利用されていなかったが，籾殻や木屑をもちいた施肥，ネットや新聞紙による果実保護など，販売可能な品質に近づける努力がなされた．また，ミアン林内で採取される薬用植物を集落内に設けられた園地に移植し，栽培を試みる事例も確認された．さらに，村の外部からライチ，リュウガン，コーヒーなどが導入されるようになり，これらの樹木作物が植栽されたミアン林は全体面積の18%に相当した．こうした生産者の働きかけは，ミアンの相対的価値が低下したことに対応するため，ミアン林から新たな資源を引き出すだけでなく，ミアン林の土地自体に「耕作地」としての価値を見いだすことで，生業の多角化を図ったといえる．

またこの時期，ミアン外収入源の模索の一端として「緑茶用茶葉」の生産が新たな可能性をもちはじめた．2002年から2004年の2年間で緑茶用茶葉のみを生産する世帯は1戸（3%）から4戸（14%）に，ミアンと飲料茶の両方を生産する世帯は0戸から6戸（21%）に増加し，筆数[10]では飲料茶生産目的のミアン林は14筆（14.1%）から30筆（30.6%）に増加した．これは2001年に起こった緑茶風飲料のブームにより，これまでタイの文化になじみの薄かった「緑茶」が浸透しはじめたことが背景にあると考えられる．さらにこのブームにともないタイの「緑茶用茶葉」市場が急速に拡大した[11]ことを受け，P集落のミアン生産者も茶葉がもつ「緑茶」という利用可能性を認識しはじめたと推測される．

---

9) P村設立以前，森林内にはザボンが多く自生しており，そのためP村の名前（「ザボン収穫のための林内の出作り小屋」）の由来にもなったという（筆者聞き取りから）．低地タイ人が流入する以前に，ルアの人々が植栽したものかは不明である．P村からの下山道と国道の合流地点には青果屋台が年間をつうじ設けられており，チェンダオ郡で栽培されたザボンや，時期によってはアボカドなどが販売されている．低地で栽培されるザボンはP村内でみられるものより果実が大きく，また糖度が高い．
10)「筆」については脚註8を参照．
11) タイの清涼飲料市場における飲料茶のシェアは，2000年にはほぼ0%だったものが，2004年には5-6%に増加した．それにともない，2004年の緑茶飲料市場の規模は15億バーツ（約42億円）に達すると予測された（都築 2004）．

こうした緑茶用茶葉の需要の高まりと集落内での新たな生産物への期待を受け，2004年に村内の1世帯が外資系企業直営の工場と直接契約を結び，緑茶用茶葉の販売ルートを確立し仲買人として機能しはじめた．この仲買人は，良質な新芽と若葉のみを収穫することで卸値を高く設定することにも成功した．P集落における緑茶用茶葉を生産する世帯の増加は，この新たな仲買人の出現によるところが大きいだろう．

　茶生産物の転換には，ミアンと緑茶用茶葉の生産工程の違いも大きく関わっている．ミアン生産には樹高1.5 mほどに管理されたチャ樹の成葉をもちいる．収穫は年4回行われ，萌芽をうながすため約7年ごとに剪定される．ミアンの生産工程では，茶葉を1-2時間蒸した後，冷ましながら竹の帯で束ねる作業が収穫と同日中に行われる．一部の世帯は蒸して束ねただけの茶葉を村内の仲買人に販売するが，その他の世帯は茶葉を適宜発酵槽に漬け込み3ヵ月以上発酵させた後，村内の仲買人や外部の市場へ出荷する[12]．一方の緑茶用茶葉の生産では新芽を収穫するため，チャ樹を樹高0.7-1 mに保ち，年6回の収穫ごとに刈り込む必要がある．P集落ではミアンにもちいたチャ樹の枝先だけを刈り込み，新芽を収穫する世帯もみられた．収穫した茶葉は生葉の状態で仲買人に卸されるため，収穫にもちいる竹籠以外に必要な道具はない．緑茶生産はチャ樹の管理を変えるだけで生産物の転換が可能で，なおかつミアン生産と比較し作業工程が短く必要となる道具も少ない点も，短期間での転換をうながしたと考えられる．P集落における緑茶生産世帯の増加は，ミアン需要の低迷が続くなか，チャ樹の管理に消極的だったミアン生産者が，新たな価値がチャ樹に付加されたことにより，ミアン林の利用をふたたびチャ栽培に特化したことを示唆している．

　P集落の生産者がミアン生産の代替手段を模索する一方，環境保護意識の高まりが都市部生活者の関心を「環境親和的農業」へと向かわせており，なかでも山地に居住する人々は彼らが継承する「土地の知恵」によって，農業を含む伝統的慣習を持続的に行ってきたと説明されるようになった（片岡

---

[12] 2004年当時，P集落においてミアンのみを生産する24戸のミアン出荷形態は，蒸した茶葉を村内の仲買人に卸す（5戸，29%），発酵させた茶葉を村内の仲買人に卸す（6戸，25%），発酵した茶葉を低地の仲買人もしくは市場まで出荷する（11戸，46%）の三つに分けられた．

2002).こうした意識変化のなかで,ミアン林とその内部で行われるミアン生産はまさに「土地の知恵」によって維持されてきた土地利用形態であり,農業と森林保全の両立を可能とする,生態環境へ適応した「伝統的」農業として注目を集めるようになった.P集落のミアン生産者のうち40歳代が中心となったグループはこの動向に反応し,村内のミアン林内の散策路の設置やゲストハウス建設を企画した.実際にはゲストハウスの建設まではいたらなかったが,この変化はミアン林の景観とそれを保持すること自体に「環境資源」,さらに「観光資源」としての価値が付加されたことを示している.

しかし2010年になるとP集落からの緑茶用茶葉の出荷量は,2004年の32.9 tから9.3 tへと早くも減少,緑茶のみを生産する世帯も4戸(14%)から1戸(5%)へ減少した.ミアンと飲料茶どちらも生産する世帯は2004年の6戸(21%)から7戸(35%)に増加したが,これらの世帯における生産者1人当たりの出荷量は2004年の1.3 tから2010年には0.9 tに減少していた(佐々木 未発表).緑茶生産を継続しなかった理由として,緑茶用茶葉の生産のためにチャ樹の剪定を変えた後の数年間は茶葉の収量が安定しないことや,生産物である茶葉の保存ができずつねに出荷を意識しなければいけないという点を,生産者は挙げた.

緑茶生産の減少により,P集落から出荷される茶生産物の79%をミアンがふたたび占めるようになった.しかしP集落からのミアンの出荷量は,2004年の59.1 tから2010年の35.1 tへと減少していた.この変化はミアン生産に従事する世帯数[13]と人数が2004年から2010年にかけ,それぞれ24戸(86%)から19戸(73%),51人(世帯あたり1.8人)から39人(世帯あたり2.0人)に減少したことが要因となっていた[14].またミアン生産者1人当たりの出荷量も,2004年の1.4 tから2010年の0.9 tに減少していた.P集落では2004年から2010年の間に,集落内に居住していた仲買世帯3戸のうち2戸がミアンの仲買を専業的に行うため村外に移住し,P集落の生産者との取引を中止した.また残る1戸は車両の燃料費削減のため出荷を停止した.この

---

13) ミアンと緑茶用茶葉のどちらも生産する世帯を含む.
14) 2010年の調査では,6戸(23%)がミアン生産を休止し,一時的に村内での賃金労働に従事していた.

変化によってP集落のミアン生産者は集落から市場への安定的な販売経路を失うことになった．その結果，新たな仲買人とのネットワークが構築されるまで，ミアンを発酵した状態で保存する世帯が増えたことが，全体の出荷量減少につながったと考えられる．

ミアン生産を取り巻く状況が流動的であっても，P集落のミアン生産者は，消費者の姿がみえず需要動向を予測することが困難である緑茶よりも，消費地との地理的・文化的な近接性があり，また市場が低迷するなかでも儀礼用の需要が一定量確保されるミアンへの回帰を選択したといえる．しかし，1980年代から約30年間にわたり，ミアン生産の低迷を背景に，ミアン林の保持するさまざまな資源・価値を引き出し利用することでミアンの代替物を模索する試みが行われたように，今後もミアン林内部での土地・資源利用は社会や集落構造の変化にともない変容を続けていくだろう．

5　ミアン林の構造とチャ樹の現存量

それでは，このような生業の変容を可能とするミアン林はどのような「森林」であるのだろうか．本節では，ミアン林の森林生態学的な特徴を，とくに森林の構造と地上部現存量に焦点をあてて検討する．

2002年時点，P村居住者によって利用される面積は511.6 haであり，P集落を含む七つの集落の居住地8.8 ha（2%）を除くすべての土地502.8 ha（98%）が「ミアン林」として利用・管理されていた[15), 16)]．P村では，ミアン林各筆の利用者は区分された土地に含まれるチャ樹および被陰樹に対し用益の権利を認められていた（Sasaki 2008）．P集落では，ミアン生産を行う29戸が99筆のミアン林を利用・管理しており，そのうち28戸が利用するミアン林85筆を調査対象とし，土地利用図を作成した[17)]（図6-2）．その結果，調

---

15) 聞き取りとGPSをもちいた踏査の結果から推定された．
16) P村には「共有林」（推定152.4 ha）と呼ばれる林分が存在するが，チャ栽培や薪の採取などは行われておらず，日常的な森林産物の採取も確認できなかった．また隣接する村との境界が明確でないため，P村における土地利用図には含めていない．
17) GPSをもちいミアン林各筆の境界を踏査し，そのデータをもとにGISソフトで描画した．

第 6 章　農の場としての森林

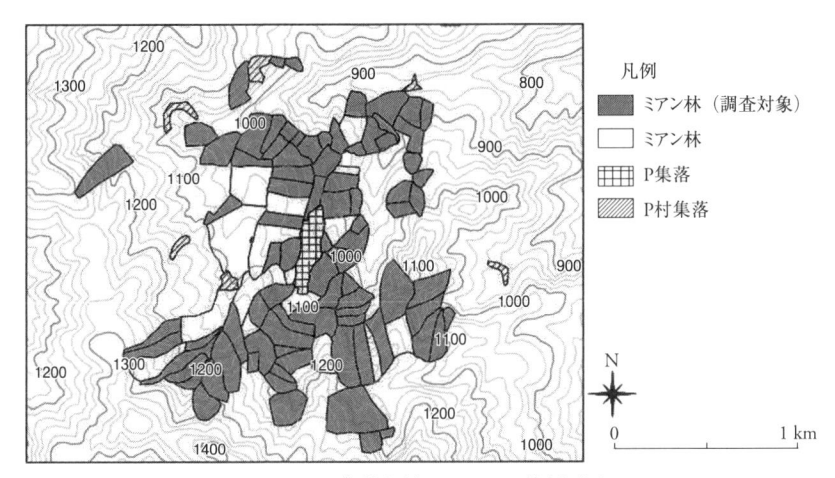

図 6-2　P 集落と周辺のミアン林利用図
調査対象としたミアン林を含む村内の土地は、すべてミアン林として利用されている.
出典：Sasaki et al.（2007）を改変.

査対象とした 85 筆（136.6 ha）の平均面積は筆当たり 1.6 ha であった. よって P 集落のミアン生産者が利用する全 99 筆の面積は 159.1 ha と推測される.

　ミアン林はチャ樹と被陰樹から構成されるが、生産物であるチャ樹と被陰樹による林内の被覆度によっていくつかのタイプに分けられる. そこでミアン林内部で撮影した全天写真の解析から得られた開空度を基準に、各ミアン林を、開空度 50％以上を「高開空度」、25-50％を「中開空度」、25％以下を「低開空度」の 3 段階に区分した. そのうち 8 筆のミアン林において毎木調査を行い、植栽されたチャ樹と被陰樹として残されている樹木の双方について現存量を推定した.

　表 6-1 からは、ミアン林の開空度が高くなるにつれ、ミアン林を構成する被陰樹の現存量が小さくなることがわかる.「低開空度」では三つの区分のなかで胸高断面積合計と現存量が最も大きく、大径木によって林冠が鬱閉された構造である.「高開空度」では立木密度は高いが胸高断面積が小さい樹木から構成されるため、保持する現存量が小さく林冠が開いている.「中開空度」のミアン林が保持している現存量は「低開空度」の 50％だが、種数は「低開空度」と同程度出現している. 中程度の樹木が相対的に高い密度

表6-1 開空度の異なるミアン林における被陰樹存在量

	種数 (/ha)	立木密度 (本/ha)	BA (m^2/ha)	地上部現存量 (ton/ha)	平均開空度 (%)	調査区数
高開空度	7	314	3.1	1.5	58	4
中開空度	22	364	13.5	85.4	33	3
低開空度	19	223	24.9	167.4	21	1

被陰樹には天然林または二次林で伐り残された木と植栽された木（果樹など）の両方が含まれている．
BA (basal area) = 胸高断面積合計
出典：筆者作成．

表6-2 開空度の異なるミアン林におけるチャ樹の存在量

	株数 (/ha)	株BA (m^2/ha)	萌芽枝数 (/ha)	萌芽枝BA (m^2/ha)	葉現存量 (ton/ha)	枝・幹現存量 (ton/ha)	地上部現存量 (ton/ha)
高開空度	1490	3.8	13220	3.2	0.8	3.1	3.9
中開空度	1423	3.6	3885	3.7	0.8	3.7	4.4
低開空度	1401	2.6	4905	2.3	0.2	2.3	2.5

BA (basal area) = 胸高断面積合計
出典：筆者作成．

で分布した構造である．

　人為撹乱を受けていない同標高帯の熱帯下部山地林が保持する現存量はha当たり254 t（±44）(Fukushima et al. 2008) である．「中開空度」と「低開空度」のミアン林の保持している現存量はそれぞれ天然林の34％，66％に相当する．このことから，「中開空度」と「低開空度」のミアン林は相当量の現存量を保持しつつ，チャ栽培の場としての機能を果たしていると評価できる．

　次に，ミアン林の構造とチャ樹の関係を調べるため，チャ樹の株数，萌芽数，現存量を表6-2に示した．開空度による植栽密度の差はみられなかった．また萌芽数は，ミアン生産者による剪定箇所によって異なる[18]．「高開空度」の萌芽数が他の2区分における萌芽数平均の約3倍であるのは，緑茶・飲料茶生産を目的として樹高1 m以下に刈り込まれたチャ樹が多く含まれる

---

18) ミアン生産にもちいられるチャは1.5 mほどの高さで剪定され，緑茶など飲料茶用の新芽を収穫する場合のチャは1 m以下で剪定される．萌芽数はそれぞれhaあたり約4,800と約35,600と大きく異なった．

表6-3 開空度区分ごとのミアン林筆数および面積

	ミアン林数 (筆)	(%)	筆ごと平均面積 (ha/筆)	合計面積 (ha)	(%)
高開空度	9	11	1.6	14.4	11
中開空度	68	80	1.6	106.3	79
低開空度	8	9	1.7	13.4	10

出典：筆者作成.

ためである．管理形態による萌芽数の差はあるが，「高開空度」と「中開空度」のチャ樹は同程度の胸高断面積合計および現存量を保持していた．一方，「低開空度」では他の2区分に対し，地上部合計で60％，葉で30％の現存量しか保持していなかった．

P村と同山地内に位置するミアン生産村（図6-1中MM村）で望月らが行った調査では，ミアン林内に保持される被陰樹の現存量とチャ樹の現存量にトレードオフが存在することが示唆されたが，同時に被陰樹の現存量が約110tまでのミアン林では，チャ樹の現存量に有意な差がみられないことも指摘されている（望月ほか2002）．

では，ミアン生産者はミアン林の構造をどのように捉えているのだろうか．P集落のミアン生産者が利用するミアン林99筆のうち85筆を同様に3段階に分け，その筆数と面積を比較した結果を表6-3に示した．P集落のミアン林は筆数および面積の約80％が「中開空度」に分類された．これは，ミアン生産者が「中開空度」ミアン林の構造を，最も効率的にチャ栽培を行える環境として認識していることを示している．ミアン生産者はチャ樹と被陰樹の関係を経験的に把握することにより，最低限の労働力でチャ樹の量と質双方を確保できる環境をつくり上げ，また同時に収入源としての可能性をもつ森林資源の多様性を維持していると考えられる．ミアン生産者が生業基盤の安定を図るために目標としたミアン林の構造が，結果として森林の景観と生態的機能の保全に寄与することにつながったと解釈できるだろう．

6 生業の安定性に寄与する生産物の特殊性

　ミアン生産者は，森林としての機能を維持したミアン林が保有する多様な資源を状況に応じて引き出し短期的な収入源を確保することで，長期的には茶生産を軸とした生業を維持してきたと述べた．本節では生業の長期的安定に寄与したミアン生産に特徴的な要因について論じたい．

　まず，チャの特殊性が2点挙げられる．チャの特殊性の一つは，管理・加工方法を変えることで多様な生産物を生み出せる点である．調査地で起こったミアンから緑茶への転換は，ミアン生産者がチャの特殊性を活かし，茶生産物の多様化を図ったことを示している．さらにこの転換は，たんに茶生産物が変化しただけでなく，ミアン生産者が対象とする市場を，地理的にも文化的にも近接するミアン市場から，その動向が生活圏と直接的には関わりのないタイ全体の市場，さらには国際市場へと移行させたともいえる．

　チャのもう一つの特殊性には，放棄期間の長短にかかわらず，収穫の再開が容易である点が挙げられる．チャは強い耐陰性をもち，放棄されたミアン林内でも生育でき，また剪定によって樹勢の回復を図ることができる．この特徴から，ミアン生産者が一時的に賃労働などの他業種に就いても，簡単に茶生産へ復帰することが可能で，放棄前と同程度の収穫量を確保することもそれほど難しくない[19]．

　次に，生産物である後発酵茶・ミアンの特殊性を述べたい．2010年，ミアンの販売経路が途絶えたP集落において，新たな仲買人とのネットワークが構築されるまでミアンを発酵した状態で保存する世帯と，ミアン生産を休止し一時的に賃労働などに就く世帯が増えたことを前に述べた．ミアンの長期保管が可能である特長は，生産者が有利な出荷条件を選択する余地を生み出すと同時に，一時的に他の生業・土地利用に転換する際のリスクを軽減する役割を果たしていると考えられる．

---

19) P集落では，2004年から2010年の間に一度離村した経験をもつ世帯4戸が，帰村後の2010年には年間約2.0 tの茶生産物を出荷している．2010年のP集落における世帯当たりの茶出荷量は2.2 tであった．

最後に，ミアン林の機能について考察する．チャが鬱閉した林内でも生育が可能であると述べたが，被陰樹を保持し林内の照度を低下させることはチャ以外の実生や雑草植生の生育を妨げることにつながり，天然更新ではなく人の手によってミアン林の構造・要素を管理することを容易にしていると考えられる．また，雑草を含む下層植生の生育が抑制されることは，除草の作業を軽減することにもつながる．さらに，前に述べたように，ミアン生産者は原植生の樹木を被陰樹として選択的に林内に残すことで，ミアン林からさまざまな資源・価値を引き出し利用してきた．森林の構造と機能を利用してミアン林を形成・維持することで，地域にくらす人々の生活基盤は支えられてきたといえよう．

7 おわりに

　タイ北部山地において，ミアン生産村の人々は約100年にわたりチャ栽培を軸とした生業を維持する一方，近年は外部社会の変化にともないその土地利用をめまぐるしく変化させてきた．ミアン生産村における茶生産を軸とした生業の持続性は，チャにそなわる樹木作物としての生産永続性と，最終生産物の多様性，さらに文化要素としてのミアンの —— かつてより減少したとはいえ —— 安定した需要という三つの特性に大きく依存してきたと思われる．

　またこれらの特性に加え，森林の構造を利用して構築されたミアン林を維持することも，生業の持続性を支えた大きな要因であると考えられる．ミアン生産者は，ミアン林の内部に多くの潜在的な森林資源としての価値を内包させ，外部社会の変化に応じて選択的にそれらを引き出すことで，茶生産を補う短期的な収入を確保してきた．同時に，新たな要素 —— 樹木作物など生産物にかぎらず外部から付加された「環境親和的」という評価も含め —— を利用できる資源として能動的に取り込むことで，ミアン消費地としての北部地域だけにとどまらずより広域の市場を視野に入れた柔軟な生業戦略を展開してきた．

このように人と森との相互作用によって構築されたミアン林は，いわば，生命圏と人間圏がチャ（茶）という資源で結びつき融合した系であるといえよう．人がミアン林を生業の基盤として維持することにより山地の森林景観が保全され，その一方で，森林の生態的機能が保持されることによって人の生活環境の安全や快適性が保たれてきた．変容を続ける社会のなかで両者の働きかけは固定されることなく，時代に合わせた展開をこれからも続けていくだろう．本章の事例は，人と森林とが共生する営農のかたちが，「伝統的」な従来型の生業であると同時に，変化を続ける社会や市場に対して高い弾力性をもつ「現代的」な生存基盤としても展開しうる可能性を示唆している．

参考文献

FAO 2011. Globally Important Agricultural Heritage Systems (GIAHS) http://www.fao.org/nr/giahs/giahs-home/en/（2011 年 7 月 4 日アクセス）．

Fukushima, M., M. Kanzaki, M. Hara, T. Ohkubo, P. Preechapanya and C. Choocharoen 2008. "Secondary Forest Succession after the Cessation of Swideen Cultivation in the Montane Forest Area in Northern Thailand", *Forest Ecology and Management*, 255: 1994–2006.

片岡樹 2002.「もうひとつの「もうひとつの知」── 山地民ラフにおける神議論とカリスマ」『タイ研究』2: 45–59.

Keen, F. G. B. 1972. *Upland Tenure and Land Use in North Thailand, Research Fellow at the SEATO Cultural Program 1970–1979*, Bangkok: Siam Communication.

────── 1978. "The Fermented Tea (*Miang*) Economy of Northern Thailand", in P. Kunstadter, E. C. Chapman and S. Sabhasri (eds), *Farmers in the Forest*, Honolulu: University of Hawaii Press, The East-West Center, pp. 255–270.

Le Bar F. M. 1967. "*Miang*: Fermented Tea in North Thailand", *Behaviour Science Notes*, 2: 105–121.

松下智 2002.『ヤマチャの研究 ── 日本茶の起源・伝来を探る』愛知大学綜合郷土研究所．

望月啓介・神崎護・Chelathon Choocharoen・Pornchai Preechapanya・渡辺弘之 2002.「北タイにおけるチャの林内栽培システム ── バイオマスの視点から」『日本熱帯生態学会 2002 年度大会講演集』47.

守屋毅 1981.『お茶の来た道』日本放送出版協会．

中村羊一郎 1992.『茶の民俗学』名著出版．

Reichart, P. A. and H. P. Philipsen 1996. *Betle and Miang, Vanishing Thai Habits*, Bangkok: White Lotus.

佐渡市役所 2011. ジアス（GIAHS; 世界農業遺産）http://www.city.sado.niigata.jp/topics/gihas/index/index.shtml（2011 年 9 月 14 日アクセス）．

Santasombat, Y. 2003. *Biodiversity, Local Knowledge and Sustainable Development*, Chiang Mai:

Chiang Mai University.

Sasaki, A., S. Takeda, M. Kanzaki, S. Ohta and P. Preechapanya 2007. "Population Dynamics and Land-use Changes in a *Miang* (Chewing-tea) Village, Northern Thailand", *Tropics*, 16: 75-85.

Sasaki, A. 2008. "Changes in the Management System of the Resources in the '*Miang* Tea Gardens': A Case Study of PMO Village, Northern Thailand", *Tropics*, 17: 271-280.

佐々木高明 1970.『熱帯の焼畑』古今書院.

佐藤仁 2002.『稀少資源のポリティクス ── タイ農村にみる開発と環境のはざま』東京大学出版会.

都築伸幸 2004.「タイ　緑茶ブームに沸く」『ジェトロセンサー』2004年6月号, 64-65.

辻井博 2001.「タイの食料・農業・農と経済危機」『生物資源経済研究』7: 39-81.

Van Roy, E. 1964. *The Miang economy*, Ithaca, N. Y.: Cornell University Press.

──── 1965. "Structure of the Miang Economy", in L. M. Hanks, J. R. Hanks and L. Sharp (eds), *Ethnographic Notes on Northern Thailand*, Ithaca, N. Y.: Cornell University Press, pp. 21-30.

──── 1967. "An Interpretation of Northern Thai Peasant Economy", *The Journal of Asian Studies*, 26: 421-432.

Watanabe, H., S. Takeda, K. Abe, K. Kawai, M. Morita, S. Khamyong and C. Khemnark 1990. "Tea Cultivation in the Natural Forest in Northern Thailand: A Case Study on Rational Forest Management", *Thai Journal of Forest*, 9: 219-226.

渡辺弘之 2002.『熱帯林の保全と非木材林産物 ── 森を生かす知恵を探る』京都大学学術出版会.

渡辺真知子 1988.「タイの経済発展と国内人口移動 ── 1970年代の変化を中心として」『アジア研究』29: 25-46.

第 3 編

農が創り出す生存基盤

第3編のねらい

　地球圏・生命圏と人間圏との相互作用を農林業の現場から考えようとする本書のなかで,「農」という営みに焦点をあてるのがこの第3編である．人間は，その環境すなわち地球圏や生命圏の論理とどう対峙してきたのか，またそれをどう利用してきたのか．それを「農」という営みのなかから読み解こうとするのが第3編のねらいである．生産の効率化を目指す「産業としての農業」だけでなく,「生業としての農業」ということばで喚起される営みをどの地域の農業ももっている．その営みを「農」ということばであらわせば，地球圏・生命圏と人間圏との相互作用をより適切に表現できるのではないかという意味を込めて，本編の標題を「農が創り出す生存基盤」とした．

　第3編のもう一つのねらいは，農業発展の径路依存性を熱帯における「農」の営みから再考しようとするところにある．熱帯の農業技術はこの数十年，急速な発展を遂げた．緑の革命の技術が移植されて，主要作物の生産性は熱帯各地で急速に向上した．同時に，構造改革やグローバルな市場メカニズムの浸透による農業部門の近代化が強力に推し進められてもいる．世界各地の農業を均質化しようとするこのような動きは，温帯で発展した農業発展径路を熱帯に移植しようとする試みでもあった．

　このような動きに注意を払いながら，熱帯がたどってきた地球圏と生命圏の長い歴史や農業近代化以前の農の営み，すなわち熱帯の農業のローカルな径路依存性に光をあてて熱帯生存圏の特徴を描き，それがもつ現代的な意義を考えようとするのが第3編のもう一つのねらいである．地球圏・生命圏と人間圏との相互作用は，所与の環境に適応的な技術と制度を農の営みをつうじて選択していく過程であった．またその選択が所与の環境を改変してさらに一歩進んだ適応的な技術と制度を生み出していく．このようなダイナミズムのもとで，私たち人間の生存基盤が築かれてきた．近代化のパラダイムに代わる，将来の人類にとっての生存基盤とその持続的な発展を構想するうえで，ローカルな径路依存性を今も強くもっている熱帯はどのような貢献ができるのか．このことを考えてみようとするのがこの第3編である．

　熱帯には湿潤から乾燥にいたる幅広い環境傾斜がある．温度資源と太陽放射に恵まれた豊饒な自然が農にとっての好適な環境を提供する場合もあれば，反対に乾燥や洪水など苛酷ともいうべき条件のもとで農の営みを紡がねばならない場合も少なくない．熱帯生命圏の豊饒性を生存基盤とする東南アジア湿潤熱帯の事例を紹介するのが第7章「樹木を組み込んだ耕地利用」である．また，その対極にある厳しい乾燥条件のもとで営まれる農の営みの知恵と技術が第8章「セネガルのセレール社会における生業変容と人為植生」で紹介される．そして，豊饒と苛酷の両側面をもつ環境を生存基盤としてきた事例を紹介するのが第9章「ベンガル・デルタの洪水，サイクロンと

在地の技術」である．

　第7章では東アジア熱帯の農業形態の特徴である有用樹を組み込んだ耕地利用に着目して，多層構造をもつ熱帯林を模したかのような耕地の立体的利用がもつ生態的意義と，その農業システムを支えてきた小農の「構想力」がもつ「未来可能性」が論じられる．アフリカの乾燥サバンナ地域の事例を紹介する第8章では，マメ科の樹木，サースを耕地で育成する人々がその資源をめぐって繰り広げるさまざまな行為が詳細に紹介され，その交錯が生産と生活の両側面，すなわち生命圏と人間圏の相互作用を練りあげる力となっていることが描かれている．そして，洪水とサイクロンという一見したところ「苛酷な自然」とみえる自然環境下で人々の定住を支えてきた「在地の技術と知恵」を扱うのが第9章である．屋敷地造成の技術，あるいは洪水という所与の条件のもとで外来の稲作技術を在地化していく過程が紹介され，地球圏・生命圏・人間圏を貫く在地の技術へのまなざしをもつことの意義が論じられる．

　第3編に収録した三つの章に共通して登場するのが樹木というアクターであったことは，この編を企画した段階では予期していなかったことである．湿潤熱帯であれ乾燥熱帯であれ，農の営みを維持するうえで樹木が欠くことのできない大きな役割を担ってきたことがいずれの章でも詳細に描かれている．熱帯生存圏のもつ未来可能性の一端がこうした樹木を組み込んだ環境利用のなかにうかがえることをこの編からくみ取っていただけることを期待している．

[田中耕司]

第7章

樹木を組み込んだ耕地利用
―― 作物の時空間配置から熱帯の未来可能性を考える ――

田 中 耕 司

1 東アジアグリーンベルトと耕地利用

　ユーラシア大陸の東縁部，東アジアから東南アジアを経て南アジアの東部にいたる地域（以下，東アジア地域）は，潜在植生としての森林が南北に切れ目なく続く東アジアグリーンベルト（Inoue 1996）と呼ばれる地域に位置している．そこでは，豊富な降雨と肥沃な沖積平野を基盤に集約的な水田稲作が営まれ，世界でも有数の人口支持力の高い地域が成立した．
　「東アジアモンスーン地域の生存基盤としての持続的農業」と題した『地球圏・生命圏・人間圏―持続的な生存基盤を求めて』所収の拙論では，「アジア稲作圏」とも呼びうるこの地域の水田多毛作化の発展径路を紹介し，西欧の農業とは異なる耕地利用の展開があったことを指摘した．さらに，この地域の熱帯では，樹木を組み込んだ耕地利用が広く行われ，それがこの地域の農業の特徴の一つとして指摘できることを述べた（田中 2010）．
　本章では，その特徴についてさらに詳しく論じるために，まず，多毛作化という東アジアに共通する農業発展径路を視野にいれつつ，永年生作物（とくに有用樹）を組み込んだ農業様式を概観し，その生態学的意義と，有用樹が耕地利用において果たしてきた役割を考察する．また，温帯と熱帯との間

の農業発展径路の違いに注目しつつ，有用樹を組み込んだ耕地利用がもつ「生命圏」と「人間圏」をつなぐ機能，すなわち人類の生存基盤確保にむけた未来可能性（futurability）[1]を検討することを本章の目的としたい．

2 農業における景観的秩序 —— 温帯と熱帯の比較

2-1 自然と人為の交錯場としての耕地利用

「農業が活発に機能している地域では，風景にも躍動が感じられる」と述べた津野幸人は，「住居群と土地利用のあり方，そして作物配置」からなる農業景観が「"うら悲しい"，あるいは"生き生き"した印象を訴えかける」と述べている（津野 1984: 18）．農業景観が訴えかけるものに私たちがなんらかの感懐を抱くのは，農業が人為による営みであるにもかかわらず，自然との協働の結果として，ときにはありのままの自然よりもさらに強く自然を感じさせてくれる何かがあるからであろう．地域がもつ気候条件，地形や土壌などの条件に応じて，人々は大地に農業の営みを刻んできた．私たちに馴染みのある稲作農村であれば，水田があるべきところに水田が開かれており，その背後の集落や樹園地，林地がよく手入れされていれば，心地よい景色として目に映ることになる．自然がもつ構想力[2]にさらに人為が加わることによって，自然の営みをさらに増幅して私たちに見せてくれるのが農業景観といってよいかもしれない（田中 2000）．

農業景観がある秩序をもっているのは，どの地域であっても，自然と人為

---

[1] 持続可能性（sustainability）に対して，「新しい未来可能な自然と人間との相互作用環のダイナミズム（動態）をデザイン（設計）する」という意味で提唱された概念．詳しくは，立本（2010）を参照．

[2] 三木清は，「自然も技術的であり，自然も形を作る．人間の技術は自然の作品を継続する．（中略）構想力の論理は両者を形の変化の見地において統一的に把握することを可能にする」と述べて，自然も構想力をもつこと，人間もまた自らの構想力の論理をつうじて自然の構想力を引き出していることを示唆している（三木 1967: 10）．祖田修は，この三木の構想力を援用して，農業を「自然の構想的利用」（祖田 1996: 16）の営みとして捉えるとともに，それを対象とする農学はきわめて価値追求的な「構想的科学」であるとも述べている（祖田 2000）．

との協働作業として農業が営まれているからである．自然と人為が交錯する生態的な均衡点が農業的な土地利用のもつ秩序であると言い換えることもできよう．とはいえ，人為のなせる業である以上，それが及ぶ強度によって，あるいは逆に自然の営力の強度によってその均衡点は変わってくる．アジアの水田農業地帯にあっては，集落近くの水利条件に恵まれた平地では人為が強く働いて整然とした水田が広がっている．そのすぐ近くには，日常の食事に欠かせない野菜類などを栽培する園地がある．こうした空間は，人為が強く投入される空間である．しかし，集落から遠ざかるにつれて，果樹園や用材林など，日々の手入れをする必要のない土地となっていく．土地利用の基本的なパターンは人為と自然の生態的均衡点の連なりとして形成され，それぞれの均衡点にふさわしい作物が配置される．こうした合理的な選択が蓄積することによって，農業景観の秩序が維持されている．

　以上のような農業景観の秩序，すなわち人為と自然の営力の均衡としての土地利用の秩序は，チューネンの孤立国[3]にもみられるように，人為による営力の傾斜として展開しており，温帯や熱帯を問わず，世界の各地に共通してみられるものである．上述したように，日本のような温帯の稲作地帯では，居住地－水田－畑－果樹園－里山（薪炭林・用材林）－奥山のような土地利用のパターンが展開する．乾燥地帯では，居住地－園地－果樹園－灌漑耕地－天水耕地（ドライファーミング）－放牧地－荒地，ヨーロッパの冬雨地帯であれば，居住地－園地－畑－果樹園－放牧地－森林というような土地利用パターンが成立した．そして，そのパターンにふさわしい作物や家畜が配置されて，それぞれの地域の農業景観が形成されてきた．

　人為が衰えてくると，その農業景観に変化の兆しがあらわれる．典型的には，休耕田が虫食い状に存在するような日本の水田地帯における農業景観にそういう兆しを読むことができる．また，放棄された水田にスギが植林された景観もそのような例となる．景観の秩序を揺るがすこうした乱れが，農業

---

[3] ドイツの経済地理学者 J. H. v. チューネン（Johann Heinrich von Thünen）は，彼の著作『孤立国』（1826–63）において，全く孤立して土地条件が均一な「孤立国」では，居住域を中心に，そこから遠ざかるにつれて粗放な土地利用となる環状の土地利用帯（チューネンの輪）が形成されることを，地代・生産費・輸送費などを基礎に提唱した．

写真7-1 インドネシア南スラウェシ州の有用樹で覆われた耕地
出典：筆者撮影（1996年8月）．

が衰退あるいは荒廃しているというような印象を与えることになる．ところが，熱帯においては，人為が衰えたことによる景観秩序の乱れではなく，農業景観の構成要素となるような安定した土地利用であるにもかかわらず，それを耕地（field）と呼ぶべきか，あるいは園地（garden）と呼ぶべきか，または林地（forest）と呼ぶべきか，とまどうような農業空間があらわれる．上記のような温帯で成立した土地利用パターンでは理解しにくい景観といってよい．それが本章で紹介しようとする，樹木を組み込んだ耕地である．

そのような耕地の景観の一例を写真7-1に示した．一つの区画のなかに樹高の異なる多数の有用樹が栽培されている．遠望すると森林のように見えるが，近づけばそこには多数の有用樹が育っており，人々がそれを世話し，利用していることがわかる．この写真からは，林床にコーヒーやカカオが，それよりも少し高いところにバナナがあり，その上にはマンゴーやスターフ

ルーツなどの果樹類が，そしてさらに高い位置を占めてココヤシやククイノキ (*Aleurites moluccana*) が育っていることがわかる．自然林の多層構造と同様な構造をもった土地利用がみられるが，このような農地は，インドネシアでは一般にクブン (*kebun*; 畑あるいは園地) と呼ばれる．しかし，その形態や作物配置，呼称は地域によりさまざまで，温帯地域の比較的斉一な作物構成からなる耕地の分類，たとえば園地という分類に入れるのは難しい．樹木に覆われているので森林かというと，そうでもない．果樹類が多く栽培されているので園地かというと，そうでもない．また，この写真にあらわれたような有用樹ばかりでなく，そのなかに一年生の普通作物や野菜類などを組み合わせたさまざまな作物がこの種の農地でみられるからである．

写真 7-1 に示したような景観から，熱帯においては，温帯で展開したような土地利用パターンとは別に，生態的な均衡点がもっと自然の営力にゆだねられているような土地利用が広く展開しているのかもしれないという発想が生まれることになる．その発想に立つと，作物配置を論じてきたこれまでの研究は，温帯にかたよった視点から熱帯の耕地をながめていたのではないだろうか，という疑問を抱かせることになる．一つの耕地 (field) に単一作物 (複数の場合であっても) を平面的に栽培し，輪作や多毛作というかたちで時間的な作物配置をつうじて生産の増大と安定を図ってきたのが温帯の農業である．それにくらべて，熱帯においては，作物をより立体的に配置することによって生産の安定性と多様性を確保しようとする伝統があったのかもしれない．その地域の潜在植生としての森林，すなわち自然の営力にもっと寄り添った (依存した) 耕地の「構想的利用」(脚註 2 を参照) がこうした農地ではないか．そう言い換えることができるような伝統がいきづいているのかもしれない．とりわけ，東アジアグリーンベルトに位置する降雨に恵まれた東アジアの熱帯では，その伝統が長く維持されてきたのではないか．そんな考えに逢着することになる．

2-2 作付体系の多様性 —— 用語の整理

土地利用パターンとして捉えにくいこのような熱帯の農業空間を作物配置

の側面から十分に理解することばを私たちはまだもっていない．農業を対象とする科学が西欧で確立し，そのレンズをとおして熱帯の農業を観察・調査してきたのでやむを得ないことかもしれない．同じことは，かつて西欧の農学者が西欧以外の地域の農業を観察したとき，熱帯にかぎらず，温帯でも起こっていた．とりわけ，土地利用集約的な農業を発展させた東アジアの温帯の農業は西欧の農学者にとっては理解しにくい農業であったはずである．作物の輪作という西欧の耕地利用方式とは異なる，自由な作物結合をもった集約的多毛作体系に接したとき，その作物配置の時空間的多様性にまず驚かされたことであろう[4]．多毛作体系では，複数作物を単一の耕地に栽培することから，必然的に時間的にも空間的にも作物の多様な組み合わせを生み出すことになる．とくに，1970年代以降，熱帯の在来農業や伝統的農業に関心が高まって，複雑な作物組み合わせをもつ作付体系が注目されるようになって，時間的・空間的な作物の配置を示すさまざまな用語が使われるようになった (Okigbo and Greenland 1976; Pinchinat et al. 1976; Zandstra 1977; Kass 1978; Willey 1979; Marten and Saltman 1986)．したがって，本章のように木本植物を含む作物の空間配置を論じようとするとき，多毛作体系の作物配置に関わる用語を整理しておくことがまず必要となってくる．

　作物の時空間配置を軸にした耕地利用の実態をあらわすときに最も一般的に使用されるのが作付体系 (cropping system) という用語である．しかし，このことばには，作物の時空間配置だけでなく，営農主体の賦存資源のあり方や農作業体系も含まれるため，作物の時空間配置をとくにさす場合には作付様式 (cropping pattern) という用語が使われることが多い．そして，そのなかの時間的配置をさす場合には作付順序 (crop sequence)，空間的配置をさす場合には作付配置 (crop arrangement) ということばが使われる．

　一毛作 (single cropping) から二毛作 (double cropping)，三毛作 (triple cropping) というように，年間の作付回数に関わる時間的な作物の配置を総称することばが多毛作 (multiple cropping) である．しかし，英語圏ではこの multiple cropping を時間的な作物結合だけでなく，空間的な結合，すなわち複数作物

[4) その詳細については，田中 (2001, 2003) を参照．](#)

を同一圃場に同時に栽培する場合にももちいるため，multiple cropping は「多毛作」よりも広い意味を含む概念となる．

　作物の空間的配置に関わる用語にも，こうした曖昧さがある．複数作物を同一圃場に同時に栽培するとき，その空間的配置にはさまざまな様式があるために，「混作」と「間作」ということばが整理されないまま使われることがある．たとえば，2作物を栽培するとき，両作物をランダムに配置すれば，それを混作（mixed cropping あるいは mixed intercropping）と呼ぶのが一般的である．しかし，両作物が一定の時空間配置をもって栽培されるとき，それを混作と呼んだり，間作と呼んだりすることがある．前作物の条間に後作物を播種・植え付けしてこの2作物が短期間併存する場合と，栽培期間のほぼ全期間をつうじて併存する場合との両方に間作という用語が使われることから生じる混乱である．本章では，前者を間作（relay intercropping），そして後者を交互混作（alternate intercropping あるいは alternate-row intercropping）と便宜的に呼び，混乱をさけるようにしたい．なお，混作や間作に対して1作物のみを栽培する場合は単作（sole cropping）と呼ばれる．

　上記の複数作物の空間配置を模式的に示したのが図7-1（1）である．ここに示したように，交互混作にも多様な様式がある．複数作物を条播により栽培するとき，一つの作条に一種類の作物を栽培し，それを交互に配置していく交互混作が一般的であるが，一つの条内に複数作物を栽培する場合（intra-row intercropping）もある．また，交互に配置する場合でも，個々の作物の作条の配置によって群落構成が異なるため，それぞれの作物が占める程度に応じて，inter-row intercropping あるいは strip intercropping などのことばが使われることがある．

　以上は，一年生の普通作物（field crops）が混作あるいは間作された場合の作物配置に関わる用語であったが，本章の文脈で重要となる木本樹種を組み込んだ作付様式をどう表現するかについては，定まったきまりがない．普通作物が作付体系や作付様式研究の対象であったために，木本性の有用植物を組み込んだ作付様式について十分な議論がなされてこなかったことがその背景となっている．

　熱帯においては，上述したように，永年生の有用樹が栽培される園地のな

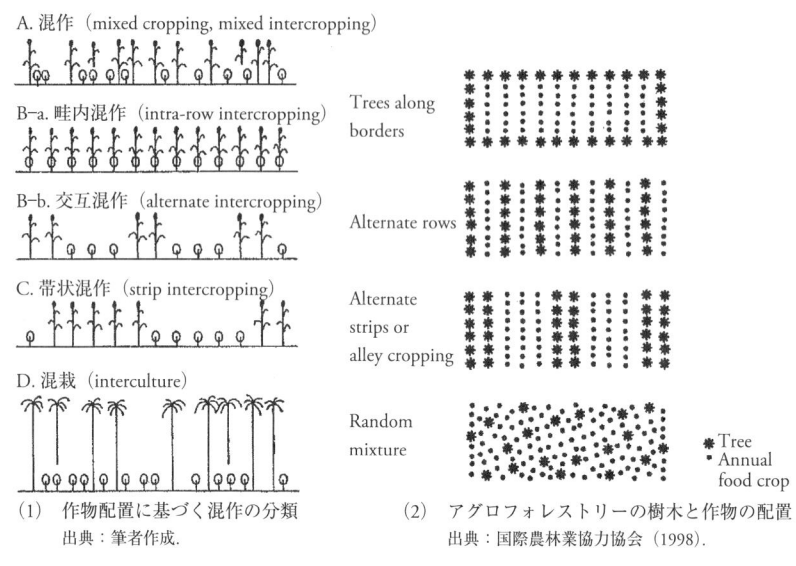

図 7-1 混作と混栽にみられる作物の空間的配置

(1) 作物配置に基づく混作の分類
- A. 混作（mixed cropping, mixed intercropping）
- B-a. 畦内混作（intra-row intercropping）
- B-b. 交互混作（alternate intercropping）
- C. 帯状混作（strip intercropping）
- D. 混栽（interculture）

出典：筆者作成．

(2) アグロフォレストリーの樹木と作物の配置
- Trees along borders
- Alternate rows
- Alternate strips or alley cropping
- Random mixture

※ Tree
・ Annual food crop

出典：国際農林業協力協会（1998）．

かに普通作物や野菜が栽培されることがよくある．有用樹を栽植したあとの苗木の間の空間が樹木の枝葉によって遮蔽されるまでの期間，作物を栽培する方法である．通常，苗木の植え付け後1年から3年程度はその栽培が可能である．樹木作物が大きくなると遮蔽のために栽培できなくなるが，コーヒーやカカオなどの日陰を好む作物を植え付けることもある．また，その有用樹が育って，樹高が十分に高くなると，林床に光がさすようになるので，その園地に再び普通作物が栽培されることがある．十分な時間が経過したココヤシ園にトウモロコシが栽培されるような例である．

このような土地利用はアグロフォレストリー（agroforestry; 農林複合農業）とも呼ばれ，持続的な土地利用方式として注目されてきた．人工林を造成するとき，植林後の苗木の間の空間に普通作物を栽培するシステムがアグロフォレストリーの原型であったが[5]，居住地に隣接する庭畑（homegarden），あるい

---

[5] チーク植林のために植民地期のビルマで開発されたタウンヤ（*taungya*）システムと呼ばれる植林法がよく知られている．ビルマだけでなく，植林の初期に普通作物を苗木と混栽する方法は各地にみられた．詳しくは，Jordan et al.（1992）を参照．

第7章　樹木を組み込んだ耕地利用

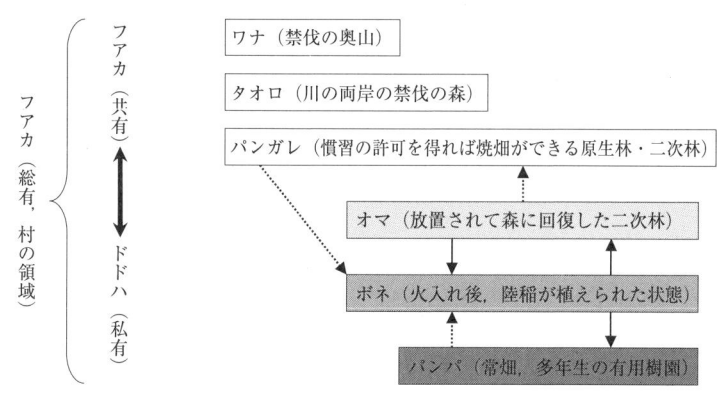

```
ファカ（総有，村の領域） ┤ ファカ（共有） ┬ ワナ（禁伐の奥山）
                                 ├ タオロ（川の両岸の禁伐の森）
                                 └ パンガレ（慣習の許可を得れば焼畑ができる原生林・二次林）
                     ↕
                     ドドハ（私有） ┬ オマ（放置されて森に回復した二次林）
                                  ├ ボネ（火入れ後，陸稲が植えられた状態）
                                  └ パンバ（常畑，多年生の有用樹園）
```

図7-2　中スラウェシ州ドンガラの村人の土地利用区分と所有意識
註：破線矢印はあまり一般的でないことを示す．
出典：田中（2009）．

はプランテーション作物の間の間作，樹木の生垣に囲まれた耕地，有用樹がたくさん植わった状態の耕地，焼畑耕作など，樹木利用を含むさまざまな形態の農業がアグロフォレストリー・システムとして一括されている．さらには林地と家畜飼養，樹木と養魚などが組み合わさったシステムもアグロフォレストリーに含まれるため，そのシステムにみられる作物配置を明確に分類することは簡単ではない（Nair 1993; 国際農林業協力協会 1998）．

植林地の場合，樹木は規則正しく，列状に配置されるのが普通であるが，写真7-1に示したような混合樹園地では，ランダムに配置される．また，生垣や耕地を取り囲むように樹木が植えられた場合には普通作物の畑には樹木がなく，それを取り囲むだけの配置となる．基本的には図7-2（2）に示したように普通作物と同様な基準で作物配置が分類されるが，その呼称はさほど統一的ではない．アグロフォレストリーでは，樹木の植え付けや栽培に対してcroppingということばを使わないことが，用語法の統一を妨げている理由の一つともなっている．なお，アグロフォレストリー・システムも含めて，樹木と普通作物との結合をあらわす総称的なことばとして混栽（interculture），あるいは複作（polyculture）が使われることがある．しかし，この複作ということばは，ときには，普通作物の多毛作体系を総称する

181

multiple cropping とほぼ同義で使用されることもある．また，multiple cropping がアグロフォレストリー・システムを含む非常に広義の概念として使われることもあり，木本植物が作付体系に加わることによって，作付様式に関連する用語は一層複雑かつ曖昧になっている．

　以上をふまえて，本章では，複数の木本植物や木本植物と普通作物が同一耕地にランダムに栽培されるときに混栽ということばを使用して，普通作物の混作と区別することにする．また，混栽の時空間的なさまざまな作付様式をあらわす場合には，適宜，上述の交互混作などのことばをもちいて，耕地利用における作物配置をよりイメージしやすいように配慮していきたい．

3 時空間利用の多様化 ── 温帯と熱帯の比較

3-1　樹木を組み込むことによる耕地利用の多様化

　O. スマルウォト（Otto Soemarwoto）によって紹介された，インドネシア西ジャワ州のタルン・クブン（*talun-kebun*）システム（あるいは *kebun-talun* システムとも）は，普通作物と有用樹を組み合わせることによって全般的な土地生産性を高めるとともに，小農の生活基盤となる有用資源や現金獲得源を供給する多機能性をもった土地利用システムとして，またアグロフォレストリーの一形態として，さらに焼畑システムと並立する伝統的な耕地利用システムとしてよく知られている（Soemarwoto 1984）．そのシステムは，森林（*hutan*）が伐開されたあとの畑，すなわち一年生の畑作物が混作されるクブンとよばれるステージからはじまる．その状態が2年ほど続く間に，畑作物と混栽された有用樹や，クブンを伐開したときに残された有用樹の切り株から生え出した萌芽が成長して，次のステージ，クブン・チャンプーラン（*kebun-campuran*; 混合園地）と呼ばれる状態へと進んでいく．このステージでも普通作物が有用樹と混栽されるが，2, 3年経てば，有用樹が育って普通作物を栽培することができなくなるため，そこでの耕作が放棄されて最後のステージ，タルンに入る．タルンは有用樹で覆われた林地として成長していき，そ

の有用樹がさまざまな用途に利用されるようになる．焼畑の放棄後に自然に植生が回復していく二次林と異なって，有用樹で構成されるまったく人工の植林地として「休閑」期間に入った状態の土地がタルンである．そして，この状態で長く利用されたのち，タルンが伐開されて，再びクブンに戻り，この二つの耕地が回っていく（Christanty et al. 1986）．このように，時間的にも，そして空間的にも普通作物と有用樹が緊密に結合されたシステムがタルン・クブンシステムである．

　西ジャワのこのシステムは，熱帯の伝統的な土地利用として広く紹介されたが，じつは，インドネシアの伝統的な土地利用として同じような土地利用が各地で行われている．スラウェシ島の中スラウェシ州ドンガラで調査を行った島上宗子が報告する慣習的な土地利用にも，有用樹と普通作物を組み合わせた，西ジャワと同様なシステムが観察されている（島上 2007）．図7-2に示したように，集落の領域は，大きくワナ（*wana*）とタオロ（*taolo*），そしてパンガレ（*pangale*）に区分される．ワナは原生林や水源林，タオロは川の両岸の傾斜地である．この二つは禁伐林で，焼畑を開いたり樹木を伐採したりすることが禁じられている．いっぽう，原生林であれ二次林であれ，慣習の許可（集落での話し合いと慣習長の許可）が得られれば焼畑地として開くことができる森林がパンガレである．焼畑を開くためにパンガレがいったん伐採され，火入れされるとその土地はボネ（*bone*）と呼ばれる耕地となり，オカボを主要作物としてさまざまな作物が混作される．ボネでは1，2年の間オカボが栽培され，その後放棄されて休閑地としての二次林にもどっていく．放棄後2年ほどして休閑地にほとんど草本植物が見えなくなるとオマ（*oma*）という土地になる．

　以上は，オマとボネを繰り返していくこの集落の最も一般的な焼畑耕作のシステムであるが，ボネが放棄されず，そこに野菜や換金目的の有用樹が混栽されるようになると，その土地はパンパ（*pampa*）と呼ばれるようになる．西ジャワのタルンと同じような土地利用への転換である．近年，現金需要が増大するようになってパンパが急速に広がる傾向にあり，この集落では焼畑をカカオ園に転換する世帯が増えているという．図7-2には，以上の土地利用システムとともに，その利用に応じて呼称が変わる土地の所有関係も示

しておいた．ワナとタオロとパンガレはフアカ，すなわち村人の総有であり共有地として認識されている．いっぽう，ボネとオマとパンパはドドハ，すなわち個人（世帯）の所有地となる．ただ，この所有関係は確固としたものでなく，フアカとドドハの境界は明確でない．村人の所有感覚は土地への働きかけの結果としての権利として認められているにすぎず，働きかけが弱くなると権利も弱くなる．こうした利用の「濃淡」でみると，有用樹が混栽されたパンパは最も所有意識が強い耕地でもある（田中 2009）．

　以上は，伝統的な土地利用の例であるが，有用樹を組み込んだ土地利用は，開墾地に新たに入植してくる移住者が農地を拓く場合にもよく行われる方法である．また，古くからある集落であっても，現金獲得に有望な有用樹を新たに導入しようとするとき，この方法がよくもちいられる．南スラウェシ州や東南スラウェシ州で行った筆者による開拓村落の調査では，新たな現金獲得源となるブーム作物（多くは，商品生産のための有用樹）を導入することによって土地利用がダイナミックに変化する様子が観察されている．図7-3は，そういう土地利用の変化を示したものであるが，新たな商品作物を既存の農地に重層的に配置（有用樹の混栽）するだけでなく，その栽培を新たな入植者たちが外延的に拡大することによって，開拓地が前進していく様子が観察された（田中 1999）．入植者たちは，開拓当初，その当時のブーム作物であったチョウジやカカオを導入するだけでなく，さまざまな普通作物をその農地に混栽して生活に必要な食料を確保し，開拓地への定着を図ろうとしていた．この例が示すように，熱帯においては商品となるブーム作物の新規導入が，樹木を組み込んだ耕地利用をいまも拡大させる大きな要因となっており，同様な土地利用変化のダイナミズムをインドネシアの各地で見ることができる．クミリ（*kemiri*）と呼ばれる油料樹種（ククイノキ）は，その果実に含まれる油脂が工業原料や料理にもちいられるが，この樹種が導入されたときにも同様な変化があった．そして，いまでは，その樹園地がさまざまな作物が混栽される多層構造の農地となっている（Tanaka 2002）．

　このような開拓者たちが定着したあと，その土地はどのように変化していくのか．その例を，インドネシアのランポン州の調査事例からみてみよう．同州ブトゥン山麓に20世紀はじめごろに入植した開拓者たちの村落は，そ

第7章　樹木を組み込んだ耕地利用

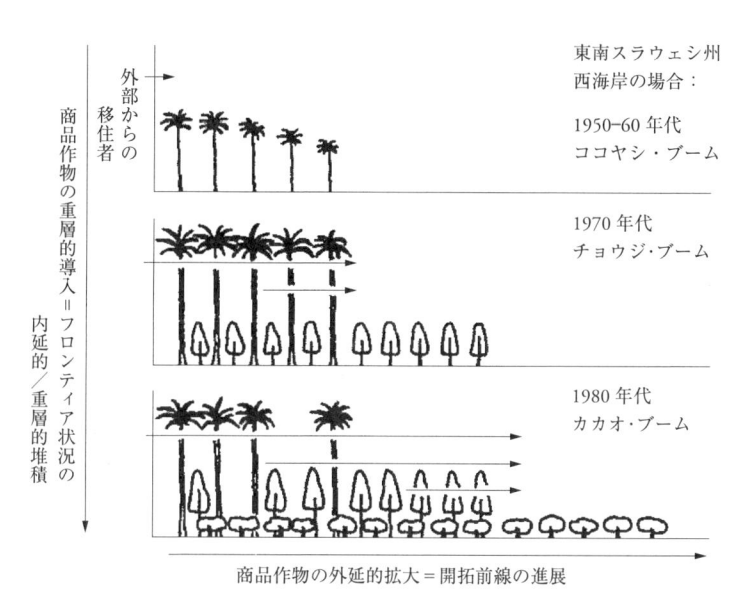

```
商                  外         東南スラウェシ州
品                  部         西海岸の場合：
作   ↑              か
物                  ら         1950-60年代
の   商              の         ココヤシ・ブーム
外   品              移
延   作              住
的   物              者
拡   の
大   重                        1970年代
＝   層                        チョウジ・ブーム
開   的
拓   導
前   入
線   ＝
の   フ
進   ロ
展   ン                        1980年代
     テ                        カカオ・ブーム
     ィ
     ア
     状
     況
     の
     内
     延
     的
     ／
     重
     層
     的
     堆
     積
                商品作物の外延的拡大＝開拓前線の進展
```

図7-3　商品作物としての有用樹の導入と開拓前線の進展
出典：田中(1999)．

　の後も多数のジャワ島からの移民を受けいれて，いまではその地域の普通の村落として，山麓にかつて拓いた農地を利用して生活している．現在，その農地は遠望するとブトゥン山麓を覆う森林のようにみえるが，そのなかには多数の有用樹だけでなく，バナナや野菜類が混栽されて，自給用・販売用として利用されている．かつてゴムが植えられた農地では，その林床にコーヒーが育っている．そしてドリアンやグネツム (*Gunetum gunemon*)，ジャックフルーツなどの果樹類の林にバナナやナスなどが栽培される．また，有用樹を更新するために伐採して，更地になった畑でトウガラシを栽培し，そこにすでに次の有用樹の苗木を新植している．このように，かつての開拓地であった農地（現在，住民たちはそれをインドネシア語の一般名でクブンと呼ぶが）は，上述の西ジャワのタルンと同様な景観を形成して，村人の重要な生活基盤となっている．

　スラウェシやランポン州の開拓者たちが拓いた農地は，かつての開拓前線が農地として利用されるようになったところである．インドネシアでは，こ

うした農地が，じつは，森林省が管理する森林地帯に拓かれ，その土地利用をめぐって政府と住民とが対立しているというところが少なくない．法的には林業省が管理すべき林地であるにもかかわらず，開拓者が「違法に」農地に転用した土地である．その利用をめぐっていまも両者の間でさまざまなネゴシエーションが交わされているが，その交渉のなかで重要な役割を果たしているのが有用樹である．有用樹で覆われた農地は，農地であっても森林のような機能を果たしていることから，対立する両者が歩み寄る鍵を握っているのが住民によって植えられたさまざまな樹木ということになる（田中 2009）．タルンのような伝統的な利用に加えて，スラウェシやランポン州の例にみられたような比較的新しい農地においても，有用樹を組み込んだ耕地利用が果たしている役割はけっして無視できないものである．

　プランテーション農業もまた有用樹を利用した熱帯の典型的な土地利用方式である．大規模な農園は，一般に，その作物の性質に応じた条間・株間をとって，単一の有用樹を整然と配置した耕地として造成される．いっぽう，こうした大規模なプランテーション農業が拡大するにつれて，小農もその生産に参入するようになり，プランテーション作物が小農の農地でも栽培されるようになった．ゴムプランテーションが急速に拡大した 20 世紀はじめに，スマトラやカリマンタンでパラゴムノキが小農の焼畑システムに取り入れられ，焼畑後の休閑地が上記のタルンやパンパと同じような農地に転換されていったのはその典型的な例である[6]．また，近年，荒廃地や森林の再生のために，植林事業が政府によって実施されるが，住民参加型の社会林業のような植林事業では，用材目的の樹種ではなく，住民が利用できるさまざまな有用樹が植林樹種としてもちいられる（田中 2009）．こうした植林事業の拡大

---

[6] 1970-80 年代からマレーシアやインドネシアで急速に拡大したアブラヤシ・プランテーションは，いまでは世界のパーム油生産の 9 割近くを生産するようになっている．アブラヤシは，その作物としての特徴や加工過程の特性から大規模なプランテーション農場で栽培されてきたが，それが拡大するにつれて，またパーム油の高価格が刺激となって大規模農園の隣接地域で小農がアブラヤシを取り入れはじめるようになってきた．小農によるアブラヤシ生産が，ゴムがそうであったように，在来のシステムに取り込まれて他の作物と混栽されるようなシステムとなっていくのか，あるいは農園方式のたんなるミニチュア版として拡大していくのかはまだわからない．アブラヤシのローカリゼーションの過程として，小農によるアブラヤシ生産に，今後，注意を払っていく必要があろう．

にともなって，樹木を組み込んだ耕地利用が拡大している．

3-2　混栽の効果 —— 時空間の有効利用

　以上に示したように，有用樹を組み込んだ多様な耕地利用が展開しているが，このような耕地利用によってどのような効果を得ることができるのか，それを検証するうえで，これまで普通作物を対象に行われた混作に関するたくさんの調査や実験が参考になる．

　複数作物を混作することによって作物構成が多様化され，穀物とマメ類のように栄養的にバランスのとれた食料や家畜の飼料など，収穫物やその残渣をさまざまな用途にもちいることができる．また，残渣は耕地に還元されて肥料ともなる．作物種類が多様化することによって栽培管理や収穫の時期が集中しなくなるため，限られた労働力を季節的に分散することができる．一般には，小農自給経済におけるこのような効果が指摘されている．また，生理特性や生育特性が異なる作物を混作することによって，養水分や光エネルギーに対する作物間の競合が軽減されて，結果的に，個々の作物を単作した場合よりも混作したほうが生産量が高くなるという多くの結果が報告されている．また，病虫害や干害に対する感受性の異なる作物が混作されることによってその危険が分散され，生産の安定につながるという報告も多い (Willey 1979; Marten and Saltman 1986)．隣接する個体間では，単作あるいは混作を問わず，個体の成長に必要なストック資源とフロー資源をめぐって作物間の競合が起きるが，生育期間や養水分の吸収特性，あるいは草型などが大きく異なる作物を混作することによって，上記のような混作の効果が一層発揮されることになる．

　ところで，作物間競合の軽減や危険分散によって混作では生産量が単作にくらべて増加するという報告が多くあると述べたが，混作で得られた生産量の優位性を判定するのは簡単ではない．単純な足し算では比較できないからである．たとえば，A，B 2作物が混作されたとき，混作の単位面積あたり収量 ($A_m + B_m$) と単作の収量 (A_s あるいは B_s) をどう比較するかが問題となる．一般に，それぞれの収量は $A_s > (A_m + B_m) > B_s$ の関係になることが多く，こ

表7-1　単作区と混作区の収量とLER

作付比率	子実収量 (kg/10a)		単作に対する収量比率		LER
トウモロコシ：ダイズ	トウモロコシ	ダイズ	トウモロコシ	ダイズ	
1：0	670	—	—	—	—
1：1	467	100	0.70	0.39	1.09
1：2	316	190	0.47	0.74	1.22
1：3	229	224	0.34	0.88	1.22
1：4	196	205	0.29	0.80	1.09
0：1	—	256			

出典：田中ほか（1981）による．

ういう場合，混作の収量がはたして単作にくらべて有利であったかどうかは即断できない．まったく性質の異なる2作物の収穫量の合計値がそもそも単作の収穫量と比較しうるのかという疑問が当然あがってこよう．このような問題を避けるために提唱されたのがLER（Land Equivalent Ratio）という値である．この2作物の場合であれば，$A_m/A_s + B_m/B_s$ によってあらわされる指標で，簡単にいえば，混作で得た収量を仮に単作で得ようとすれば，どれだけの面積がいるかという比率である．この値が1.0を超えていれば，混作と同じ収量を単作でとろうとすれば混作よりも広い面積が必要なこと，換言すれば，混作では，単作と同量の収穫物をより少ない面積で生産できるという結果が得られたことになる．

　表7-1は，筆者がかつて行った，トウモロコシ1条に対してダイズを1条から4条までの割合で交互混作した試験で得られた結果（田中ほか1979, 1981）を示している．トウモロコシとダイズが1：1や1：4の割合の交互混作では，ダイズの生育が抑制されたため混作の効果がさほどあらわれなかったが，その他の組み合わせでは，LERが1.2を超えて，混作による増収効果があったことが示された．すなわち，両作物を1：2あるいは1：3の比率で交互混作した場合，18％の耕地が節約できたことをこの結果は示している．では，このような効果がどうしてあらわれたのか，それを解析した結果が図7-4である．両作物を1：2の割合で交互混作した群落と両作物の単作群落の最も生育が旺盛な時期の葉群分布と群落内相対照度の関係をみたものである．背丈が高くなるトウモロコシであっても，背丈の低いダイズであっ

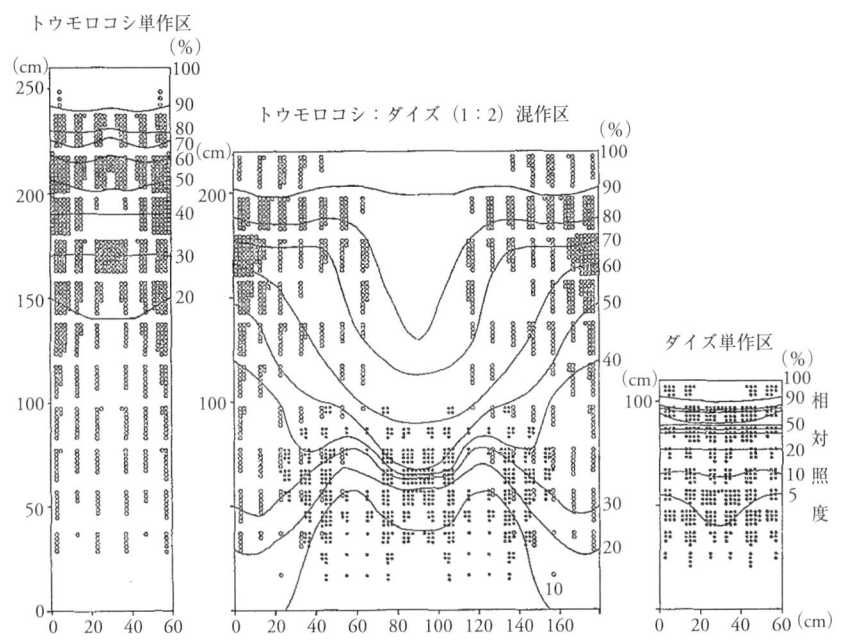

図7-4 トウモロコシ，ダイズの単作区と混作区の葉群空間配置と群落内相対照度
註：○（トウモロコシ），●（ダイズ）はそれぞれ葉面積 10 cm² を示す．
出典：田中ほか (1979)．

ても，単作された場合には相対照度が群落上部で急激に減衰していくが，混作群落では，両者の葉群の空間配置が均一にならないために，群落内部でも相対照度が比較的高くなった．この結果から，群落内光環境の改善が，トウモロコシとダイズの双方に有利に働いて，混作群落の生産の優位性につながったものと推定できた．

これまでの調査や実験から，複数作物を混作することによって以上に述べたような栽培上のさまざまな効果があることが明らかにされている．では，有用樹と普通作物の混栽，あるいは有用樹ばかりが混栽される土地利用は，どのような効果をもっているのであろうか．普通作物の混作にみられる農家経営にとっての効果，作物群落としての生態学的・栽培学的な効果が，樹木を組み込んだ混栽群落でも得られることは容易に想像できる．では，その生

産性はどうか．この点について，多数にわたる作物や樹木の混栽群落の生産量をそれらがそれぞれ単作された場合と比較した例はいまのところない．前述の LER を援用すれば，多数の植物種を混栽した耕地の LER は $\Sigma(Xi/Yi)$ となり，混作された i 種類の作物や樹木のそれぞれの生産量 (X) とそれを単作した場合に得られる生産量 (Y) との比率の総和が単作と比較した混栽群落の生産性となる．しかし，写真 7-1 から容易に想定できるように，また，インドネシアの農家の周りにつくられるプカランガン (*pekarangan*) と呼ばれる庭畑 (homegarden) の調査では 100 種類以上の植物が利用されているという報告があるように (Christanty et al. 1986)，その LER を算出すること自体が困難である．むしろ，面積当たりの収量や栽培面積の節約というような生産効率の視点だけでなく，その耕地から得られる，多額ではないけれども季節的に安定した収入源，あるいは生活の隅々にまで及ぶ自給的効果など，より包括的な視点から混栽群落を評価していくことが意味のある作業ということになろう．

　熱帯における樹木を組み込んだ耕地がもつ積極的な利点がその多層構造から生まれていることは疑いない．多層構造をなす森林が降雨による土壌の流亡を防ぎ，落枝・落葉などの供給が栄養素の群落内循環を支えて，熱帯の脊薄な土壌の肥沃性の維持に貢献していることはよく知られている．森林のもつこのような土壌の理化学性の維持機能を混栽群落も有している．また，群落の重層性と立体性に由来する空間内葉群分布の不均一性が，光の入射エネルギーの利用効率を群落全体で上昇させているだけでなく，適度な遮蔽によって下層植物の蒸散を抑制して水分利用の節約にも役立っている．フロー資源のこのような空間的有効利用が混栽という作付様式がもつ最も大きな利点である．また，すでに述べたように，多数の植物種が組み合わされることによって，それぞれの構成種の生育特性にしたがった作業が行われるため，労働の季節的な偏りが軽減されるのも大きな効果である．同時に，多様な構成種からなる混栽群落が野生動植物の多様性を含めて，農業生物多様性の維持に貢献していることも注目されるようになってきた (Brookfield et al. 2003)．

　以上に概観したように，温度資源と日射エネルギー資源が豊富な熱帯では，その条件を十分に活かすために，立体的に耕地を利用してその豊富な資

源をより効率よく受けとめることができる，自然の森林を模した大容量の空間をつくっていった．森林という自然がもつ機能を「構想的に利用する」装置が樹木を組み込んだ耕地利用であった．その装置を地域の条件に応じてさまざまに展開させたのが，温帯とは異なる特徴をもった熱帯の農業発展径路であったといえよう．

4 熱帯における小農農業の未来可能性 ── まとめにかえて

4-1 土地資源賦与からみた熱帯

　東アジアグリーンベルトとも呼ばれる自然環境を基盤に，東アジアでは複数作物を結合した土地利用・労働利用の両面における集約的な多毛作体系が発達した．いっぽう，その熱帯では，温帯と同様な多毛作体系が水田や畑で展開したが，それに加えて，温帯ではあまり一般的にはみられない有用樹を組み込んだ耕地利用の方法を発達させた．耕地を時間的に集約利用する普通作物の多毛作体系に対して，耕地を垂直的にも利用して空間の立体的利用をうながすシステムが，普通作物の混作や有用樹を組み込んだ混栽という作付様式であった．とりわけ有用樹を組み込んだ耕地は，熱帯林を模倣したかのような多層的な作物構成をもつことから，農業生産面で安定的なだけでなく，その自然環境にも適応的な生産システムであった．

　農業の生産性を分析するとき，$Y/L = Y/A \times A/L$（A：農地面積，L：労働力，Y：生産額（量））という等式がよくもちいられる．これによると，Y/L は労働生産性，Y/A は土地生産性（あるいは作物の収量），そして A/L は労働力当たりの耕地面積となる．人口稠密で土地面積が限られていた東アジアの温帯では，A/L を拡大する余地が小さいために，作付回数を増やすことによって実質的に A を増大させ，同時に個々の作物の栽培技術の改良や優良品種の育成をつうじて Y を増加させてきた．A が実質的に増大することによって労働力の吸収力が増加して，結果として労働・資材多投型の農業が東アジアの温帯で成立した．近世・近代の日本にみられた，あるいは近代の台湾にみられ

た多毛作体系の成立はその典型的な例である（田中 2010）．

　熱帯における樹木を組み込んだ耕地は，年間をつうじてそれを利用するという意味では普通作物の多毛作と同様に時間を有効に利用するシステムである．しかし，多毛作体系のように作目が交替していき，耕耘をつうじて耕地が更新されることはない．そのため，実質的な耕地面積の拡大はないが，樹木や普通作物などを立体的に配置することによって，普通作物の混作で観察されたのと同じような混作効果があらわれることになる．上記の等式を援用すると，混栽の場合には，A/L の部分が A・LER/L というように，立体的な空間配置によってフロー資源（水や栄養，光）を効果的に受けとめる混栽効果が面積に加味され，それが増収効果をもたらしているといえよう（Y・LER/L = Y/A×A・LER/L）．そして，その効果は，たんに生産量が増加するという側面だけでなく，作物構成の多様性とその立体的な配置のゆえに，上記のようなさまざまな効果をもたらしている．このような視点に立つと，樹木を組み込んだ混栽様式は，LER として算出される生産量の増大効果だけでなく，自然と人為の協働によってフロー資源を多用途に転換する機能も有しているといえよう．熱帯における「生命圏」の営みをたくみに取りこんだ人間圏の「構想的利用」が Y・LER（この場合，生産量だけでなく協働から生まれるさまざまな効果を含む LER であることはいうまでもない）のなかに表現されているともいえよう．

　これまでの農業生産力の分析は，土地資源を平面としてのみみてきたようである．熱帯の農地，とくに樹木を組み込んだ耕地利用システムでは，それを立体としてみる視点からその機能を理解していくことが重要かもしれない．立体としての「A」，すなわち A・LER がもつストック資源（土壌，樹木）とそこを通過するフロー資源（水，光）の両方を効果的に利用してきたのが熱帯における混栽という耕地利用システムであった．逆説的になるが，フロー資源が豊富な熱帯という環境であったから，こういうシステムが持続してきたといえるかもしれない．このようにみてくると，耕地を面積の広がりや土壌の肥沃性としてみるだけでなく，その上に生育するストック資源としての植物も含めた耕地の賦与条件をさらに適切に表現できるような観察・評価方法を開発していくことも必要であろう．そうすれば，東アジア熱帯の小農が

実践する「自然の構想的利用」の仕組みがもっとみえてくるようになるかもしれない．

4-2　小農の「構想力の論理」と熱帯の未来

　作付体系研究においては，作業の煩雑さと機械化の困難性が混作の欠点として指摘されてきた．単作での栽培技術を中心に進められている農業技術の近代化という視点からみれば，これは当然の指摘である．多数作物が混作されるような耕地では，近代技術を応用していくのがそもそも困難だからである．かといって混作が農業近代化のために克服されねばならない遅れた技術と即断するのは早計であろう．熱帯では，これまで述べてきたような混作の効果に依存する農民がいまなお多いこと，またこの作付様式がもつ生態学的な意義を考慮すれば，この方式の利点をさらに活かしていくような農業技術の発展も追求される必要があろう．たとえば，雑穀類やマメ類などの普通作物を組み合わせた交互混作システムを発達させたインドのデカン高原では，在来の牽引農具をもちいた耕耘・播種・中耕作業の畜力一貫技術体系（応地1979）が成立しており，性急な動力機械化ではなく，小農がもつこのような在来技術を活かした農業機械の改良と開発を進めようという考え方が1970年代から80年代に提唱されている．

　このような考え方は，外来農業技術の導入による近代化を鵜呑みにするのではなく，「オルタナティブ」な農業技術の開発の道を探ろうという動きとも連動していた．緑の革命に象徴されるような農業近代化に対する反省と批判を背景に熱帯の作付体系研究が盛んになったのも，同じような考えがその根底にあったからである．また，そういう研究関心が高まったからこそ，本章の主題となった樹木を組み込んだ耕地利用も注目されるようになったという研究史の流れがあった．このような流れを，現在のグローバル化の時代に反芻しておくのも意義のあることではないかと思う．

　熱帯の企業的なプランテーション農業を別とすれば，東アジアでは，温帯，熱帯を問わず小農が農業の担い手であった．温帯では，その小農が，多毛作化をつうじて耕地の時間的な集約的利用を高めていった．さらに，熱帯

では，耕地の立体的利用をつうじて混作や混栽という，より複雑な作付様式を発達させた．いずれも小農の自給的な生活基盤を形成するとともに，新しい作物をその様式に組み入れることによって現金獲得機会を提供することができる，作付規制のない自由な作付体系であった．本章で取りあげた樹木を組み込んだ耕地利用にあっても，それぞれの時代の需要に応じた換金用の樹種を取り入れながら，その植物種の構成はダイナミックに変化してきた．なかには，ブーム作物となって価格が急上昇している有用樹の植栽地が新たに造成され，多層構造の混栽農地が単一種の樹木園に転換されるという例もみられるようになっている．このような変化が混作や混栽という在来の作付様式に及ぶようになっているのも，グローバル化の波に洗われる東アジア農業の現実である．

　土地利用景観がダイナミックに変化するとき，その変化が自然と人為の均衡を後退させる方向に向かっているのか，あるいは前進させる方向へ向かっているのかをみきわめることは容易でない．これまで述べてきたような東アジアの多毛作や混作，混栽などの作付様式を持続させることは，冒頭に述べた，ある秩序をもった農業景観を持続させることでもある．土地利用景観は動態的に変化しており，農業景観もそうである．高度工業化を遂げた日本では，すでにずいぶん以前から景観秩序の乱れが生じていることを冒頭に述べた．そして，それを担ってきた日本の小農世界は，「過疎」や「荒廃」などということばで形容されるような時代になっている．それにもかかわらず，その小農が維持してきた「日本の水田農村の景観的秩序」に共感をもち，その景観的価値を称揚しようとする感性をまだ日本人は保持している．

　この種の感性と同じように，熱帯に暮らす人々にとっても，混作や混栽という作付様式がつくり出す景観は，自然の営みをさらに増幅してみせてくれる，ある秩序をもった農業景観なのであろう．私たちには畑なのか園地なのか森林なのかわからない耕地であっても，その土地の人々からみれば秩序のある農業景観であるに違いない．東アジアの特徴的な農業景観を紡ぎ出しそれを維持している小農は，「生命圏」と「人間圏」をつなぐ「構想的利用」の担い手であり，いまもそうである．その担い手の「構想力」をさらに磨いていく道をどう求めていくのか，それがいま問われているのではないか．東

アジア農業の未来を志向する持続型生存基盤論にとって，「地球圏」と「生命圏」の駆動源である熱帯の農業のあり方をさらにみきわめていくこと，そして，その発展の未来を担う小農の「構想力の論理」を明らかにしていくことがますます重要な課題となってくるにちがいない．

参考文献
Brookfield, H., H. Parsons and M. Brookfield (eds) 2003. *Agrodiversity: Learning from Farmers across the World*, United Nations University Press.
Cristanty, L., O. S. Abdoellah, G. G. Marten and J. Iskandar 1986. "Traditional Agroforestry in West Java: The *Pekarangan* (homegarden) and *Kebun-talun* (annual-perennial rotation) Cropping Systems", in G. G. Marten (ed.), *Traditional Agriculture in Southeast Asia*, East-West Center, pp. 132–158.
Inoue, T. 1996. "Biodiversity in Western Pacific and Asia and an Action Plan for the First Phase of DIWPA", in I. M. Turner et al. (eds), *Biodiversity and the Dynamics of Ecosystems* (DIWPA Series Vol. 1), International Network for DIVERSITAS in Western Pacific and Asia (DIWPA), pp. 13–31.
Jordan, C. F., J. Gajaseni and H. Watanabe 1992. *Taungya: Forest Plantations with Agriculture in Southeast Asia*, CAB International.
Kass, D. C. L. 1978. "Polyculture Cropping Systems: Review and Analysis", *Cornell International Agricultural Bulletin*, No. 32, p. 69, Cornell University.
国際農林業協力協会 1998．『アグロフォレストリー　ハンドブック』国際農林業協力協会．
Marten, G. G. and D. M. Saltman 1986. "Human Ecology Perspective", in G. G. Marten (ed.), *Traditional Agriculture in Southeast Asia*, East-West Center, pp. 20–53.
三木清 1967．『構想力の論理』(三木清全集第八巻所収) 岩波書店 (初出は，1936-1947 年に中断をはさんで『思想』に連載．1939 年に『構想力の論理　第一』が，1946 年に『同　第二』が岩波書店から出版された)．
Nair, P. K. R. 1993. *An Introduction to Agroforestry*, Kluwer Academic Publishers.
Okigbo, B. N. and D. J. Greenland 1976. "Intercropping Systems in Tropical Asia", in *Multiple Cropping*, American Society of Agronomy, pp. 63–101.
応地利明 1979．「南インドにおけるシコクビエの栽培技術」『農耕の技術』2: 1–31.
Pinchinat, A. M., J. Sorja and R. Bazan 1976. "Multiple Cropping in Tropical America", in *Multiple Cropping*, American Society of Agronomy, pp. 51–61.
島上宗子 2007．「地方分権下のインドネシアにおける森林管理と「慣習社会」── 中スラウェシ山間部の事例から」田中耕司編『インドネシア地方分権下の自然資源管理と社会経済変容 ── スラウェシ地域研究に向けて』(平成 16-18 年度科学研究費補助金 (A) 研究成果報告書)，35–50 頁．
Soemarwoto, O. 1984. "The Talun-kebun System, a Modified Shifting Cultivation in West Java", *The Environmentalist*, 4 (Supplement No. 7): 96–98.

祖田修 1996.『タンザニア・キロンベロ盆地の稲作農村 —— 自然の循環と共生装置の形成および展望』(調査研究叢書 No. 14) 国際農林業協力協会.
—— 2000.『農学原論』岩波書店.
立本成文 2010.「地球環境学総説」総合地球環境学研究所編『地球環境学事典』弘文堂, 1-10 頁.
田中耕司・持田秀行・橋詰芳範・渡部忠世 1979.「混作の様式と技術に関する栽培学的研究 (2) トウモロコシおよびダイズの混作群落における葉群空間配置と群落内光環境」『日本作物学会紀事』48 (別号 2) : 41-42.
田中耕司・仙田太洋・渡部忠世 1981.「混作の様式と技術に関する栽培学的研究 (3) トウモロコシとダイズの混作群落における LER と太陽エネルギー利用効率」『日本作物学会紀事』50 (別号 2) : 57-58.
田中耕司 1999.「東南アジアのフロンティア論にむけて —— 開拓論からのアプローチ」坪内良博編著『〈総合的地域研究〉を求めて —— 東南アジア像を手がかりに』京都大学学術出版会, 75-102 頁.
—— 2000.「自然を生かす農業」田中耕司編著『講座 人間と環境 第 3 巻 自然と結ぶ ——「農」にみる多様性』昭和堂, 4-21 頁.
—— 2001.「穀作農耕における「個体」と「群落」の農法」『農耕の技術と文化』24: 89-113.
—— 2003.「根栽農耕と稲作 ——「個体」の農法の視点から」吉田集而・堀田満・印東道子編『イモとヒト —— 人類の生存を支えた根栽農耕』平凡社, 229-246 頁.
—— 2009.「森林と農地の境界をめぐる自然資源とコモンズ —— 現代の環境政策と地域住民」池谷和信編著『地球環境史からの問い —— ヒトと自然との共生とは何か』岩波書店, 296-313 頁.
—— 2010.「東アジアモンスーン地域の生存基盤としての持続的農業」杉原薫・川井秀一・河野泰之・田辺明生編『地球圏・生命圏・人間圏 —— 持続的な生存基盤を求めて』京都大学学術出版会, 61-88 頁.
Tanaka, K. 2002. "Kemiri (*Aleurites moluccana*) and Forest Resource Management in Eastern Indonesia: An Eco-historical Perspective", *Asian and African Area Studies*, 2: 5-23.
津野幸人 1984.「土地利用の景観的秩序」栗原浩教授定年退官記念出版会編『耕地利用と作付体系』大明堂, 18-32 頁.
Willey, R. W. 1979. "Intercropping: Its Importance and Research Needs", *Field Crop Abstracts*, 32: 1-10, 73-85.
Zandstra, H. G. 1977. "Cropping Systems Research for the Asian Rice Farmer", in IRRI (ed.), *Proceedings, Symposium on Cropping Systems Research and Development for the Asian Rice Farmer*, IRRI, pp. 11-30.

第8章

セネガルのセレール社会における生業変容と人為植生
—— 樹木資源をめぐる技術と制度の変化 ——

平 井 將 公

1 はじめに

　アフリカの農村社会では，国際・国家政策や市場経済の浸透，人口増加といった地域をとりまくマクロな政治・経済的変化を背景として，自然の再生に歩調をあわせた生業が急速にその姿を変貌させつつあるといわれる．そのなかにおいて本章で考えてみたいことは，生業変容の最中に生じる人と自然の新たな関係性と，それがもつ生命圏（本書序章）の持続にむけた可能性についてである．

　生業変容と自然利用の変化に関連する研究として，「社会に対する資本主義の影響の拡大過程と自然利用の変化過程の解明」を目的の一つとする，ポリティカル・エコロジー論が挙げられる．それによれば，地域社会における資本主義の浸透は，自然環境の変動への対応能力の喪失や，自然利用をめぐ

　本研究の一部は，住友財団環境研究助成「人口増加に伴う樹木利用の精緻化とその定量的評価：セネガル共和国セレール社会の事例」（個人研究），日本科学協会笹川科学研究助成「共有資源の持続化に果たす生態的実践の役割：西アフリカ・サバンナ帯セレール社会の事例」（個人研究）および文部科学省科学研究費補助金・若手研究（B）「アフリカのサバンナ地域における社会変容と植生動態の相互作用に関する研究」による資金支援のもとに実施された．ここに感謝の意を記します．

る住民間の対立，そしてその結果としての環境劣化をもたらしているという．また，開発政策や国内政治への参加，あるいはそれらからの疎外をとおして，人々がその生活基盤である土地や資源へのアクセス方法を変えることも，環境劣化をもたらす原因だと指摘されている (Blaikie 1985; 島田 1995, 2007)．こうした指摘は，生業変容と自然利用との関係を考えるうえで地域をとりまく政治・経済的な状況を広く理解することの重要性を示しており，変化する現代のアフリカ農村社会を捉える視角として不可欠であるといえよう．

しかしながら，近年盛んになっているポリティカル・エコロジー論は，ローカルなレベルにおける人と自然の関係の細部にまで目を配っているとはいいがたい．そのため，地域社会が，歴史的に培ってきた自然との関係を足掛かりとしながら，自然利用の技術や社会的枠組み（制度）を改編し，マクロな変化へ対処しようとする過程を見落としているおそれがある．生業変容の過程と自然利用の変化の内実を明らかにするためには，マクロな変化に留意するのと同等に，人々がもつ自然に対する知識と理解，状況に応じた新たな価値の見いだし方と利用，そしてアクター間の関係にも目を凝らす必要があろう．その視角のもと，生活維持のために人々が地域の自然との一体的関係を保とうとする試み，いわば，生命圏を練り上げる力を再検討してみることが肝要だと筆者は考える．

本章でとりあげるのは，セネガルの乾燥サバンナに暮らし，農業と牧畜を基幹的な生業としてきたセレールの人々である．彼らの生業にみられる特徴の一つは，農地のなかに自然に芽生えた，現地語でサース (*Faidherbia albida*) と呼ばれるマメ科の樹木を育成し，その木が卓越して優占する人為植生を形成・維持してきた点にある．サースは雨季に葉を落とし，乾季に着葉・結実するという，他の樹種とは全く正反対の季節性をもつ (Roupsard et al. 1999)．こうしたサースが農地にあることによって，雨季に落ちる葉が作物の肥料となり，また枝葉や果実は切って採取すれば長い乾季に不足しがちな家畜の貴重飼料となる．さらに枝は近年この地域で最も重要な生活燃料とされている（写真8-1）．セレールは乾燥した厳しい自然条件のもとで数世紀もの間定住生活を続け，かつ人口稠密な社会を保持してきた．その過程では放牧や燃料採集の場であったブッシュや休閑地がすべて農地へ転換されたのだが，そ

写真 8-1　セネガルのセレール社会に成り立つサース (*Faidherbia albida*) の林
左：落葉した雨期のサースとトウジンビエ．右：着葉した乾季のサースと飼料採集．
出典：筆者撮影（左：2011 年 9 月，右：2010 年 5 月）．

れにもかかわらず人々が生活を維持してこられたのは，肥料，飼料，燃料として多目的に利用しうるサースを生業内部へ取り込んだことによるところが大きい (Pélissier 1966; Lericollais 1999; Hirai 2005; 平井 2010)．

　人々がこのようなサース林を形成しはじめたのは，今から 100 年以上を遡る植民地期である．この林は，今なお従来の景観をほとんど変えないまま維持されているが，他方，この 100 年の間にセレールの社会をとりまくマクロな状況は大きく推移してきた．市場経済化が進み，また干ばつなどを契機として農牧業の商品経済化や出稼ぎ，小商業が一般化した．くわえて，人口増加のもとサースの稀少性がずいぶんと高まっている．そうした変化にともなって，人々とサースの関係はどのように変化し，また，それはサースの林が今も存続していることといかに関連しているのであろうか．

　この問いに関して本章で注目したいのは，サースに対する価値の置き方や利用のあり方を違える者，すなわち異なるアクターの存在である．サースは多目的に利用しうるがゆえに，アクターが多数存在する．それらはたとえば，家畜飼料としての価値をサースに見いだす男性であったり，サースを調理のための燃料として利用する女性だったりする．そのほかにも，セレールとの付き合いからサースとの関わりを深める隣村のウォロフや，サースの利用を取り締まる森林官などが存在する．ここで重要な点は，各アクターが担う役割は社会内部で異なり，それゆえ，マクロな社会の変化は各アクターに

個別に影響をもたらしうることである．このことは，各アクターとサースの関係性や，アクター間の関係をより複雑にしているだろう．この点に着目しなければ，現在のサース林の成立背景を解くことはできない．

そこで本章では第一に，セレールの各アクターによるサース利用の実態，とりわけ採集技術の変化について彼らの生計に対する役割と状況変化をふまえながら分析する．ここでは，家畜飼料のためにサースを利用する既婚男性と，調理用の燃料としてサースを利用する既婚女性を中心にとりあげる．市場経済をベースに家畜飼養を熱心に営む既婚男性の活動が外部社会とリンクした経済の論理を体現しているのに対し，既婚女性は村社会や世帯が生存していくための論理を体現している．第二には，これらのアクターが同一の社会や生計に属しつつも，サースの利用をめぐってさまざまに衝突している様態を分析する．これらをとおして，生業変容のもとで農地のサース林を今なお成立させている，セレールの技術と社会的枠組みについて検討する．

2 セレールの生業とサース

2-1 セレールの生業

本題に入る前に調査地の概要について述べておこう．調査はセネガル中西部に位置するティエス州のンドンドル村で実施した（図8-1）．この地域には古くからセレールが定住しており，最も古い彼らの村は創設から700年，調査村は200-300年をすでに経ているとみられている．セレールの周囲には農業と出稼ぎに従事するウォロフや牧畜民として知られるフルベの人々も暮らしている．

この地域は気候上スーダン・サバンナ帯に区分され，年間降雨量は400-600 mmと少なく，雨が全く降らない乾季は10月から翌年5月までのおよそ8ヵ月間にも及ぶ．このような気候条件のもと，セレールは自給作物としてトウジンビエやモロコシ，ササゲを，換金作物としては植民地期に導入されたラッカセイを栽培し続けてきた．牧畜においてはウシ，ヒツジ，ヤギが

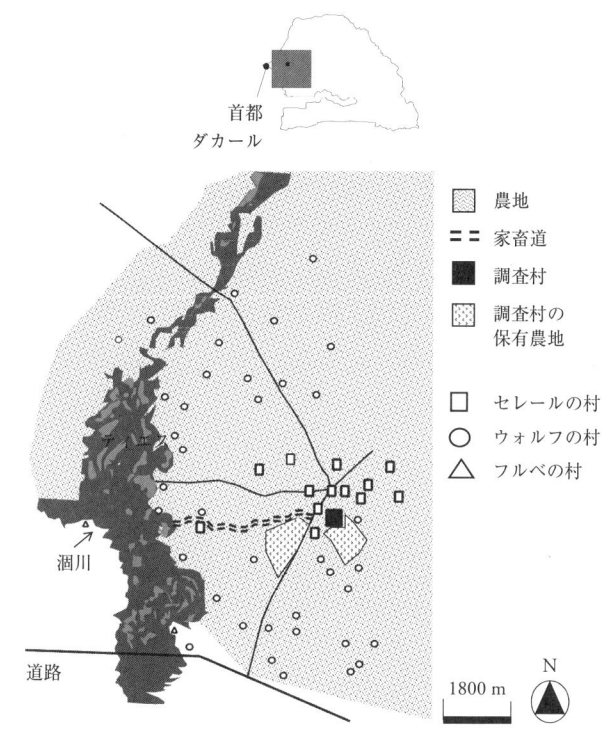

第 8 章　セネガルのセレール社会における生業変容と人為植生

図 8-1　調査村とその周辺の土地利用
村と涸川以外の土地はすべてサースが生育する農地として利用されている．
出典：筆者作成．

飼養されてきた．

　西アフリカの乾燥サバンナにはセレールと同様，農牧業を営む社会が多い．それらとの比較から，セレールの生業は次の二点によって特徴づけられる．第一は，農業と牧畜を農地のなかで結合させたことである．人口に対して土地が豊富だった 19 世紀中ごろまでは，農業と牧畜は互いに独立した半農半牧のかたちで営まれていた．その後フランス植民地政府がラッカセイ栽培を導入し，かつ人口が増加したことで，村の土地はすべて農地とされ，土壌養分が不足するようになった．そこで彼らは，作物を収穫したあとの農地においてラッカセイなどの作物残渣を基本飼料とする刈跡放牧を展開するよ

201

うになった．刈跡放牧では人々が家畜囲いをつくり，それを農地全体に体系的に移動させていった．これにより，作物の肥料となる畜糞が効率的に農地に投入されていった．このような飼料と肥料の相互供給に基づいて農牧業の生産性は飛躍的に高まったと考えられている．

第二の特徴は，先に述べたように，サース林を農地に形成した点である．特異な季節性に基づいて肥料にも飼料に資しうるサースの林を農地のなかに形成することで，農牧業の生産性はさらに高まり，かつ安定化したと考えられる．セネガルにおいてサースがトウジンビエにもたらす肥培効果を調べたD. ルップ（Dominique Louppe）と平井はそれぞれ，サースの樹冠内とその外では収量に 1.7 倍，1.5-2.8 倍もの差があると報告している（Louppe 1996; 平井 2010）．

ンドンドル村の人々が利用している農地には，全域 243 ha にわたって計 4,548 本 25 種類の成高木が生育する[1]．そのなかでサースの占める割合は 9 割にも達する．こうしたサース林を形成するにあたって，人々は農地に芽生えたサースの稚樹を残し，その成長をうながすためにヤル（*yar*）と呼ばれるはたらきかけを施してきた．ヤルとは日本語の「しつけ」に相当する言葉である．人々は農地に芽生えた稚樹に対して，徒長した枝を切り払ったり，添え木などを施したりしながら，「稚樹がまっすぐ上に，速く伸びるように」という意図を込めてヤルを実施していた．

2-2 サースの稀少化

ところがサースの稚樹に対するヤルは，1970 年代を境にみられなくなった．その直接的な原因は，ウマをもちいた犂耕，すなわち馬耕が普及した点にある．それまで農業にかかる労働は，祖父を共有する複数の拡大家族を基本単位とした共同的な作業によって営まれてきたが，出稼ぎを背景として農作業への関与や参加の度合いが拡大家族のなかでばらつくようになった．その結果，家族構成が細分され，労働力が不足する世帯が増加した．こうした

---

[1] 2007 年の現地調査に基づく．

事態に対処するために人々は播種や耕転，除草作業を迅速化するために馬耕をとり入れたのだが，それにもちいる犂はサースの稚樹を切り倒すという結果をもたらした．さらに，稚樹がもつ鋭いトゲは，高価なウマの足を傷つけるおそれがあるため，整地の段階で切り取られるケースも増えた．馬耕導入以前は，枯死木が出た場合，人々はそれを補うために残っている稚樹を後継樹としていたのだが，少なくともこの 30 年間，それは全くなされていない（Hirai 2005）．現在，サースの個体数は毎年わずかではあるが減少している．

　もっとも仮にヤルが可能だとしても，今以上にサースを農地に増やすことは難しい．肥料にも飼料にもなり，燃料としての重要性も高いサースは，多いほどよいと思われがちであるが，増えすぎてしまうと，農作業がしづらくなるばかりか，いくら雨季に落葉するとはいえ，幹や枝が作物の成長に不可欠な日光を遮断したり，登熟したトウジンビエを害する鳥がサースの樹冠を巣としたり，さらには根が地表に浮き出て余計に作業の邪魔になったりするといった数々の不都合が生じる．農牧業が農地と放牧地を共有しながら結合するという土地利用においては，サースの密度が二つの生業のバランス関係から微妙に保たれていることが重要であり，枯死個体の補充は解決されるべき課題であるとはいえ，何が何でもサースを増やせばよいというわけにもいかないのである．

　サースの個体数の増加が見込めない一方，村の人口は増加の傾向にある．調査村の人口は 1960 年に 450 人程度だったが，2007 年には 1,300 人と 2 倍半にも増えている．出稼ぎによる流出が一般化してはいるが，それを差し引いても村在住の人口は増加傾向にある．人々が家畜の飼料として利用しているのは，作物残渣や農地に生えた草本，そしてサースの葉と果実以外にはほとんどない．生活燃料にしても，サースの枝や乾燥した牛糞，雑穀の稈を主とするなど，いずれも農牧業から派生した植物資源にかぎられている．こうしたなかでサースの稀少性は高まっている．

3　経済の論理 —— 家畜飼養をとおした既婚男性とサースの関係

3-1　家畜飼養の変遷

　家畜飼養はセレールが熱心に営んできた生業の柱の一つである．だが，そのあり方は時代とともに大きく移り変わってきた．その顕著な変化はまず，ウシ牧畜が衰退したことにあらわれている．1970年代まで人々は，世帯当たり数十頭の規模でウシを保有し，その管理に従事していた．だが現在ではウシを保有する世帯は一部にかぎられるばかりか，保有していても小規模なものとなっている．ウシの保有頭数のおよその推移を聞き取り調査によって調べたところ，1950年代には約30頭/世帯であったのが，60-70年代には10頭/世帯，80年代以降には1-2頭/世帯と減少の一途をたどっていた．50年代と60年代には伝染病の流行や干ばつの頻発による打撃を受けて，ほとんどのウシが死んでしまったという．とはいえ，ウシの頭数が回復をみず，減少の一途をたどったのはなぜだろうか．

　これには二つの理由が考えられる．第一は，村の共同家畜囲いが農地になって消滅してしまったことである．村人が共同で運営していたこの家畜囲いは，雨季の作物をウシが食い荒らすことを未然に防ぐために，農地の一角に設けられていた．だが，1970年前後には人口増加にともなう農地化によって完全に解体されてしまった．

　ウシの頭数が回復しなかった第二の理由は，放牧，搾乳，夜の見張りといった牛群の管理を担う若い男性の多くが，首都ダカールなどの都市へ出稼ぎに赴いてしまったことである．出稼ぎの経験を世代別に調べたところ，現在70-80歳代の男性も，彼らが20-30歳のころに出稼ぎの経験をもっていた．このことから出稼ぎはかなり古くからなされてきた生業であることがわかる[2]．だが，ウシが減少しはじめた1960年代以降は，一年をとおして村を留守にする若者が急増するようになった．彼らは村にいればウシとともに一日

---

[2]　70歳代（2002年調査時）の男性Msや80歳代のMnは，1950年代にラクダをもちいて地方都市間の物資運搬や卸売業に従事していたが，乾季の一時期にかぎられていたという．

を過ごし，その世話に多くの労力をかけることが課されていたはずである．そうした者が数多く都市へ流出するなかで[3]，それまで生計維持の柱であったウシ牧畜は，出稼ぎにとってかわるかたちで衰退していったとみられる．現在では，村の全成人男性472人のうち42％もの者が年間をとおした都市での出稼ぎ労働に従事している[4]．

3-2 舎飼肥育のはじまり

ウシ牧畜が停滞したとはいえ，家畜飼養そのものがなくなったわけでなかった．村ですごす男性を中心に新たな動向がみられるようになっている．その第一は，ヒツジやヤギといった小家畜の取り入れである．なかでも，ヒツジはウシ牧畜が盛んだったころには全く飼養されていなかったが，現在ではその保有率は非常に高い．2002-2011年の期間に5回にわたって実施した家畜センサスによると，ウシは全世帯の3割程度によって保有されていたにすぎないが，ヒツジはおよそ7割の世帯によって保有されていた[5]．

第二の動向は，現金獲得を目的としたヒツジやウシの舎飼肥育の展開である．世帯当たりの平均的な飼養頭数はヒツジの場合3-7頭，ウシの場合3-5頭であり，その規模は概して小さい．人々はそれらを飼料の種類や量を微妙に調整したり，予防注射を施したりしながら半年から1年ほどかけて屋敷のなかで丁寧に肥育している．その理由の一つは，手間暇をかけて太らせた分だけ販売時の儲けが多くなるからである．

現在の家畜飼養の規模は，1960年代までのウシの保有頭数と比較するならば，ウシにしてもヒツジにしても決して大きいとはいえない．家畜飼養に投入しうる労働力が出稼ぎによって減少し，また共同家畜囲いが消滅した今

---

[3] たとえばこの世代に相当する男性 Is（50歳代前半）は，1968-78年にかけて乾季の間ダカールに住み込み，港湾施設で荷物の運搬業に従事していた．しかし，父親から1978年，村に戻るよう言い渡された．Is は以来，出稼ぎに行くことはなかったが，当時を振り返って「ダカールは魅力的だった」と語っている．
[4] 2002年の調査に基づく．
[5] ヒツジの増加や舎飼の展開がウシ牧畜の停滞と並行していたのか，あるいはその後なのかは定かではない．だが，聞き取り調査によると，80年代には現金獲得のための舎飼飼養が広まっていることがわかっている．

日では，雨季の間少しでも家畜から目を離すと，作物に食害を及ぼすリスクが高まる．このリスクは，作物収量の低下をもたらすだけでなく，被害にあった者との間の社会関係を歪めることにもつながる．くわえて，舎飼家畜の基本飼料となるラッカセイやササゲなどの作物残渣は，自らが保有する農地から調達するのが基本となっている．農地が不足する状況において家畜を大規模に保有し，その維持管理に無理なコストを投入することは得策でない．自力で管理可能な家畜を保持し，そこから最大限の現金を得ようとすることが，現状に最も見合ったやり方として定着していると考えられる．

3-3 生計における既婚男性の役割と舎飼肥育

手間暇をかけてヒツジやウシの舎飼肥育を手掛けるのは，たいてい既婚男性である．既婚男性と舎飼肥育との関係について，生計，とりわけ基幹食材の調達における既婚男性の役割という観点から考えてみたい．

セレール社会では，主食となる基幹食材の調達を担ってきたのは既婚男性であり，その役割は昔から現在にいたるまで変わっていない．セレールが伝統的に基幹食材としてきたのは，自分の農地で栽培するトウジンビエやモロコシといった雑穀である．だが近年，雑穀の自給率は大幅に低下している．たとえば2002年に50世帯を対象に調査をしたところ，年間にわたって完全に自給できた世帯は26％にしか満たず，逆に半年以上自給が叶わなかった世帯が54％にも達した．雑穀の収量は天候や施肥状況に左右されるため，同世帯でつねに不足状態が続くとはかぎらないが，ほとんどの者がかつてと比べて自給率は低下したとうったえている[6]．

雑穀の不足分は購入しなくてはならない．雑穀の価格は年間をとおして100-200フランcfa[7]/kgの間で変動しており，一般的には乾季の終盤から収

---

6) 畜糞の活用やサースの肥培効果によって土地当たりの収量そのものはかつてよりあがったとしても，人口増加を受けて年間の消費量を賄える世帯は明らかに減少している．

7) 1円≒5フランcfa.
　　調査村を含む地域における雑穀やラッカセイ，コメに関する価格データ（1998年1月から2011年9月まで）は，ダカールにおかれている食糧安全局 Commissariat à la securité alimentaire にて提供を受けた．

穫前の雨季にかけて最も高値となる傾向にある．収穫時に自給ができないとわかった世帯では，そうした価格の季節変化を先読みし，雑穀が不足する月数を勘定して，できるだけ安く不足分を購入しようとしている．それでも，先の 54％の世帯に示されたように半年分の雑穀の購入が余儀なくされたとすると，平均的な世帯（成員数十人程度）では少なくとも 3 万フラン cfa の支出が必要となる．

　雑穀にくわえて，既婚男性にはコメの購入も課されている．セレールの 1 日の食事は 3 回が基本である．その 3 回の食事のうち雑穀が基幹食材とされるのは朝と夜だけであり，昼には 1970 年代以降，コメが常食されるようになった[8]．この地域はコメを栽培できる自然環境にはなく，既婚男性は輸入されたコメを購入している．コメを使った最も一般的な料理はチェブ・ゼンと呼ばれ，平均的な世帯では 2-2.5 kg / 日の量が消費されている．価格にすれば 1 食当たり 1,000-1,500 フラン cfa となり，1 年間では 33-55 万フラン cfa を要する計算となる[9]．

　雑穀の不足分とコメを購入するうえで必要となる現金の収入源の一つは，ラッカセイ栽培である．だが，その儲けは基幹食材の購入を果たすうえで芳しくはない．ラッカセイから得られる収入について 56 世帯を対象に調べたところ，2002-2003 年の場合，16 万フラン cfa が平均であった[10]．ラッカセイの買い取り価格は年変動が激しいうえに，近年ではその市場の低迷が慢性化している．くわえて，播種用の種子の値上がりや天候不順，あるいは両者の重なりを受けて，赤字世帯が続出する年も決して珍しくない．

　これからみれば，家畜の舎飼肥育から得られる利益は大きい．たとえば，

---

[8] セネガル全体におけるコメの輸入量は，70 年代以降，急速に伸びている．現在 50 歳代の男性にコメがいつから食されはじめたかを尋ねると，「子どものころは，週に 1 回，あるいはお祭りの日に食べたのみであった．コメはとてもおいしく，当時は，コメを食べたあと，手に残るコメのにおいをずっと嗅いでいた」と語った．

[9] 1998 年から 2007 年まではおおむね 200 フラン cfa/kg で安定していたが，その後 2011 年にかけて 300 フラン cfa/kg にまで上昇していった．また，2008 年にはコメの値段が 400 フラン cfa / kg にまで跳ねあがった時期もあった．この時期は雑穀が最も不足する収穫直前の時期と重なっており，基幹食材の入手が普段にも増して困窮した．

[10] 最小は 0，最大は 87 万 5,000 フラン cfa．標準偏差は 20.3585 であり，世帯間でのばらつきも大きい．

写真 8-2　肥育したヒツジを家畜市場で販売する既婚男性
出典：筆者撮影（2006 年 12 月）．

　既婚男性 Mg（40 歳代）は 1999 年から 2002 年にかけて計 8 頭のウシを肥育し，1 頭当たり 30 万-50 万フラン cfa で売却している．また，小家畜とはいえヒツジの肥育から得られる収益も安定的である．男性 As（50 歳代）は，雄の仔ヒツジ 4-5 頭を育て上げ，30 万フラン cfa ほどの利益をほぼ毎年得ている（写真 8-2）．

　以上のように，基幹食材を購入しなくてはならない既婚男性にとって家畜の舎飼肥育は現在最も重要な現金獲得の手段となっている．彼らのじつに 9 割が舎飼肥育を営んでいることからもその重要性がうかがえる．また，肥育後の家畜の売買が可能となっている背景の一つには，都市部における肉の需要の拡大が挙げられる．調査地域はダカールから最もアクセスのよい「家畜どころ」として知られており，家畜市にはダカールから訪れる客も多い．都市部の変化が舎飼肥育の実践や売買の成立と密接に関連しているといえる．

3-4　家畜の舎飼肥育におけるサースの意味

　舎飼肥育が盛んとなっている現在，それに必要な飼料をいかに調達するかが既婚男性にとっての重要な課題となっている．家畜の飼料は年間をとおして大きく変化する．雨季 (nawet) からルリ (lëli) と呼ばれる乾季のはじめの季節 (7-11 月) には，農地や屋敷の周辺に生えた新鮮な生草が採集される．乾季が徐々に深まってくると (12-3 月)，雑穀やラッカセイ，ササゲの作物残渣が自分の農地から，枯草が村中の農地から採取され，屋敷へと運び込まれる．ラッカセイとササゲの残渣は次の雨季までの最も基本的な飼料とされており，その多寡に応じて人々は飼養しうる家畜の頭数を決定する傾向にある．

　乾季がさらに深まると (4-6 月)，それまで蓄えられていた作物残渣や農地の枯草は激減するのが一般的である．たとえば 2006 年の場合，チョーロン (corron) と呼ばれる乾季の終盤に農地に残っていた作物残渣と枯草の量は 0.14 t/ha であった．他方，樹上に茂るサースの葉量は風乾重にして 0.43 t/ha，実際の消費形である生重では 1.42 t/ha と見積もられた．この時期には，地表にある飼料とサースの差が優に 10 倍以上に達する．生葉にくわえて，果実やウシが好んで食べる無刺の若枝を加味すれば，その差はさらに広がる．

　サースの葉や果実は乾季のはじめに茂りはじめる．だが，人々は「早期にサースの葉や果実を与えてしまうと，後々，乾いた作物残渣や枯草を食べなくなってしまう」とか，「サースの葉はまだ熟れておらず，また，未熟な青い果実を与えると家畜の口がただれてしまう」と説明し，早期からそれを採集しようとはしない．彼らは作物残渣や枯草が底をつくころまでサースを温存しながら利用している．

　乾季終盤において作物残渣や枯草は，量的に少ないだけでなく，セルロールばかりと化して栄養面においても劣った状態となる．それに対してサースの葉や果実は，水分やカロリー，タンパク質に富んでおり，たとえわずかでもそれを家畜が摂取すれば，劣化した作物残渣の消化率が高まるといわれている (平井 2010)．人々は「市場にはさまざまな地域からウシが持ち込まれるが，それらの毛並の美しさからサースを食しているかどうかがはっきりわかる」と語る．舎飼肥育に基づき基幹食材を賄おうとする既婚男性にとって

サースは，作物残渣や枯草といった基本飼料の不足を量的にも質的にも補うという意味で，他にとってかわることのない貴重な資源となっている．

こうしたサースの恩恵を既婚男性が広く受けられるような社会的枠組みとして，枝葉や果実の用益権がすべての村人に容認されている点が挙げられる．サースはそれが生育する農地の保有者に帰属するが，飼料となる枝葉や果実については「少しであれば」という暗黙の了解のもと，村人であれば誰でもとってよいことになっている．逆に，幹や太い枝は，保有者も含めて切ることがはばかられている．村のすべての畑316筆のうちサースの生えないところは1%を切っていることから，サースを保有しない者はほとんどいないといってよい．だが，サースのなかには，飼料とするうえで枝葉を切る[11]にふさわしい状態とみなされる個体と，そうではない個体があり，自分の畑に前者がつねにあるとはかぎらない．そのため，人々が枝葉の用益権を交換し合っていることには大きな意味がある．そして，誰でも切ってよいとする風潮を残したまま，舎飼肥育が活発化し，サースが稀少化するなかで，枝葉を切るための技術にも変化がみられるようになった．

3-5 サースの枝葉を切るための技術

人々によれば，「サースを切らずに放置すると，枝が斜上に細長く伸び，葉は樹冠の周縁に偏ってしまう．そうなると木に登っても枝葉に手が届かない」という．また，「葉の茂りも悪く，すぐに年老いてしまう」という．さらに，「強風が吹けば，長く太い枝が幹の付け根から裂け落ち，もはや枝葉が萌芽再生しないばかりか，木の下にいる者に怪我を負わせることになる」という．農地のサースを切らずに放置することは，それによって木がいくら大きくなろうとも，飼料として繰り返し使うかぎり，都合のよいことだとは考えられていない．

逆に，彼らは「枝をうまく切ると，登りやすく，新鮮な葉を豊富に茂らせるサースになる」と述べる．そうした木をつくるために，男性は長く伸びす

---

[11] 乾燥した果実であれば，枝を強く揺らすだけで落ちることがあるが，生葉に関しては枝を切る以外に採集する方法はない．

ぎたサースの枝（bànqaas）をその途中から山刀で切り落とす（写真 8-3）．その後には切口の周辺から多数の新梢が萌芽し，飼料を効率よく採集しうる密度の高い葉群（car）が形成されていく．こうした樹形を仕立てるための切り方は，人々の間でディーップ（diid）と呼ばれている．

　ディーップによって形成された葉群の内部では，多くの枝葉が互いに重なり，込み合った状態になっている．人々はそうした葉群から太さ 3–5 cm の枝葉を一本一本掻きとるように採取する．葉群から小さな枝葉を選択的に採集するこの切り方は，ロンク（lonk）と呼ばれている．ロンクとは枝の切り方を意味すると同時に，その際にもちいられる道具の名前をも意味する．この道具は，長さ 7 m 程度の竹竿の先に鉤型に曲げた鉄棒を取り付けたものであり，1970 年代以降，木登りのできる若者が出稼ぎに多く流出するなかで一般化した．地上から操作するロンクを使えば，木に登れない年輩者でもサースの枝葉を飼料とすることが可能となる．また，家畜の頭数に見合った量の枝葉を採取できるため，無駄が出ない．ただし，必要な量を一気に得ることはできない．さらなるデメリットもある．ロンクをもちいた枝葉の採取は，人々が「新しい枝葉が萌芽せず，木が傷んでしまう」とか，「葉群が乱れて汚くなる」と述べるように，枝の萌芽更新をもたらさない．植物には頂芽優勢という生理現象がみられるが，それに基づいて考えると，ロンクによる枝葉の採取は，彼らの言うとおり新梢の発生を抑止し，その継続は枝葉の減少につながることがよく理解できる．

　こうしたことから人々は，ロンクによって枝葉が減少したサースに登り，翌年以降の萌芽再生をうながすため，その樹冠を構成する大部分の枝葉を山刀で切り落とす[12]．これが第三の切り方，チョル（cor）である．人々は，「チョルを施せば，新たな葉群が形成されて，サースが若返る」と強調する．そうして更新された葉群は，再度ロンクの対象となっていく．

　ただし，チョルによって萌芽再生したばかりの枝葉には長くて鋭いトゲが付くため，ヒツジやウシはそれを食すことが全くできない．トゲは 3 年程度すると短く鈍くなる．あるいは全くなくなることもある．したがって，一度

---

[12] チョルでは樹冠の頂部の枝を残すことが重視される．残された枝はヌキ（鼻の意）と呼ばれ，「木が息をするところ」と考えられている．ヌキがなければサースは枯れてしまうといわれる．

第 3 編 ──● 農が創り出す生存基盤

写真 8-3　3 種類の枝葉の切り方
左上：ディーップとその前の樹形，右上：ロンク，左下：チョル，右下：ディーップおよびチョル後の樹形．
出典：筆者撮影（左上：2010 年 5 月，右上：2006 年 3 月，左下：2010 年 4 月，右下：2006 年 1 月）．

チョルされたサースの枝葉は，トゲがそのように変化するまでの数年間，採取されないことになる．

　樹冠の枝葉の大部分を一度に切り落とすチョルは，ウシ牧畜が今よりも盛んだった1970年代以前，飼料を得るうえで最も一般的な方法であった．それは大規模な牛群飼養に必要な大量の葉や果実を一度に得ることができたからである．しかし，チョルの上にチョルを重ねた結果，枯死してしまったサースもあったという．他方，現在では，1本のサースから少量の枝葉を選択的に採取するロンクが中心となっている．そしてチョルは，ロンクによって乱れた葉群を更新させることを意図して，低い頻度でなされるようになっている．

　このようなチョルとロンクを組み合わせた切り方が近年展開した背景として，家畜が他に替えがたい現金収入源となったことと，人口増加によるサースの稀少化が挙げられる．基幹食材を家畜の舎飼肥育に依存して購入する男性は，サースがもつ飼料としての価値を季節性のうえでも栄養の面でもかつてより一層強く見定めている．そうした貴重な飼料を生み出すサースそのものの増加が叶わない現状のなかで，彼らは既存のサースの生存や樹勢を確保しながら，葉や果実の採集量を最大化するための技術を培ってきたといえよう．

4 生存の論理 — 女性の生計活動とサース

4-1　生活燃料の採集をめぐる状況の変化

　家畜飼養に熱心な既婚男性は，サースが枝葉を再生しうる状態で生きていることを重視している．ところが，そうした男性とサースとの関係を度外視するような行為が近年みられるようになった．サースを生かしながら最大限に利用する方向とは全く逆に，サースの樹皮を剥ぎ取って枯死にいたらしめる者が既婚女性のなかにあらわれはじめたのである．

　既婚女性の一部がそうした行為をするのは，分厚く，硬いサースの樹皮を日々の調理に欠かせない生活燃料とするためである．セレール社会におい

て女性[13]は，生活の最も基本的な営みの一つともいえる食事づくりと，それに欠かせない燃料採集をとおして昔から日常的にサースと関わってきた．だが，その関わり方は時代をとおして変化しており，その一つが樹皮を剥ぎ取る行為として表出しているとみられる．

サースの樹皮を剥ぎ取る行為は現地語でハス（*xas*）と呼ばれる．形成層よりも内側を剥ぎ取るため，ハスを受けた個体は枯死にいたる場合が多い．現在，サースの枯死率は年間1.9％程度だが，そのほとんどがハスを原因としている．「昔は，樹皮を燃料とすることなど一切なかった」と年輩の女性は語るが，なぜ今，それがなされているのか．その理由を知るにあたってまずは，燃料採集をめぐる状況の変化をたどっておこう．

フランス植民地政府によってラッカセイが導入される以前，農地の周辺には今では全くみられないブッシュが広がっていた．当時は農地のなかにサースなどの高木が高い密度で生えておらず，燃料となる木本は主としてこのブッシュから採集されていたと考えられる．そこにおそらくは灌木や落枝などが豊富にあり，燃料採集にかける労力はかなり少なかったと思われる．

その後19世紀中ごろからは，ラッカセイ栽培の普及や人口増加などにともなって徐々にブッシュが農地に置き換えられていった．第2-1節で述べたように，その過程において人々はサース林を農地のなかに形成していった．サース林が形成されたころからウシ牧畜が盛んだった1960–70年代にかけては，男性がウシの飼料を得るためにサースの枝葉を頻繁に切り落としていた．その切り方はチョルが一般的であった．つまり，女性はチョルによって切り落とされた枝を拾うだけで燃料を調達できたのである．当時を知る年輩女性の多くは，「子どものころは，燃料を探すのは非常に楽だった．男が切ったサースの枝を拾うだけでよかった．農地を少し歩くと，ウシが食べたあとに残ったサースの枝がたくさんみつかった」と語っている．この時代の燃料採集は，チョルをともなう男性のウシ牧畜への依存が可能であったこと，また人口が今の半分以下であったことからして，ずいぶん楽だったと考えられる．

---

13) 燃料を採集する女性には，子どもから年寄りまで含まれる．だが，日々の燃料を実質的に調達している，あるいはその義務があると社会的にみなされているのは，20–50歳の既婚女性である．そうした集団を以後とくに断りのないかぎり，女性と呼ぶ．

ところが，1970年代以降にウシ牧畜が衰退し，かわって舎飼肥育が活発化するにつれて，女性は自力で燃料を採集しなければならなくなった．男性によるチョルの頻度が減り，最低限の枝葉しか採取されないロンクが増えていったことがそのおもな原因である．現在の年間をとおした燃料構成をみてみると，乾季の初旬から中盤にかけては，拾うだけで済む牛糞やトウジンビエの稈などが多用されている．だが，乾季の終盤にはそれらがほとんどなくなり，サースの枝が燃料の多くを占めるようになる．

　雨季の燃料は完全にサースに依存することになる．しかも，雨季にもちいるサースは乾季の間に採取しておかなくてはならない．雨季の間は，農地が作物で埋まり，そのなかにあるサース枝を採取しようとすれば，真下に植わる作物を破壊してしまうからである．このようなことから女性は乾季の中旬から終盤にかけて集中的にサースの枝を採集し，雨季の燃料として備蓄しておこうとする．そうした雨季の燃料の備蓄を目的とした燃料採集はタハン (*taxan*) と呼ばれる．このタハンにおいては，女性が重くて長いロンクを数か月にわたって自力で操らなくてはならない．ガスを購入している世帯も全くなくはないが，せいぜいお茶を沸かすのにかぎられている．食事用にガスを購入するほどの経済的余裕をもつ者は皆無に等しい．こうしたことから，女性は雨季を無事に乗り切るために，何としてでも乾季の間にサースの枝を採取し，ため込んでおきたいと願っている．

4-2　備蓄型燃料採集 —— タハン

　雨季の燃料をすべて備蓄するためのタハンには，多大な時間と労働が必要となる．それゆえ女性同士の協力が欠かせない．タハンを実施するうえで重要な要件は，友人や親族関係にある女性同士が適宜グループをつくることである．これには，ロンクを皆で協力してうまく操らなければならないことのほかに，大変な労働の場をおしゃべりによってなるべく楽しくするためといった多様な理由が含まれている．

　ここでは，備蓄型燃料採集とでも訳しうるタハンの実態について既婚女性 Ng（40歳代）を中心として形成されたグループを事例としてみてみよう．女

性 Ng らのグループは，2009 年の場合，乾季の中盤からトウジンビエの播種が始まる 6 月初旬までの間およそ 3 日に 1 回のペースで，樹上に残るサースの枯枝だけを採取の対象としたタハンを実施した[14]．その期間のうち 4 月 20 日から 6 月 1 日までの間に実施された計 12 回のタハンに筆者は同行した．以下の記録はその参与観察に基づいている．

彼女らがタハンのために農地に出発する時間は，15 時から 16 時の間であった．作業は日が暮れる 19 時過ぎまで続き，村に着くのは 20 時以降であった．12 回のタハンにおけるグループのメンバー数は平均 6 人であり[15]，それらのメンバーは互いに友人関係にある者，夫兄弟の妻同士，近所に暮らす同世代の者などであった．また，いずれの者もタハンの経験を豊富にもっていた．

各メンバーはそれぞれ次のような仕事を交代しながら担っていた．(1) 枯枝を探すこと，(2) ロンクを操ること，(3) 採取して落ちた枝を拾い集めること，(4) 大きな枝が採れた場合には斧で割ること，(5) 人数に応じて枝をきっちり当分すること，(6) 運搬しやすくするために枝をまとめること，(7) それぞれ持参したタライに枝を入れ，持ち帰ること．

誰が何を担当するかは，あらかじめ決められるわけではなく，その場で各自が思い思いの仕事についていく．だが，ロンクを操るのは，基本的に女性 Ng だとされていた．彼女がロンクの操作に最も長けていると皆にみなされていたからである．他方，枝が硬くそれをロンクで掻き落とすために複数の人の力が必要なときには，周りにいる者がとくに何も言われなくとも素早くその状況に反応し，皆で力を出し合っていた (口絵 6)．

このグループが 4 月 20 日から 6 月 1 日までにアクセスしたサースは計 443 本であった[16]．先に述べたとおり，サースはそれが生育する農地の保有者に帰属しており，幹や太い枝を勝手に取ってはいけないが，細い枝葉については「少しならとってもよい」という合意がセレールの間で成立している．この合意は男性の飼料採集にかぎらず，女性の燃料採集についても当てはまる．女性 Ng らは，直線的に進みながら次々と前方にあるサースにアクセスして

---

14) 全期間をとおして生枝は全く採取されなかった．
15) 最小 = 1 (1 度のみ)，最大 11 人 (2 度のみ)，標準偏差 = 3.4．
16) 最小 = 21 個体，最大 = 56 個体，標準偏差 = 10.0．

いた．彼女らがアクセスしたサース間の距離の平均は，29.1 m であった．他方，セレールの農地に生育するすべてのサースの平均間隔は 20.8 m である．彼女らは次から次へとサースにアクセスしていくなかで，農地の境界を軽々と越えているようにみえる．

　彼女らはサース 1 個体から平均 1-2 本の枝を採取していた．採取しようとした枝の本数は計 697 本となった．だが，実際に採集できたのは，そのうちの約 50％にすぎなかった．残りの半分の枝は，皆で引き落とそうとしてもその枝が硬くて採取できなかった．また，枝が採取できなかった理由は，枝の硬さ以外にもさまざまであった．たとえば，ロンクで枝を引っ張っている途中，幹や太い枝が折れそうになったことがたびたびあったが，そうしたときには「やめて，次の対象に移動しよう」という同行者の発言が聞かれた．また，大きくて取りやすい枝があったとしても，サースの所有者との社会関係のこじれから採取が避けられたケースもあった．彼女らは，「少しならとってよい」という合意に基づいて，なるべく多くのサースにアクセスしようとしている．だが，ある者の農地に生育する 1 本のサースから採取する量が少ないか多いかは，そのサースが誰のものかによって状況的に決められている．先のケースでは，「あの人はケチだから」という理由で，女性 Ng らは採取を控えたわけである．農地の境界は社会関係の境界と重ねられており，いつでも軽々と越えられているわけではないといえよう．

　「少しならとってよい」という合意は，セレールの村の成員のなかでしか成立していない．女性 Ng らは計 12 回のうち 7 回のタハンにおいて，調査村の隣に暮らすウォロフの人々の農地に侵入した．その 7 回のうち 3 回は完全にウォロフの農地のなかだけでタハンを実施した．さらに，そのうちの 2 回のタハンでは，ウォロフの住民から「やめて，出ていけ」と咎められ，それが激しい口論に及んだ．この際，女性 Ng らはまずは謝るのだが，ウォロフの住人がさらに非難を続けると，次第に自己の主張を強くぶつけるようになる．その際には，「私たちは燃料をもっていない．ここにはこんなにあるのに，なぜくれないのだ．けちは悪いことではないのか」といった旨の主張を皆が次々と述べる．それに対してウォロフは「私たちも燃料はない．それなのに，なぜ隣の者に与えなければならないのだ」とやり返す．

ちなみに，セレールの男性がウォロフの領域にあるサースへ飼料を採集するためにアクセスすることは，ウォロフの女性によってたいへん歓迎されている．セレールがその木に登り，チョルやディーブを施すことによって大量の燃料がウォロフの女性にもたらされるからである．ウォロフの人々は家畜をほとんど飼養せず，また人口規模も少ないため，サースの枝葉を切る機会が少ない．その影響からウォロフの農地に生育するサースは，その形成時期がセレールより若干あとだったにもかかわらず，セレールのそれより2倍以上も大きく育っている．ウォロフの男性は家畜をもたないため，そもそもサースに登ることができないといわれている．くわえて，サースは登りづらい樹形となっている．つまり，ウォロフの人々はその枝を自力で切り，燃料とすることができないのである．女性Ngらに対して「私たちも燃料はない」とウォロフの住民は主張しているが，実際には「枝が存在しない」のではなく，「技術的に扱えない」といった方が正しい．

　女性Ngらはもちろん，「少しならとってよい」というセレール間の合意が，ウォロフとの間ではつうじないことを知っている．それにもかかわらず，燃料を採集するという行為に付随する粗削りな生存の論理を前面に出しながら，ウォロフの非難に対抗している．女性Ngらのグループは，ウォロフから非難された次の回には，セレールの農地に戻ってタハンを続けるのだが，数日後には再度ウォロフの領域に入り，同様の口論を展開した．ウォロフの農地に生えるサースは傍目にもサイズが大きいが，女性Ngらに言わせれば，採取可能な枯枝も豊富なのだという．女性Ngらがウォロフの領域でサースを採集するのはこのためだと考えられる．実際，採集量の合計に占めるウォロフのサースの割合は30.7％にも達していた．

　女性Ngらが採集した枝の量は，1回のタハンで平均140 kgであった[17]．採集した枝はグループのメンバー間できっちりと等分される（写真8-4）．1人1回当たりの採集量は平均31 kgであった．これは5-7日分の調理を可能とする量である．女性Ng自身が2009年のタハンで採集した枝の量は合計で約600 kgであった．彼女の世帯では3-4 kg／日の燃料が消費される．し

17）最小＝25.5 kg，最大＝258.3 kg，標準偏差＝66.6．

第 8 章　セネガルのセレール社会における生業変容と人為植生

写真 8-4　採集したサースの枯枝を分配する女性
出典：筆者撮影（2009 年 4 月）．

たがって，女性 Ng は雨季の間の燃料を備蓄することに何とか成功したことになる．

この事例を振り返ると，おそらくウォロフの村での採集がなければ，女性 Ng らは雨季の燃料をすべて賄えるほどの量を備蓄できなかっただろうと思われる．自村のサースならどの個体にでもアクセスが可能であるとはいえ，そこには大きな枯れ枝をもつサースがほとんどない．ウォロフの農地に赴き，どんなに咎められながらもそこで採集を繰り返すことが，彼女らのタハンを成功に導いた鍵の一つであったと考えられる．だが，それを実現させるためには，ウォロフとの口論をしのぎ切る交渉力や発言力が重要となる．そのためには 1 人や 2 人ではなく，大勢でタハンをすることが必要となってくる．

彼女らがタハンに成功した別の理由として，枯れた枝に的をしぼって採集した点が挙げられる．生枝を採集の対象とした場合には細いものしかとれないが，枯枝の場合は，頻度は少ないものの，大きな枝が一度に採取できるこ

とがある．彼女らは毎回にわたって広い範囲を歩き回り，サース1本1本の樹冠を丁寧に見回しながら，枯枝がないかどうかをたしかめていた．大きな枯れ枝を見つけたときには，皆で一緒に1本のロンクを操作し，その枝を掻き落としていた．サースの稀少性が燃料の観点からしても非常に高まっている現在，雨季の燃料をすべて賄い切るだけの枝を採集するためには，女性どうしの協力関係がさまざまな局面で欠かせなくなっている．

4-3　女性の生計活動と樹皮の剝ぎ取り

　乾季に実施したタハンによって得られた燃料が，雨季の終盤にどの程度残っているのかを調べたところ，ほとんど底をついている世帯や，雨季の途中にすべてなくなってしまった世帯が多々確認された．そうした世帯は，そこに暮らす女性がタハンに費やす時間や労働，そして協力者を十分に確保できなかった可能性が高い．

　たとえば，女性T（20歳代）は同年代の友人と2人でタハンを実施したものの，十分な燃料を備蓄することはできなかった．彼女らが採集した範囲は調査村の農地のなかだけにかぎられていた．女性Ngらが数々のセレール村の農地だけでなく，ウォロフの農地にも積極的に赴いていたのとは対称的である．また，彼女らが採集した枝のほとんどは生枝であった．生枝は枯枝に比べ採集しやすいが，すでに述べたように細いものしか取れない．さらに，生枝には「苦い枝（*wexa*）」と称される，トゲを有するものが含まれる．同行者の1人が苦い枝を採集した場合，もう1人はその枝についたトゲをこそぎ落とす役割を担わなくてはならない．コロス（*kolos*）と呼ばれるこの作業には時間がかかる．生枝を採集対象とすることは容易だが，少ない人数のもとでは結局，時間当たりの採集効率が悪くなる．かといって，女性Ngのように大勢の同行者を集めてタハンを展開しようとしたわけではなかった．

　女性Tの事例からわかることは，女性がタハンを実施する際，十分な時間と労働をいつでも投入しているわけではないということである．また，協力者が得られず，1人でタハンを実施しなければならない女性もいないわけではない．そして，こうした状況こそが樹皮の剝ぎ取り（ハス）がなされる

背景となっている可能性が高い．燃料資源が絶対的に不足しているうえ，それに投資できる時間や労働，協力者が少なければ，女性は手っ取り早く何とかして燃料を得るために，最も簡便なハスをせざるを得ない状況に追い込まれると考えられる．タハンの実施に際して十分な時間，労働，協力関係をもつことを許さない状況はどのように生じているのであろうか．

　すでに述べたように，1970 年代以降，村では購入したコメを昼食の基幹食材とすることが一般化している．コメ料理に使われる副材をみてみると，コメと同様にこの地域では栽培できないニンジンやキャベツ，ナスビといった野菜類にくわえて，鮮魚なども含まれている．それらを得るには購入するしか方法がない．そして，そうした副材を賄うのは，女性の役割だとされている．

　コメ料理は毎日食され，それにかかる副材には 1 食当たり 500 フラン cfa 程度が必要となる．それを得るための手段として近年女性が取り組むようになったのは，調味料や洗剤といった食料や家庭用品の小売りや転売などである．現在では女性のほとんどが現金を得るために，こうした小商いに従事している．

　そうした小商いの一例を挙げておこう．女性 Yq（50 歳代）は，チェレとよばれる蒸したトウジンビエを 10 km 離れた近くの町まで毎朝 1 人で売りに出ている．販売用のチェレを準備するために，彼女はまず 300 フラン cfa ほどを費やして材料となるトウジンビエを購入している．次いで，それを製粉し，粉を蒸す．これには製粉代と燃料が必要となる．チェレは朝食として売られるため，儲けが減らないようにするには早朝に家を出なければならない．帰村するのは昼を過ぎる．このような小商いを Yq は週に 3–5 回実施し，1,500–2,500 フラン cfa の純利益を得ている．

　女性は副食を担うための小商いにくわえて，家事や子守にも忙しい．さらに，頻繁に催される冠婚葬祭への出席も欠かすことができない．村に暮らす女性には余暇を過ごす時間がほとんどないようにみえる．出稼ぎにいった息子や娘からの仕送りが得られることもあるが，それらは不安定であるばかりか，彼らの都市への流出がかえって労働力不足をもたらしているおそれもある．

　燃料採集は，こうした多忙な現在の生業活動の一部として実践されてお

り，タハンに投入できる時間や労力は必然的に減っていると考えるのが妥当であろう．女性 Ng らの事例でみたようなグループ形成は，そうした時間や労働の不足を克服するための協力のあり方の一つだといえる．だが，小商いは女性 Yq の事例でみたように個人レベルで営まれるケースが多い．これによって，都合が互いに一致するタハンの協力者をみつけることも，困難になっていると考えられる．

　女性は時代をとおしてサースを重要な燃料資源としてきた．だが，ここまでみてきたように，その採集をめぐる状況は大きく変化していた．とくに，男性のウシ牧畜の縮小を契機として，それまで「拾う」だけで済んでいた燃料採集が，ロンクをもちいて自力で取るように変化したことによって，女性に大きな労働が課されるようになった．それを補うように女性の間で適宜グループが形成されることもあるが，他方，副食の購入を担う役割をもつ彼らは小商いにも積極的に参与しており，思うようにグループの輪に参加できない者が増えていると思われる．このような女性をとりまく状況の変化が，サースを枯死にいたらしめる樹皮の剥ぎ取りにつながっていると考えられる．

5　サースをめぐるアクター間の関係

5-1　沈黙する不満

　サースを枯死にいたらしめる樹皮の剥ぎ取りを実施する女性に対して，家畜飼養を熱心に営む男性は不満を抱いている．また，家畜飼養を営む男性にかぎらず，女性の間にも樹皮の剥ぎ取りを村のモラルの低下として捉えて懸念する者が少なくない．その一方でそうした不満や懸念を露骨に示し，樹皮を剥ぎ取る女性を非難する者は一切みられないのも事実である．

　この点について家畜飼養を熱心に営む既婚男性 O（30 歳代男性）は，「女性を非難したり，注意したりすることはできない．彼女らが採集する燃料によって煮炊きされた料理をわれわれは食べているからである」と語る．村のサースは「少しであればよい」という暗黙の了解のもと，枝葉や枯死部の採集が

村のすべての成員に容認されている．そのような暗黙の了解は，そもそも互いの生活を保障し合おうとする人々の間の互酬的関係を背景として成り立っている．それを考慮すれば，男性 O の語りは，サースの将来的な存続に根差した家畜飼養よりも，現在の最低限の暮らしを優先するべきであるといっているように聞こえる．

また，既婚女性 Ng (40 歳代) は「樹皮を剥ぎ取ってサースを枯死させてもよいと考える者は，この村にはいない」と語っている．つまり，望んで樹皮を剥ぎ取り，サースを枯死させているわけではないのである．それを如実に示す事例を挙げておこう．

2007 年の 3 月，政府によるインフラ整備の一環として町と村をつなぐ道路が村の農地のなかにつくられていたときのことである．建設予定の道の真ん中に立っていたサースが，昼食の直前に切り倒された．その木が倒れた音は村のなかにまで届いた．その音を聞くや否や，世帯 As の女性たちは食事の直前だったにもかかわらず，急いで倒された木のもとに走っていった．他の世帯からも次々と女性が集まってきて，その木の枝や樹皮を燃料とするために採取しはじめた．

昼食を始めようと皆が集まっているとき，その場を離れるのはよくない行為とみなされている．だが，そのような規範はここでは簡単に破られた．このことは，燃料に不足しており，サースを得られる機会があればなんとかそこにアクセスしたい，という女性の状況や願望を雄弁に物語っている．だが，この事例は同時に，木が生きている間は，それを殺して燃料としてはいけないという考えを女性たちが共有していることをも示している．誰もが納得せざるを得ない公的な理由，つまり道路工事を進めるうえでそのサースは倒された．だからこそ，彼女らは樹皮を採集できたわけである．そうでなければ，村の木はとっくになくなっているであろう．

5-2　樹皮の剥ぎ取りの解消に向けて

とはいえ，樹皮が剥ぎ取られて飼料や燃料となるサースが枯死することは，男性だけではなく，村人全体の暮らしに関わる問題である．村人は，男

性も女性もサースを枯死させることはよくないが，だからといって最低限の生活が損なわれるべきではないというジレンマに立たされているといえよう．それがゆえに，女性による樹皮の剥ぎ取りに対して表立った抗議ができないと思われる．

　このような状況において，ヒツジとウシの舎飼肥育に熱心な男性S（60歳代）は，自分の農地に生育するサースが樹皮の剥ぎ取りによって枯死したことを契機として，その苦情を村役場へ訴え出るという行動をとった．そして，役人はその訴えをこの地域を管轄する森林局へ伝えることとなった．森林局はこの地域で樹皮の剥ぎ取りによってサースが枯死していることをつねづね問題視していた．くわえて，サース林が村人によって長年にわたって形成・維持されてきたにもかかわらず，セネガル国家の森林法ではサースが保護種と指定されているため，村人による利用を厳しく取り締まってきた．森林法（法令59号）によれば，村人にはサースの幹の伐採はもちろん，枝葉の採取も禁止されていることになっている．森林官は，サースが切られていないかどうかを見回りに頻繁に村をおとずれる．そのたびに何人かの村人がつかまり，罰金の支払いや山刀，ロンクなどを没収されている．それゆえ，森林官は非常に嫌われる存在となっている．

　だが，男性Sによる陳情をきっかけに，憎まれているはずの森林官による取り締まりを補助しようとする男性が村人のなかからあらわれた．その既婚男性G（50歳代）は，実際にはサースの利用を規制するようなことはしていない．だが，燃料を採集する女性からしてみれば，森林官は実質的な罰則をもたらす脅威の存在であり，その行動にはつねに細心の注意を払っている．たとえば，燃料採集の際に四輪駆動の車両をみれば，それを取り締まり中の森林官だと思い込み，ロンクとわが身を木の陰に隠すケースが頻繁にみられる．男性Gは，彼が実質的に取り締まりをするか否かにかかわらず，おのずと森林官を想起させるおそろしい存在として捉えられる．

　村人は「サースを枯死させることはよくないが，だからといって最低限の生活は損なわれるべきではない」という内部の価値に基づいて，樹皮の剥ぎ取りを問題視してきた．そのもとでは，樹皮の剥ぎ取りを完全に抑止できなかったわけである．その脆弱性を補うために外部の規範，すなわち森林法を

もち込んだと考えられる．

　このような樹皮の剥ぎ取りを抑止しようとする風潮のなかで，女性のなかからもそれをやめさせようとする声が出るようになった．老婆 C（70 歳代）は以前から「樹皮を剥ぐことは，尊敬すべき老婆の尊厳をふみにじることと同じだ」といっていたのだが，そうした主張が燃料採取をする女性のなかにも受け入れられていったのである．たとえば，それを聞いた女性 Sg（30 歳代）は，「樹皮を剥ぎ取っても別によいが，あとどうなっても知らないよ」という．「あとどうなっても知らない」というのは，「タハンのグループに参加させないよ」という意図を暗示している．先にも述べたように，タハンにおいては協力者が不可欠である．

　こうした経緯を経て 2010 年以降，新たな樹皮の剥ぎ取りはほとんど確認されなくなった．それと同時に，燃料を採集するための新たな方法がもちいられるようになった．形成層の内側を含む剥ぎ取り方ではなく，枯死には結びつかない外皮のみの採集（*nyabat*）がなされるようになったのである．この方法では一度に大量の燃料を得ることはできないが，サースを生かしつつ利用することを叶える，現在のところ最も都合のよい選択となっている．

6　サースをつうじた人と自然の相互作用

　時代の進行とともにセレールの生業活動は大きく変化してきた．本章では，そうした生業変容のなかで人々とサースとの関わり方がどのように変化してきたかについて男性と女性の行動から検討してきた．実際には男女の違いを明確に区別できるものではないが，男女の行動を経済の論理，女性の行動を生存の論理として説明してきた．

　近年，男性は家畜を現金収入源として強く意識し，その飼養にサースを利用してきた．男性はサースの枝葉を採取して家畜に与えているが，それはたんに家畜が食べられる飼料の一つにすぎないからではなく，季節性や栄養性の面から特有の性質をもつからであった．また，サースから飼料を得るために人々は枝の切り方に変化をくわえてきた．従来のチョルを主とした方法で

は，もはや，サースが枝を旺盛に再生産する状態で生きていることが叶わない．そうしたなか，人々はロンクと呼ばれる新たな道具と枝の切り方を考案した．しかしながらロンクはサースの枝葉の更新を促進しないため，人々は適宜チョルをもちいるようになった．

このように技術が変化したのは，第一にサースの稀少化にともなう，サースの生態の理解の深化であると考えられる．彼らはチョルが枝葉の再生をうながすことを古くから知っていたわけだが，近年，広まったロンクではそれが起こらず，チョルの必要性が再確認されたのであろう．しかし，技術変化の発生は，サースと人の関係のみを背景としているわけではない．枝葉の採集技術は，基幹食材の購入の必要性が高まりやラッカセイ経済の低迷，舎飼肥育の活発化によってうながされてきた．また，ロンクの広まりは若者の流出を契機としていた．これらはすべて市場経済に触発されているといっても過言ではない．外部社会と社会内部における状況の変化が技術変化の第二の背景となっているといえる．

サースとの関わりにおける男女の違いは，それぞれが負っている経済の論理と生存の論理の違いをあらわしていた．別の言い方をすれば，サースは家畜飼養にとっては生産活動の重要な手段であると同時に，女性を介して村人全体の食を保障するという生存の手段でもあった．このような両義性をもつサースが稀少化するなかで，村人は技術的に解決を試みたり，隣村にいさかいをもち込んだり，森林局のような外部権力を借りたり，非難の意を露骨させないかたちで意を表明したりしながら，サースが存続するための最適な道を模索していた．その過程では異なるアクターが互いの論理を激しくぶつけあうような事態が村のなかでは起きなかった．このことは，いずれの立場にとってもサースが生存に不可欠であり，サースなしでは経済も生活も成り立たないことを各アクターがわきまえているからだと思われる．

人々とサースとのこのような関わり方は，歴史的にみれば，セレールの社会において変化していない不変の部分となっている．本書の意図に即していえば，農地とは人々とサースが相互に作用し合う一つの生命圏である．人々はどのように市場経済に触発されようとも，そうした生命圏との関わりそのものを断ち切ろうとはしてこなかった．むしろ，生命圏とのつながりを保つ

ために，技術と社会的枠組み（制度）を状況に応じて再編させてきたのである．人々はサースを生かさず殺さず利用する一方，それなしでは自分も生きられないサースとの一体的な関係を今も継続しているといえる．サースに対する深い配慮を共有する過程で，サースもまた社会化されている．このような両者の相互作用がつくり出す生命圏のなかに暮らしの軸足をおくことによって，激しいマクロな変化のなかで最適な道を模索するための交渉が可能になっているといえる．

参考文献
Blaikie, P. 1985. *The Political Economy of Soil Erosion in Developing Countries*, London: Longman Scientific and Technical.
Lericollais, A. 1999. *Paysans Sereer: Dynamiques Agraires et Mobilités au Sénégal*, Paris: IRD.
Louppe, D. 1996. "Influence de *Faidherbia albida* sur l'Arachide et le Mil au Sénégal-Méthodologie de Mesure et Estimations des Effets d'Arbres Emondés avec ou sans Parcage d'Animaux", *Sols et Cultures* (deuxième partie), ISRA / CNRF, pp. 123–139.
平井將公 2010．「サバンナ帯の人口稠密地域における資源利用の生態史 ── セネガルのセレール社会の事例」木村大治・北西功一編『森棲みの生態誌 ── アフリカ熱帯林の人・自然・歴史　I』京都大学学術出版会，263–294頁．
Hirai, M. 2005. "A Vegetation-maintaining System as a Livelihood Strategy among the Sereer, West-Central Senegal", *African Study Monographs*, Supplement 30: 183–193.
Pélissier, P. 1966. *Les Paysants du Sénégal: Les Civilizations Agraieres du Cayor à la Casamance*, Saint-Yrieix, Imprimerie Fabrègue.
Roupsard, O., A. Ferhi, A. Granier, F. Pallo, D. Depommier, B. Mallet, H. I. Joly and E. Dreyer 1999. "Reverse Phenology and Dry-Season Water Uptake by *Faidherbia albida* (Del.) A. Chev. in an Agroforestry Parkland of Sudanese West Africa", *Functional Ecology*, 13(4): 460–472.
島田周平 1995．「熱帯地方の環境問題を考えるための新視角 ── 脆弱性論とポリティカル・エコロジー論」田村俊和・島田周平・門村浩・梅津正倫編『湿潤熱帯環境』朝倉書店，67–74頁．
── 2007．『アフリカ　可能性を生きる農民 ── 環境－国家－村の比較生態研究』京都大学学術出版会．

第9章

ベンガル・デルタの洪水，サイクロンと在地の技術

安 藤 和 雄

1 はじめに ── 生存基盤としての在地という視点

　新聞，ニュースなどのマスコミや一般書などが伝えるベンガル・デルタの自然環境は，雨季と乾季の明瞭な熱帯モンスーン，広大で低平なデルタで繰り返される大洪水とサイクロン，時に起きる干ばつとでもいえる雨季の雨不足などとして語られることが多い．その自然環境のダイナミズムは，狭い平野，谷，盆地，里山がつくる，比較的制御可能な「箱庭的な自然環境」になれ親しんできた日本人の多くには，「不安定な自然環境」と映る．

　東北と北海道を合わせたほどの国土面積をもつバングラデシュの総人口は1億6,000万人（2010年の世界保健機関の保健統計より）で，その99％以上がベンガル・デルタに住み，米を主食として暮らしている．この超過密人口は農業近代化以前からこのダイナミックな自然環境に大きく依拠しつつデルタ固有の農業を発達させてきた．

　本章の課題は，上記のベンガル・デルタの特徴をふまえて，この超過密人口の生存を支えてきた「洪水と干ばつ，著しい不安定性をもつデルタ地域における稲作を可能にしてきた技術とは」というテーマで生存圏としてのベンガル・デルタを描くことである．

地球圏，生命圏，人間圏が同心円的に重層的な広がりをもつものだとすれば，それを串刺しにしてきたものは技術であったことは間違いなく，ベンガル・デルタにおけるこの重層性を，技術を軸に描写することが筆者に求められたのである．しかし，そのときから筆者自身には，疑問が芽生えていた．それは，農業技術をふくめ生きていくための文化が芽生え，世代を超えて継承されている土地において，洪水や干ばつというある周期的な環境の変化のなかを暮らしてきた人たちは，はたして外部者のようにそれを著しい不安定性と捉えているのだろうか，という自問である．その土地に住みつづけてきた人たちは，自然との関わり合いから自然環境を上手に活用していく知恵を身につけ，生業や家や屋敷などの居住空間を整え，暮らしを支える技術を試行錯誤で工夫し，それらを次世代へと伝えることで定住してきた．定住することで，独立的で人にとって客観的存在であった自然環境は，あたかも意志をもったような存在となる．人々は自然環境の不安定性を「神」の怒りと捉え，その恵みを「神」からの贈り物であるという素朴な感情をもつようになる．客観的に外部の人の目に映る不安定性も，生きていこうと決断し，それを実行してきた人にとっては，不安定性そのものが，主体的に「安定性」へと組み替えられていく．そうした長い時間の経過のなかで彼らの存在が保障されてきた，人と自然環境との互いの主体的関係が成立している土地を，筆者は「在地」と呼んできた．端的に言えば在地こそが生存基盤であると筆者は捉えている．
　こうした考えをよく反映している日本の諺がある．「住めば都」である．「住みなれれば，どんなに貧しく不便な環境でもあってもそれなりに住みよく思われるものだ」（広辞苑第5版）という意味である．この諺の重要なところは，環境が独立的に存在するのではなく，定住しているという事実を振り返って，現在，そしてその延長として将来もそこに住みつづけるという気持ちがあれば，まわりの環境の良さが目につくようになる．肯定的に捉えられるという点にある．同時に，生きることは，自らが暮らしている自然や社会の「場」に見いだすことができる多様な関係性における「現在」を肯定することからしか生まれてこない，という哲学的境地をも教えているのである．人だけでなく，生きとし生けるものは大抵がこの思いをもって命をつないで

きたのではないだろうか．この「生きる姿勢」が，自然環境を利用する他者との競合という争いを避け，共棲というかたちをとおして生きもの全体のニッチ（暮らしの場，生活環境）を広げてきたのだろう．

「住めば都」は，在地となった環境と言い換えることができる．在地をもつことによって，生きとし生けるものは生存基盤を確保してきたのである．筆者は，生存圏とは無数の在地で構成された世界であると考えている．在地の喪失は，生きとし生けるものの生存をもやがては奪っていく．多くの種の消滅がそれを教えている．人もその例外ではない．

「ベンガル・デルタにおける稲作を可能にした技術とは何か」というテーマを与えられたときの筆者の違和感は，暮らしている人々と自然環境を並列的に「客観的な存在」「客体」として捉えることの不自然さであった．生存は主体的な現象であり，客体的な現象ではない．技術は生存に直結する具体的な主体的行為であるからこそ，生存を保障してきたのである．

本章では，こうした観点から，ベンガル・デルタでの在地に暮らす人と自然環境の安定的な統合的関係をつくっている技（知識を含める）・術（社会システムも含める）を「在地の技術」と規定し，そのなかでも，デルタの著しい不安定な環境を「安定な環境」に変えている「在地の技術」とその特徴について，一，二の例を挙げつつ紹介する．在地の技術は文化であり，その土地に暮らす人々の精神性に密接に関係している．したがって，この点から，最後にベンガル・デルタの生存基盤を支えてきた在地の技術をうみだしている精神世界について言及する．

2 在地の技術の発見

筆者が在地の技術という言葉を発想したのは，1986 年から 87 年にかけての乾季にバングラデシュのジャムナ川（バングラデシュ国内に入ったブラマプトラ川の本流の呼び名）氾濫原に立地する，ドッキンチャムリア村の「緑の革命」の近代稲作技術で栽培されていた水田での農作業を観察したときだった．高収量性品種（High Yielding Varieties; HYV）をもちいた深管井戸（deep tube

第3編 ──●農が創り出す生存基盤

写真 9-1 乾季の灌漑された高収量性品種の生育田に梯子型まぐわをかける
出典：筆者撮影 (1987年3月).

well) によって灌漑栽培され，移植されて数週間後の稲が育つ青田に，伝統稲作技術である浮稲栽培でもちいられる梯子型まぐわ (写真9-1) や，櫛形まぐわ (写真9-2) が2頭の牛に牽引されて施されていた．生育の初期1ヵ月間ほどを畑状態で育てる伝統的な浮稲に対して，中耕，めくら除草が行われるが，その作業が灌漑水田の高収量性品種の栽培にも施されていた (安藤 2001)．いったいこの技術は，伝統技術なのか近代技術なのか，疑問がわいたのである．農民は近代技術と伝統技術を主体的に統合させて乾季の灌漑稲作を行っていたのであるから，これは厳密な意味で，伝統技術でも近代技術でもない．農民が主体的に選択し，新たに統合・創造した技術であるということから，在地の技術と呼ぶことにした．このときの筆者の疑問は，本章のテーマが与えられたときの疑問と通底している．それは，本来，技術とは主体的存在であるにもかかわらず，客観的，客体的な存在としてそれを分析・分類しようとすることに筆者自身がこだわっていたためである．今も技術は，伝統技術，

第9章　ベンガル・デルタの洪水，サイクロンと在地の技術

写真9-2　乾季の灌漑された高収量性品種の生育田に櫛型まぐわをかける
出典：筆者撮影（1987年3月）.

近代技術，農民技術，試験場技術，内発的技術，外発的技術などの，農家の暮らしの場（在地）の外と内，伝統と近代という対比をとおして語られることが多い．この分析の視点では，農家が生きていくために既存技術をどう主体的に新しく統合したのかというようなことは問題とされない．まさに，技術の分類に目的が置かれているのである．しかし，在地の技術という視点は農家の主体性を重視する．技術を客観的に説明することよりも，農家の主体的な目的意識と技術統合の背景やプロセスを重視する．在地の技術にとって重要なことは，技術を工夫した「開発者」とそれを使う「実践者」が分離せずに，「人格的統合性」をもっていることである．平たく言えば，その技術を使おうとする人が主体的に技術を工夫し開発して，開発者と実践者が同一化していることによって成立しているのが在地の技術である．つまり現在，農家が使っている技術を農家の視点から再定義する試みでもあったのである．以下，在地の技術の実際の事例を示しておこう．

3 ベンガル・デルタの自然環境の不安定性 — 洪水とサイクロン

バングラデシュの国土の8割は、ベンガル湾に注ぎ込む3大河川であるポッダ（ガンジズ川のバングラデシュ国内での呼び方），ジャムナ（同，ブラマプトラ川），メグナとその支流，さらにベンガル湾の海岸へ打ち寄せる波と潮汐によって堆積された土砂がつくったベンガル・デルタに覆われている．ベンガル・デルタの自然環境の不安定性の代名詞は洪水とサイクロンである．これらは基本的にベンガル・デルタの立地に関係している．東ヒマラヤにさえぎられた雨季のモンスーンの雨は，すべて3大河川とその支流によってベンガル・デルタに流入している．バングラデシュの国土に降る年間降水量の4倍の水がこれら河川をつうじて流れ込んでくると見積もられている (Johnson=山中ほか訳 1986: 35)．一方，インド洋で発生したサイクロンは，暴風と雨をベンガル・デルタに運ぶ．サイクロンの常襲地帯である海岸部は，3大河川が合流した大メグナの河口部の東と西では，全く異なった自然環境となっている．西には，河川が自然堤防で封じ込められ，後背湿地が発達したモリバンド・デルタ（死んだデルタ）と，その南下方でベンガル湾に接しているマチュア・デルタ（成熟したデルタ）には世界で最大面積のマングローブ林であるシュンドール・ボンが広がっている．東には今でも活発な河川活動が土地の浸食と堆積を繰り返しているアクティブ・デルタが広がっている (Rizvi 1955: 237-240; Johnson=山中ほか訳 1986: 22-23)．西は本来の狭義のデルタ地形であり，東は氾濫原地形である．したがって，現在見ることができる東の海岸部，ハティア島のアクティブ・デルタ上のマングローブ林は，サイクロン被害をさけるために植林された防風と防潮を兼ねた人工の森である．

一つの参考資料として表9-1を掲げておく．バングラデシュのサイクロン被害が世界でも突出していることが理解できよう．とくに，記録が整備されるようになった20世紀に入ってからはバングラデシュのサイクロン被害の頻度は突出している．1970年のサイクロンでは，ハティア島を中心に，50万人（政府発表は20万人）もの人が亡くなるという大被害が起きた（BBS

表9-1 世界のおもな熱帯低気圧（サイクロン，台風，ハリケーン）による死者数

年	国・地域	死者数	年	国・地域	死者数	年	国・地域	死者数
1584	バングラデシュ	200,000	1897	バングラデシュ	175,000	1963	バングラデシュ	11,520
1737	インド	300,000	1900	アメリカ・テキサス州	6,000	1963	キューバ・ハイチ	7,196
1779	インド	20,000	1906	香港	10,000	1965	バングラデシュ	19,279
1780	アンティル諸島	20,000	1912	バングラデシュ	40,000	1965	バングラデシュ	12,000
1822	バングラデシュ	40,000	1919	バングラデシュ	40,000	1970	バングラデシュ	500,000
1833	インド	50,000	1923	日本	250,000	1971	インド	10,000
1839	インド	20,000	1937	香港	11,000	1977	インド	10,000
1854	インド	50,000	1941	バングラデシュ	7,500	1985	バングラデシュ	11,069
1864	インド	50,000	1942	インド	40,000	1988	バングラデシュ	5,708
1876	バングラデシュ	100,000	1960	バングラデシュ	5,149	1989	インド	20,000
1881	中国	300,000	1960	日本	5,000	1991	バングラデシュ	138,000
1895	インド	5,000	1961	バングラデシュ	11,464			

註：資料の根拠となった死者数の統計データの出所は不明．死者数5,000人以上の規模の熱帯低気圧が選択されている．
出典：Government of Bangladesh (1986: 3).

2011: 227)．それを契機にバングラデシュの沿岸部では国際協力の支援を受けたサイクロン・シェルターの建設や防災プログラムの整備が始まった．1991年に再び13万人という大きな被害を出したサイクロン以降（BBS 2011: 228），サイクロン・シェルターの建設が大幅に進んだ（写真9-3）．地元のNGOや政府は，地元集落と協力し，サイクロンの到来の危険を告げ，サイクロン・シェルターなどへの避難を呼びかけるボランティア活動をつうじてマイク，旗の掲揚，ラジオによる情報伝達の方法を整備していった．今では，バングラデシュは，世界でも最もサイクロンの防災と減災プログラムの取り組みが進んだ国の一つとなっている．また，同じことは洪水についても言える．1987年，88年と連続した，50年に一度あるいは100年に一度と言われた大洪水を契機に，洪水対策に対する国際協調がはかられ，Flood Action Plan (FAP) が作成され，国際援助によって大規模な調査や実践研究がバングラデシュに投入された（Hofer and Messerli 2006: 412-413）．今では，洪水対策，サイクロン対策の調査，実践研究，事業において，バングラデシュは世界で最も先進的な取り組みがなされている国となっている．

2008年，隣国ミャンマーでは，超大型サイクロン・ナルギスの襲来によ

第3編 ── 農が創り出す生存基盤

写真 9-3 ハティア島のサウジアラビア国の援助で建てられた多目的シェルター
出典:筆者撮影 (2012年1月).

り 14 万人が亡くなったが (Fort 2011: 4),2007 年に発生したバングラデシュでの超大型サイクロン・シドル襲来の際には,死亡者を 3,000 人に抑えることができている (BBS 2011: 229).ナルギスとシドルはサイクロンの規模や特徴が異なるので単純には比較できないが,人的被害のあまりにも大きな差は,バングラデシュでの 1991 年からの取り組みの成果が顕著にあらわれた例と言えるだろう.筆者はバングラデシュの経験を両国の NGO や大学関係者をつうじてミャンマーに伝える国際ネットワーク構築の協働研究を開始し[1],2012 年 1 月の 2 週間,ミャンマーの NGO で,ナルギス被災地で活動を続ける Forest Resource Environment Development and Conservation Association (FREDA),Ecosystem Conservation and Community Development Initiative (ECCDI) から各 1 名のスタッフをバングラデシュに招へいし,ハティア島を拠点に活動を続ける NGO の Dwip Unnayan Sangstha (DUS) に依頼してサ

---

1) この協働研究は科学研究費の助成を受けた「ベンガル湾縁辺地域における自然災害との共生を目指した在地のネットワーク型国際共同研究」(代表:安藤和雄 平成 21 年度-平成 25 年度)として実施している.

第 9 章　ベンガル・デルタの洪水，サイクロンと在地の技術

イクロン・シェルターの運営などの現状の視察を行った．ミャンマーでもナルギス被災地の緊急支援や復興に国際的な NGO が入り，サイクロン・シェルターの建設が始まっている．しかし現在，サイクロン・シェルターの平常時の維持管理に関する問題が出ており，是非，この点をバングラデシュに学びたいという FREDA からの申し出に応えた今回の招へいであった．

4　洪水とサイクロン被害を逃れる知恵と技術

　サイクロン・シェルターもハティア島の地元の人々にとっては外からもち込まれた防災の技術である．

　1970 年のサイクロン被害を記憶していた老人の話では，当時サイクロン・シェルターはなかったが，すでに，東パキスタン時代に高潮を避ける堤防の建設は進んでいた．サイクロンが来たとき，ちょうど多くの人々が稲刈のために堤防外におり，高潮にのまれた．このサイクロンは，1970 年 11 月 12 日にチッタゴン地区に上陸している．高さ 10 から 33 フィートと記録されている高潮 (BBS 2011: 227) は，堤防外の人々をいっきに飲み込み，さらに堤防を越えて集落に流れ込んだのだろう．堤防内は人的被害こそ少なかったものの，人々は木にしがみついて，高潮に押し流される難を逃れた．サイクロンが近づくと，グングングンと地響きのような音が聞こえるのだという．高潮は巻き込むように押し寄せるが，高潮に巻き込まれなければ命は助かる，と老人は教えてくれた．とにかく木にしがみつき，流されないようにすること．これが言い伝えられてきた，サイクロンの押し寄せる高潮から緊急に逃れる地元の知恵なのだという．

　1991 年 4 月 29 日にチッタゴンに上陸した潮の高さ 12 から 22 フィートと記録されているサイクロン (BBS 2011: 228) では，堤防の決壊にもかかわらず近くのサイクロン・シェルターに避難したと，ある中年の女性が話してくれた．1970 年も 1991 年もそうであるが，助かった人々は，いずれも屋根に登ったり，木々につかまって高潮の難を逃れている．

　ハティア島の地形的特徴からマングローブは発達しておらず，堤防の外は

写真9-4 ハティ島のニジョンデープに広がるチョールと呼ばれる低平な土地
出典：筆者撮影(2011年11月).

　チョールと呼ばれる一面が平らな堆積地形である(写真9-4)．一方，堤防内の屋敷地は，成長の早いレイン・ツリーの高木が屋敷地を囲んでいる．サイクロン・シェルターの高さを超える高木も少なくない．その結果，1970年のサイクロンでは，この木々が人々の命を最後の一線でつなぎとめたのである．ミャンマーからやってきたNGOスタッフたちの驚きは，豊かな屋敷地林の存在であった．ハティア島の視察の後に内陸の氾濫原の村々を視察するのであるが，ミャンマーNGOのスタッフは，屋敷地林の豊かさに驚きの声をあげていた．
　じつは，この豊かな人工の林をもつ屋敷地こそが，洪水やサイクロンから人々をまもってきたのである．近年は政府やNGOの奨励もあるが，バングラデシュの人々は，元来，木々を積極的に植えたり，鳥などが運んでくる種子が自然に芽吹いた屋敷地内の果実を大事に育て，材，薪のとれる有用な木々を積極的に残してきた．デルタ内の木々は100％といって過言でないほど，「育成樹」なのである．この屋敷地の豊かな林を持続させてきたのが，

第9章 ベンガル・デルタの洪水, サイクロンと在地の技術

写真 9-5 バングラデシュの氾濫原 (ドッキンチャムリア村) の新しい屋敷地
出典：筆者撮影 (2007年11月).

雨季に冠水を免れる土を盛った屋敷地の存在である (写真 9-5)．すでに発表している拙稿 (安藤 2000) で述べたように，ベンガル・デルタにおいて氾濫原の自然堤防から後背湿地の低地にいたるまで集落の存続を可能にし，人々の暮らしを支えてきた技術が，この屋敷地をつくる技術であった．筆者がこのことに気がついたのは，アフリカでの生活経験があり，その後バングラデシュでの農村開発調査を志した矢嶋吉司氏と一緒に車で調査をしていたときであった．村人が頭に竹かごで土を運んでいる姿を見た矢嶋氏から「バングラデシュの人たちは本当によく土を動かす」(安藤 2000) という一言を聞いたことがきっかけとなっている．たしかに指摘されればそうである．ベンガル・デルタは氾濫原デルタで，砂やシルトに富み，石がなく，粘土も比較的少ない．平鍬を使うとわかるが，日本の水田とは比べものにならないくらい，打ちおろした鍬は，「軽い」のである．そして人海戦術で1mから5mの高さの土盛りの屋敷地を積極的につくる．こうした土を盛る文化のあるベンガル・デルタでは，屋敷地は雨季にはプラットホームとなり，水没に弱い

マンゴー，ジャックフルーツなどの多くの木々が屋敷地で育つ．バングラデシュの人々は，屋敷地の維持に非常に注意を払い，それを丹念に世話をしている．1998年雨季の大規模洪水では，ドッキンチャムリア村の51世帯の屋敷地が冠水した．しかし，1998年から1999年の乾季には，この51世帯はすぐに土盛りをしている．その際，以前に屋敷地の土盛り用の土を掘り出してできたドバと呼ばれる溝のなかに，洪水が運んで溜まったシルトの多い土が利用された．シルトは乾けば表面は固くなり，コンクリートのように表面をコーティングできるので，雨水がしみ込んで，屋敷地が崩れるのを防ぐのだという（安藤 2000）．外部者の目には不安定性に映る洪水も，屋敷地の維持に欠かせないシルトを運んでくれる，恵み深い自然環境となっているのである．

　ベンガル・デルタの屋敷地の技術の素晴らしさを再確認できたのは，ミャンマーのイラワジ・デルタでのフィールド・ワークであった．イラワジ・デルタの屋敷地は自然堤防の高みに集中し，後背湿地には進出できていない．ここでは土盛りではなく，高床式で家屋をつくる技術が採用されている．イラワジ・デルタでは，屋敷地は数ヵ月にわたって冠水する．したがって，生育できる木々の種類もかぎられ，ベンガル・デルタの屋敷地と比べると貧弱感は免れない（写真 9-6）．ミャンマーの国土の大きな面積を占める中央平原半乾燥地域では，乾燥のために，やはり，屋敷地は貧弱である．ミャンマーの NGO スタッフの驚きにはこんな背景があるのだろう．ナルギスでは多くの人々が亡くなった．ミャンマーの屋敷地に植えられた木々が，ナルギスの高潮が押し寄せたそのときに，どのように活用されたのかを筆者は是非知りたいと思っている．まさに，屋敷地をつくり，維持する技術は在地の技術の典型である．バングラデシュの屋敷地では，木々も人も，家畜や虫たちも，生きとし生けるものとして，互いに共生しながら生命をつないでいるのである．在地の技術の本質を筆者は屋敷地を維持する技術に発見している．

第9章 ベンガル・デルタの洪水, サイクロンと在地の技術

写真 9-6　ミャンマーのイラワジ・デルタの屋敷地
出典：筆者撮影（2009 年 6 月）．

5　在地の技術となったサイクロン・シェルター

　1970 年以後ハティア島において外来の技術として入ったサイクロン・シェルターも，現在のミャンマーのサイクロン・シェルター同様に，建設後，すぐに維持・運営の問題にぶつかったことを，ハティア・ウポジラ（郡）議会議長である 66 歳の元国会議員のモハモッド・ワリ・ウッラ（Md. Wali Ullah）氏が話してくれた（2012 年 1 月の視察時の聞き取り）．援助機関は当時，サイクロンの高潮から逃れるという一点のみでサイクロン・シェルターを緊急に建設していったため，シェルターは河口の河川岸線に沿ってつくられたが，いつも特大のサイクロンが来るわけではないので，数年も使われなければ廃墟化してしまったのだという．集落のあった河口の河川岸線は土壌侵食によりメグナ川に飲み込まれてしまい，当時つくられたサイクロン・シェルターも現在では数えるくらいしか残っていない．1991 年のサイ

241

クロンを契機に再びサイクロン・シェルターが建設されるのだが，廃墟化したサイクロン・シェルターの反省にたって，モハモッド・ワリ・ウッラ氏らが中心となって，下記の五つの条件を設定し，それをクリアした場所に建設した．すなわち，
(1) 河口の河川岸であること，
(2) 周辺の人口が多いこと，
(3) シェルターが小学校などの社会的公益性のある組織が使用できる立地であること，
(4) 人々のアクセスがよいこと，
(5) ユニオン評議会[2]が選定していること，
である．

1970年のサイクロン以後のシェルター建設では，まったく地元の意見が参考にされなかったが，1991年のサイクロン以後の建設では，むしろ地元が中心となっていると，郡会議長は得意げであった．1991年以後にはサウジアラビア政府，JICA，キリスト教精神に基づく活動をしている国際NGOの国際カリタス（Caritas International）が援助してサイクロン・シェルターが建設されているが，その多くは，小学校の校舎との兼用である．そして，小学校となったシェルターは郡教育局が監督し，地元集落の住民からなる小学校運営委員会が維持・運営の責任者となっている．こうしたシェルターのなかでも，サウジアラビアのサイクロン・シェルターはほとんどが学校に併設されるようにしてつくられ，スピーカーを置けるような塔をもった独特のかたちをしている（写真9-3）．これは，シェルターをモスク，小学校，クリニックとして使用しているからだという．ミャンマーのNGOスタッフや筆者は，モスクを入れた多目的シェルターは妙案だと感心した．仏教への信仰

---

2) バングラデシュの地方行政区分は，現在，県（ジラ District），郡（ウポジラ Upozila），さらにその下部単位の，郡庁が置かれている街地区のポロショバと行政村（ユニオン Union）からなっている．郡，ポロショバ，ユニオンには直接選挙で選ばれた，長（Chairman）が置かれている．ユニオンは村人に最も近い地方自治体となっている．選挙で選ばれた議員（Member）がいて，議会である評議員会（Council）が置かれている．ユニオン評議会の構成は，以下のとおり．(1) 議長（1名），(2) 議員（12名：男性9名，女性3名），(3) 秘書官（1名），(4) チョキダール（9名：1名1ワードを担当．警備員兼使い走りをする官吏），(5) ドファダール（1名：チョキダールをまとめる官吏）（http://prdp2.jimdo.com/ バングラデシュ地方行政について / 参照）．

心が強いミャンマーなら，寺院機能も入れ込んだシェルターはきっと村で受けいれられ，維持・運営の経費も寄付によって集まることだろう．このように，サイクロン・シェルターの技術は立派な在地の技術となっている．サイクロン・シェルターを実際に利用するのは地元の人々であり，彼らの主体性が発揮されることにより，利用への展望が広がっている．

6 「緑の革命」の導入と発展

　屋敷地やシェルターと並んで，ベンガル・デルタの在地の技術における重要な特徴は，主食の穀物生産である．表9-2に示すように，バングラデシュの稲品種群は，在来種(Local)，高収量性品種(HYV)，ハイブリッド(Hybrid; 代雑種の特性を使った品種)に分類される．さらに栽培される季節により，アウス(Aus)，アマン(Aman)，ボロ(Boro)に，栽培法により，散播(Broadcast; 種籾の直播による)，移植(Transplant; 苗の移植による)に分かれる．雨季は5月下旬から10月，乾季は11月から5月上旬であるので，伝統的にアウスとアマンは雨季の降雨と洪水による天水を利用して，ボロは乾季に川や池，沼などの表面水と地下水をくみ上げた灌漑を利用して栽培されている．
　現在のバングラデシュでは，表9-3に示すように，栽培面積，生産量ともに乾季(ボロ)作の高収量性品種が最も大きくなっている．つまり，試験場技術がつくりだした稲品種が，その土地で生み出されつくられてきた在来品種を凌駕しているのである．乾季作においては98％，雨季作においてさえも高収量性品種の作付面積の比率は67％にまで達している．
　バングラデシュでは，1959年，コミラに農村開発アカデミーが設立され，地下水と河川・池からの動力ポンプ灌漑，国際稲研究所が開発した高収量性品種，リン，チッソ，カリの化学肥料等が導入された．稲作における「緑の革命」と呼ばれた農業の近代化が着手されたのである．この緑の革命は，当初は，雨季稲作に，そして，灌漑さえ施すことができれば，乾季稲作へと積極的な展開がはかられていった．国家が率先して行った技術導入である．稲作の改良は英領時代にもあった．在来品種から収量性の高い品種が選抜され

表9-2 バングラデシュの稲品種群と作付時期

稲品種群	散播・移植時期	収穫時期
1. アウス		
在来品種散播	3月中旬～4月中旬	7月中旬～8月上旬
高収量性品種移植	3月中旬～4月中旬	7月～8月
高収量性品種散播	3月中旬～4月中旬	7月下旬～8月
2. アマン		
在来品種移植	6月末～9月上旬	12月～1月上旬
在来品種散播	3月中旬～4月中旬	11月中旬～12月中旬
高収量性品種移植	6月下旬～8月中旬	12月～1月上旬
3. ボロ		
在来品種	11月中旬～1月中旬	4月～5月
高収量性品種	12月～2月中旬	4月中旬～6月
ハイブリッド	12月～2月中旬	4月中旬～6月

出典：BBS (2011: 23).

表9-3 稲品種群の栽培面積・単収・生産量

稲品種群		2007-08 面積 (1000エーカー)	単収 (キログラム毎エーカー)	生産量 (1000トン)	2008-09 面積 (1000エーカー)	単収 (キログラム毎エーカー)	生産量 (1000トン)	2009-10 面積 (1000エーカー)	単収 (キログラム毎エーカー)	生産量 (1000トン)
アウス	在来品種	885	461	408	929	481	447	832	473	393
	高収量性品種	1,385	794	1,099	1,704	850	1,448	1,600	823	1,316
	合計	2,270	664	1,507	2,633	720	1,895	2,432	703	1,709
アマン	散播	761	2,377	287	996	464	461	1,175	482	567
	移植									
	在来品種	3,308	502	1,660	3,444	603	2,077	3,495	640	2,237
	高収量性品種	8,405	918	7,715	9,145	992	9,075	9,323	1,008	9,403
	合計	12,474	774	9,662	13,584	855	11,613	13,993	872	12,207
ボロ	在来品種	311	727	226	302	720	218	265	811	215
	高収量性品種	9,119	1,534	13,984	9,341	1,484	13,866	9,671	1,512	14,622
	ハイブリッド	1,956	1,816	3,552	2,011	1,852	3,725	1,695	1,901	3,222
	合計	11,386	1,560	17,762	11,654	1,528	17,809	11,631	1,553	18,059
	総計	26,130	1,107	28,931	27,871	1,124	31,317	28,056	1,168	31,975

註：単収は籾重。
出典：BBS (2011: 37).

ていたが，基本的にはベンガル・デルタ農民がはぐくんできた伝統稲作の範囲内での技術改良であった．しかし1960年代に始まった緑の革命は，それまでの技術改良とはまったく異なっていた．いわば「技術革命」とでも呼べる内容なのである．コミラの当時を知る人から，当初コミラの農民たちは地下水灌漑に宗教的な理由をもふくめて抵抗したことを伝え聞いている．化学肥料，新品種を農民に使ってもらうために，無料配布は当たり前であった．緑の革命は，農民が率先して望んだ技術でなかったことは明らかである．導入された当初，IR8は食味もよくなく，たんに収量が高いというだけで，農民にとって導入すべき積極的な理由はなかったのである．人口爆発をシミュレーションし，食糧危機を説く先進国の学者や専門家たちの指導でパキスタン政府が上から推し進めたのが緑の革命であった．当時の国際政治状況は冷戦の時代であり，バングラデシュは反共の砦でもあった．コミラモデルの四つの柱[3]のうちの一つとなった灌漑施設を，組合をつうじた政府補助により積極的に展開することで，この新しい稲作は，徐々にバングラデシュ全土に広がっていくことになる．

7 稲作における在地の知恵

図9-1に1968-99年の30年間における稲の品種群別の作付面積の年変化が示されている．バングラデシュの稲作は1987・88年に未曾有の大洪水を経験することで大きく変化した．筆者もこの時期，JICAの農村開発の長期派遣専門家として現地に滞在していたため，この2年連続の大洪水を現地で経験している．両年の洪水では，洪水に抵抗力をもつ深水稲アマン（散播ア

---

[3] コミラモデルの四つの柱は，(1) Two-tier Cooperatives（二階層組合，筆者註：村の単協と郡の単協連合会のことを示す），(2) Thana（現在のUpzila）Training and Development Centre（TTDC）（郡研修と開発センター，筆者註：新しい農業技術などの研修を行う），(3) Rural Works Programme（RWP）（農村雇用創出プログラム，筆者註：おもに乾季の農閑期における貧農対策として，道路づくりなどで農村雇用を創出した），(4) Thana irrigation programme（TIP）（郡灌漑プログラム，筆者註：乾季に緑の革命を促進させるために灌漑施設を普及していた）である（バングラデシュ農村開発アカデミーの紹介パンフレット「Introduction to BARD」より）．

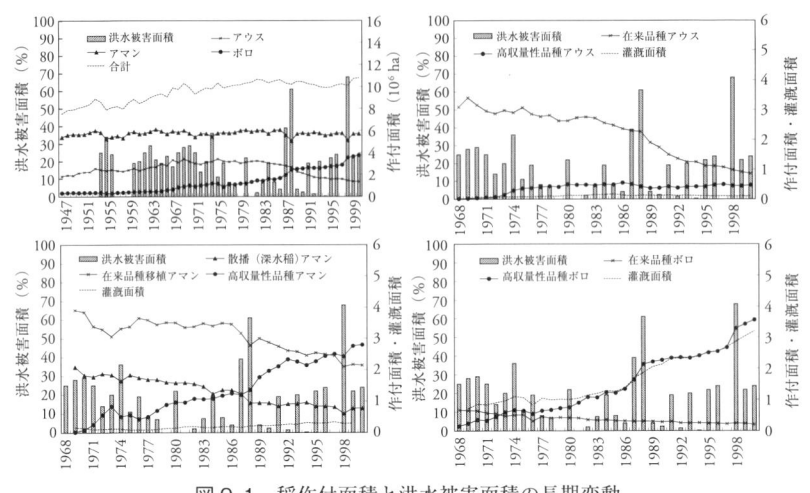

図 9-1　稲作付面積と洪水被害面積の長期変動

出典：Asada (2011: 38).

マン）も大きな被害を受けた．

　筆者が専門家として活動していたジャムナ氾濫原のドッキンチャムリア村でも，平年の洪水であれば湛水があるからこそ良好に生育する深水稲アマンがほぼ全滅に近い被害を受けた．この深水稲アマンの洪水被害を少しでも取り戻すために，11月初旬に湛水のひいた田では，地下水灌漑をもちいた高収量性品種の作付前に，2ヵ月間ほどで生育するナタネが作付けされ，翌年1月の終わりから2月初旬にかけてナタネが収穫された．引き続き，乾季稲作である地下水灌漑を利用した高収量性品種のボロ稲の本田移植が試みられた．

　村では従来，10月末にはすっかり乾く高みにある田で，3月から7月の間栽培されていた在来種の散播アウス（Broadcast local Aus）の後作に，11月初めに播種されるナタネ栽培がかぎられた面積の田で行われていた．ナタネは，遅くとも，11月中旬までに作付けしなければならず，深水稲アマンの後作に栽培する場合は，稲の収穫を遅くとも11月中旬までには終了しておく必要があった．したがって，収穫が12月に入って行われる収量が比較的高い晩生品種の深水稲アマンをナタネの前作に作付けすることはできない（表9-2）．

　一方，散播アウスの多くは深水稲アマンと混播されていたが，乾季稲作の

第9章 ベンガル・デルタの洪水, サイクロンと在地の技術

　高収量性品種のボロ稲の収穫時期が5月下旬から6月初めとなるため, その収穫後に散播アウスと深水稲アマンを散播すると, 散播アウスの収穫期は8月下旬となってしまう. ところが, 洪水のピークは例年8月から9月上旬となるため, 洪水抵抗性がなく, 草丈が長くとも1.3 m前後である散播アウスは, 洪水による増水に耐えることができない. したがって, 高収量性品種のボロの収穫後には散播アウスの栽培は行えないのである.

　以上に示したような作物間の作季競合を解消するために, 1987・88年と2年連続して起きた大洪水を契機として, 農民は, 雨季の天水を利用した「深水稲アマン-乾季の土壌水分だけで育つナタネ-乾季の灌漑利用による高収量性のボロ稲」という, 三毛作の高度な作付パターンを試行錯誤で広く導入しはじめた. そして, このパターンでは, 学者や研究者が思いもつかなかった深水稲アマンの移植栽培を試験的に導入していくことになったのである.

　移植は, 従来は雨季作の一部と乾季に池や川の溜まり水を利用して栽培されていた在来種群のボロで行われていた. 栽培学的には, 深水稲以外の稲品種は, 繁殖生長期に入って, 稲の茎である稈の節間伸長が始まるのみで, 栄養生長期には洪水による増水には耐えることができない. しかし, 深水稲は播種後1ヵ月から節間伸長を始めることができる. 6月には水田は早ければ膝くらいまでは湛水する. したがって, 5月末から6月上旬に洪水抵抗性を発揮させるためには, 遅くとも4月初旬には播種されなければならない. 筆者の知るかぎり, 当時, 深水稲アマンを移植するなどとは誰も考えなかったことである. 栽培実験もされていなかった. むしろ, 6月上旬から中旬の初期の洪水も全くないとは言えず, 栽培理論的には, 深水稲アマンが5月下旬から6月中旬に移植されると, 苗は根の活着のためにエネルギーを使うことになり, 一時的には, 節間伸長は抑制されると考えられるので, たとえ移植を発想したとしても学者や研究者は移植を避けるような作付パターンを重視したことだろう. したがって, 深水稲アマンの移植は全くの農民の創意工夫であったのだ. 雨季の始まりを待って, まだ湛水しないものの十分に湿った田を簡単に犂で耕し, あわただしくまぐわもかけるかかけないかで, 硬さが残る田では時には竹でつくった植え付け棒を利用して, 50 cm以上はあった深水稲の大苗を田植えしていた光景を鮮明に記憶している (口絵7).

新しく導入された乾季に灌漑によって栽培された高収量性品種のボロは，短稈直立型の草型で，日光ができるかぎり多くの葉に届くように改良された稲である．一方，同じように移植を行う在来種の移植アマンや在来種ボロは，葉を水平に広げる水平型の草型である．雨季の水田の湛水深が比較的深いということもあるが，伝統的に，移植稲作においては，ほとんどと言っていいほど除草作業はしない．水平型に開いた葉が日光をさえぎり，湛水が草の発生を抑えるからである．しかし，乾季の灌漑田では，水はポンプ揚水され，多くの農民は水代を支払って灌漑するため，どうしても水を節約して使おうとする．とくに砂質の田では水もちが悪く，湛水深が雨季の移植田よりかなり浅い．なおかつ，雨季の湛水は白っぽく濁っているが，乾季には地下水をくみ上げるので基本的には透明度の高い水が田に入ることになる．また，直立型の草型であるから，田面まで日光が届きやすい．こういう条件が重なって，乾季の高収量性品種の栽培では，雑草の発生を抑えにくくなり，除草が必須の作業となる．

　伝統的に除草作業は，湛水が始まる散播アウスや深水稲アマンの田で，雑草が小さいときは，2頭の牛に引かせたまぐわで，大きくなれば手取りで行われていた．したがって，雑草防除が必要となる乾季の高収量性品種の田に深水稲アマンの除草作業を写真 9-1 や写真 9-2 のように導入し，あわせて田の水漏れを防いだのは「当然」の技術発展であったと説明できるだろう．しかし，移植稲の田植え後の生育初期にまぐわで稲を傷つけることは，やはり生育を一時的に遅らせることとなり，栄養生長の妨げになると考えるのが栽培学の常識である．とくに，出穂時期や収穫時期が何らかの理由で決定されている場合は，数日から一週間の生育の遅れは収量の低化の致命的な原因となりやすい．たとえば，日本のように秋に温度が急激に低下したり，冷夏がおきるような気候下では，冷害を受けやすくなる．筆者も当初生育障害を考えた．しかし，生育の進行とともに温度上昇期を迎えるバングラデシュの乾季の栽培では，このような心配はない．また，収穫期の数日の遅れも，深水稲アマンに移植を導入することで克服できた．ただし，乾季の高収量性品種栽培における除草作業は，回転式の日本型除草機が普及した 2000 年ごろ

を境に，また様変わりすることになる[4]．

以上みてきたように，1987・88年の大洪水を契機に起きたドッキンチャムリア村の稲作の変革には，農民の主体性が遺憾なく発揮されたのである．

深水稲の栽培が卓越していた氾濫原では，ドッキンチャムリア村と同じように，農民は乾季作へと稲作の中心をシフトさせた．こうした現象が広範囲で起きたことは，図9-1の稲品種の栽培面積の変化によくあらわれている．灌漑用の低揚程ポンプ (LLP) や浅管井戸 (STW)，深管井戸 (DTW) の普及が政府の手から民間へと移り，灌漑資材の入手が容易になったということも関係しているが，高収量性品種を使った乾季の灌漑稲作の栽培面積の拡大は，基本的には，2年連続した大洪水からの教訓として農民が自主的に優先順位を乾季稲作に移したことが背景となっていた．じつは，図9-1を詳細に検討するとわかるように，1974年，1998年，2004年，2007年にも，1987・88年規模の大洪水が起きている．一方で，稲作面積統計に明白なように，1988年，98年の大洪水の年を契機に雨季の深水稲アマン栽培の比率は大きく落ち込んでいく．つまり，屋敷地の土盛り作業にみられたように，稲作においても，農民は統計的な確率などという考えを彼らの技術のなかに決してもち込んでいないということが指摘できるのである．在地で生きていくためには，100年に一度起きるとしても，一度起きてしまえば数年間は安全だという確率的な対応を，ベンガル・デルタの自然と向かい合っている人々はとっていないのである．それが，不安定性を「安定性」に変換させていく在地の知恵であり，それが発揮されているのが在地の技術なのである．

8 おわりに ── 在地の技術の精神世界の背景

2011年3月11日，東日本大震災が起きた．多くの方々がハティア島の高波のときのように亡くなられた．筆者は3月15日にダッカでDUSの代表であるロヒクル・アローム (Rafiqul Alam) 氏に会っていた．彼はハティア島

---

4) 詳細は，安藤 (2001)，Ando (2011) を参照のこと．

でのサイクロン被災経験者として，大震災の被災者へのおくやみの言葉を述べるとともに，「安藤さん，日本での被害の状況は，テレビをつうじて世界中の人々が何度も何度も観ているが，ハティアはどうだったか知っているか？　世界の人はほとんど知らない．1970 年，サイクロンの被害のとき，どうやってハティアの人たちは生きのびたと思うか．多くの人々は，政府から一日の食糧しか支援されなかった．だから皆，協力しあうことしかなかった．助け合ってきたから，ハティアでは，サイクロンの被害を乗り越えてこられたのだ．」筆者はただうなずくばかりであった．このことを，本章を閉じるにあたって思い起こしている．自然災害の不安定性を「安定性」にかえて，そこで生き抜くためには，在地の技術や在地の知恵以上に深くて人間的な絆の存在が不可欠であることを，ロヒクル・アローム氏は静かに語りかけてくれているかのようだ．

　ベンガル・デルタで生きぬいてきた人々は人懐っこくて，道路での立ち話には人が集まる．いざとなったら，皆助け合う．男性はバイ（兄さん），女性はアパ（姉さん），と見知らぬ人を呼び掛ける．ボンドゥー（友だち）と，バイ，アパが大好きなのだ．口喧嘩が大好きだが，決して根にもたない．次の日になれば，握手し茶を飲む．皆楽天的で，過去を現在にひっぱろうとしない．だから，筆者もそんな彼らの世界が好きで居心地がいい．バングラデシュが洪水やサイクロンに襲われる自然環境の不安定性の地だとしても，現地の人たちがこの地を離れないように，またここに来たいと思ってしまう．

　農村開発のコミラモデル発祥の地，バングラデシュ農村開発アカデミーはモイナモティ丘陵の赤土の丘の上に立っている．初代所長であるアクタル・ハミッド・カーン (Akhtar Hameed Khan) 氏は，農耕地を潰したくないといって丘の上にアカデミーを開いたということを聞いている．そんな精神がやどるのがバングラデシュの農村開発の原点だったのである．モイナモティ丘陵は 7 世紀から 12 世紀に輝いた仏教を庇護したパーラ朝の仏教寺院遺跡群の地としても知られている．アクタル・ハミッド・カーン氏は，話のなかで仏教を好んで引用したとも伝え聞いている．

　モイナモティには博物館があり，その入り口の両側には，向かいあうように，人よりも少し大きい青銅の金剛薩埵像と観音菩薩像が鎮座している．生

命の力と慈悲の象徴である．東パキスタン時代には，まだこの二つの像は発掘されていなかったので，アクタル・ハミッド・カーン氏はこの二つの像を実際には見ていない．しかし，彼がモスリムであっても，ベンガルの地で仏教を尊び，好んだことはよく理解できる．洪水やサイクロンと肥沃な土地で象徴されるベンガル・デルタの自然環境のダイナミズムは，この二つの像に象徴されるように，激しさと静けさをあわせもつ．ベンガル・デルタの権化とともに，ベンガル・デルタの自然環境のなかで生きていくためには，人もこの二つの菩薩にならって生きることがふさわしい．ベンガル・デルタの在地の技術とは，そんな生き方を手助けする技術のことでもあるのだ．

参考文献

Asada, H. 2011. "Climate and Rice Cropping Systems in the Brahmaputra Basin", 京都大学大学院アジア・アフリカ地域研究研究科博士論文．

安藤和雄 2000.「洪水とともに生きる —— ベンガル・デルタの氾濫原に暮らす人々」田中耕司編『講座 人間と環境3 自然と結ぶ ——「農」にみる多様性』昭和堂, 81-113頁.

—— 2001.「「在地の技術」の展開 —— バングラデシュ・D村の事例に学ぶ」『国際農林業協力』24(7): 2-21.

Ando, K. 2011. "Recent Change in Rice Cultivation Technology in Bangladesh", *Journal of Agroforestry and Environment*, 5: 1-5.

Bangladesh Bureau of Statistics (BBS) 2011. *Yearbook of Agricultural Statistics of Bangladesh 2010*, Government of Bangladesh.

Fort, E. 2011. *Ten Deadliest Natural Disasters of The Past Century, Vol. 7: The 1991 Bangladesh Cyclone*, Lightning Source UK ltd.

Government of Bangladesh 2008. *Cyclone Sidr in Bangladesh: Damage, Loss, and Needs Assessment for Recovery and Reconstruction: 3*.

Hofer, T. and B. Messerli 2006. *Floods in Bangladesh: History, Dynamics and Rethinking the Role of the Himalayas*, United Nations University Press.

Rizvi, S. A. I. H. 1955. "Comparative Physiography of the Lower Ganges and Lower Mississippi Valleys", Ph. D. dissertation submitted to the Graduate Faculty of Louisiana State University.

Johnson, B. L. C. 1982. *Bangladesh* [2nd sub edition], Barnes and Noble Imports（山中一郎・松本絹代・佐藤宏・押川文子訳『南アジアの国土と経済 第2巻 バングラデシュ』二宮書店，1986年）．

第 4 編

熱帯生存圏における時間

第4編のねらい

　第1編では，熱帯においては，拮抗する多様な力の相互作用によって駆動されている地球圏や生命圏を前提として，持続型生存基盤を構想する必要があることを論じた．そして第2編と第3編では，森や農の現場に生きる人々の営みに「地球圏と生命圏をケアする」発想を見いだした．本編の目的は，熱帯地域社会の森や農の現場を出発点として持続型生存基盤の構築へといたる道すじはどのようなものなのか，何を道標とすべきなのかを論じることである．

　本編がとくに注目したのは時間スケールである．熱帯の地球圏や生命圏の多様な力はそれぞれ固有の時間スケールをもつ．人間社会の努力によってそれらを操作することは困難である．同時に，人間社会にとっても，時間スケールはその基本的な枠組みの一つである．人間圏では，独自の論理にしたがって時間スケールを確立しようとするモメンタムがつねに働いている．すなわち，三圏に跨る相互作用系には，強固な存在理由をもったさまざまな時間スケールが併存している．人間圏が膨張する過程で，人間社会は地球圏や生命圏に対する制御を強めた．その一つのアプローチが，人間圏の時間スケールを卓越させ，それ以外の時間スケールを抑制するということだった．逆に言うと，「地球圏や生命圏をケアする」という発想の本質に，地球圏や生命圏の多様な力がもつ固有の時間スケールを尊重するという考えがある．とするならば，人間社会にとって，時間スケールの設定が，地球圏と生命圏をケアする社会，そして持続型生存基盤の構築に向けた一つの道標となりうるのではないかと考えられる．

　東南アジア大陸山地部の焼畑[1]を事例として，具体的に説明しよう．焼畑システムでは，作物栽培と森林植生の回復を繰り返す．作物栽培は1年という時間スケールをもつ．これは地球の公転が規定する時間スケールである．作物の収穫後は森林植生の回復が始まる．この期間，草地から木本へ，陽樹から陰樹へと，数年単位で植生は変化する．これは生態系に内蔵された時間スケールの一つだが，それぞれのステージで採取できる非木材森林産物が変化するので，住民の生活や生業にも影響を与える．森林植生が回復すると，再度，伐採，火入れされ，作物が栽培される．これが何年後なのかについては第11章で詳しく論じるが，そこには地球圏や生命圏，人間社会それぞれの論理が埋め込まれている．このように，焼畑システムという一つの相互作用系では，異なる時間スケールが併存しながらも秩序を保っていた．

　ところが，地球環境問題の普遍化は焼畑を禁止しようという政治的圧力を高めた．とはいえ，多くの人々の生業となっている焼畑を即刻禁止するのは困難である．そこ

---

1) 焼畑耕作については本書第5章参照．

で，ラオス政府は，焼畑地帯の土地管理に着手して各世帯に3ヵ所の焼畑用地を配分し，3年を周期とする土地利用のローテーションを勧告した．なぜ3年か．焼畑禁止圧力と貧困層の生業確保というジレンマのなかでの政治的決断や，森林面積の確保という国際社会に向けた国家目標を達成するための数字合わせというような，人間社会に働くさまざまな力の妥協点である．地球環境問題への対策においてさえ，地球圏や生命圏の論理に対する配慮は希薄である．

人間社会は，焼畑システムという相互作用系に，人間社会の論理に基づいた時間スケールを強引にもち込み，他の時間スケールを抑制した．3年という期間は森林が回復するにはあまりに短い．物質循環や植生遷移のメカニズムが維持されないために，生態系は徐々に劣化する．採集できる非木材森林産物もかぎられる．人間社会内部の力の整合性のみに関心を向けるのではなく，植生回復や物質循環に立脚して焼畑システムの時間スケールを再考する必要がある．

本編は二つの章からなる．第10章「熱帯生存圏における農業発展のメカニズム」では，東南アジアと南アジアの四つの事例を題材に農業発展の時間スケールを論じる．そして，20世紀の人間圏の膨張を支えた急激な農業発展と対比させることにより，熱帯地域社会の「緩やかな農業発展」に内在化された地球圏や生命圏に対するケアに注目する．第11章「熱帯バイオマス社会の複雑系」では，マレーシア・サラワク州の「熱帯バイオマス社会」に流れる多様な時間を論じ，時間に周期性を見いだそうとするのは温帯バイアスであり，生命圏の論理が卓越する相互作用系においては，時間は，周期をもちながらも多様な力が作用することによりつねにズレを生み，「閉じない円環」をなしていると指摘する．持続型生存基盤論における時間スケール論へとつながる指摘である．

[河野泰之]

第10章

熱帯生存圏における農業発展のメカニズム

河野　泰之・佐藤　孝宏・渡辺　一生

1 本章のねらい

　持続型生存基盤論では，人間の生存を支える時空間の広がりを生存圏とし，それは地球圏，生命圏，人間圏の三層から成り立っているとする．地球圏は，海洋と陸域を創生し，地殻変動や気候・気象として私たちがその動きを感知する地球システムと考えてもよい．生命圏は，動植物から微生物までを含む生命体の連鎖，すなわち生態系と考えてもよい．私たちが生きる人間圏は，私たちが意識するかどうかにかかわらず，地球圏や生命圏との共存を前提として成り立っている．したがって，人間圏の持続性を構想する際に，人間圏のみを切り取って議論することはできない．地球圏や生命圏の持続性も合わせて構想しなければならない．ところが，地球圏と生命圏は人間圏とは異なる論理をもつ．中心的な論理は，地球圏については「循環」，生命圏については「多様化」である．地球に供給される太陽エネルギーを地球全体にあまねく再配分し，物理化学的により安定した系として地球を維持しようとするメカニズムが地球圏における物質とエネルギーの循環である．絶えず変化する地球圏の動きのもとで，生命体が生存空間を拡大し，生態学的平衡を追求するメカニズムが生命圏の多様化である（本講座第5巻）．地球圏や生

命圏の持続性を合わせて構想するとは，これらの論理をふまえて，人間圏の論理，すなわち知識体系や技術体系を再構築するということである．

　なぜ再構築が必要なのか．人間社会は，とりわけ産業革命と近代国家形成をつうじて，巨大な技術力と組織力を手にした．経済と情報のグローバル化は，物質的に恵まれた生活とそれを支えるより多くの生産を人間社会の共通目標にした．このような人間社会の発展は，人間圏の力を強め，地球圏や生命圏に対する相対的な位置づけを高めた（本書序章）．とはいえ，私たちは，人間圏が地球圏や生命圏のもとで成り立っていることを忘れたわけではない．20世紀後半，国際的な枠組みのもと，多数の科学者が地球温暖化の実態の把握と抑制や生物多様性の保全に取り組み，その動きは1992年に開催された地球サミット以降ますます加速している．自然災害や感染症の予防と対策は人類の歴史を貫く課題であり，その状況は現代でも克服されていない．このような課題に対して，国際機関や各国政府が予算を措置し，それぞれの専門家は真摯に取り組んでいる．しかし，その取り組みは，あえて言うならば，個別の課題に対する対症療法である．人間圏の地球圏や生命圏に対する位置づけが高まり，それが必然的に人類史上かつてなかった「何か新しいこと」(McNeill＝海津・溝口監訳 2011)，それも地球圏や生命圏のみならず人間圏にとっても望ましくないことを引き起こしているとするならば，私たちがなすべきことは，対症療法にとどまるのではなく，人間圏の地球圏や生命圏に対する位置づけの高め方，あるいは高めること自体の是非を問わなければならない．

　以上に述べたことは，世界人口や世界経済の中心が温帯から熱帯へと移行しつつあるという状況をふまえると，より深刻な意味をもつ（杉原 2010）．熱帯は，地球圏と生命圏の核心である（甲山 2010; 神崎・山田 2010）．人間圏の地球圏や生命圏に対する位置づけが多少高まりつつあるとしても，熱帯の地球圏や生命圏を前にしたとき，人間圏の力はまだ小さい．熱帯林の開発に象徴されるように，熱帯における大規模な環境利用は，明らかに持続性を欠き，人間圏の論理をむき出しにした一見無秩序なものが多い．これは，開発者が短期的な生産の増加や収益を追求した結果であることも間違いないが，同時に，熱帯の強力な地球圏や生命圏に立ち向かうためには，徹底的な現状

第10章　熱帯生存圏における農業発展のメカニズム

破壊という手段しかもち得ない今日の人間圏の力の限界をも示唆している．熱帯における人間社会の地球圏や生命圏への働きかけは，地球全体に影響を及ぼす．熱帯において，人間圏が地球圏や生命圏とどのような関係を構築していくのかは，人類社会全体の課題である．

　本章では，本書第2章で対象とした自然災害や感染症の蔓延等の極端なイベントを題材にするのではなく，日常的な人間圏を題材にして，熱帯における人間圏と地球圏，生命圏の関係について議論する．日常の生活や生業の場でも，私たちは，もちろん，地球圏や生命圏の動きに注意を払っている．天候や季節の移ろいは，生活を楽しませてくれるのみならず，景気にも影響を与える．詳細で正確な天気予報を提供するビジネスが成り立つことは，その活用が経済的な価値をもつことを示している．だからと言って，私たちが，日常の場で地球圏や生命圏の論理を受け入れているわけではない．逆に，地球圏や生命圏を操作し，人間圏の論理を貫徹することが，より効率的，包括的に持続可能な社会を築く道だと考えはじめているのではないだろうか．しかし，地球圏や生命圏は，それぞれの論理に基づいて，つねに動き，新たな連鎖を生んでいる．この連鎖は，人間社会が設定した日常と非日常や居住空間と環境を保全するための空間というような区分を超越して機能している．巨大な人工空間である大都市やエネルギーと技術が高度に集積された産業のような高度な人間社会でさえ，例外とはなり得ない．とするならば，地球圏や生命圏の動きが人間圏の持続性を脅かす極端なイベントだけを対象とするのではなく，地球圏や生命圏に対して人間圏が優勢と考えがちな日常をも対象として，地球圏や生命圏をケアすることにより人間圏の論理の再構築を目指すことが生存基盤を持続的なものへと鍛えるための根本的な道筋のはずである．ここでは，日常的で地域社会レベルの農業発展に焦点をあて，その糸口を探ろう．

2 農業発展と地球圏・生命圏

　本書序章で論じたように，約1万年前に人類が農耕を開始して以来，農業

は世界人口の大部分の生業として発展してきた．当初は，農業コミュニティの人口を支えるだけで手いっぱいであった農業が，余剰生産を生みだすようになり，それが専門職能集団や宗教家や政治家を生んだ．運搬手段が発達すると，より遠くの大規模な市場向けの商品作物栽培が普及する．その典型が，東南アジアにおけるプランテーション開発である．19世紀に，欧米列強の侵入にともない交通インフラと流通制度が整備されると，ゴム栽培やデルタ開発によるコメ生産が拡大した（京都大学東南アジア研究センター 1997）．20世紀後半になると，科学技術が農業発展を牽引する．大規模灌漑排水事業，農作業の機械化，化学肥料や農薬の普及，高収量性品種やハイブリッド種の開発である．

「農業は人類の原罪である」とする考えがある（Tudge＝竹内訳 2002）．これは，農業が貧富の格差を生み，社会の階級化や女性の地位の低下という人間の価値を損ねる原因となったことに加えて，農業こそが，土地改良や野生動物の駆逐のような，人間圏の論理に基づく地球圏や生命圏の大規模な操作を促進したことを意味している．しかしここでは，農業という生業そのものについては問わない．私たちは，農業に関して，数々の失敗，ときには地域社会にとって致命的な失敗を繰り返してきたが（Diamond＝倉骨訳 1997），同時に，地球圏や生命圏の動きに対応するよう農業に関する技術や制度の改良を重ねてきた．農業に対するこの努力と工夫が，人口増加と生活の向上を曲がりなりにも1万年にわたって支えてきたのである．しかし，20世紀後半になって展開された科学技術とエネルギーと土木工学を駆使した農業発展が，これまでの1万年と同様，人類社会を持続的に支える生存基盤として機能するかどうかに関しては，回答を留保せざるを得ない．たかが数十年の試行を経験しているにすぎないからである．

人間の一生に相当する数十年は，人間圏の尺度からすると，試行期間として十分に長い時間かもしれない．しかし，私たちが考えなければならないのは，それが地球圏や生命圏の時間尺度においても十分に長い時間かどうかである．化学肥料や農薬の施与による生産力の増加，農業機械化と単作化による農業労働の集約化，大ダムや大規模排水事業による水環境の改変は，地球圏や生命圏に連鎖的な影響を与えている（図10-1）（久馬 2005）．農業生産の

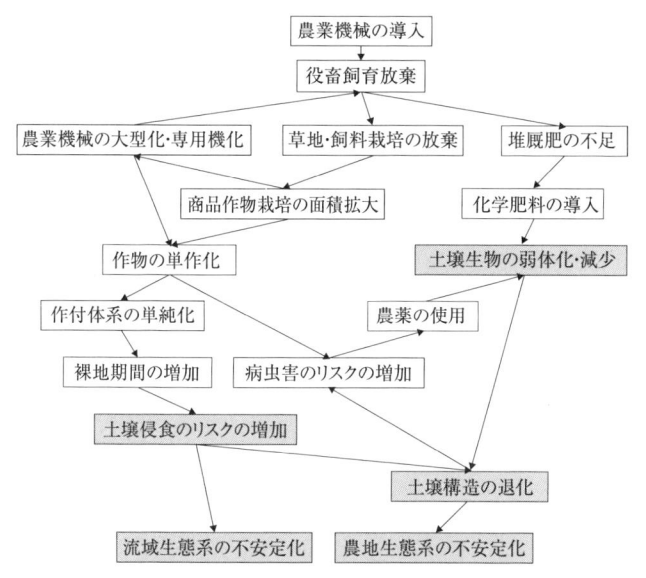

```
農業機械の導入
    ↓
役畜飼育放棄
 ↙   ↓   ↘
農業機械の大型化・専用機化   草地・飼料栽培の放棄   堆厩肥の不足
         ↓                              ↓
    商品作物栽培の面積拡大          化学肥料の導入
         ↓                              ↓
     作物の単作化              土壌生物の弱体化・減少
         ↓                              ↑
    作付体系の単純化              農薬の使用
         ↓                ↓
    裸地期間の増加      病虫害のリスクの増加
         ↓
    土壌侵食のリスクの増加
                              土壌構造の退化
    ↓                              ↓
流域生態系の不安定化        農地生態系の不安定化
```

図 10-1　農業機械の導入が地球圏や生命圏に引き起こす連鎖
出典：久馬（2005）を参考にして筆者作成．

集約化は，土壌構造と土壌微生物に影響を与え，それが農地の生態系を不安定化させ，土壌侵食を引き起こす．水循環の制御は，地域の気象や気候システムに影響を与える（本書第 1 章）．これらが，地域社会の動物相や植物相，土壌環境や水文環境を次々に変化させていく．この連鎖的な影響が，地球圏と生命圏が織りなす相互作用の網（本書第 3 章）で徐々に拡大，蓄積され，生産力の低下や生産環境の劣化として農業にフィードバックされるほど十分に大きくなったとき，私たちはようやくこの影響を感知し，私たちのやり方が適切なものであったかどうかを検証しようとする．

　地球圏や生命圏における連鎖的な影響に関して，その表層については，私たちも知見を蓄積しつつある．たとえば，農地を長期間，植物で覆われていない裸地状態で放置すると土壌侵食が促進されることは 20 世紀前半から指摘されており，その定量モデル化が試みられてきた（Wischmeier and Smith 1978）．しかし，連鎖的な影響の大部分はいまだ未解明であるし，おそらく

完全に解明されることはなかろう．ましてや，現象の連鎖を，地球圏と生命圏の相互作用の網に位置づけ，正確に定量化，モデル化することは困難である．すなわち，連鎖的な影響を科学的に追求する一方で，地球圏や生命圏を複雑系と認識し，地球圏や生命圏では想定できないことが起こりうるという前提のもとで農業は発展していかなければならない．だからこそ，人間圏の時間尺度のみならず，地球圏や生命圏の時間尺度を考慮した試行，すなわち見試しを積み重ねなければならない．そのために必要な時間は，人間圏の論理から想定される時間尺度を超えて長いことは間違いない．

20世紀後半になって展開された農業発展は，そのような十分な時間をかけた見試しによる検証を経ていない．あるいは，見試しという過程に十分な価値を認めていないというほうが適切かもしれない．地球圏や生命圏における連鎖的な影響が感知され，それが農業生産にとって望ましくない場合にも，地球圏や生命圏というブラックボックスに足を踏み入れてその原因を検証するのではなく，顕在化した望ましくない影響にのみ注目し，それを新たな投資や技術改良により克服する工夫を積み重ねてきた．

熱帯における現実の農業は，温帯では一般的な技術開発が主導する画一化や標準化による集約化とはほど遠く，きわめて多様である．自給自足的な農業と高度に産業化された農業，自然の力に依存した農業と近代科学技術を駆使した農業が併存しており，その違いは一概に優劣として論じるべきものではない．歴史的背景や経済状況に加えて，それぞれが相手にしている自然環境，すなわち地域の地球圏や生命圏が固有のものだからである．以下では，農業発展のもつ時間尺度に着目して，熱帯生存圏における農業発展について論じる．

3 急激な発展

技術的な画一化や標準化が進んでいないからといって，熱帯の農業が停滞しているのではない．熱帯の農業は急激に発展している．1950年に11億人だった熱帯の人口は，2006年には37億人と約3.5倍に達している．耕地面

積は 1950 年の 4.6 億 ha から 1980 年の 7.4 億 ha と 60％増加し，2000 年代になると 8 億 ha を超えた．増加した人口の過半は農業を生業としている．温帯では，人口は同じ期間に約 2 倍にしか増加していないし，耕地面積は 20 世紀をつうじてほとんど拡大していない（杉原 2010; FAOSTAT 各年版）．熱帯の農業にとって，20 世紀後半は，爆発的に増加する人口と生活の向上に対する要求が生みだす急激な需要の増加に見合う生産をいかに実現するのか，という課題に直面した時代であった．

そのために，科学技術とエネルギーと土木工学を駆使した農業発展の大規模で組織的な導入が試みられた．その代表例は「緑の革命」と呼ばれる高収量性品種を基軸とする多投入型の稲作システムの導入であり，その発想はハイブリッド種の開発・普及へと引き継がれている．これらの技術革新が食糧危機を回避するのみならず，いくつかの熱帯諸国の経済発展の基盤となったことは間違いない．しかし，先に述べたように，このシステムがもつ多くの負の側面もすでに指摘されている．

大規模な農地開発も進行した．それらは，多くが何らかの問題を抱えているために，それまで利用されていなかった土地を対象としたものである．パキスタンでは，独立直後，インダス川の流域変更による大規模な灌漑開発により，広大な沙漠が農地化された．インダス川流域灌漑システムの受益地は約 1,600 万 ha に達している．それが数十年を経て，地下水位の上昇と過剰な蒸発散により，現在，約 200 万 ha の農地が深刻な塩類集積に直面し，その面積は毎年 3 万から 4 万 ha，拡大している (Aslam 2006)．インドネシアでは，1990 年代半ばに，過剰な人口を抱えるジャワ島からの移住の促進などを目的に，カリマンタン島の 140 万 ha に及ぶ熱帯泥炭低湿地の開墾が試みられた．メガ・ライス・プロジェクトと呼ばれている．しかし，結果として残ったのは，大規模な泥炭の消失とその下層にあった硫酸酸性土の露出，そして広大な荒蕪地である (Furukawa et al. 2004)．広大な土地が未利用であったことには原因がある．それを人間圏の文脈で考えるのみならず，地球圏や生命圏の文脈からも考えなければならない．人間圏の文脈で，人口が少ないとか，技術力が低いということにのみ原因を求めると，それらの制約が緩和され，人間社会として開発の必要性が高まったときに，未利用だった土地に

躊躇なく手をつけてしまう．大規模に即効的な効果を追求していると，往々にして地球圏や生命圏からの応答を見逃してしまい，地球圏や生命圏を劣化させるのみならず，人間圏にも大きな負担を強いることになる．

具体的な事例を挙げて，急激な農業発展に関して考えてみよう．最初の事例は，インドのデカン高原南部である (Sato et al. 2011)．

デカン高原は，緩やかな起伏をもった隆起準平原である．熱帯モンスーン気候であり，6月から8月の南西モンスーン期と9月から11月の北東モンスーン期にまとまった雨が降る．西ガーツ山脈から流れ出る河川は年間をつうじて河流があり灌漑に利用できるが，それ以外の中小河川は降雨直後にしか水が流れないので，そのままでは灌漑水源として利用できない．ここで展開されてきた農業は，ため池灌漑による水稲作である．数百年の歴史をもつ．タミル・ナードゥ州の州都チェンナイから州南部の中心都市マドゥライへ向かう飛行機からの眺めは壮観である．緩やかな谷を高さ5 m程度，長さ数kmの堰堤で締め切ったため池が上流から下流へと連珠する．

モンスーン性の降水とはいえ，経年的に，また季節内で変動する．ため池は，これらの変動を調節し，その年，水稲を作付けすべきかどうか，また，あと何日間，灌漑用水を供給することができるのかを教えてくれる．たとえば，ソーダラパッチ村のカリサルクラムため池では，毎年，9月中旬にその年の稲作の可否を判断する．その時点でため池が満水ならば，90日間の用水供給が保証されているので，もちろん水田全域に水稲を作付ける．40から50％の場合でも，その後に雨が降ることを期待して全域に作付ける．30％の場合には，その年の水稲作を見送るという．このように，ため池は不安定で不確実な水循環を可視化し，集団の合意形成を容易にし，そして限られた水資源を最大限，利用しようとする農民の知恵の結晶である．長年の集団的な経験により編み出した慣行と水管理の技術が，数百年にわたって地域社会の生存基盤の根幹をなしてきた．これらの基準は，毎年の経験に基づいて柔軟に変化するし，たとえ近傍に位置していようが他のため池には適用できない．その意味で，属時的，属地的で集団性の強い技術である．

ところが1990年代になると管井戸が普及するようになった．深層地下水を利用する管井戸は，降水量の変動とは無関係に，また集団の合意を前提と

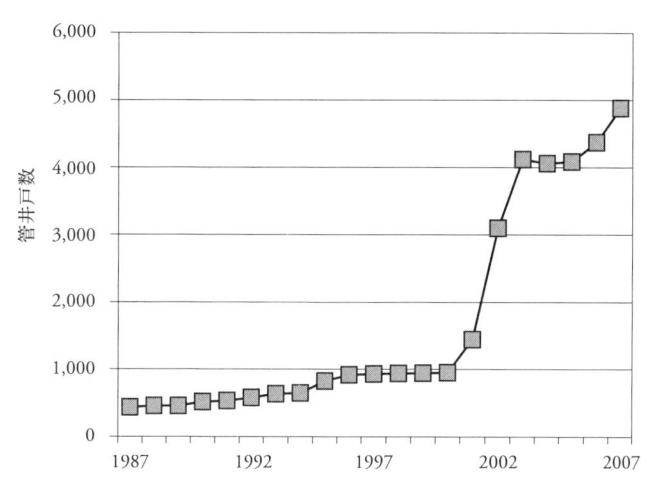

図 10-2 タミル・ナードゥ州南西部における過去 20 年間の管井戸の増加
註：マドゥライ，ディンデイグル，テニの 3 県の集計値．
出典：Sato et al. (2011).

せずに利用することができる．設置費用は，掘削費用とポンプ代を合計しても約 400 米ドルとさして高額ではない．都市を中心とする急速な経済発展のなかで，農村部の生活向上を目指す州政府の政策や技術革新も管井戸の普及を推進した．具体的には，管井戸の設置費用の補助や農業用電力の無償化 (Palanisami et al. 2008)，国産ポンプ産業の発展，油圧駆動ドリルの開発 (Kajisa et al. 2007) である．その結果，2000 年代になると，管井戸灌漑が爆発的に普及した (図 10-2)．1990 年に 400 本，2000 年に 950 本でしかなかったマドゥライ市の管井戸は，2007 年には 4,900 本に達した．

　数百年間続いたため池灌漑に依存した農業システムはわずか 10 年ほどで弱体化し，代わって管井戸灌漑に依存した農業システムが出現した．農民は，集団的な水利用という制約から解放され，水資源の不安定性や不確実性にも煩わされず，労働力や資本など，個々の農家がもてる力を最大限発揮して，市場の価格変動をみきわめながら商品作物を栽培し，収益の向上を図るようになった．要水量の多い作物は栽培適地が限られるために，収益性が高い．バナナやサトウキビがその代表である．すなわち収益性を追求すればするほど，より多くの深層地下水が消費されるのである．2000 年ごろを境に，水

第 4 編 ──● 熱帯生存圏における時間

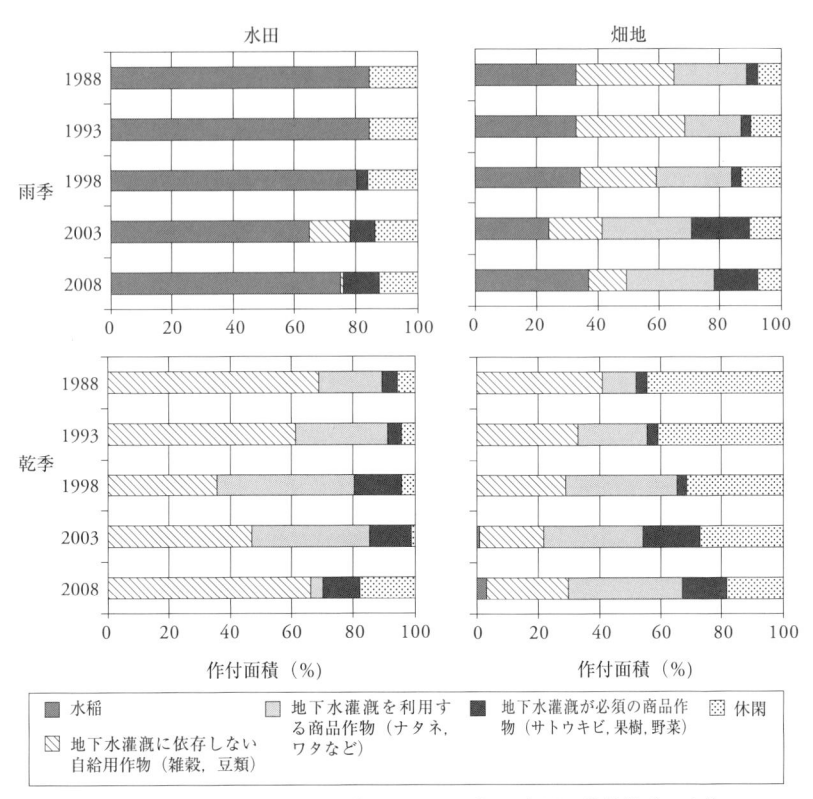

図 10-3 地下水が豊富な村落における過去 20 年間の作付体系の変化
出典：Sato et al. (2011) を加筆修正.

　田であるか畑地であるか，あるいは雨季であるか乾季であるかを問わず，地下水灌漑が必須の収益性の高い商品作物栽培が拡大した（図 10-3）.
　地球圏の時間尺度で貯蔵された深層地下水は，人間圏においては枯渇性の資源である（河野ほか 2010）．埋蔵されている地下水の資源量はわからないから，農民は，多く使えば早く枯渇することを知りながら，「早い者勝ち」で利用しようとする．枯渇の兆候はすでにあらわれている．フィールドで出会った多くの農家が，管井戸の水の出が悪くなったのでさらに深く掘ったと教えてくれた．地球圏からすでに応答が発せられているが，それを受けとめて対応するためのメカニズムを人間圏はもち合わせていない．

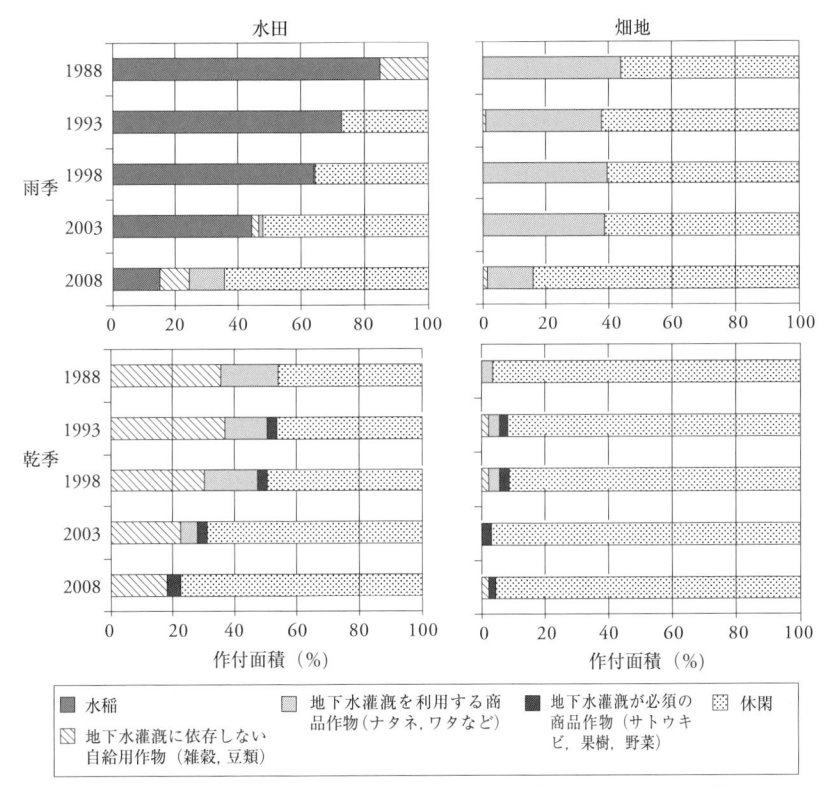

図 10-4 地下水が乏しい村落における過去 20 年間の作付体系の変化
出典：Sato et al. (2011) を加筆修正．

　この状況が続けばどうなるのか．もともと地下水に乏しい地域では，すでに耕作放棄が始まっている(図 10-4)．1980 年代に，水田では，雨季には全域で水稲と雑穀が栽培されていたし，乾季でさえ約半分の面積で雑穀や豆類が栽培されていた．さらに畑地での雨季作も盛んだった．ところが近年は休閑地が拡大し，水田の作付率は雨季で 40%，乾季で 15% にまで落ち込んだ．このような状況がより広い範囲へと拡大する可能性は大きい．

　管井戸という単一の技術が複合的な技術体系であったため池灌漑にとって代わり，それが契機となって地球圏と人間圏に連鎖的な影響を与えている．これが，最終的に農業の崩壊という取り返しのつかない事態まで展開してい

くのかどうかはわからない．しかし，たとえここから立ち直るとしても，かつてのため池灌漑が支える生存基盤へと逆戻りすることはなかろう．とするならば，この地域で新たに持続型の生存基盤を鍛え上げるためには，改めて十分な時間を必要とする．急激な農業発展が持続型の生存基盤の構築という観点からは大きな負担を生んでしまった事例である．

　もう一つ，事例を挙げよう．中国・雲南省の南部，西双版納におけるバナナ栽培である．後に述べる国境を挟んだラオスにおける商品作物栽培と対をなす事例である．

　東南アジア大陸山地部は，山地と山間盆地からなる空間である．山地では焼畑農耕が，盆地では水田水稲作が営まれてきた．中国や東南アジア大陸平野部の政治的な動きが山地部における人口移動と社会の混乱を誘発することはあったが，農業システムとしては数百年に渡って維持されてきた（ダニエルス 2008）．この地域は近年まで陸の孤島だった．山地を縫って行き来するキャラバンの歴史は古い．しかし，運搬の対象となるのは，茶や塩，アヘンに加えて，安息香やカルダモンや獣皮のような高価な森林産物のみだった．1990 年ごろの西双版納の盆地は，桃源郷のように落ち着いて平和な空間だった．井堰で取水された灌漑用水が水田の隅々にまで配水され，安定したコメ生産を保証する．盆地の周縁に立地する集落は，庇の長い瓦屋根をもつどっしりとした構えの住居からなる．中国の辺境に位置し，経済的には必ずしも恵まれていないが，確固たる生存基盤をもっていた．

　ところが近年，この地域は中国と東南アジアを結ぶ回廊地帯として突如，脚光を浴びるようになった．大メコン圏（GMS）という地域枠組みのもと，地域を南北や東西に連結する道路や鉄道が計画されている．そのうちの一つが雲南省の省都昆明市とタイの首都バンコク市を結ぶ高速道路である．昆明市から建設が始まった高速道路は，2007 年に西双版納の南端に到達し，今では，ラオスを経由してバンコク市へとつながっている．

　高速道路は，西双版納を漢族社会や中国国内の巨大な市場とつなげた．その結果，水田での栽培作物が水稲からバナナへと転換した（口絵 8）．ラオス国境に近いある村では，2008 年にバナナ栽培が導入され，2010 年には村内水田 65 ha のうち 63 ha がバナナ栽培に転換し，全 100 世帯のうち 97 世帯

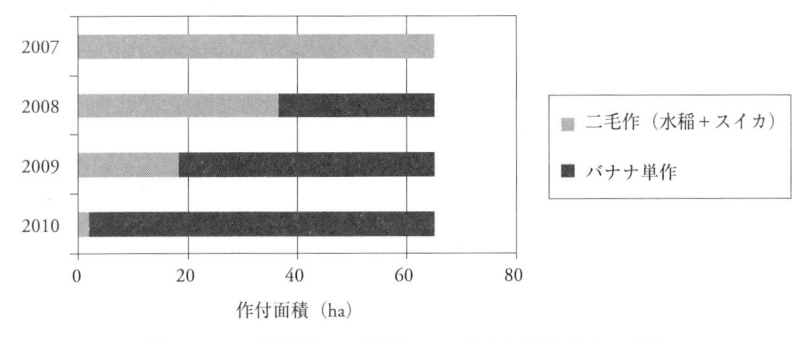

図10-5 西双版納の一村落における水田作付体系の変化
出典：Le et al. (2011) を加筆修正．

がバナナ栽培に従事するようになった（図10-5）．すなわち，ほぼすべての農家が，わずか3年間で，自給的な水稲作を基盤とする生業から市場に依存した商品作物栽培へと移行したのである．なぜこのように急激な生業転換が起こったのか．第一に，バナナ栽培の収益性はコメ栽培と比較して圧倒的に大きい．生産されたバナナはトラックに山積みにされ，国内各地の市場へと運ばれる．巨大な需要があるにもかかわらず，熱帯性作物であるバナナの栽培適地は中国国内では限られている．第二に，バナナ栽培を支える漢族の技術者，化学肥料や農薬の販売業者，流通業者が次から次へと西双版納に流入し，すでにパッケージ化されたバナナの生産・流通体系をもち込んだ．彼ら/彼女らは，競争の激しい中国中央部から，ビジネスチャンスを求めて，競争がまだ激化していないフロンティアへと進出しているのである．

こう考えると，水稲からバナナへ，そして自給的な生業から市場に依存した生業への急激な転換は当然のことのように思えるかもしれない．しかし，同じような条件が用意されたとしても，東南アジアの農村ではこのような急激な転換は起こり得ない．両者の違いをどこに求めるべきなのか．この問いに対する確たる答えはまだもち合わせていないが，中国社会が広い意味での制度や規範を共有し，明確で透明性の高いルールのもとでの競争を原動力としているからではないか，すなわち公共圏（本講座第3巻参照）を確立しているからではないかと考えている．これは，属人的で属時的な交渉と対応の積み重ねを原動力とするラオスにおける商品作物栽培と対照的である．バナナ

栽培は，タイ族の農民が，四川省や広東省から来た漢族のバナナ栽培業者に土地を貸し出して営まれている場合もある．土地をめぐる紛争は発展途上国の農村社会において一般的で最も深刻な課題である．しかしタイ族の農民が土地を貸し出すことに躊躇している様子は読み取れない．契約書を交わしているし，問題が起これば県政府に訴えればよいと考えている．

急激な農業発展は，高度な技術やパッケージ化された技術が原動力となり，それが強力な制度に支えられたときに実現する．これにより人間圏は，自らが設定した目的を効率的に達成するが，同時に，地球圏や生命圏の応答を探る見試しのための時間を失う．化学肥料や病虫害予防のための農薬を大量に使う西双版納のバナナ栽培によって農地生態系がどのような影響を受けているのか，農村の居住環境がどのように変化しているのか，まだ何らわかっていない．

4　緩やかな発展

農業はつねに変化している．農作業も，水環境も，作物の生育も，全く同じことが毎年繰り返されているわけではないし，全く同じことを繰り返すことが最適でもない．工業生産との顕著な違いの一つである．

なぜ同じことを繰り返さないのか．一つは，地球圏や生命圏がつねに変化しているからである．気温や降水量の季節分布は農作業の進捗や作物の生育に影響を与える．雑草や害虫の出方も年によって変わる．もう一つは，人間圏もつねに変化しているからである．商品作物を栽培している場合には，市場価格をにらみながら，いつ，何を栽培するのかを考えるだろう．年老いてくれば，つらい作業は避けるようになるだろうし，娘が養子をもらえば水牛を売って耕耘機を導入するかもしれない．実際には，地球圏と生命圏と人間圏のその時々の状況を勘案して，農業は営まれている．

このような農家レベルの調整は，一般的には農業発展と言わないし，農業研究の対象ともならない．しかし，この農業実践こそが人間圏と地球圏や生命圏が向き合う一つの現場である．農民は，自らの家族や村落，市場，国家

の論理を咀嚼しながら，それをたんに貫徹しようとするのではなく，気候や生態系の動向を注意深く観察し，その背後にある論理を見抜こうと努力し，そして人間圏の論理と地球圏や生命圏の論理の交点を探る．この思考の過程は体系化されておらず，部分最適の積み重ねでしかない．事前に定めた目標を効率的に達成するよりも，めまぐるしく変わる状況への適応が優先される．

　ここでは，このようなメカニズムを「緩やかな農業発展」と呼ぶ．「発展」とすることに違和感を覚える読者もいるだろう．しかし，考えてほしい．持続型生存基盤論では，生産ではなく生存を優先して考えようとしている．生産を優先するのならば，発展とは量的，質的な生産力の増加である．生存を優先して考えた場合に，何が発展なのか．それは，地球圏や生命圏の論理をふまえて人間圏の知識体系や技術体系を再構築することである．農家レベルの，これまでは「調整」と認識されていたメカニズムが，この挑戦に貢献すると考えるからである．

　具体的な事例に基づいて考えよう．最初の事例は，タイ東北部，コラート高原の天水田稲作である．

　モンスーン・アジアの稠密な人口は稲作が支えてきた．稲作の生命線は水である．豊富で明瞭な季節性をもつ降雨と河川の度重なる洪水により更新を繰り返した沖積土に恵まれた土地は，豊富な用水供給に支えられて稲作の中心地となった．これに対して，半乾燥地の稲作の生産性は低い．モンスーン・アジアの半乾燥地とは，年間降水量が 1,000 mm 以下と比較的降水が少なく，沖積土に乏しく，侵食面から構成されている土地である (河野 2009)．稲作の限界地である．そこでの稲作は，水不足が制約要因となっており，用水確保の可否が，稲作の可否のみならず稲作を営む人々の生存の可否までをも握ってきた．干ばつによる不作が数年続くと，蓄えていたコメは底をつき，人々は，食料を求めて森に分け入り，近傍の村を訪れ食料を乞うた．水を確保する方法は地域によって異なる．デカン高原のようにため池を築造する地域もあれば，降雨時に周辺から流入する水の田面貯留と圃場水管理で対応する地域もある．コラート高原は主として後者の適応を採用してきた．

　1980 年代までのコラート高原の水稲作は，圃場水管理とコメ品種を巧みに組み合わせ，循環する水に適応する技術体系を構築していた (河野ほか

2010)．それは，天水田稲作を基盤としながらも，畑作や菜園，さまざまな日雇い仕事，乾季の出稼ぎなどと組み合わせた生業システムを前提として構築されたものである．ところが，1985年以降，タイ国は年率10％前後の高度経済成長を経験した．首都バンコク市はアジアの中心都市に成長し，工業・サービス業セクターで働く中間層が形成された．コラート高原の農民にもその影響は及んだ．出稼ぎが増え，とりわけ若者は工場労働者として働くようになり，村に戻るのは年に数回の休暇のときのみとなり，村には子どもと老人ばかりが残された (Funahashi 1996)．タイ政府は地方経済の振興と農民の生活の向上に配慮するようになり，インフラの整備や教育・医療制度の改善に積極的に取り組んだ．人間圏が牽引したこの変化の過程で，天水田稲作はどのように発展したのか．

　筆者は1980年代前半にコラート高原の稲作調査に従事し，循環する水に適応する技術体系がすでに最適化されていることを明らかにしたうえで（福井1988），だからこそ，これ以上の発展は望めず，国レベルでの経済成長による農外就業機会の増加は天水田の耕作放棄を生むだろうと予想した．しかし，それから20年余りの経過は，この予想を見事に覆した．確かに，農民はより多くの労働を農外就業に割くようになった．出稼ぎに行っている家族からの送金は家計の重要な部分を占める（舟橋2006）．しかし，だからといって，稲作は放棄されなかった．逆に，より強化され，村人の生活を支える生存基盤としてさらに発展した．1998年のアジア通貨危機の際には，多くの出稼ぎ者が出身村に戻ったが，村人が生活に困窮することはなかった．1980年代前半に1 ha当たり1 tから2 tでしかなかった水稲収量は2000年代前半には3 t前後へと増加した（図10-6）．1980年代には2年に1回以上発生していた干ばつ被害が，1990年代になると5年に1回に減少した（表10-1）（河野ほか2009）．グランドスタッフらはこの発展を「天水革命」(rainfed revolution)と名付けた (Grandstaff et al. 2008)．どのような発展のメカニズムがこの革命を実現したのか．

　このメカニズムはさまざまな小さな工夫の束からなり，一時に実現したわけではない．コラート高原の農村が高度経済成長の影響を受け始めたのが1990年ごろなので，それ以降，少しずつ積み重ねられてきたものである．

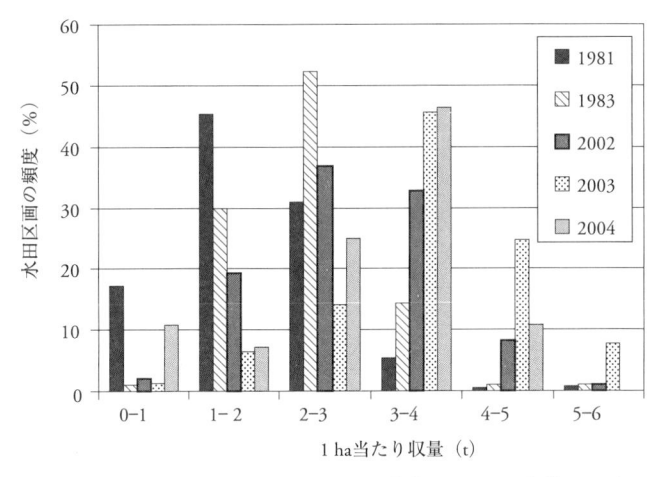

図 10-6　タイ東北部村落における 1980 年代から 2000 年代にかけて
　　　　のコメ収量の増加
出典：舟橋（2006）を加筆修正．

表 10-1　タイ東北部村落における 1980 年代から 2000 年代にかけての干ばつ・洪水
　　　　被害の発生頻度

種類	被害面積	発生頻度	
		1978〜90 年 （13 年間）	1991〜2002 年 （12 年間）
干ばつ	ほぼ全域	3	0
	約半分	1	0
	部分的	4	2
洪水	ほぼ全域	2	1
	約半分	0	1
	部分的	0	3

出典：河野ほか（2009）に基づいて筆者作成．

　この変化は今後も続くだろう．農民は，お互いを観察し，情報を交換しているが，集団的な意思決定が働いているわけでもない．
　以下では，20 年間の工夫を具体的にみていこう．タイ東北部の中心都市コンケーン市から南東へ約 20 km の一農村の事例である．

まず区画整理である．かつての水田区画は，土工量を抑制するために，原地形に忠実に造成されていた．そのため水田区画の面積は小さく，かつ区画間で段差があった．そこでいくつかの区画を結合し，少数のより大きい面積の区画へと整理した．作業にはブルドーザーを雇用した．所有筆当たりの平均区画数は 8.4 (1981 年) から 2.9 (2005 年) へと減少した (渡辺ほか 2008)．これは，農作業の作業効率を高めるとともに，田面貯留の有効利用にも寄与した．耕耘機や収穫機など，農作業の機械化が進み，労働節約に貢献している．

補助灌漑も導入された．政府が，村の北方を流れるメコン川支流のチー川に揚水ポンプを設置し，村の水田まで灌漑水路を建設した．農家のリクエストにしたがって用水が送られるが，農民はポンプの運転コストを負担しなければならない (渡辺ほか 2006)．灌漑水路沿いの水田はこの灌漑用水を利用するようになった．その面積は，広く見積もっても村の水田の 40％ほどである (図 10-7)．一般の灌漑田のように，定期的に灌漑するわけではない．干天が続き作付けが遅れそうなときやイネが水分ストレスを受けそうなときにのみ，灌漑をリクエストしている．残りの水田も低地に溜まった水をポンプでくみ上げている．いずれも完全な灌漑田でも完全な天水田でもない．作業の進捗をみながら，イネの成長具合をみながら，水源をみながら，そして天候を読みながら水管理を実施している．

コメ品種も大きく変化した．1980 年代前半には村の総水田面積 360 ha に出穂時期の異なる約 30 の品種が栽培されていたが，モチの高収量性品種 (RD6) とウルチの優良品種 (KDML105) の 2 種類で全作付面積の 90％近くを占めるようになった (宮川 1995)．両品種が優れた食味をもつことに加えて，出穂時期を揃えて収穫労働の節約を図るためである．作付方法は，かつては移植のみだったが，乾田直播が導入された．労働節約のためである (Konchan et al. 1996)．乾田直播は雑草を増やす．そこで移植とのローテーションや除草剤の散布が試みられている．化学肥料も施与されるようになった．収量の向上にも貢献しているだろうが，どちらかというと生育の悪いイネの生育を助けるための施肥である．だから，元肥と追肥というように標準化された施肥方法があるわけではなく，適宜，そして少量，施与される．

これらが工夫の具体的内容である．コメ生産の向上を目指していることに

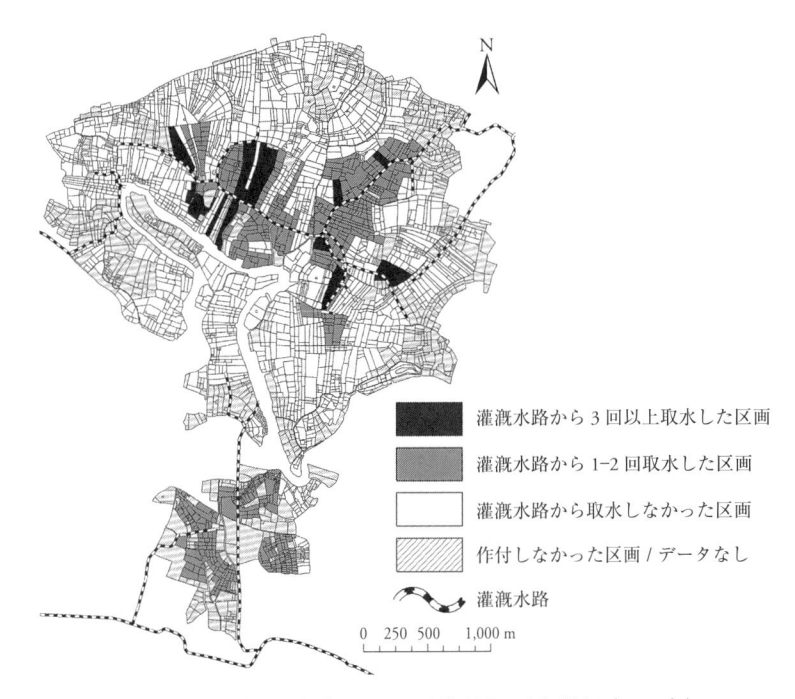

第 10 章　熱帯生存圏における農業発展のメカニズム

図 10-7　タイ東北部村落における灌漑用水の利用状況（2004 年）
出典：河野ほか（2009）を加筆修正．

凡例：
- 灌漑水路から 3 回以上取水した区画
- 灌漑水路から 1-2 回取水した区画
- 灌漑水路から取水しなかった区画
- 作付しなかった区画 / データなし
- 灌漑水路

加えて，労働の節約に重点が置かれていることが読み取れると思う．農民それぞれが生業全体を見据えながら工夫を取捨選択しているからである．個々の工夫は，農民の試行錯誤の繰り返しによって徐々に編み出されつつある小さなものであり，生産力を飛躍的に増加する原動力とはなり得ない．ましてや「革命」とはかけ離れている．しかし，一貫していることは，個々の水田区画の特性をふまえて，少しやってみて様子をみる，うまくいきそうならもう少し試みる，うまくいかなければ次の手を考える，決して無理はしない，無理に伸ばすことよりも落ちこぼれを出さないことを重視する，という発想である．画一化や標準化とは異なるメカニズムである．区画単位の収量分布がそれを明確に示している（図10-6）．収量の区画間の格差は依然として大きく，収量が 1 ha 当たり 2 t に満たない区画もあれば 5 t を超える区画もある．

表10-2 ラオス北西部村落における中国市場向け商品作物栽培の試み

作　目	導入年	終了年
サトウキビ	2001	2004
タマネギ・ニンニク	2001	継続中
トウモロコシ	2005	継続中
スイカ	2005	継続中
ピーマン	2006	2009
カボチャ	2007	2009
トウガラシ	2007	継続中
ユーカリ	2007	継続中
パッション・フルーツ	2008	継続中
タバコ	2009	継続中
バナナ	2011	継続中

出典：富田晋介氏，未刊行．

　最後にもう一つ，事例を示そう．先ほど述べた雲南省の西双版納と国境を挟んだラオス側の一農村における商品作物栽培の導入過程である．

　山間盆地に静かにたたずむこの村も，西双版納と同様，井堰灌漑による水稲作を生存基盤としてきた(富田ほか 2008)．しかし2001年に中国国境へと通じる道路が改修され，トラックが行き来できるようになると，国境からわずか15 kmに位置するこの村に，多くの中国人商人が訪問して，中国市場向けの商品作物栽培を推奨するようになった(表10-2)．たとえば，2006年に栽培が始まったスイカの導入過程は以下のとおりである．

　　中国から4人のスイカ仲買人が来て，村の集会所で説明会を開催した．当時の村長が，村として契約するのではなく，世帯ごとに契約することにし，どの仲買人と契約するかは各世帯の判断にゆだねられた．20人ほどの村の役員が契約し，水田の裏作でスイカ栽培を試みた．仲買人の一人が栽培技術指導員を派遣し，村に常駐させてくれたので，村人は栽培技術を学ぶことができた．収穫期になって仲買人が買い付けに来た．しかし，3人の仲買人は代金を支払わないまま闇にまぎれて中国へ戻ったり，当初の契約の半額しか代金を支払ってくれなかった．まともな取引ができたのは，栽培技術指導員を派遣してくれた仲買人のみであった．この仲買人との取引は2009年まで続い

たが，2010年には買い付けに来なかった．おそらく国境交易の管理が強化されたためではないかと思われる．そこで村人は自分たちでラオス国内での販売を試みた（富田晋介氏との私信でのやり取り）．

　他の商品作物も，同じような試行錯誤を経て導入されている．サトウキビやピーマンやカボチャのように2年から3年で栽培を放棄したケースもあれば，タマネギやニンニクのように栽培が根付きつつある作物もある．いずれの作物も，栽培面積は小さく，従事している世帯数も限定的である．

　ラオスの農民と中国の仲買人の交渉が牽引するこの過程は，西双版納におけるバナナ栽培の導入過程とは明らかに異なる．この交渉は，明確で透明性の高いルールのもとでの交渉ではない．だからこそ，お互いに疑心暗鬼を感じつつも，相互に利益を生む妥協点を探ろうとする．ルールづくりには時間がかかるし，何よりもまず，ラオスの農民は中国の市場について，中国の仲買人はラオスの農民について学ばなければならない．そこでは，強力な制度としての公共圏に依存した意思決定はできず，ラオスの農民も中国の仲買人も自らの目と耳で確認し，国境交易の規則をにらみながら，物事を進めていかなければならない．このような過程は一般的には非効率的と評価される．しかし，案外，このような過程こそが生存基盤を持続的なものへと鍛えるうえで有効なのではないかと考えている．人間圏の力が強すぎると地球圏や生命圏への配慮が閉ざされる．人間圏の力が相対的に弱いからこそ，地球圏や生命圏に十分配慮するかどうかが，交渉のカギを握る可能性が開ける．

5　「農業発展」のメカニズムを問い直す

　人間社会が蓄積してきた熱帯の地球圏や生命圏に関する科学的知見は，温帯に関するものと比較すると残念ながら弱い．また，熱帯の地球圏や生命圏の動きは複雑で空間的な変異も大きい．農業発展という視点に立てば，これは利用できる資源の多様性と不確実性が大きいことを意味している．確実で標準化された資源を前提として効率的な生産を目指すという温帯において主

第4編 ───● 熱帯生存圏における時間

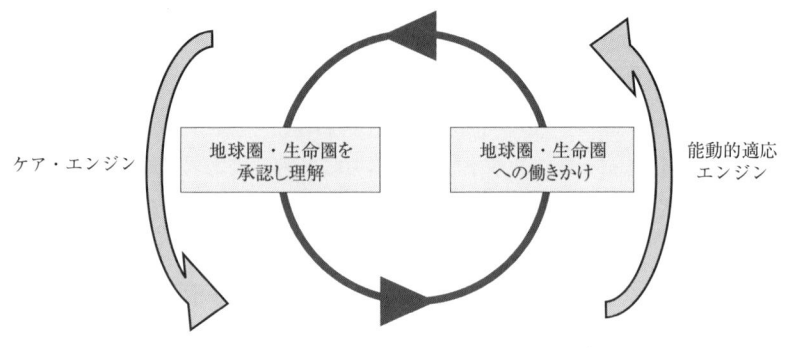

図10-8　持続型の農業発展のためのメカニズム

出典：筆者作成．

流の農業発展を熱帯に適用するためには，温帯社会が歴史的に積み重ねてきた地球圏や生命圏への介入をより徹底的に実施し，地球圏や生命圏を改変していかなければならない．それが，どのような連鎖的な影響を生み，人間圏にフィードバックされるのかは予測できない．かつ，その影響は熱帯のみならず地球全体に，そして未来に及ぶ．持続型生存基盤論で構想すべきことは，地球圏や生命圏の論理をふまえ，不確実で多様な資源という前提に立つ農業発展である．

　それはどのような農業発展なのか．答えはもち合わせていない．しかし，ここまでの考察は，持続型の農業発展を実現していくうえでどのようなメカニズムが有効なのか，という問いへの示唆を与えてくれる．それは，緩やかな発展に見いだすことのできる二つのエンジンが相乗的に機能するメカニズムである．一つは，地球圏や生命圏をケアするというエンジン，もう一つは地球圏や生命圏に能動的に適応するというエンジンである（図10-8）．

　地球圏や生命圏をケアするとは何か．ケアは，一般的には，面倒をみるとか介護するという意味である．相互に相手の人格を認めたうえで，与える側と与えられる側という関係が成り立っていることが前提となる．しかし，より広義のケアは，より良く生きるために配慮し，働きかけることである．その対象は人間に限らない．動植物のみならず，河川や森林などの自然環境も対象となる（本講座第3巻; Fisher et al. 1990）．ここでもちいているのは，もち

ろん後者の意味である．すなわち，地球圏や生命圏をケアするとは，地球圏や生命圏を自らの生存にとって必須のもの，ともに生きるものと認識し，その論理を承認したうえで，その動きを知ろうと努力することである．

地球圏や生命圏を人智の及ばないものと捉え，あるがままの自然を天の声や恵みとして恐れ崇める考えがある．この考えの背景には，経験知に基づいた地球圏や生命圏に対する最大限の配慮があり，地球圏や生命圏は自らの生存や幸福を根源的に支える存在だという敬意がある．いっぽう，科学技術の目覚ましい進歩に立脚して，詳細なモニタリングに基づいて地球圏や生命圏の動きを探求し解明することにより，地球圏と生命圏に関する科学知を蓄積しようという努力も日々，続けられている．地球圏や生命圏をケアするとは，両極端にみえるこれらの考えを取り込み，それらを相互補完的に連携させ，より統合的な地球圏や生命圏に対する見方を目指すということである．

地球圏や生命圏に能動的に適応するとは何か．適応は，人間圏のみならず，生命圏においても生存を支える必須の戦略である．しかし，たんに適応するだけではなく，地球圏や生命圏を改変し，相互作用系を編み出すことにより人間圏は成長してきた．能動的に適応するとは，地球圏や生命圏をケアすることによって得た知見に立脚して持続型の農業発展を実現するための技術や制度を構想し，地球圏や生命圏に働きかけることである．先に，農業実践こそが人間圏と地球圏や生命圏が向き合う一つの現場であると述べた．しかし，農業実践だけが技術や制度を構想し働きかける現場ではない．研究者や農業政策の立案者もこのエンジンの必須の担い手である．

20世紀後半に加速された画一化，標準化された技術による農業発展は，人間社会が歴史的に経験したことのない早さで膨張する人間圏の欲求に応えるための緊急避難措置だったのではないだろうか．そこでは，きわめて短い時間尺度が採用され，効率的な発展を優先せざるを得なかった．急激な農業発展である．地球圏や生命圏をケアするエンジンを十分に機能させる余裕のないまま，地球圏や生命圏に働きかけるエンジンを見通しもなくフル稼働させざるを得なかった．この動きは今でも熱帯で継続しているが，それは熱帯社会のニーズに基づくものというよりも，温帯から熱帯へと転移したこの動きの残滓という側面が強い．

こう考えてくると，科学知と経験知をいかに有機的に連携させるかという課題にたどり着く．これは，人間社会にとって決して新しい課題ではない．しかし，改めてこの課題の重要性を指摘したい．急激な農業発展を優先せざるを得ない状況下で，科学知の深化を担う研究者は，細分化されたそれぞれの分野を超えることが許されず，二つのエンジンをなかなか結合できなかった．いっぽう農民は，時代を牽引していないために注目を集めない農業実践の現場で，彼ら／彼女らの地球圏や生命圏をケアし，それに対して能動的に適応して緩やかな農業発展を実現していた．しかし，そこで編み出された経験知は，急激な変化のなかで時代遅れのものとみなされ，人間圏の技術体系や知識体系の再構築に生かす機会を与えられなかった．これまでの人間圏の急激な膨張を相対化し，人間圏の時間尺度を地球圏や生命圏に配慮して再構築することにより，科学知と経験知を分断する壁を取り払う可能性が広がる．多数の小さな努力を正当に評価し積み重ねて，熱帯生存圏における生存基盤持続型の農業発展を実現していかなければならない．

参考文献

Aslam, A. and S. A. Prathapar 2006. *Strategies to Mitigate Secondary Salinization in the Indus Basin of Pakistan: A Selective Review*, International Water Management Institute.
ダニエルス, C. 責任編集 2008.『論集モンスーンアジアの生態史　第 2 巻　地域の生態史』弘文堂．
Diamond, J. 1997. *Guns, Germs, and Steel: The Fates of Human Societies*, New York: W. W. Norton and Co.（倉骨彰訳『銃・病原菌・鉄 ── 1 万 3000 年にわたる人類史の謎（上・下）』草思社，2000 年）．
Fisher, B. and J. Tronto 1990. "Toward a feminist theory of caring", in F. Abel and M. Nelson (eds), *Circles of care*, State University of New York: pp. 35-62,
Food and Agriculture Organization of the United Nations (FAO) "Statistical Database (FAOSTAT)", http://faostat.fao.org/site/377/default.aspx#ancor（2011 年 1 月 24 日アクセス）．
福井捷朗 1988．『ドンデーン村 ── 東北タイの農業生態』創文社．
舟橋和夫編 2006．『ドンデーン村再々訪 ── 東北タイ天水田農村における 40 年間の動態研究』龍谷大学．
Funahashi, K. 1996. "Farming by the Older Generation: The Exodus of Young Labor in Yasothon Province, Thailand",『東南アジア研究』33(4): 625-639.
Furukawa, H., M. Nishibuchi, Y. Kono and Y. Kaida 2004. *Ecological Destruction, Health, and*

Development, Kyoto University Press.
Grandstaff, T. B., S. Grandsutaff, V. Limpiuntana and N. Suphanchaimat 2008. "Rainfed Revolution in Northeast Thailand", *Southeast Asian Studies*, 46(3): 289-376.
Kajisa, K., K. Palanisami and T. Sakurai 2007. "Effects on Poverty and Equity of the Decline in Collective Tank Irrigation Management in Tamil Nadu, India", *Agricultural Economics*, 36: 347-362.
神崎護・山田明徳 2010.「生存基盤としての生物多様性」杉原薫・川井秀一・河野泰之・田辺明生編『地球圏・生命圏・人間圏 ―― 持続的な生存基盤を求めて』京都大学学術出版会, 153-184 頁.
Konchan, S. and Y. Kono 1996. "Spread of Direct Seeded Lowland Rice in Northeast Thailand: Farmers' Adaptation to Economic Growth",『東南アジア研究』33(4): 523-546.
河野泰之 2009.「半乾燥地域の稲作」春山成子・藤巻正巳・野間晴雄編『朝倉世界地理講座 3 東南アジア』朝倉書店, 167-179 頁.
河野泰之・孫暁剛・星川圭介 2010.「水の利用からみた熱帯社会の多様性」杉原薫・川井秀一・河野泰之・田辺明生編.『地球圏・生命圏・人間圏 ―― 持続的な生存基盤を求めて』京都大学学術出版会, 185-209 頁.
河野泰之・宮川修一・渡辺一生 2009.「1 つの村の水稲収量図から社会の変化を読み取る ―― 東南アジアの農業発展」水島司・柴山守編『地域研究のための GIS』古今書院, 81-93 頁.
甲山治 2010.「地球圏の駆動力としての熱帯」杉原薫・川井秀一・河野泰之・田辺明生編『地球圏・生命圏・人間圏 ―― 持続的な生存基盤を求めて』京都大学学術出版会, 129-152 頁.
Le Z., Y. Kono, S. Kobayashi, Hu Huabin and Krishna Bahadur KC. 2011. "Expansion Process of Commercial Cropping of Banana in Xishuangbanna, China",『第 21 回日本熱帯生態学会年次大会(沖縄)講演要旨集』20.
久馬一剛 2005.『土とは何だろうか?』京都大学学術出版会.
京都大学東南アジア研究センター編 1997.『事典東南アジア』弘文堂.
McNeill, J. R. 2000. *Something New Under the Sun: An Environmental History of the Twentieth-Century World*, W. W. Norton(海津正倫・溝口常俊監訳『20 世紀環境史』名古屋大学出版会, 2011 年).
Miyagawa, S. 1995. "Expansion of an Improved Variety into Rain-fed Rice Cultivation in Northeast Thailand",『東南アジア研究』33(2): 187-203.
Palanisami, K., A. Vidhyavathi and C. R. Ranganathan 2008. "Wells for "welfare" or "illfare"? Cost of Groundwater Depletion in Coimbatore, Tamil Nadu, India", *Water Policy*, 10: 391-407.
Sato, T. and P. Ramasamy 2011. "The Effects of Expansion of Private Wells on Rural Livelihood in Tank Intensive Watersheds: A Case Study in Upper Gundar River Basin, Tamil Nadu",『東南アジア研究』49(1): 124-150.
杉原薫 2010.「持続型生存基盤パラダイムとは何か」杉原薫・川井秀一・河野泰之・田辺明生編『地球圏・生命圏・人間圏 ―― 持続的な生存基盤を求めて』京都大学学術出

版会，1-22 頁．
—— 2010．「グローバル・ヒストリーと複数発展径路」杉原薫・川井秀一・河野泰之・田辺明生編『地球圏・生命圏・人間圏 —— 持続的な生存基盤を求めて』京都大学学術出版会，27-59 頁．
Tudge, C. 1999. *Neanderthals, Bandits and Farmers: How Agriculture Really Began*, New Haven: Yale University Press（竹内久美子訳『農業は人類の原罪である』新潮社，2002 年）．
富田晋介・河野泰之・小手川隆志・ベムリ・ムタヤ・チョーダリー 2008．「東南アジア大陸山地部の土地利用の技術と秩序の形成」C. ダニエルス責任編集『論集モンスーンアジアの生態史 第2巻 地域の生態史』弘文堂，181-202 頁．
渡辺一生・星川和俊・宮川修一 2008．「タイ国東北部・ドンデーン村における天水田の区画改変とその水稲生産への影響」『農業農村工学会論文集』76(1): 45-52.
渡辺一生・宮川修一・星川和俊・瀬古万木 2005．「東北タイ・ドンデーン村天水田農業における小規模灌漑の利用実態」『システム農学会誌』21（別号 2）: 100-101.
Wischmeier, W. H. and D. D. Smith 1978. *Predicting Rainfall Erosion Losses: A Guide to Conservation Planning*, U. S. Department of Agriculture, Agriculture Handbook No. 537.

第11章

熱帯バイオマス社会の複雑系
── 自然の時間，人の時間 ──

石川　登・祖田　亮次・鮫島　弘光

1 はじめに ── 時間の整合

　グローバル COE プログラム「生存基盤持続型の発展を目指す地域研究拠点」では，人文・社会科学者と自然科学者が専門分野の境界を越えたコラボレーションを試みた．そこでは「地球圏」「生命圏」「人間圏」の存続や生存基盤に関わるさまざまなエージェントに注目し，それらのあるべき関係のかたちを考え，「熱帯」から涵養した新しいパラダイムの創出を目的とした．当初は，若干の戸惑いもみられたが，文理さまざまな学問分野のもつジャーゴン（専門用語）は比較的早い時期に問題ではなくなったことは想定外の発見だった．文理，そして各専門分野を越えた用語や概念の摺り合わせは決して不可能なことではない．しかしながら，5 年にわたるプロジェクトで最後まで難しかったのが，スケールの問題である．
　分野に特徴的な分析スケールは，それぞれの学問分野のもつ時空間の認識論に深く関わる．たとえば，文化人類学者は自分の目で見ることができる空間，あるいは人々の言葉によって紡がれる身体やコミュニティのまわりの空間を基本的な単位としてものを語ることが多い．これに対して，森林生態学者は，より広いランドスケープを対象とし，水文学者は海と陸を含んださら

に大きなシステムを語る．これらの分析単位を地図上に落としてみると，そのスケールの差は簡単に数百倍，数千倍というものになる．分析スケールの相違は，理系と文系のあいだだけに特徴的なことではない．たとえば，個人，家族・親族，村落，地域，国家，国際社会にいたるまで，人文・社会科学系の研究者のなかでも分析単位の意識的な摺り合わせが共同プロジェクトでは必要となる．いうまでもなく自然科学系学問分野のあいだのコラボレーションとなれば，研究対象の空間スケールに関するコンセンサスなしに調査を進めることはできない．

　空間に比べて，時間スケールの「桁」や「質」の違いは，研究者の共通理解やコミュニケーションをさらに難しくする．たとえば，熱帯雨林の生物多様性の低下についての議論を考えてみよう．眼前の種が絶滅の危機に瀕している．しかし，タイムテーブルをきわめて長いものに定めた地球環境史の視点からすれば，これは営々と繰り返されてきた撹乱と更新のプロセスの一部にすぎない．たとえば，「最近4万年の地形変動」という自然地理学者主催のシンポジウム題目に対して人文地理学者がもつ違和感は，それぞれの分野のもつ時間感覚の違いとでもいったらよいだろうか．研究の方法論に分かちがたく結びついた固有の時間スケールは分野ごとに異なる．

　これらの時間のスケールを研究者にとっての固有なエミック的な時間とすれば，私たちが考えなければならない，もう一つの重要な時間がある．それは，動植物，人々，有機物，気象，ミネラルなど，広く地球圏，生命圏，人間社会の森羅万象がもつ固有な時間である．これは，それぞれにとって意味のある時間であり，均一，同一ではない．半減期，個体内のガス交換や心拍，光合成，結実，個人の成長と老化，世帯の発達サイクル，水・物質循環，景気循環など，それぞれの現象や主体にとっての時間の意味やそのスケールは異なってくる．

　地球圏や生命圏にそなわった固有の時間は，これらと関係をもつ人間の社会的時間にも深く関与する．たとえば，7年ほどで成木となるアカシア・マンギュームと成長速度の遅いフタバガキのもつ時間は，これに働きかける人間の時間感覚や社会関係をかたちづくることになる．地球圏が人間社会と暴力的な関係をもつ災害時に，私たちの歴史の感覚は更新される．地震や津波

の周期，そして放射線物質のもつ崩壊期間に応じた新しい時間の感覚と社会関係を私たちはつくり，新しい対応を生みださなければならない．

　このような時間的スケールは，時間の「かたち」を私たちがどう理解するか，という認識論とも深く結びついている．地球圏のさまざまな循環的現象を認識するには，多くの場合，意識主体として人間の認識空間はあまりにも小さく，一生の時間は短い．人間のライフサイクルが自然現象の反復周期よりも短い場合は，ある特定の現象はあくまでも線的な時間の流れのなかで一回性をもったものとしてしか存在しない．反復的，間歇的，円環的なシステムは，認識する主体や関係するエージェントの時間スケールによって意味をもつものとなったり，存在しないものにもなる．森羅万象の時間スケール，とくに地球圏のそれの多くは，F. P. ブローデル（Fernand Paul Braudel）の言葉によれば「不変の，あるいはほとんど動くことのない」ものとして「長期持続」（la longue durée）といった言葉で語られてきたが，じつはその多くは長大な周期やリズム，そして反復性をもち，一定の収支モデルをもった循環的な時間をその特徴とする．

　本章では，地球圏ならびに生命圏と人間社会の関係，すなわち広い意味での human と non-human の関係に焦点をあてて，これらの時間を私たちがどのように認識し，生存基盤維持のシステムとして日常の時間，そして人生の時間に取り込んできたかを考えることを目的としている．森羅万象（地球圏と生命圏）のさまざまなエージェント，すなわち動物相や植物相，土壌環境や水文環境に特定的な時間を人間社会はどのように認識しているのか，そして人類に特定的な時間のスケールやかたちとどのように接合（または断絶）させてきたのか．時間とシステムの関係は，以下で詳しくみるように，熱帯雨林における持続的な自給的焼畑農耕と生産性を重視した大規模なアブラヤシ・プランテーションに関わる人々の時間認知の相違，河畔伐採に従事し，筏にした丸太を川下の商人に売る元狩猟採集民と河川の増水周期，そして非木材森林産物の資源利用のサイクルやリズムなど熱帯バイオマスと人間の関係を考える際に重要な論点となる．

　時間のスケールやかたちに焦点をあててみると，いままではシステムのあいだの整合性や接合といった視点から行われてきた生産論やサステナビリ

ティ論とは異なる新しい考察が可能となる．本章は，このような目論見を動機としている．

以下では，筆者たちが現在共同で調査を行っているマレーシアの熱帯雨林の事例を検討する．本章は，『地球圏・生命圏・人間圏 —— 持続的な生存基盤を求めて』(杉原ほか 2010) 所収論文「歴史のなかのバイオマス社会—熱帯流域社会の弾性と位相転移」と相互補完的な意味をもつ (石川 2010)．同論文では，140 年ほどの地域の「歴史」を再構成したのに対して，本章は「時間」を考察のポイントとしている．あわせて読んでいただければ幸いである．

2 熱帯バイオマス社会

本章では，熱帯雨林にみられるような高いバイオマスをもつ空間を一つの理念型として「バイオマス社会」と呼ぶことにする．このような社会は，赤道を中心に北回帰線と南回帰線に挟まれた帯状の地域に形成される．南北両回帰線に挟まれた地域は日射量が多いため年中温暖となり，それによって上昇気流が生じるために低気圧地帯 (熱帯収束帯) となる．この低気圧によって豊富な雨量が得られ，その直下には熱帯雨林が形成される．

以下で考察するボルネオのランドスケープは，バイオマス社会の一典型と考えられる．マレーシア・サラワク州 (以下，サラワク) 北部沿岸の都市ビンツルと内陸を結ぶクムナ川とタタウ川，そして，それらの支流から形成された流域社会である．マングローブの優勢な河口部から内陸部の狭小なせせらぎまで，本流と多くの支流が一つの水系を形成している．この川筋には，河口から華人，マレー系，イバン，カヤン，クニャ，プナン，タタウ，ルガットなどサラワクの民族集団の多くが居住している．筆者たちは，この流域社会をサラワクの民族社会の一つの縮図，もしくはミクロコズムと考え，フィールドワークを進めている (図 11-1，図 11-2)．

考察の対象とする流域社会は多生業空間と呼ぶことができるような社会である．そこでは，焼畑耕作による陸稲生産や水稲耕作，森林におけるサゴヤシからのデンプン採取，野生動物の狩猟，森林産物採取，漁労，木材関連企

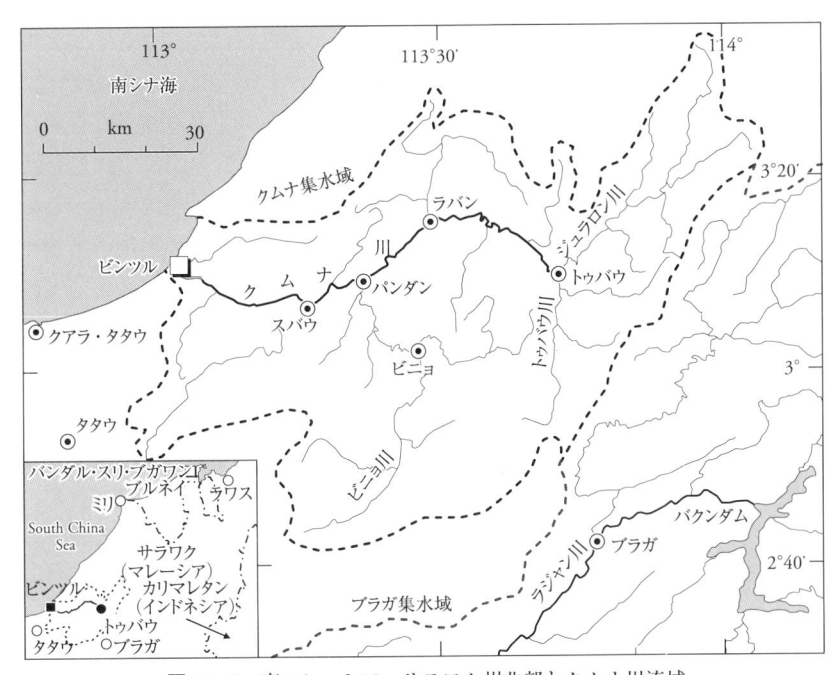

図 11-1　東マレーシア・サラワク州北部とクムナ川流域
出典：石川（2010）．

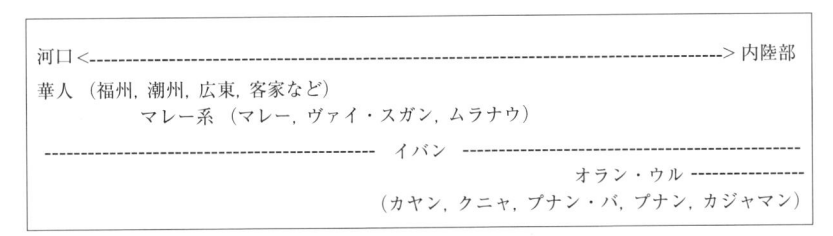

```
河口 <-----------------------------------------------------------------> 内陸部
華人　（福州，潮州，広東，客家など）
　　　　　マレー系（マレー，ヴァイ・スガン，ムラナウ）
　-------------------------------------- イバン --------------------------------------
　　　　　　　　　　　　　　　　　　　　　　　　　オラン・ウル ---------------
　　　　　　　　　　　　　　　　　　　　（カヤン，クニャ，プナン・バ，プナン，カジャマン）
```

図 11-2　クムナ川流域における民族集団
出典：石川（2010）．

業での就労にいたるまで多種多様な生業に人々は従事している．流域のほぼ全域に広く分布するイバンの集落（ロングハウス）を除けば，都市部と河川交易の要所に居住する華人とマレー系，内陸部のオラン・ウルと総称されるカヤンやクニャ，さらに森林の優勢な内陸部で狩猟や採取に従事してきたプナンなどの民族集団が緩やかなグラデーションをもって居住してきた．そこで

は民族集団が外部世界からの需要に応えながら，森林資源の商品化を支えてきた．

クムナ川水系は二つの意味で社会的インターフェースであり続けた．すなわち「人間圏」と「生命圏」のインターフェース，そして「山地」と「低地」を結ぶ集水域という「地球圏」のインターフェースという性格である．このような空間は，前植民地期にはマレー系の海域・河川交易，植民地のもとでは華人系商業資本ネットワーク，そして国民国家のもとでの開発政策や多国籍企業体によって形成された商品連鎖をとおして，シンガポール，さらにはロンドンなどの国際市場と流域社会のバイオマス資源を結ぶコンタクト・ゾーンとなってきた（石川 2010）．

サラワク北部の集水域では，ながらく地元住民による森林産物の採取，焼畑耕作が行われ，1960年代からは商業伐採のコンセッション[1]が華人企業に与えられ，伐採道路の建設とともに広範な地域が森林伐採の対象とされてきた．2000年以降は，アブラヤシならびにアカシア・マンギュームの植栽が進み，現在100万haを超える熱帯雨林がプランテーションに転換されている．

この地域の社会史を描写した前掲論文（石川 2010）では，流域バイオマス社会の以下のような特徴を指摘した．

(1) サラワク北部の流域社会は，隔絶された辺境ではなく，きわめて商業的ならびに資本主義的な空間であり，グローバルな商品連鎖のなかで，人々は生存戦略を変化させながら現在にいたっている．
(2) 同地域のバイオマス社会においては，森林産物の交易や森林伐採現場における賃労働に環境依存型生業（焼畑や狩猟採集）を接合させた弾性的な生計ポートフォリオをとおして，生存基盤が比較的容易に確保されてきた．
(3) 小人口社会の低い人口圧のもと，生物多様性とバイオマスが維持され，その結果，人間圏での定着農業による資源ストック確保の要請は低いものとなった．

---

[1] コンセッションについては，本講座第1巻第10章を参照のこと．

(4) バイオマス社会では，市場経済への接合をとおした生存戦略の多様化により，農業が唯一主要な生計維持活動となることはなかった．すなわち「多生業空間」としてのバイオマス社会が形成された．
(5) サラワクのバイオマス社会は，人々の高い移動性，低い人口圧，そして土地利用圧の低い生業を成立の基盤とする．これはバイオマス社会の弾性の基礎であると同時にプランテーション型バイオマス拡大のための必要条件ともなる．
(6) バイオマス社会は，外部社会がもたらす変化に対して弾性的に反応する．しかしながら，その振り子的な反応が臨界点を超えた際には位相転移（レジーム・シフト）につながる．サラワク北部内陸のバイオマス社会は，前植民地期から 1990 年ごろにいたるまで，経済，技術，制度の変容に弾力的に適応してきたが，森林伐採から植栽型のバイオマス再生産システム（アカシアならびにオイルパーム・プランテーション）への転換，ならびに労働市場への外国人労働者の投入によって不可逆的な位相転移の局面に入った．従来の熱帯雨林を基盤とした生存基盤の消失が進む状況で，伝統的な焼畑と狩猟，ならびに伐採キャンプなどでの賃金労働による生活の維持が不可能となっている（石川 2010）．

　豊かな日射量と降雨に支えられた高いバイオマスをもった空間における時間の本質を考えるのが本章の目的である．熱帯のバイオマスはいかなる時間をもってきたのか．そしてそれらの時間と人間たちの関係性はいかなるものなのか．以下では，このような疑問を頭におきながら，サラワク北部の流域社会を考察してみよう．

3 熱帯バイオマスと人間を結ぶ時間

　以下では，ボルネオに特徴的ないくつかの資源利用の形態に注目して，豊かな熱帯バイオマスと人間社会の関係，そして「地球圏」ならびに「生命圏」と人間社会の関係を考察する．対象とするのは，陸稲，サゴ，ラタン（籐），

エンカバン（イリペナッツ），ガハル（沈香）などの非木材森林資源，そしてフタバガキ科をはじめとする植物，アカシア・マンギューム，アブラヤシなどプランテーションで生産される植物などである．

人々が自然にどのように働きかけてきたか，バイオマスが資源として利用される際に，これらのバイオマスのもつ時間，これを包摂するさらに大きな地球圏の時間，そして人々の時間をどのように重層的に組みあわせてきたかを，生存基盤の持続性という観点から論じてみたい．

3-1　焼畑陸稲耕作

ボルネオのコメの大半は，内陸先住民の焼畑によって生産される．焼畑による陸稲の収穫は，基本的には1年に1回である．サラワク北部であれば，まず4-5月にかけてその年に利用する焼畑候補地を決める．そして，乾季の6-7月ごろに伐採をし，十分乾燥させてから8-9月に火入れを行い，火入れの後1-3週間してから播種をする．播種の後は，季節は徐々に雨季へと移行する．10月から12月にかけて何度か除草を行ったのち，雨季の終わりの2-3月に収穫期を迎える．このように，焼畑による稲作は，乾季と雨季の季節的リズムを利用しつつ，およそ1年間のサイクルで行うものである．

焼畑地に植えられるコメの種類は多様である．1エーカーの土地に10種類以上のコメを植えることもある．傾斜地での焼畑では主として陸稲が栽培されるが，比較的平坦な場所で焼畑を行う場合は，陸稲・水稲の両方（あるいはその中間的なコメ）が植えられることもある．焼畑民のイバンは，こうした土地のことを「エンペラン・ンガンティ」（*emperan nganti*）と呼ぶ．雨を待つ平地という程度の意味で，通常であれば焼畑地だが，予想以上に雨の多い年であれば，水に浸かり天水田のようになる土地のことである．天候がどうあれ，何らかの収穫が期待されるようなコメの植え方である．ただし，焼畑地に植えられるのはコメだけではない．トウモロコシやキュウリ，ナス，カボチャ，キャッサバ，ウリ，スイカなど，多様な野菜・根菜・果実類を，時期を少しずつずらしながら植えているのである．種類によって収穫時期が異なるため危険分散の意味ももっていると考えられる．

第11章　熱帯バイオマス社会の複雑系

　焼畑に利用した土地は，1-2シーズン使ったあと休閑させる．一般的には十数年から数十年の休閑期間ののち，再び焼畑地として利用することが多い．したがって，焼畑による陸稲栽培は，ローテーション的な土地利用のシステムが確立されているといわれることがある．たしかに，焼畑と休閑というセットで考えれば，焼畑の土地利用は十数年から数十年の持続的サイクルをもっているようにもみえる．しかし実際には，そうとも言い切れない複雑さがある．

　たとえば，その年の焼畑の場所をどこにするか，言い換えれば，休閑して何年目の土地を使うのかを決めるためには，じつに多くの要素が考慮される．当然のことながら，当該の土地の肥沃度や植生回復状況は重要な指標になるが，土壌条件が同じであれば，集落から遠く離れた土地を利用するよりも，集落の近くの休閑二次林を再利用するほうが多く，傾斜地よりも平坦地を選ぶことが多い．逆に人口圧が高くなってくると，より遠くの場所や急傾斜地で焼畑を行うことになる．たとえば焼畑民の代表のごとく扱われるイバンの社会は，出稼ぎなどの村外移動が頻繁で，世帯内労働力も年ごとに大きく変動するので，それによって拓くべき森の位置，広さ，時期などが規定されることも多い．また，集落の近くに伐採用の林道やプランテーション用の農道ができた場合など，その他の外部要因によっても，その年の焼畑の場所が規定される．つまり，必ずしも規則正しく土地を循環的に利用しているわけではなく，生態的・社会的要素を考慮しつつ，その時その時の判断に基づいて焼畑地が決定される．それを数十年単位でみた場合，結果としてローテーション的な土地の回し方をしているようにみえるということである．これを土地利用の「疑似ローテーション」と仮に呼んでおこう．

　焼畑の時間は，記憶と結びつく．多くの人々は，自分たちが過去数十年の間に，どこでどれくらいの規模の焼畑を行ってきたのか，おおよそ記憶している．そのため，土地に対する記憶は数十年単位で保持される．そして，その記憶はしばしば世代を超えて継承される．たとえば，「ここは40年前に爺さんが開いた場所だ．今ではこんなに太い木々が生長している」といった言葉は，地元先住民とともに集落周辺の森を歩けば，頻繁に聞かれるものである．そして，焼畑を行ってから休閑している期間や，植生の回復状況など

によって，それらの土地は，たとえば，ジュラミ (*jerami*)，トゥムダ (*temuda*)，プングラン (*pengerang*)，ダモン (*damun*) などと呼び名が変化し，いずれ「原生林に戻る」(*pulai ke kampong*) か，焼畑地 (*umai*) として再利用される．これらのイバン語は土地利用ローテーションの段階を表現しているものではなく，特定の土地における植生遷移の状態を示しているにすぎない．

　焼畑先住民の土地利用に関わる権利については，基本的には「原生林」を拓いた者がその土地の占有権を得る．これを先取占有権と呼ぶ．そして，この土地占有権は世代を超えて相続されうるものである．だからこそ，どの土地（森）が，いつごろ，誰によって拓かれ，その後，どう使われてきた（使われてこなかった）のか，という記憶はかなり正確に蓄積され，土地の「再利用」が具体的に実現されていく．このことも土地がローテーションによって再利用されているようにみえる要因であろう．しかし，土地を回すという点が意識されているというよりも，それぞれの（元）焼畑地における時間経過が意識され，それぞれの初代開墾者との関係性がつなぎとめられていると言った方がよい．

　ボルネオの内陸先住民の移住パターンの時間性を考慮すれば，「円環的」な土地利用よりも，「線形的」な側面が強いことが明確にわかる．つまり，特定の場所で十数年から数十年暮らすなかで，その土地の土壌劣化によって人口支持力が低下したり，あるいは，土地の支持力を超えるかたちで人口が増加したり，何らかの自然災害による被災や疫病の蔓延などを経験したり，あるいは，他集団との戦争や超自然的な現象に翻弄された場合，彼／彼女らは，その場所を捨てて新たな生活空間を求めて，長距離の移動・移住・移転を行ってきた．こうした集落移動によって，稲作の年間サイクルと疑似的な休閑／焼畑ローテーションはリセットされ，新天地での新たなサイクルや疑似ローテーション的な土地利用が始まるのである．

　集落移転を経験した場合，かつての先祖たちの居住地に関する情報の正確さは落ちるにしても，3世代，4世代前，あるいは，7世代，8世代前に誰がどこにいて焼畑を行っていたのかは，ほとんどの者（世帯主）が記憶している．人によっては，20世代前までさかのぼって記憶している．その場合の記憶は，その当時の世帯主やリーダーの名前と，場所の名前，水系の名前

をリンクさせるかたちで語られる．

　当然のことながら，時間をさかのぼるにつれて場所に関する情報は曖昧となり，正確さは失われる．しかし，記憶が「正確でない」ことの意味は大きい．つまり，忘却の機能である．ある場所から集落ごと転出した場合，放棄した土地は，具体的な記憶をもった人がその場に残らないかぎりは，無主の土地に戻る．逆に言えば，そうした記憶のおぼろげな土地が各地に存在するからこそ，内陸先住民の移動（集落移転）が可能になってきたともいえる．つまり，移動先の新天地は原生林であるとは限らず，かつて誰かが使ったかもしれない土地ではあるが，今現在，その土地占有権を具体的に記憶している者が存在しないという点が重要になるのである．その意味では，集落近辺の十数年から数十年の土地利用の履歴と占有権の維持は，記憶の蓄積に依存している一方で，集落の新天地への移動は，ある集団による土地の放棄と別の集団による再利用があってこそ実現されうるものであり，忘却あるいは記憶の途絶・更新に依存しているといえる．

　イバン社会においては，各世帯がパディ・プン（*padi pun*）という神聖なコメとそれを補助的に支えるパディ・サンキン（*padi sangking*）というコメを持っている．各世帯は，これらのコメを絶やすことなく毎年植えて収穫し続けることが期待され，世代を超えて継承・相続される（Freeman 1955）[2]．逆に言えば，パディ・プンというのは，各世帯の継承・継続性を象徴するものなのである．イバンはボルネオ諸民族のなかでも，流動性・移動性の高い人々といわれている[3]．その移動の履歴は，世代のシークエンスと関連づけられながら，水系という空間単位で語られるが，具体的な土地の記憶は失われつつ，世帯の継続性のみが稲作の象徴としてのパディ・プンに還元され，強調されていくのである．

　以上のように，焼畑をめぐる時間はきわめて重層的である．短期的なもので言えば，数週間から数ヵ月単位の野菜類栽培である．これは副菜の入手とコメが不足したときの非常食確保の意味をもつ．そして，コメの収穫をめぐ

---

2) Freeman (1955) は，各世帯のパディ・プンとパディ・サンキンの履歴を丁寧にたどることで，集落（ロングハウス）全体の家族間関係を再構成できることを指摘している．
3) イバンの移動と移住に関しては，Soda (2007) および祖田 (2008) を参照されたい．

293

る1年間のサイクルがある．イバンの儀礼カレンダーは，この稲作の季節的リズムと密接に結びつく．そして中期的な時間としては，数十年単位の休閑/土地再利用のパターンがある．毎年の焼畑地の選定は，休閑地の植生回復状況とその年の社会経済状況の両面が考慮される．そこには，背景として，土地占有に関する明確な記憶の蓄積がある．そして，より長期的な時間としては，ロングハウス移転と土地権放棄という，より一系的もしくは線形的な土地への関与の仕方がある．焼畑をめぐる人々の具体性をもった時空間的記憶は薄れていくが，パディ・プンといったアイコンに稲作世帯の永続性が象徴されていくわけである．

短期，中期，長期的な時間の重層性がこれらの焼畑耕作民の生活世界に流れている．つまり，短期的な時間としては，雨季・乾季のリズムが意識され，多少の異常気象や突発的自然災害にも即応できるような農業形態がシステムとして築き上げられている．それと同時に，中期的な土地利用においては，植生の回復/遷移スピードと社会変動が意識され，長期的には稲作世帯の再生産が象徴的に表現されているのである．

3-2 非木材森林産物利用

ボルネオの内陸先住民は，森林生態資源に関する豊富な知識をもち，さまざまな利用を行ってきた．一般に焼畑民と呼ばれる人々でも，頻繁に漁撈や狩猟採集に出かけ，蛋白源（イノシシ，シカ，センザンコウ，サル，各種魚介類）や，副菜としての野菜類（シダ，タケノコ，キノコ類，ヤシ科植物の新芽など）は，おもに森のなかで調達していた．しかし，狩猟採集民と呼ばれる人々の森林資源利用に関する知識と工夫，および時空間認識の能力は，焼畑民のそれをはるかに上回るものである．

狩猟採集民はしばしば遊動民（nomad）とも呼ばれ，非定着型で頻繁に移動すると考えられがちだが，ボルネオの狩猟採集民の場合，じつは一般にイメージされるほど移動の距離や規模が大きいというわけではない[4]．むしろ，土

---

4) 少なくとも過去数百年の歴史という時間軸でみた場合，急激に拡大し数千km以上の移動を行ってきた焼畑民に比して，狩猟採集民の移動範囲はごく限定的であったという見方さえできる．

地への定着や愛着は非常に強い．こうした土地への愛着は，たとえばプナンの人々の場合，命名というかたちで示される．彼/彼女らが生活している上流域には，非常に多くの小川が流れており，まるで毛細血管のように枝分かれしている．小さなものは歩いて渡れたり，一跨ぎで飛び越すことができたりするが，それらの川にも実に細かく名前がつけられている．川の大きさ，形状，角度，位置のほか，川の近くに生息する有用植物や，そこで獲れた動物の名前，亡くなった人の名前，過去に起こった事象などにちなんで，多様な名前がつけられ，歴史や記憶，血筋，アイデンティティなどが，その場所や風景に刻み込まれる（Brosius 1986; 山田 1997; 金沢 2010）[5]．

過去の記憶は，地名，マーキング，そして語りというかたちで，グループ構成員の間で共有・保持され，土地への「愛着」(*tawai*) となる．出来事の生起と時間の経過を経て生成されるトポフィリアと呼んでもよいだろう[6]．このように，土地や場所やそれに関わる事象に対しての知識が豊富であり，それに対する愛着も強く，名づけや意味づけが頻繁に行われ，土地に対する知識と愛着はさらに蓄積されていく．土地や場所に対する執着度は，農耕民のそれとは比較にならないくらいに強いといえるのである．つまり，一ヵ所に定着せずに土地や場所に対して執着しないというイメージとは正反対に，森林への働きかけの痕跡を残し，記憶を蓄積させることを積極的に行ってきたのである．彼らが動き回る空間的範囲に関して言えば，これもおそらく一般的なイメージよりは狭いものであろう．もちろん，長い時間をかけた数百 km 単位の「民族移動」も行われてきたと考えられるが，一つの遊動グループに関して，少なくとも十数年から数十年という時間スパンをとれば，徒歩で 4-5 日の範囲内に「定着」してきたと考えてよいだろう．こうした範囲内の土地に，さまざまなかたちで記憶を刻み込み，時をつないでいくのである．

「愛着」の対象とされるプナンの領域は，タナ・プングリップ

---

[5] 彼らは，森のなかを歩く過程で，いろいろなところにマークや足跡を残していく．マークの意味も多様である．「危険なのでこちらへ行ってはいけない」とか，「このラタンは若いので切ってはいけない」とか，「空腹になったので（他人の）サゴを食べてしまった」など，多様なメッセージが残される (cf. Janowski and Langub 2011)．

[6] トポフィリア (Topophilia) は，Y. F. トゥアン (Yi Fu Tuan) によって論じられた概念であり，「場所への感情」を意味する (Tuan 1974)．

(*tana'pengurip*) と呼ばれる[7]．こうした領域内において，狩猟採集民が働きかける資源は多種多様である．民族的なサブ・グループによってもさまざまだが，彼らの認識する森林資源の種類は数百に及ぶ．たとえば，小泉の調査地であるプナン・ブナルイ（Penan Benalui）のコミュニティでは，野生植物に関して，565 の包括分類群（generic taxa）と 607 の個別分類群（specific taxa）が確認されたという（Koizumi 2007）．一方，サラワクにおいても，多くのプナンの村で 50 を超える可食果樹が存在することが明らかにされている（金沢 2010）．また，サラワクの狩猟採集民シハンのコミュニティで加藤（2008）が行った調査によると，一年余りの調査期間中に 149 種類もの森林産物が食用に採集されていた．そして，これらの資源の地域的・時間的偏在は著しく，狩猟採集民の多くは，年間を通じて，焼畑民よりもはるかに変化に富む食事をとっているという．

　狩猟採集民は，一般に膾炙されたイメージに反して特定の場所に定着的な関係をもつ．しかし，彼／彼女らは，なにも森林という場所を静態的なるものと捉えているわけではない．むしろ，時間経過にともなう森林あるいは森林資源の変化に対する観察能力は非常に高く，森林植生のダイナミズムに対する時間感覚は鋭敏である．それは，資源モニタリングの能力の高さと言ってもよい．

　小泉の経験した事例（鮫島・小泉 2008: 130）を引いておこう．インドネシア側のプナン・ブナルイのコミュニティで調査をしていた小泉が，地元住民とヤシを探しながら森のなかを歩いたときに，同行した男性から「2 年前に一緒に通りがかったときは，このヤシはまだ小さかったけれど覚えている？」と尋ねられ，その観察力と記憶力に感心させられたという．さまざまな成長段階にある有用資源が生えている場所をつね日ごろ観察し，記憶しておくことの重要性は，山田も指摘している（山田 1997）．

　狩猟採集民が利用する多様な森林資源のうち，彼／彼女らの生存にとって

---

[7] 彼らはこの領域のなかを移動して森林資源を利用するが，この領域は必ずしも排他的なものではなく，コミュニティ外のものが必要に応じて領域内を通ったり，やむを得ず森林資源を利用したりすることを妨げるものではない．もし，よそから来た者が，たとえば空腹に耐えられなくなって，ヤシ科の植物を切り倒して，その若芽を食べたとしても，事後報告さえ行われれば，とくに問題とはされない．

最も重要なものは，ヤシ科の植物であろう．ヤシ科植物にも多様な種類があるが，主食として利用するもの，副菜として利用するもの，商業的に利用するものなどがある．たとえば，サゴについて言えば，稲作を導入する前の狩猟採集民にとっては，重要なデンプン源であり，主食であった．サゴは森のなかの各所に自生しているが，狩猟採集民はその分布域を熟知している．彼らは時々サゴからデンプンを抽出するが，その作業は基本的に世帯や家族あるいは小グループの単位で行われる．

サゴの種類にもよるが，一般的には，芽が出てから7-8年目くらいから15年目くらいの成木を切り倒し，その幹から澱粉を抽出する．15年以上たって結実すると，幹の中のデンプン量が減少するので利用価値は低くなる．デンプン抽出のために切り倒したサゴは，株を残したまま放置しておけば，小株が再生して10年前後たてば再び利用可能になる．

デンプンを効率よく抽出するには繁殖期直前のサゴを利用するのがよい．サゴの分布域は偏在しており，再生まで10年前後を必要とし，なおかつ一年のあいだでの繁殖・結実の時期も一定ではない．だからこそ，頻繁に移動しながら利用価値のあるサゴを探す必要がある一方で，領域内にあるサゴの分布域と成長段階を把握していれば，一年中デンプン採取が可能になる．

サゴに比してラタン（籐）採集はより商業的であるが，同様に再生速度と分布の偏在性を熟知した利用がなされ，資源を枯渇させることはない．ラタンは籠やマットを編むために利用され，つくったものはカヤンやクニャといった隣接する焼畑民や，少し下流の華人商人に売られる．

以上，森林資源をめぐる時間と空間のかたちをプナンの例を引きながら考察してきたが，資源の地域的分布と再生速度が，狩猟採集民の移動を強く規定してきたことに留意したい．たとえばプナン・コミュニティでは，自分たちの領域内にラミン（*lamin*）と呼ばれるいくつものキャンプをもっており，過去に利用したことのある小屋あるいはその痕跡はル・ラミン（*le lamin*）と呼ばれる．そして，一つのキャンプ（*lamin*）の周辺の森林資源を利用して，その資源量／密度が低下すると，別の（元）キャンプ（*le lamin*）へと移動する．

あるコミュニティでは，キャンプ周辺のサゴがなくなれば移動するというが，別のコミュニティでは，ロタンが枯渇すれば移動すると答えるところも

あれば，移動の契機は，新たなジュルトンやダマール（樹脂）を探すことにあると答えるところもある．より自給的なコミュニティの場合は，サゴへの依存度が高く，外部社会との交易を積極的に行うコミュニティや，焼畑による稲作を部分的に導入しているコミュニティの場合は，ラタンやジュルトンなどの「売れる」資源に依存する傾向があると考えてよいだろう．

　いずれにせよ，サゴにしても，ラタンにしても，幼い株は切らずに残しておき，そこからの再生を待つかたちで別の場所へと移動していくというのが基本的なパターンである．山田はこうしたプナンの行動を，サステナビリティを意識した資源利用であると評価する（山田 1997）．彼らの移動は，このように，自給目的であれ交易目的であれ，森林資源の持続的利用を実現するものでもあったのである．

　ただし，移動に際して，次にどのキャンプへ向かうのか，新しいキャンプでどれくらい定着するのかは，あらかじめ決まっているわけではない．移動に先だって，何人かの男がいくつかの移動候補地の資源再生状況を見て回るなかで，十分に資源回復がなされている場所が，次の移動先として選定される．また，実際に移動した先では，キャンプ周辺のバイオマス資源量によっては，たとえば一週間でラタンを取りつくしてしまい，すぐに次へと移動する場合もあれば，十分な資源量に支えられて数ヵ月間にわたって滞在することもある．そこには，時間的にも空間利用という点でも規則的なサイクルやローテーションを想定することは難しく，その時々の状況に応じた対応をしているとしか言いようがないのである．

　このような「不規則性」は狩猟採集民の社会では，ごく一般的である．たとえば，加藤によると，シハン社会では食事の時間も回数も決まっていない．食糧が得られた時が食事時で，一日に 2 回しか食べないこともあれば，5 回食べることもある．イノシシが獲れたという理由で，夜中に起こされて食事を勧められることも，たびたびあったという（加藤 2008）．

　また，加藤が調査を行っていた 2004 年には，猟期が 2 回あった．その年の猟期は，1-2 月と 7-8 月であった．森のなかの果実が熟れてくると，それを目当てに多くの動物が集まってくるのである．そのころになると，普段毎日のように行っている漁撈の頻度は激減し，狩猟により多くの時間と人数を

割くようになるという．

さらに，数年に一度の一斉開花・結実の時期になると，人々はエンカバン[8]の採集に膨大な時間を費やし，またイノシシをはじめ果実を求めてやってくる動物も一層多くなるので狩猟も盛んになる．一斉開花には周期性があるように思われるが，かならずしも一定の間隔で発生するものではなく，その原理はいまだ未解明の部分が多い．少なくとも，現地に住む人々にとっては，時々起こる本来イレギュラーな現象として捉えられていると思われる．

このような日常的な不規則性だけでなく，よりギャンブル性の高い資源採集の仕方もある．その代表例が，沈香の採集であろう．沈香とは，お香の原料となるものであり，特定の種の木の内部に沈着した樹脂のことである．サラワクの場合，沈香は狩猟採集民によって採集されることが多く，非常に高い値段で取引される．しかしながら，この沈香を効率よく見つけることはきわめて難しい．森林資源の豊富な知識と，森の中の空間認知の高さ，および，道なき道を動き回る強靭さを兼ねそなえたプナンでさえ，1ヵ月探しまわって収穫ゼロのこともあれば，ほんの数日で莫大な利益を得ることもある（金沢 2010）．

このような高価な資源である沈香探しに出かける場合は，その移動距離も通常の狩猟採集や新しいキャンプ地探しと比較して大きくなる．プナンの沈香探しに同行した金沢の調査では，原生林における沈香木の生育密度は 1 ha に 1 本弱であり，なおかつ，すべての沈香木が沈香成分をもつとはかぎらないという．また，こうした沈香成分はある程度生育の進んだ沈香木でないと発生しない．原生林との比較で行った調査では，商業伐採（択伐）後 8 年経過した森林では，約 50 ha で 2 本の沈香木しか見つからず，焼畑後 10 年未満の森林では，40 ha を探しても 1 本も見つからなかった．焼畑跡地 15 年後の森林で，10 ha の範囲にようやく 1 本の沈香木が見つかった程度であり（金沢 2010），沈香木の希少性は，その資源価値に反映しているようにもみえる．

サラワクのプナンはこうした希少資源の利用には細心の注意を払う．たとえば，ジャワから華人に雇われてやってきた商業的な沈香探しのグループ

---

[8]　フタバガキ科の果実で，その総量のうち 50% に及ぶ油成分は，チョコレートなどの製造にもちいられる．

は，沈香木を見つけると，まず切り倒して樹木内部の沈香の有無を調べることが多いが，サラワクのプナンは，まずは立木に切り込みを入れ，樹脂の生成が少ないとわかれば，ナイフなどで樹脂の集積部だけを削り取り，立木はそのまま放置する．そうすれば，数ヵ月から数年後に再び樹脂が沈着する可能性が残されるというわけである（金沢 2010）．

現在では，ほとんどの狩猟採集民が，比較的頑丈な家に住み，（一見するところ）定住的居住を実現しているが，それでも焼畑民と比較すると，森林資源への依存度は現在でも非常に高い．焼畑を行っている場合でも，その時々の動物の生息数増減や，森林における一斉開花・結実による資源量の急激な増加などには敏感に反応し，稲作を途中放棄して狩猟採集に集中するということがしばしばみられる．

サゴにかぎらず，熱帯雨林の資源は多様かつ豊富である．その一方で，食糧資源の空間的・時間的偏在は著しく，なおかつ資源獲得の予測はきわめて難しい．普段の観察と時間感覚を鋭敏にしつつ，どのタイミングでどの森林資源を利用するのかは，その時々で判断しなければならない．ボルネオの内陸先住民のなかでも，とくに狩猟採集民にとっては，時空間的偏在性をもった資源をいかに効率的・持続的に利用するかが，生存基盤確保のための鍵になる．

3-3　木材伐採

小規模河畔林伐採

ボルネオの内陸部においては，すべてのバイオマスの総量のなかで，木質バイオマスの占める量は圧倒的なものである．現在，そのランドスケープにおいては，熱帯雨林の皆伐と重機による農地造成をへて，アブラヤシやアカシア・マンギュームの植栽による新しいバイオマスへの置換が進んでいる．以下では，木材伐採とプランテーション由来のバイオマス生産を比較しながら，熱帯における資源利用をめぐる時間の諸相を考察する．

ここで取り上げたいのは，熱帯雨林世界で広くみられる地元住民による木材伐採活動である．コンセッションと呼ばれる伐採許可を政府から得て行う

商業的・企業的伐採とは異なり，地元住民による伐採は，政府や国際監視団体によって「違法伐採」もしくは「不法伐採」とラベルを貼られる性質のものである．しかしながら，実際のところ，地元住民のなかには「自分の土地」で木を伐ることの違法性について納得がいかないと考える者がきわめて多い．政府は，往々にして人々が生きてきた土地を「無主の土地」もしくは「国有地」といった言葉で呼びならわし，ここでの資源利用を行う人々の営みを，法から外れたものとする[9]．しかしながら，筆者たちが調査の現場で遭遇する小規模な木材伐採に関しては，合法か違法かの判断は容易でない場合が多々ある．

　サラワクにおいては，原木輸出削減（1992年）により木材価格が高騰した1990年代半ばに住民による伐採がピークに達した．1995年には輸出木材の35％が違法伐採材であるという報告もあったが，森林法改正により罰則を強化したことで，「違法伐採」は大幅に減少したとされる（日本製紙連合会 2008）．多くの内陸先住民による河畔林伐採は現在でも一定程度続いており，筆者たちの調査地であるクムナ川／ジュラロン川の（元）採集狩猟民たちは，自らの伐採活動を生計の重要な要素と位置づけている（祖田・石川 2012）．

　伐採活動は，資本投下と労働力動員の多寡によって，二つの形態，二つの異なるニッチでの伐採に分けられる．これらの類型は，東マレーシアにおける伐採活動の発展径路と考えることもできる．サラワクでの森林伐採は，基本的には「川下から川上へ」そして「河畔から内陸へ」という二つのベクトルの複合形態をもって拡大を続けてきた．歴史的には，まずは川下における「河畔伐採」とも呼ぶべき，川岸から遠くない地域での人力による伐採と搬出が住民や伐採企業によって行われた．現地では「クダクダ」と呼ばれる木製のそり，あるいはトロッコを使っての人力による作業である．伐採の対象とされる樹種は，現地の言葉で $kayu\ paya$（湿地の木）と呼ばれるものであり，Keruin, Kapor, Meranti, Benua, Terentang, Perupok などである．

　このような労働集約的かつ小規模な伐採は，のちにローリートラックのための伐採道路を建設し，無数のフィーダーロードと呼ばれる伐採路を計画的

---

[9]　サラワク植民地期の「無主の土地」（$terrae\ nulius$）については，石川（2008），Ishikawa（2010）を参照されたい．

に敷設し，多くの労働力を動員した大規模なコンセッション施業地での伐採に変化していく．川筋での伐採から施業地は内陸に移動し，オペレーションの舞台は陸の世界となる．

クムナ川上流のジュラロン川で行われてきた伐採はきわめて小規模なものであり，道路建設をともなう企業的伐採とは根本的に異なる．ジュラロン川両岸での河畔林伐採は，雨季が近づくと河川沿いの低平地において木材を伐採し，洪水などで水量が増加して低平地が浸水したときに，それらの木材を筏に組みボートで曳いて，下流の華人仲買人や製材所に売るというものである．これらのクダクダ型の低湿地林での伐採は，サラワク林業史の1ページとして記録されたものを目にすることはあった．しかしながら，筆者たちの調査地域では，過去の遺物と考えていた河畔における労働集約的な小規模伐採が1990年代まで盛んに行われ，現在でもその規模は縮小しながらも続けられている．

伐採対象となる木は，樹種によって価格差はあるものの，地元価格で1トンにつき数百リンギットになる．住民によると，河畔林伐採から得られる収入は各世帯につき500から600リンギット（およそ13,500から16,200円）/月になるという．ただし，これらの作業が可能になるのは，河川水量が増加する時期，つまり，1年のうち4-5ヵ月しかない（祖田・石川 2012）．

河川の水量が増加する10月から2月ごろは，稲が結実・登熟する時期でもあり，収量の安定のためにはこの時期の畑作業，とくに鳥獣害対策が重要になる．しかし，「稲作よりも現金収入の方が重要である」というジュラロン川流域住民の多くは，河畔林伐採の活動を優先することが多い．彼/彼女らは，こうした活動を1970年代後半から継続的に行ってきた．ただし，雨量が少ない年は期待したほどの洪水氾濫が発生せずに木材運搬が困難になるため，思ったほどの収入にはならない．そこで，十分な収入が得られない場合の「保険」として，稲作が必要になるのである（祖田・石川 2012）[10]．

---

10) ジュラロン川流域においては1960年代にはすでに河畔林伐採を行ってはいたが，それらの活動は活発ではなく，あくまでもマイナー・サブシステンスとでもいえる位置づけであった．河畔林伐採が活発化したのは，1970年代後半以降，原木丸太の輸出や合板生産のための市場の成熟にともなったものであった．

このような河畔林伐採は，クムナ川/ジュラロン川では1960年代から行われてきたものである．つまり，半世紀もの長きにわたって住民の（半）定期的な現金収入となってきたものであり，その意味では，少なくとも大規模な企業的伐採と比較すると，一定の持続性をもった「生業」であるといえるのではないだろうか．人間が自然に働きかけて資源利用を継続するにあたり，半世紀にわたって，そして現在でも人々の経済的なポートフォリオの一部となっている木質バイオマス利用の持続性にプラス価値を見いだすことは間違いであろうか．ジュラロン川の河畔林を対象とした住民による小規模伐採は，まさに地球圏の水循環システムの一部に組み込まれたものであり，洪水氾濫という営々と繰り返されてきた自然のリズムを利用した生業である．この河川水量増減の周期性は，年間の伐採可能期間を限定するとともに，増加する水量によって河畔での伐採可能域も決定されることになる．地元の人々は，川がどこまで氾濫するか，そしていつからいつまで氾濫するかに関する経験則にしたがって，伐採する樹木の場所選定を行い，事前にキャンプを設営して伐採作業を進め，河畔に丸太を用意する．これらの自然のリズムとバイオマスの再生速度のバランスの上にたった資源利用が，半世紀にわたる継続性を保証してきた．

このような，空間限定的かつ期間限定的な伐採活動は，地元の人々のライフサイクルとも密接に結びついている．基本的に，河畔での伐採作業は若年から壮年を中心としたグループによって行われることが多い．二人引き鋸やチェーンソーを担いで森に入り，キャンプを設営し，寝食をともにする伐採活動は，人生のなかでのある特定の時期に限定される．

木材の国際商品価格の乱高下は，地元の元採集狩猟民の人々も充分心得ている．流域社会においては，この手の情報は間違いなく人々のあいだで共有される．しかしながら，たとえ木材価格が高騰しても，人々の森に働きかける時間は限られる．さらには，増水域のすべての木を伐採の対象とするわけではない．丸太にして下流に流すことが可能な樹種は，いわゆる「フローター」(floater)といわれるものであり，水に浮くものに限られる．たとえ価格の高い鉄木(belian)があっても，重い木(sinker)を丸太にすれば沈んでしまうので河川を利用した運搬は不可能である．

303

住民による小規模な河畔林伐採は，以上でみたように，地球圏の水循環という大きな時間と世帯の発展サイクル，特定樹種の密度，そして木材の価格変動や景気循環などとの接合のもとで行われ，熱帯バイオマスの再生速度とのバランスをとりながら人々の生計を支えてきたのである．

企業的森林伐採

　サラワクの森林は基本的にはすべて州有地である．森林の国有化（州有化）は植民地期にブルック王国によって19世紀に宣言されたが，土地の国家所有の法的効力は，当初はコショウやゴムなどの農園の許認可などに限定されていた．しかし，1960年代以降ブルドーザーや大型トラックなどの導入によって丘陵部で大規模な伐採が可能になると，州の全域が伐採コンセッションに分割され，それぞれが伐採企業にリースされるようになった．

　誤解されることも多いが，サラワクの商業伐採は基本的に択伐で，商業価値のある大径木だけが抜き切りされてきた．しかし伐採コンセッションのリース期間は原則10年と短く，短期間で次々と伐採企業が入れ替わった．このため多くの伐採企業は伐採後の植生の更新に配慮せず，収奪的な伐採を繰り返し，森林の荒廃が進んでいった．ブルドーザーによる木材の搬出路は無秩序につくられたため，搬出の際に多くの周辺木にダメージを与えてきた．K. マッキンノン（Kathy MacKinnon）らによれば，伐採対象として選定される木の生育面積は森林の10％以下にすぎないが，それを搬出する際に森の50％以上が完全に表土ごと破壊されるか，大きな損傷を受けたという（MacKinnon et al. 1997）．

　伐採コンセッション周辺の住民は，森林やそこから流れる河川を生活の基盤としていたため，これらの攪乱に大きな影響を受けることになった．このため1980年代以降，伐採道路の封鎖など抗議行動が繰り返された．1980年代後半から90年代前半には国際的な環境保護運動の動きもあって「熱帯林問題」が国際的な問題として認知され，サラワクには国際熱帯木材機関（ITTO）からの視察団も派遣された．この争いのなかで，伐採による木材生産を継続しつつも，環境・社会面にも配慮した「持続的森林管理」を行うべきであるという主張が有力になり，かつては国立公園などの完全な保護区の

拡大を主張していた世界自然保護基金（WWF），ザ・ネイチャー・コンサーバンシー（The Nature Conservancy; TNC）などの世界的な環境 NGO も持続的森林管理の普及を活動の主要な柱とするようになってきた．さらにこれらの NGO や木材生産者が中心となって，森林管理協議会（FSC）などの森林認証組織をつくり，持続的森林管理の基準づくり・認証を行うようになった．これらの認証材を消費者が選択できるようにすることによって，持続的森林の普及を図ろうとしたのである．一方，マレーシアやインドネシアも持続的森林管理の認証をこれらの欧米系認証機関に一方的にコントロールされないように，「マレーシア版森林認証」（MTCC），「インドネシア版森林認証」（LEI）などの独自の認証システムをつくるようになった．

　タタウ川の上流に位置する A 社の伐採コンセッション（10 万 6,820 ha）はビンツル省内でただ一つ残る択伐コンセッションであり，持続的森林管理が行われ，2004 年に MTCC 認証を受けている．このコンセッションは 1994-95 年に行われた ITTO の「モデル森林管理エリアプロジェクト」の一部である．コンセッション全体は 25 の地区（林班）に分割され，毎年 1 林班ごと，25 年のサイクルで伐採される．このコンセッションの伐採は 1977 年に始まり，現在 2 周期目の伐採が行われている．伐採の際には低インパクト伐採法がもちいられている．すなわち，伐採前に林班内のすべての伐採対象木（胸高直径 45 cm 以上）を地図にプロットし，それに基づく無駄のない搬出路の設計が行われ，伐採木は極力搬出路側に倒れるように伐採される．このような工夫によって，残された後継木へのダメージを極力抑え，25 年後に戻ったときにより多くの収穫が得られるように努力されている．

　このように，森林の管理を長期的な視野に基づいて行うための持続的森林管理の試みも始まっている．しかしながら，このような管理システムが長期的な森林の維持につながるかは，なお不明である．サラワクでは持続的森林管理を行い，森林認証を獲得したコンセッションは現在，二つしか存在しない．現状では，リース期間が 10 年と短期間であることから，企業に継続的な投資をうながすインセンティブが低い．実際，A 社同様に 25 年ローテーションを採用している他のコンセッションでは，1 度伐採を行ってから 5-10 年ほど経過した林班で，*sapu*（掃除）と称して再び伐採を行っている．森

林認証を得ている A 社においてさえ，とくに荒廃がひどく，自然更新では大径木が再生しそうにない北部 2 割ほどの場所ではアブラヤシやアカシアを植えるなど，土地利用を転換しているのが現状である．

3-4　プランテーションによるバイオマス生産

　サラワクで現在推進されているのは自然林の持続的管理ではなく，短期ローテーションで収穫できる人工林の拡大である．上記のように短いローテーション伐採が繰り返されたことによって，多くのコンセッションでは自然更新によって森が回復するには非常に長い時間がかかるほどに荒廃してしまった．このため多くの合板工場では原料となる木材の調達が困難となっている．すでに 2008 年までに州全体の森林面積の約 30％のコンセッションに対して，人工林造成ライセンスが発行されている（全国木材組合連合会違法伐採総合対策推進協議会 2009）．ビンツル省内でも，ミリやビンツルなどの町から近い低丘陵部（とはいえ，車で 5 時間弱）は皆伐され，アカシアやユーカリなどの人工林への転換が進んでいる．とくにビンツル近郊の B 社のコンセッション（約 50 万 ha）はサラワク最大で，州政府直轄のプロジェクトとなっている．

　B 社のコンセッションは紙・パルプ用の原料生産を目的としており，1997 年から植栽が始まった．当初 7-10 年の単位での収穫（伐採）と再植栽によるローテーションでの操業が計画されていたが，経営母体の変更やパルプ工場建設の遅れなどもあり，現在でも収穫が始まっていない．2012 年にはパルプ工場が建設され，本格的な収穫と 2 度目の植栽が開始される予定である．

　平地，とくにミリ-ビンツル道路や，ビンツル-バクン道路などの幹線道路沿いではいくつものアブラヤシ・プランテーションが開かれており，非常に大きな労働需要が生まれている．利益が出るまでに少なくとも 7-10 年かかるアカシア・プランテーションとは異なり，アブラヤシは植栽後 3-5 年で収穫が可能になり，およそ 25 年間収穫しつづけることができる．1 本のアブラヤシは毎月約 1 房のペースで，1 年をとおして実をつける．そのため，アブラヤシ・プランテーションでは，年間をとおして収穫が行われ，労働需

要も安定しているが，焼畑の維持，狩猟・漁撈など他のさまざまな生業もある地域住民はインドネシアからの出稼ぎ労働者を雇用して，アブラヤシの管理にあたるものも多い．

　アブラヤシは，酸化防止のために収穫後 24 時間以内に搾油工場に持っていかなければいけないという時間的制約がある．時間が経過すると果実の酸化が進み，劣化するからである．アブラヤシは植栽して 25-30 年経つと結実が悪くなり，また成長して高い位置にできる実を収穫するために手間がかかるので，植え替えなければならない．ミリ－ビンツル道路沿いのサラワクで最も古いアブラヤシ・プランテーションでは 10-15 年ほど前から植え替えが行われている．アブラヤシを植え替えると，再収穫までに数年待たなければいけないため，大きな資本投下を必要とする．

　アカシア植林は，伐採企業にとっては天然林施業と比較すればより早く投資費用が回収される人工造林ではあるが，地域の住民によって植栽が行われることはほとんどない．地域住民にとっては，収穫までの 7-10 年という期間が長すぎるからである．小農にとって，少なくとも現時点では，アブラヤシ栽培の方が収穫までの期間が短く，経済的利益も大きいと考えられている．

　ミリ－ビンツル道路やビンツル－バクン道路沿いには，多くの先住民集落があるが，それらの集落においても，先住民自らが自分たちの農地でアブラヤシを栽培し，プランテーションの搾油工場に実を売りに行くという形態が急速に広まりつつある．

　一方，幹線道路に隣接していない集落では，アブラヤシ栽培によって現金収入を得ることができない．先述のとおり，収穫から 24 時間以内に工場に運搬するという時間的制約を克服できないからである．しかしジュラロン川やビニョ川などにおいても，近い将来に道路が建設され，交通の便が良くなることを期待して，アブラヤシ植栽を開始する世帯もあらわれている．

4　考　察

　サラワク北部流域社会の事例考察にあたっては，以下の三点にとくに留意

しながら，人々と熱帯バイオマスの関係理解につとめた．

(1) 地球圏，生命圏，人間社会が共生可能な関係を考えるために，さまざまな資源の生産や利用のかたち，とくに，それらに特定的な時間に注目する．生態システムや社会システムではなく，それぞれのバイオマスに固有の時間に着目して検討する．
(2) 人間，そして生物のみならず，地球圏の水・物質循環や商品価格変動などマクロな社会現象の固有の時間に注目する．一つ一つの学問分野に特定的な時間スケール (etic) を超えて，広く森羅万象のもつ時間 (emic) を考察の対象とする．
(3) 時間にまつわる人々の感覚 (sense)，感情 (feeling, affection)，記憶 (memory, remembering)，忘却 (oblivion, forgetting) などに注目する．

本章では，地球圏ならびに生命圏と人間の関係，human と non-human の関係に焦点をあてて，地球圏ならびに生命圏のもつ時間のかたちを人々がどのように認識し，彼／彼女らの日常の時間に取り込んできたかを考えることを目的とした．時間，そして時間に連動した空間のかたちに焦点をあてることにより，従来とは異なるサステナビリティについての議論を提出できたと考えている．

陸稲の焼畑耕作，熱帯雨林の非木材森林産物ならびに木材伐採，プランテーションによるバイオマス生産など熱帯に特徴的な資源利用や生産のかたちの考察からは，いくつかのキーワードや作業仮説を得ることができた．以下では，これらの説明をもって，まとめに代えたい．

4-1 超複雑系のなかの反システム

きわめて高いバイオマスをもつ空間において資源のサステナブルな利用や再生産を行うためには，人々はきわめて多くの要素を複合的に勘案する必要がある．通常，考慮すべき要素がきわめて多く，それらの変動幅が不安定・不確定であればあるほど，将来的な予測は困難になる．決定にいたるプロセ

スで考察の対象とされる要素は，カテゴリーとしては四つに分けられるだろう．すなわち，(1) すでに解明されている要素，(2) いまだ解明されていない要素，(3) 予期せぬ要素（つまり認識すらされていない要素），そして (4) それらが複雑に絡み合った要素などである．

一般に，農業生産は工業生産に比べて安定性に欠けるとされるが，それは自然環境のなかに (2)，(3)，(4) の要素が多分に含まれているからである．気候変動や病害虫の発生，突発的な自然災害など，予測しがたい要素が数多く存在している（本書第 10 章）．もちろん，それらを克服するための品種改良，施肥，農薬散布，遺伝子組み換え，防災システムなど，さまざまな対処法が開発されてきたが，最終的には，農民の経験則や暗黙知，場合によっては信仰や伝承に基づいて，臨機応変に対応することで切りぬけざるを得ないという状況も頻繁に起こりうる．このように，高度に工業化・産業化した温帯農業でさえ，不確定要素を数多く含んでおり，しばしば作付不良という結果がもたらされることになる．

一方，ボルネオのような高バイオマスの世界においては，温帯地域で行われる農業と比べても，はるかに多様で重層的で予測不能な環境において，資源をどう利用するかの工夫がより一層必要になる．上記の要素で言えば，未解明の要素が多様なだけでなく，認識すらされていない要素があまりにも多いのである．未解明要素について言えば，熱帯林に生息する動植物のうち，その生態が解明されているのはほんの数種にすぎないし，内陸先住民にとって最も重要なタンパク源とされるヒゲイノシシでさえ，その生息数や移動範囲すら理解されていない．数年ごとに起こるとされる一斉開花・結実のメカニズムも十分に解明されていない．地形や地質，気候・気象の調査もほとんど実施されていない状況である．上記，「予期せぬ要素」に関して言えば，地球上にはまだ「分類」あるいは「発見」すらされていない生物種が数百万種いるといわれ，そのほとんどが熱帯林に存在すると考えられている．

このような予測はおろか認識すらし得ない要素に囲まれた状況において，しかもそれぞれの要素の挙動は予測困難であるという状況下において，人々はさまざまな生活戦略を生み出してきたのである．かつては原始農業と呼ばれ見下されてきた焼畑も，労働投下量との対比で言えば，水稲よりも効率は

良いという評価もある．また，先述のように，焼畑民は焼畑だけに依存してきたわけでは決してない．農業への労働力投資を最小限に抑える一方，焼畑民も森林産物の採集に多大な時間を割いて，豊かな食材や日用品を獲得してきたのである．私たちは温帯的感覚から，焼畑民を「農耕民」として捉えてきたが，それでよいのかどうか，そうしたことさえ議論は緒についたばかりである．

遊動民と呼ばれる狩猟採集民にいたっては，すべてが不確定要素とさえいえる森林の森羅万象を逐次観察しながら，非常に多様な知識と知恵を動員して資源利用を行ってきた．数百種類にも及ぶ森林産物の命名・分類を行い，鋭敏な身体感覚をもって森林内を動き回り，どのタイミングでどう組み合わせてどう利用するのか，という選択と実践のプロセスの総体は，「超複雑系」とでも呼びうるものである[11]．そして，これまでのところ，人類学や社会学，生態学や植物学の智恵をもってしても，彼/彼女らの自然資源の認知構造と利用実態は未解明な部分が多く，いまだ学ぶべき点は多分に残されている．

サラワクの高いバイオマスを有する空間，すなわち本章でみたような内陸流域社会の地球圏と生命圏に関与する多様な要素と複雑な相互作用は，豊かな降水量と太陽の日射量のもとでバイオマスが生みだしている．このような状況での人間と地球圏・生命圏の関係理解は，温帯のそれよりもはるかに複雑かつ重層的なインタラクションの理解を必要とする．

きわめて複雑な因果の連鎖に，サラワク内陸の流域社会の人々は，どのようにして対処してきたか．本章の事例考察から，いくつかのバイオマス社会に特徴的な人々の戦略がみえてきた．人々の森林資源や環境との向き合い方は，上で考察したプランテーション型のアブラヤシやアカシア・マンギュームなどのバイオマス生産と再生産とは異なる．イバンの焼畑耕作やプナンの

---

[11] 熱帯における多様な要素間の複雑な相互作用は，生態学分野の研究を中心に進んできた．それらを「総体」として解明することも近い将来可能かもしれない．そして，その「総体」が一つのシステムとして機能している可能性もある．しかし，バイオマス資源を実際に利用する人々が介入した場合の要素の挙動と総体の変容については，未知の部分が多い．本章では，熱帯自然環境の不確実性と，それへの人々の関係性の不規則性を強調したが，こうしたヒト−自然関係の総体が，そもそもシステムとして捉えられるのかどうかを含めて再考が必要と現時点では考えている．その意味で，感覚や感情，記憶や忘却といったものも含め，複雑系というシステムを超えたところにあるヒト−自然関係のあり方を，本章では便宜的に「超複雑系」と呼んでいる．

森林利用を検討すると，温帯を起源とするバイオマスの再生産の様式とはことなる，いわば「反システム」(もしくは「非システム」「擬似システム」)とも呼ぶべき地球圏と生命圏との関係性がみえてくる．この関係性を支えるものとして，本章では以下の二つのバイオマス社会における生産と資源のかたちに注目した．

4-2 擬似ローテーションと資源の時空間的偏在

ヨーロッパの三圃制農業や熱帯におけるプランテーションによるバイオマス再生産は，ローテーションの思想に貫かれている．これに対して，焼畑陸稲生産は「擬似ローテーション」として論じてきたように，必ずしも規則的な土地利用循環をしているわけではなく，生態的・社会的要素を考慮しつつ，その時その時の判断に基づいた焼畑地の決定のもとで行われている．あくまでも，これを数十年単位でみた場合，結果としてローテーション的な土地の回し方をしているようにみえるということである．研究者のエミック (emic)，ものごとをローテーションをもったシステムとして見る性向こそが，循環システムとしてのイバンの焼畑やプナンの森林資源利用のイメージを人口に膾炙させてきたといえるのではないか．ボルネオの焼畑耕作民は，一見すると休閑と耕作の連鎖により，一定の閉じた空間でのローテーションを繰り返しているようにみえるが，考察のタイムスパンを長くとって繰り返されるロングハウスごとの移動の事実を考慮に入れれば，その土地と資源利用は，「閉じない円環」ともいうべき環境の擬似ローテーション的利用と別所への線的移動のコンビネーションであることが明らかになる．

空間的に開いた擬似的なローテーションは，時空間的に閉じたシステムを超えた持続的な資源利用を熱帯バイオマスの住人にもたらしてきた．豊かな水循環と日射量のもとでの木質バイオマスの再生産のスピードと人口密度の小ささ (多くの場合，内陸では 1 km^2 で 10 人を超えない少人口社会である) が，この移動する擬似円環を成立させてきた．

これに対して，すでにみた低負荷森林伐採やアブラヤシやアカシア・マンギュームのプランテーション生産は，閉じたローテーション・システムをそ

の操業の基盤としており，そこは経済学者が指摘する「規模の経済」(scale of economies) の原則が適応される生産現場となる．すなわち，プランテーションや伐採施業地では，生産量の増大につれて平均費用が減少する結果，利益率が高まることになる．そこでは往々にして，「生産」が持続的な「再生産」よりも重要な基本原則となる．

プランテーションや企業的伐採施業地には，メカニカルな時間が流れている．これは資本主義的なさまざまな生産現場，すなわち工場などでみられる時間と同質である．これに対して，流域社会に流れる時間は，欧米の第一次産品需要でつくりだされた時間ではなく，バイオマス主導の時間といえる．すでにプナンの森林産物利用の事例でみたように，多くの採集狩猟民たちは，地域的・時間的偏在性の著しい資源の分布と変化に呼応した生存基盤の維持につとめている．機械的な美しさをもった植栽バイオマスと異なり，そこでの資源は偏在し，不規則である．このようなメカニカルなバイオマスの布置と異なる資源は，上でみたような集落の移住やキャンプの移動による人々の記憶の断絶のもとで，温帯と比してきわめて早い速度をもって再生を繰り返す．

5 おわりに

以上でみたような空間的に開いた擬似循環や資源の地域的・時間的な偏在が，熱帯バイオマス社会に内在し，生存基盤を支える特徴である．以下では，これらの要件を支える「熱帯」の基本的な性格をいま一度検討するとともに，現在サラワクのバイオマス社会で起きている大転換に言及して，本章を閉じることにしたい．

空間的に開いた擬似的ローテーションに基づいた資源利用においては，忘却という人々のランドスケープに対する記憶のトータルなリセットが重要な意味をもつ．集団単位の移動 (pindah) の場合，放棄した土地は「無主」の土地に戻る．記憶の主体の不在こそが，人々の用益権主張をなきものとする．このような記憶の断絶は，バイオマスを生存基盤とする社会において，土地を基盤とした生産様式が社会の機動力になることに対する抑止力となってき

たといってよい.

　高い人口圧と所有を原理とする定着農業による人々の土地への刻印を欠くサラワク北部の流域社会は，現在，アブラヤシとアカシアを中心とするプランテーションが急速に拡大するニッチとなっている．低い人口密度と低い土地利用の圧力は，バイオマス社会の示してきた弾性の基盤であったが，それは大規模プランテーション開発を容易にする要因でもあり，現在，地域の社会生態に不可逆的な位相転移が起きている（石川 2010）．このようなバイオマスの空間的拡大と質的変化は，従来の森林産物採取と木材伐採をとおした森林の資源化が，バイオマス生産を目指したアグロ・インダストリーへと変化するプロセスでもある．このようなバイオマス資源の再生産システムの拡大は，交易から生産を目的とした労働と賃金の交換，土地用益権の運用から個人所有，そして資源としての森林資源利用から木質バイオマスの生産へと社会編成を根底から変容させる．生命圏の再生産を生存基盤とする「バイオマス基盤社会」から生産を志向した「土地基盤社会」への転換は，いままで対処してこなかった新しいシステム，すなわちトランスナショナルな労働の組織化との接合によって不可逆的な変化を迎えている．現在の国境を越えたインドネシアからのプランテーションへの労働力移動によって進行しているのは，労働市場からの地元住民の疎外である．クムナ川流域ならびにタタウ川流域においては，単一プロジェクトのもとで，49 万 ha, つまり東京都の 2.3 倍を超える森林が，アカシア・プランテーションに転換されつつある．その結果，伝統的な自然経済は大きく制約され，森林は生存の基盤としての意味を減じている．

　現在，サラワクのバイオマス社会を包摂しつつある工業的な時間や農業的な時間と本章でみてきたようなバイオマス社会の時間が共存することは可能だろうか．その歴史をとおして，重層的なさまざまな時間の共存を許容するキャパシティを熱帯はもってきた．スルタンの時代から，植民地化を経て，国民国家の開発の時代にいたるまで，熱帯の森林は強靭にバイオマスの再生を続けてきた．メカニカルな時間の拡大を前に，経験則や暗黙知に基づいた人々の時間のかたちや認識を学び，サステナブルな時空間を構想するためのレファランスとすることが今こそ求められている．

参考文献

Brosius, J. P. 1986. "River, Forest and Mountain: The Penan Gang landscape", *Sarawak Museum Journal*, 36(57): 173-184.

Freeman, J. D. 1970. *Report on the Iban*, London: The Anthlone Press.

石川登 2008.『境界の社会史 ── 国家が所有を宣言するとき』京都大学学術出版会.

── 2010.「歴史のなかのバイオマス社会 ── 熱帯流域社会の弾性と位相転移」杉原薫・川井秀一・河野泰之・田辺明生編『地球圏・生命圏・人間圏 ── 持続的な生存基盤を求めて』京都大学学術出版会, 251-280 頁.

Ishikawa, N. 2010. *Between Frontiers: Nation and Identity in a Southeast Asian Borderland*, Singapore / Copenhagen / Athens: NUS Press / NIAS Press / Ohio University Press.

加藤裕美 2008.「サラワク・シハン人の森林産物利用 ── 狩猟や採集にこだわる生計のたてかた」秋道智彌・市川昌広編『東南アジアの森に何が起こっているか ── 熱帯雨林とモンスーン林からの報告』人文書院, 90-110 頁.

金沢謙太郎 2010.「熱帯雨林の資源利用をめぐるポリティカル・エコロジー ── サラワクの狩猟採集民, プナン人の生活変容から」東京大学博士学位請求論文.

Janowski, M. and J. Langub 2011. "Footprints and Marks in the Forest: The Penan and the Kelabit of Borneo", in G. Barker and M. Janowski (eds), *Why cultivate? Anthropological and Archaeological Approaches to Foraging-Farming Transitions in Southeast Asia*, Cambridge: McDonald Institute for Anthropological Research.

Koizumi, M. 2007. "Ethnobotany of the Penan Benalui of East Kalimantan, Indonesia", Kyoto University (Unpublished Ph. D. dissertation).

鮫島弘光・小泉都 2008.「ボルネオ熱帯林を利用するための知識と技 ── サゴ澱粉とオオミツバチの蜂蜜・蜂の子・蜜蝋採集」秋道智彌・市川昌広編『東南アジアの森に何が起こっているか ── 熱帯雨林とモンスーン林からの報告』人文書院, 127-149 頁.

MacKinnon, K., G. Hatta, H. Halim and A. Mangalik 1997. *The Ecology of Kalimantan: Indonesian Borneo* (Ecology of Indonesia Series, V. 3), Singapore: Periplus.

Needham, R. 1971. "Penan Friendship-names", in T. O. Beidelman (ed.), *The Translation of Culture: Essays to E. E. Evans-Pritchard*, London: Tavistock Publications, pp. 205-206.

日本製紙連合会 2008.『マレーシア国サラワク州におけるパルプ用材植林適地調査報告書』日本製紙連合会.

祖田亮次 2008.「東南アジアの農村−都市間移動再考のための視角 ── サラワク・イバンの事例から」*E-Journal GEO*, 3(1): 1-17.

Soda, R. 2007. *People on the Move: Rural-Urban Interactions in Sarawak*, Kyoto / Melbourne: Kyoto University Press / Trans Pacific Press.

祖田亮次・石川登 2012.「「狩猟採集民」と森林の商品化 ── ボルネオ北部ジェラロン川流域プナンの戦略的資源利用」横山智編『ネイチャー・アンド・ソサイアティ ── 資源』(印刷中).

Tuan, Y. 1974. *Topophilia: A Study of Environmental Perception, Atitudes and Values*, Englewood Cliffs: Prentice-Hall.

山田勇 1997.「プナンの人々」京都大学東南アジア研究センター編『事典　東南アジア —— 風土・生態・環境』弘文堂.
全国木材組合連合会違法伐採総合対策推進協議会 2009.『合法性・持続可能性証明木材供給事例調査事業 —— インドネシア・マレーシアにおける海外規格調査報告書』全国木材組合連合会.

おわりに

地球圏と生命圏をケアする社会に向けて

河野　泰之・神崎　護・柳澤　雅之・甲山　治

　温帯先進国における過去200年間の人間圏の膨張は，地球圏や生命圏を制御し，地球圏や生命圏が課す制約から人間圏を解放することによって成し遂げられた．そのための制度整備や科学技術の発達には目覚ましいものがあった．この過程で，地球圏や生命圏と人間圏が長年にわたってはぐくんできた相互作用系は損なわれていったが，それは新たな技術開発によって乗り越えることのできるものと考えられた．人間圏が地球圏や生命圏に支えられていることを認識しつつも，地球圏や生命圏の動態が人間圏に与える影響を極力排除して人間圏の論理を貫徹することが発展であると考えられてきた．すなわち，自然災害が全く発生しない社会，感染症の流行を完全に予防できる社会を実現することが，理想的な人間圏とされてきた．

　20世紀後半になって，この発展パラダイムの熱帯への適用が本格的に始まった．温帯で発達した地球圏や生命圏と向き合うための制度や技術は，熱帯では必ずしも通用しなかった．熱帯の地球圏や生命圏は，温帯のそれと比較して，圧倒的に大きな潜在力をもつからである．人間社会は，原点に立ち返って相互作用系をはぐくむのでもなく，温帯の経験にしたがって熱帯の地球圏や生命圏を注意深く制御するのでもなく，見通しもなく無秩序に，地球圏や生命圏を短絡的に資源とみなし，主として温帯先進国が必要とするモノを生産することに邁進した．そして第2章でみたように，熱帯特有の地域社

会をも破壊していった．短期的な利用の後には，荒廃した広大な土地と，依存すべき地域社会をもたず自らの生存を自らの手で切り拓いていかなければならない人々が残された．これが熱帯の環境の，そして地球の環境の破壊へとつながった．

しかし一方で，第2編や第3編でみてきたように，熱帯地域社会のさまざまな森や農の現場では，地球圏や生命圏をケアすることにより，古くからの慣行を改良し，新たな技術を導入して，地球圏や生命圏の巨大な潜在力を生かした相互作用系の強化が実践されている．本書は，このような現場での試み，そこに内在化された知恵を，現場を超えて，人間圏の営みへと展開し，健全な相互作用系に立脚した熱帯における発展パラダイムを提示することを目指してきた．

残念ながら，熱帯パラダイムを十分に練られたものとして提示することは，まだできない．しかし，そこにいたる糸口は見つけることができた．それは以下の3点に要約されるだろう．

第一は人間圏の時間スケールを再考することである．

地球圏や生命圏は固有の時間スケールをもつ．地球圏の代表的な時間スケールは1日や1年である．しかし，地球圏の時間スケールはこれだけではない．数十日を周期とする季節内変動，数年を周期とするエルニーニョ・南方振動，数十年を周期とするレジーム・シフト，数百年を周期とする温暖期と寒冷期の繰り返し，数千年を周期とする熱塩循環，数万年を周期とする氷河期と間氷期の繰り返しも地球圏の時間スケールである．生命圏も，地球圏の時間スケールの影響を受けつつも，同時に独自の時間スケールをもつ．生物は，寿命に規定される種固有の時間スケールをもつ．また，生物群集あるいは生態系も固有の時間スケールをもつ．森林が火災で焼失しても，埋土種子が発芽し，火災を生き延びた生物個体が萌芽して，植生は回復する．草本から木本へ，陽樹から陰樹へと遷移し，森林は復活する．森林に復活するまでの時間スケールは一様ではないが，熱帯では早ければ数十年で可能である．生命圏は，当然ながら，温暖期と寒冷期や氷河期と間氷期という地球圏の変動の影響を受けつつも，分布域を伸縮して生物多様性を維持してきた．生物は，より長い，たとえば数万年といった時間スケールにおいては，進化

的な変貌を遂げていく．

　熱帯の特徴は，地球圏や生命圏において特定の時間スケールが卓越するのではなく，異なる時間スケールをもつさまざまな力が拮抗し，かつ連動していることである．時間スケールの多様性が高いともいえる．第1章でみた地域レベルの力，熱帯レベルの力，全球レベルの力はその典型である．また，時間スケールは必ずしもサイクルを構成しない．一周して元の位置に戻るわけではない．一周している間に他の力が作用するために，つねにズレが生まれている．この特徴を第11章では疑似ローテーションと呼んだ．すなわち，熱帯の地球圏や生命圏は複雑系であり，これが熱帯の潜在力を構成している．

　熱帯地域社会の森や農の現場は，このような多様な時間スケールを前提として成り立っている．人間圏の時間スケールも，当然，配慮されるが，それが必ず優先されるわけではない．ここでは，地球圏や生命圏の時間スケールを承認したうえで，それぞれの相互作用系に固有の時間スケールが編み出されている．このような時間スケールは，人間圏の時間スケールを貫徹する立場からは，不規則で計画性のないものと評価され，その要因は資源の不安定性や不確実性にあると指摘される．そして，いかにして資源の時空間の配分を調整し，計画的な生産を実現するかが議論される．しかし，持続型生存基盤論は，地球圏や生命圏の動態，それが必然的に帰結する資源の不安定性や不確実性をふまえた時間スケールを重視する．そこにこそ，地球圏や生命圏との共存に基づく持続性がある．

　時間スケールは，地球圏や生命圏に対するケアの中核をなすイシューである．人間圏において時間スケールは中心的な課題である．過去200年間の人間圏の膨張は，時間スケールの短縮を原理とした人間圏内部の競争を推進力としてきた．しかし，人間社会がいくら努力しても，地球圏や生命圏に固有の時間スケールを制御することは困難である．すなわち，地球圏や生命圏をケアするということは，時間スケールという人間圏の論理の根本をなす概念に再考を迫る．

　森や農の現場で実践されている，地球圏や生命圏に固有の多様な時間スケールを前提とした営みを，森や農の現場を超えて，人間圏にあまねく拡張するという課題は，人間圏にとってはとても重い課題である．私たちは，1

日や1年という絶対的な時間単位の普遍性に疑いをもたず，この絶対的な時間単位で社会の成長や生産の成果を計測することは，すべての人間や社会にとって平等で客観的な基準であると考えてきた．しかし，この考えは，たとえ人間圏内部では通用したとしても，地球圏や生命圏との相互作用系では全く通用しない．持続型生存基盤を構築するためには，それぞれの相互作用系の固有の時間スケールを承認し，それをふまえた相互作用系をつなぐ制度の設計を構想していかなければならない．

　第二は当事者性を拡張することである．

　ケアの原点は当事者性にある．当事者であるからこそもつことのできるスコープと認識，そして思いつくことのできる発想や手にすることのできる技術はケアするために必須である．第7章では，これを生命圏と人間圏をつなぐ「構想力」と呼んだ．熱帯地域社会の森や農の現場で営みを繰り広げる人々は，当然ながら，当事者である．だからこそ，彼ら/彼女らの思考に地球圏や生命圏をケアするという発想を見いだすことができる．

　ところが，温帯で発想された制度や技術を応用した20世紀後半の熱帯の開発において，当事者性は決定的に欠如していた．人間圏の膨張過程では，増加する人口と活性化する人間活動を支えるために，当事者性を置き去りにした制度整備と技術開発に邁進せざるを得なかったのである（第10章）．それが，結果として，当事者性を当事者に限定された視点に矮小化し，地球圏や生命圏に対する十分なケアを欠いた発展径路をたどらせた．これから私たちが考えなければならないのは，必ずしも当事者ではない人々，そういう人々によって整備される制度や開発される技術に，いかにして当事者性を内在化させるか，という課題である．技術を工夫する「開発者」とそれを使う「実践者」の「人格的統合」（第9章）と表現することもできる．

　いくつかの芽は出ている．第4章で述べた森林認証制度は，木材の消費者に木材の生産者や生産地の情報を提供することにより，森林と人間社会の関係に当事者性という意識を醸成することを目指したものである．さらに，本書では言及できなかったが，フェア・トレードや森林環境税なども当事者性を拡張する効果が期待できる．しかし，これらの制度は付加価値の創出や資金調達というような人間圏の論理にしたがった動機づけにより普及が図られ

ている．その必要性を十分に認識したうえで，結果として，当事者性の拡張が忘れられてしまい人間圏の論理が貫徹した制度になってしまう危険性があることを指摘しておきたい．

　第三は人間圏の多様性である．

　熱帯の多様な地球圏や生命圏と向き合う人間圏は多様でなければならない．時間スケールの観点からも，当事者性という観点からも，人間圏は共通の制度や技術で持続されるものではない．これは農や林の現場にかぎったことではない．農や林の現場の制度や技術の多様性を担保し強化する統治機構や市場メカニズムの問題でもある．第6章や第8章で示したように，農や林の現場はさまざまなチャネルで人間圏全体の動きと直結している．

　人間圏の膨張過程では，標準化や均質化が強力な手段となった．これが効率的だったからである．そこで示された人間圏の持続性の限界を認識し，多様性が開く可能性を再確認しなければならない．

　以上の3点をふまえて，私たちは，地球圏や生命圏の時間スケールを前提とし，地球圏や生命圏と向き合う当事者性を出発点として，多様な人間圏を構想する社会を，「地球圏と生命圏をケアする社会」と呼ぶことを提唱する．生存基盤とは地球圏や生命圏と人間圏を相互作用系として結びつけた人類生存のための仕組みである．しかし，過去200年間，地球圏と生命圏の作用を極力排除する生存基盤の構築を目指してきた．その過程こそが，当事者性を矮小化し，人間圏の多様性を失わせてきた．政治や経済における競争を勝ち抜くために時間スケールの短縮化を追求してきたことが，より長い時間スケールでの持続的な成功への渇望を弱めてしまった．あらゆる局面においてマニュアル化をとおした効率化と単純化が求められてきた．

　私たちがここで提起したいのは，このような古い行動指針からの脱却である．生存基盤を支える各圏への配慮，そして正確な現状把握と絶え間のないフィードバックによる生存基盤の再編・再構築を続けることで，復元力（レジリアンス）や柔軟性をもった生存基盤をつくり上げる必要がある．これをケアという言葉で表現したい．

　私たちは，これを熱帯地域社会の現場で着想し，その内容を鍛えてきた．しかし，これは熱帯にかぎったことではない．人間社会が持続型生存基盤を

構築するための共通目標になりうると考えている.

　遠くない将来,ヒトの地球全体への拡散から始まった人間圏の膨張は,地球という枠組みのなかで,維持過程へ,そしてさらに縮小過程へと移行するだろう.地球環境問題は,人間圏の急激な膨張過程で人間社会が自らの膨張にうまく対応できないために起こった.それは人間社会にとって初めて経験する過程だった.自らが何をしているのか十分に理解し,何をすべきなのかを判断するための時間が十分に与えられないまま,突き進むしかなかった.いずれ到来する人間圏の縮小過程も人間社会が初めて経験することである.

　どのように縮小するのか,その過程では膨張するとき以上に難しい判断を迫られるかもしれない.膨張する過程においては,増加する人口を賄う食料を調達しなければならないだとか,経済的に豊かになるだとか,誰もが納得できる共通目標を,人間社会は容易に設定することができた.しかし,縮小過程では,人間圏内部に根本的な不均質性とそれが必然的に生み出すコンフリクトを抱えながら,地球圏や生命圏と向き合わなければならない.

　これは,現在私たちが直面している気候変動や生物多様性の問題に,先進国と途上国という不均質性に起因するコンフリクトとしてすでに鋭くあらわれてきている.このような状況を招く地球規模の解決困難な課題はますます増加していくだろう.その課題に立ち向かうための唯一の方策は,地球圏と生命圏をケアする社会を共通目標として,人間自身が叡智を高めることではないだろうか.

謝辞

　本講座は，京都大学グローバルCOEプログラム「生存基盤持続型の発展を目指す地域研究拠点」(平成19-23年度，代表　杉原薫)の成果です．この間，多くの方からの知的貢献に支えられて，文系諸科学と理系諸科学を交響させ，フィールドワークと理論研究を統合することにより，21世紀を見通したアカデミック・パラダイムの創出を目指してきました．本学東南アジア研究所，大学院アジア・アフリカ地域研究研究科，地域研究統合情報センター，生存圏研究所，人文科学研究所，生存基盤科学研究ユニット，大学院農学研究科および大学院工学研究科の教員，研究員，大学院生の方々のみならず，国内外の研究者の方々からいただいたアイディアや助言が，すべての巻および章に埋め込まれています．お名前を挙げることは差し控えさせていただきますが，厚く御礼申し上げます．また，今後も，持続型生存基盤研究の深化，発展を温かく見守っていただきますよう，心よりお願い申し上げます．

　なお，本講座の出版に際しては，京都大学学術出版会の鈴木哲也氏と斎藤至氏に献身的なご助言やご協力をいただきました．また，本間咲来氏には丹念に編集をコーディネートしていただきました．深く感謝します．

編者一同

[編者紹介]

柳澤　雅之（やなぎさわ　まさゆき）［序章，おわりに］

京都大学地域研究統合情報センター准教授．専攻：東南アジア地域研究．
京都大学大学院農学研究科博士課程修了．農学博士．京都大学東南アジア研究センター助手，同准教授を経て現職．主要論文に，「東南アジア生態史」『東南アジア史研究の展開』（山川出版社，2009年），「ベトナム紅河デルタにおける農業生産システムの変化と合作社の役割」『東アジア農村の兼業化 —— その持続性への展望』（年報村落社会研究，2004年）．

河野　泰之（こうの　やすゆき）［序章，第10章，おわりに］

京都大学東南アジア研究所教授．専攻：東南アジア研究．
東京大学農学部卒，東京大学大学院農学系研究科博士課程修了．農学博士．京都大学東南アジア研究センター助手，アジア工科大学院助教授，京都大学東南アジア研究センター助教授を経て現職．主要著作に，*Ecological Destruction, Health, and Development: Advancing Asian Paradigms*（共編，京都大学学術出版会，2004年），*Small-scale Livelihoods and Natural Resources Management in Marginal Areas of Monsoon Asia*（共編，Bishen Singh Mahendra Pal Singh, 2006），『論集モンスーンアジアの生態史 第1巻 生業の生態史』（責任編集，弘文堂，2008年）．

甲山　治（こうざん　おさむ）［序章，第1章，おわりに］

京都大学東南アジア研究所准教授．専攻：水文学，土木工学．
京都大学工学部卒，京都大学大学院工学研究科博士課程修了．博士（工学）．山梨大学工学部研究員，京都大学防災研究所研究員，京都大学東南アジア研究所特定助教を経て現職．主要著作に，『地球圏・生命圏・人間圏 —— 持続的な生存基盤を求めて』（共著，京都大学学術出版会，2010年）．

神崎　護（かんざき　まもる）［序章，第4章，おわりに］

京都大学大学院農学研究科准教授，京都大学JST科学技術戦略推進費国際共同研究「熱帯多雨林における集約的森林管理と森林資源の高度利用による持続的利用パラダイムの創出」代表者．専攻：森林生態学．

東京農工大学農学部卒，千葉大学大学院理学研究科修士課程，大阪市立大学博士課程修了．理学博士．大阪市立大学理学部助手，講師を経て現職．主要著作に，『森林の再発見』（共著，京都大学出版会，2007年），『地球圏・生命圏・人間圏 —— 持続的な生存基盤を求めて』（共著，京都大学学術出版会，2010年）．

［著者紹介］（執筆順）

J. F. ウォーレン（James Francis Warren）［第2章］

マードック大学アジア研究プログラムおよびアジア研究センター教授．専攻：東南アジア現代史．
主要著作に，*The North Borneo Chartered Company's Administration of the Bajau, 1878-1909* (Ohio University Press, 1971), *The Sulu Zone, 1768-1898: The Dynamics of External Trade, Slavery and Ethnicity in the Transformation of a Southeast Asian Maritime State* (Singapore University Press, 1981), *Rickshaw Coolie: A People's History of Singapore, 1880-1940* (Oxford University Press, 1986), *Pirates, Prostitutes and Pullers Explorations in the Ethno-and Social History of Southeast Asia* (University of Western Australia Press, 2008).

谷　　　誠（たに　まこと）［第3章］

京都大学大学院農学研究科教授．専攻：森林水文学．
京都大学農学部卒，京都大学大学院農学研究科博士課程修了．農学博士．森林総合研究所研究員，気象研究室長を経て現職．主要論文に，「森林斜面での雨水流動」『森林水文学』（文永堂出版，1992年），「水の循環における森林の役割」『森林の再発見』（京都大学学術出版会，2007年），"Predicting the Dependencies of Rainfall-runoff Responses on Human Forest Disturbances with Soil Loss Based on the Runoff Mechanisms in Granitic and Sedimentary-rock Mountains", *Hydrological Processes*, 19 October 2011.

稲田　友弥（いなだ　ともや）［第4章］

京都大学大学院農学研究科博士課程在学中．専攻：森林科学．
北海道大学農学部卒，京都大学大学院農学研究科修士課程修了．

野草　俊哉（のぐさ　としや）［第4章］

京都大学大学院農学研究科修士課程在学中．専攻：森林科学．
京都大学農学部卒．

福島　万紀（ふくしま　まき）［第5章］

京都大学東南アジア研究所研究員（グローバルCOE），島根県中山間地域研究センターやさか郷づくり事務所研究員．専攻：森林生態学．
京都大学農学部卒，京都大学大学院農学研究科博士課程修了．農学博士．主要論文に，"Secondary Forest Succession after the Cessation of Swidden Cultivation in the Montane Forest Area in Northern Thailand", *Forest Ecology and Management*, 225（共著），主要訳書に，『森の恵み —— アジアの食べ物，香辛料，工芸品と樹脂』（共監訳，国際林業センター，2008年）．

佐々木綾子（ささき　あやこ）［第6章］

京都大学大学院アジア・アフリカ地域研究研究科研究員．専攻：農学，地域社会学．
日本大学生物資源科学部卒，京都大学大学院農学研究科修士課程，同博士後期課程修了．農学博士．日本学術振興会特別研究員PD（京都大学大学院アジア・アフリカ地域研究研究科）を経て現職．主要論文に，"Population Dynamics and Land-use Changes in a *Miang* (Chewing-tea) Village, Northern Thailand", *Tropics*, 16（共著），"Changes in the Management System of the Resources in the '*Miang* Tea Gardens' A Case Study of PMO Village, Northern Thailand", *Tropics*, 17，「タイ北部における発酵食用茶『ミアン』の伝播に関する一考察」『ヒマラヤ学誌』10．

田中　耕司（たなか　こうじ）［第7章］

京都大学学術研究支援室・次世代研究者育成センター特任教授．専攻：東南アジア地域研究（熱帯環境利用論）．
京都大学大学院農学研究科博士課程中退．京都大学農学部／東南アジア研究センター助手・助教授・教授，同東南アジア研究所／地域研究統合情報センター教授を経て，2010年京都大学を停年により退職．主要著作に，『稲のアジア史』（共編著，小学館，1987年），『講座 文明と環境第10巻 海と文明』（共編著，朝倉書店，1995年），『講座 人間と環境 第3巻 自然と結ぶ ——「農」にみる多様性』（編著，昭和堂，2000年），『講座「帝国」日本の学知 第7巻 実学としての科学技術』（編著，岩波書店，2006年）．

平井　將公（ひらい　まさあき）[第 8 章]

京都大学アフリカ地域研究資料センター研究員．専攻：アフリカ地域研究，生態学．
京都大学大学院アジア・アフリカ地域研究研究科博士課程修了．博士（地域研究）．主要論文に，「セネガル中西部におけるアルビダ植生の維持機構」『アフリカ自然学』（古今書院，2005 年），「サバンナ帯の人口稠密地域における資源利用の生態史 ── セネガルのセレール社会の事例」『森棲みの生態誌』（京都大学学術出版会，2010 年）．

安藤　和雄（あんどう　かずお）[第 9 章]

京都大学東南アジア研究所実践型地域研究推進室准教授．専攻：熱帯農学，農村開発，地域研究．
静岡大学農学部卒，京都大学大学院農学研究科博士課程修了．博士（農学）．青年海外協力隊員（バングラデシュ稲作），JICA 長期派遣専門家（バングラデシュ農村開発），京都大学東南アジア研究所助教授を経て現職．主要著作に，*Integrated Study on Sustainable Agriculture and Rural Development towards Research and Education in Myanmar and Education in Myanmar and Surrounding Countries*（共編著，Yezin Agricultural University, 2011），主要論文に，「農村研究の視点 ── 在地の絶対肯定」『地域の発展と産業』（放送大学教育振興会，2011 年），"Recent Change in Rice Cultivation Technology in Bangladesh", *Journal of Agroforestry and Environment*, 5 (Special Issue).

佐藤　孝宏（さとう　たかひろ）[第 10 章]

京都大学東南アジア研究所特定助教（グローバル COE）．専攻：熱帯農業生態学．
電気通信大学電気通信学部および宇都宮大学農学部卒，京都大学大学院農学研究科博士課程修了．博士（農学）．京都大学東南アジア研究所研究員，京都大学生存基盤科学研究ユニット研究員などを経て現職．主要論文に，"The Effect of Expansion of Private Wells on Rural Livelihood in Tank Intensive Watersheds: A case Study in Upper Gundar River Basin, Tamil Nadu", *Southeast Asian Studies*, 49（共著），"Effect of Supplemental Irrigation on Leaf Stomatal Conductance of Field-grown Wheat in Northern Syria", *Agr. Water Manage*, 85（共著）．

渡辺　一生（わたなべ　かずお）[第 10 章]

京都大学東南アジア研究所特定研究員（グローバル COE）．専攻：農業土木．
四日市大学環境情報学部卒，信州大学大学院農学研究科修士課程修了，岐阜大学大学院連

合農学研究科博士後期課程修了．農学博士．京都大学東南アジア研究所研究員（機関研究）を経て現職．主要論文に，「タイ国東北部・ドンデーン村の過去70年間における天水田域拡大過程」『農業農村工学会論文集』75(5)（共著），「タイ国東北部・ドンデーン村における天水田の区画改変とその水稲生産への影響」『農業農村工学会論文集』76(1)（共著）．

石川　登（いしかわ　のぼる）［第11章］

京都大学東南アジア研究所准教授．専攻：人類学．
ニューヨーク市立大学大学院博士課程修了．Ph.D.（人類学）．京都大学東南アジア研究センター助手，助教授を経て現職．主要著作に，『境界の社会史 —— 国家が所有を宣言するとき』（京都大学学術出版会，2008年），*Between Frontiers: Nation and Identity in a Southeast Asian Borderland* (NUS Press/NIAS Press/Ohio University Press, 2010), *Transborder Governance of Forests, Rivers and Seas*（共編著，Earthscan, 2010）．*Flows and Movements in Southeast Asia: New Approaches to Transnationalism*（編著，Kyoto University Press, 2011）．

祖田　亮次（そだ　りょうじ）［第11章］

大阪市立大学大学院文学研究科准教授，京都大学東南アジア研究所共同研究員．専攻：地理学．
京都大学大学院文学研究科博士課程修了．博士（文学）．広島大学文学部助手，北海道大学助教授・准教授を経て現職．主要著作に，*People on the Move: Rural-urban Interactions in Sarawak* (Kyoto University Press and Trans Pacific Press, 2007)，『広島原爆デジタルアトラス』（共著，広島大学総合地誌研究資料センター，2001年）．

鮫島　弘光（さめじま　ひろみつ）［第11章］

京都大学東南アジア研究所特定研究員．専攻：生態学．
京都大学理学部卒，京都大学大学院理学研究科博士課程修了．理学博士．

索　引

[A-Z]

Flood Action Plan（FAP）　235
LER（Land Equivalent Ratio）　188, 190, 192

[あ行]

アウス　243, 246-248
アカシア　34, 284, 288-290, 300, 310-311, 313
──植林　306-307
アグロフォレストリー（農林複合農業）　11, 124, 180-182
アブラヤシ　4, 97, 111, 285, 288, 290, 300, 306-307, 310-311, 313
アフリカ　4, 6, 10-11, 25, 40, 71, 77, 98, 171, 197-198, 201, 239
アマン　243, 245-249
安定大陸　71, 78-79, 85, 98
閾値　21, 99-102
一斉開花　299-300, 309
移動　4, 7, 25, 30, 37, 41, 56, 91, 133, 144, 153, 202, 217, 292-294, 297-298, 302, 311-312
　生物の──　7
　人間の──　6, 7
　林内──　155
　村外──　291
　人口──　268
　民族──　295
　労働力──　313
　──性　289
　──距離　299
　──範囲　309
稲作　87, 173, 229, 231-232, 243, 245-246, 248-249, 263-264, 268, 271-272, 276, 290, 292-294, 297-298, 300, 302
　水──　7, 269
　──文化圏　6
　──農村　174
　──地帯　175
　近代──技術　231
　天水田──　271-272
　伝統──技術　232
イバン　286-287, 290-294, 310-311
イラワジ・デルタ　12, 240
インドネシア　10, 25, 28, 30-31, 34, 41, 97, 111-116, 121-123, 126, 177, 182-185, 190, 263, 296, 305, 307, 313
栄養不良　54
エルニーニョ（南方振動）　21, 25, 28-34, 39-44, 46, 48-50, 53, 56-58, 61-64, 318
塩類集積　263
オイルパーム　→アブラヤシ

[か行]

海洋大陸　25, 28, 34
化学肥料　2, 9, 90, 144, 243, 245, 260, 269-270, 274
家畜　7, 155, 175, 181, 187, 198-200, 202-209, 211, 213, 218, 222-223, 225-226, 240
管井戸　231, 249, 264-267
灌漑　20, 24, 31, 88, 132, 175, 232, 243, 245-249, 260, 263-264, 266, 268, 274, 276
　管井戸──　265
　ため池──　87, 264-268
　──補助　274
間作　179, 181
感染症　1-2, 21, 59, 258-259, 317
乾燥サバンナ　171, 198, 201
干ばつ　21, 30-33, 39-44, 46, 48-54, 56-57, 59, 63-64, 87, 199, 204, 229-230, 271-272
記憶　51, 237, 247, 291-296, 308, 312
飢饉　20-21, 39-42, 44, 46, 48-49, 52-57, 63-64

331

気候　6, 29-30, 37, 39-41, 48, 53-54, 58,
　　70-71, 73, 77-79, 81, 86, 91, 98-100,
　　123, 133, 174, 200, 248, 257, 264, 271,
　　309
　——システム　23-24, 34, 36, 261
　——変動　21, 37, 39-43, 73, 78-79, 87,
　　309, 322
技術　2, 10, 12-13, 15, 20, 37-38, 70, 89, 95,
　　108-109, 111-112, 124-126, 132, 136,
　　144, 150, 170-171, 191, 193, 198, 200,
　　210, 213, 218, 226-227, 229-233, 237,
　　239-241, 243, 245, 248-250, 258-260,
　　262-265, 267, 269-272, 276, 279-280,
　　317-318, 320-321
　稲作——　171, 231-232
　近代——　193, 232-233
　在地の——　171, 231-233, 240, 243,
　　249-251
　伝統——　232
気象観測　44, 46
擬似ローテーション　311
極端現象　28, 30
空間　2, 7, 13, 15, 20, 23-24, 26, 37, 41, 63,
　　73, 81, 91, 94, 141, 143, 170, 175-180,
　　182-183, 189, 190-192, 230, 257, 259,
　　268, 277, 283-286, 288-289, 292-295,
　　297-300, 303, 308, 310-313, 319
　——スケール　13, 23, 37, 284
　多生業——　286, 289
ケア　2, 13-16, 108, 254-255, 259, 278-280,
　　318-322
景観　10, 108, 147, 159, 163, 166, 174-177,
　　185, 194, 199
　農村——　7
現金収入　8, 213, 225, 302-303, 307
現存量　160-163
公共圏　10, 14, 269, 277
恒常性維持機能　20, 90, 94, 99-100
洪水　32, 43, 48, 57-58, 82-88, 92-94, 97, 99,
　　170-171, 229-230, 234-235, 238, 240,
　　243, 245-247, 249-251, 271, 302-303
　行動　11, 40, 50, 55, 126, 224, 225, 298, 304,
　　321

女性の——　225
後発酵茶　149-150, 164
国立公園　133-134, 136-137, 304
コメ　6, 10, 48-50, 52-53, 63, 207, 221, 260,
　　268-269, 271, 274, 290, 293
コラート高原　271-272
『孤立国』（チューネン）　175
混栽　181-185, 189-192, 194
混作　131, 179, 182, 183, 187-194

[さ行]
サース（Faidherbia albida）　171, 198-200,
　　202-203, 209-211, 213-220, 222-227
サイクロン　12, 171, 229, 234-238, 241-242,
　　250
　サイクロン・シェルター　235, 237-238,
　　241-243
　シドル　236
　ナルギス　12, 235-237, 240
栽培　5-6, 10, 44, 48, 50-53, 55, 63, 132,
　　137, 144, 148-149, 153, 155-158,
　　175-186, 200-201, 206-207, 221,
　　231-232, 243, 246-249, 254, 265-270,
　　274, 276-277, 290-291, 307
　——化　4-6
　半——　4, 6
作付　50, 52, 131, 191, 194, 243, 245-247,
　　264, 267, 274, 309
　——順序　178
　——体系　178-179, 182, 193-194
　——配置　178
　——様式　178-179, 182, 190-191,
　　193-194
作物　5-7, 10-11, 20, 44, 48-49, 52, 89, 95,
　　108-109, 131, 134, 153, 157, 165, 170,
　　173-175, 177-184, 186-194, 198,
　　200-204, 206, 215, 247, 254, 265,
　　268-270, 277
　換金——　44, 48, 53, 132, 144, 148, 200
　商品——　10, 184, 260, 265-266, 268-270,
　　276-277
　代替——　144
サゴ　286, 289, 297-298, 300

332

里山　8, 21, 89-91, 93-96, 102, 175, 229
サマール島　53-56
サラワク　255, 286, 288-290, 296, 299-302, 304-307, 310, 312-313
時間　1, 7, 13, 16, 37, 41, 48, 75, 85-86, 94, 114, 156, 177-178, 180, 183, 191-193, 215-216, 220-222, 230, 255, 260, 262, 268, 270, 277, 284-286, 289-300, 303-304, 306-308, 310, 312-313, 320, 322
　工業的な――　313
　――尺度　64, 260, 262, 266, 279-280
　――スケール　13, 20, 37, 69, 78, 144, 254-255, 284-285, 308, 318-321
　時空間　2, 20, 23, 37, 170, 178-179, 182, 257, 283, 294, 300, 311, 313, 319
　農業的な――　313
　メカニカルな――　312-313
資源　6, 9, 11, 24, 57, 64, 99, 109, 112-114, 125, 157, 160, 163-166, 171, 178, 182, 187, 190, 192, 198, 210, 255, 266, 277-278, 285, 288-290, 294, 296-301, 303, 308-313, 317, 319
　――管理　11, 147
　――の不安定性や不確実性　265, 319
　　自然――　2, 310
　　樹木――　197
　　植物――　109, 133, 141-143, 203
自然　1, 71, 95, 147-148, 170-171, 174-175, 177, 191-194, 197-198, 230, 249, 262, 279, 290, 303
　――災害　2, 12, 41-42, 54-55, 71, 87-89, 91, 250, 258-259, 292, 294, 309, 317
　――利用　6, 197-198
　　無機的――　69, 79, 86, 95
湿潤変動帯　80, 82, 86
西双版納（シップソーンパンナー）　268-270, 276, 277
地盤安定　86-87
社会　40, 42, 44, 48, 54-55, 70, 89, 101-102, 109, 148, 160, 166, 197-201, 230, 254, 259-260, 268, 286, 298, 312, 317, 320-322

　土地基盤――　313
　バイオマス基盤――　313
　バイオマス――　255, 286, 288-289, 310-313
社会的責任（CSR）　121-122, 125
社会林業　186
ジャムナ　231, 234, 246
ジャワ島　10-11, 31, 185, 263
集水域　288
集団移住　53-54, 57, 63
集約的植栽　115
狩猟採集　4, 285, 288, 294, 296-300, 310
循環　6, 8, 9, 12, 20, 23-29, 34-35, 42, 69, 70-71, 78, 85-87, 89-90, 98, 102, 108, 190, 255, 257, 261, 264, 271-272, 284-285, 291, 303-304, 308, 311-312, 318
　ウォーカー――　24-25, 28
　大気――　20, 24-25, 29
　ハドレー――　24-26, 28
商業　199, 288, 297, 299, 304
　――樹種　113, 115, 117-118, 120, 124-125
　――伐採　113, 148, 288, 299, 301, 304
蒸発散　35, 72-79, 84-86, 91-93, 97-100, 263
照葉樹林　79, 96, 149
植生　2, 4-5, 7, 12, 21, 72-75, 78-81, 93, 95-96, 133-134, 136-138, 142-144, 149, 152, 165, 173, 177, 183, 254-255, 291-292, 294, 296, 304, 318
　人為――　8, 170, 198
植物　3-5, 7-8, 11, 54, 73-74, 109, 123, 132-136, 139, 141-143, 149, 157, 178, 182-183, 190, 192, 194, 211, 257, 261, 278, 284-285, 290, 294, 296-297, 309-310
　――資源　109, 133, 140-143, 203
　有用――　4, 143-144, 179, 295
植民地国家　48, 53
食糧　4-6, 39-42, 44, 48-51, 53-54, 56-57, 63, 97, 119, 147, 245, 250, 263, 298, 300, 322

333

——生産　11, 21, 39-40
人為環境　8
沈香　290, 299-300
人口動態　41, 44
森羅万象　284-285, 308, 310
森林　2, 4-6, 8-12, 21, 34-35, 53, 55, 70, 72-73, 75-83, 85-86, 90-102, 108-109, 111-115, 117-127, 131-136, 139-140, 143-144, 147-149, 152, 155, 159-160, 163-166, 173, 175-177, 182-183, 185-186, 190-191, 194, 199, 224, 226, 254-255, 268, 278, 283, 286-287, 290, 294-301, 304-306, 310-311, 313, 318, 320
　森林・林業再生プラン　101-102
　——産物　2, 254-255, 268, 285-286, 288, 296, 308, 310, 312-313
　——認証制度　122-123, 320
　——保護　108, 132, 148
　——保水力　82
　二次林　2, 11, 94, 96, 109, 115, 133-143, 153, 183, 291
　熱帯下部山地林　162
水源涵養　134-134, 144
スケール　13-14, 16, 20, 24, 28, 35-37, 283-285
　空間——　13, 23, 37, 284
　時間——　13, 20, 37, 69, 78, 144, 254-255, 284-285, 308, 318-321
　分析——　283-284
生業　2, 20, 37, 96, 108-109, 121, 132, 148-149, 152-155, 157, 160, 164-166, 170, 197-199, 201, 203-204, 221, 225, 230, 254-255, 259-260, 263, 269, 275, 287, 289, 303, 307
　——転換　269
　——変容　170, 197-198, 200, 225
生態系　3, 20-21, 73, 79-80, 86, 90-91, 95-96, 100, 112, 121, 133, 144, 147, 254-255, 257, 261, 271, 318
　——サービス　9, 108, 127
　農地——　270
　焼畑——　136, 144

生物多様性　7-8, 10, 108-109, 113, 121-123, 125-127, 144, 147, 258, 284, 288, 318, 322　→多様性
生命圏　1-8, 11-16, 20-21, 36, 65, 69-71, 79-82, 85-91, 94-96, 98-99, 101-102, 108, 124, 127, 132, 147, 153, 166, 170-171, 173-174, 192, 194-195, 197-198, 226-227, 230, 254-255, 257-264, 270-271, 277-280, 283-286, 288-289, 308, 310-311, 313, 317-322
　→熱帯生命圏
世界重要農業資産システム（Globally Important Agricultural Heritage Systems; GIAHS）147
絶滅危惧種　8
遷移　5, 20, 79, 134, 136, 138-141, 143, 255, 292, 294, 318
千年王国運動　55
相互作用　2-3, 6-7, 20, 26, 28, 36, 69-71, 79-82, 86-89, 91, 94-96, 98-99, 101-102, 149, 153, 166, 170-171, 227, 254, 261-262, 310
　——系　1-3, 6-16, 20-21, 254-255, 279, 317-321

［た行］
台風　30-33, 36-37, 42-44, 49, 58, 92
高潮　237, 240-241
択伐　114-118, 123, 126, 299, 304
　——天然林　112, 124-125
　——方式　114-115
竜ノ口山試験地　75, 83
多毛作体系　178, 181, 191-192
　アウス　243, 246-248
　アマン　243, 245-249
　ボロ　243, 246-248
多様性　3, 6, 20, 94, 112, 120, 125, 133-136, 141, 143, 163, 165, 177, 190, 192, 277, 319, 321
　種——　132-136, 141
　生物——　→生物多様性
タルン・クブン　11, 182-183
知

科学知　279-280
経験知　279-280
土地の知恵　158-159
地球環境問題　9, 254-255, 322
地球圏　1-3, 6-8, 11-16, 20-21, 23-24,
　29-30, 36, 65, 69-71, 79-82, 85-89, 91,
　94-96, 98-99, 101-102, 108, 124, 127,
　132, 170-171, 173, 195, 230, 254-255,
　257-264, 266-267, 270-271, 277-280,
　283-286, 288-290, 303-304, 308,
　310-311, 317-322　→ 熱帯地球圏
チャ（Camellia sinensis）　109, 148-153,
　155-156, 158-166
泥炭低湿地（泥炭湿地）　10, 34, 263
デカン高原　193, 264, 271
適応的管理（順応的管理）　125
デルタ　12, 229, 231, 234, 238, 260
　イラワジ・――　12, 240
　ベンガル・――　171, 229-231, 234,
　　239-240, 243, 249-251
テレコネクション　24, 26, 28-30, 37
天然痘　58-59, 61-63
当事者　10, 14-15, 87, 320
　当事者性　123, 320-321
トウダイグサ科　134, 136, 138-139, 142
トウモロコシ　5-6, 48, 52, 63, 180, 188-189,
　290
土地　4, 7, 9, 11, 53, 55-57, 134, 137,
　139-140, 144, 153, 155, 157-160, 175,
　183-184, 186, 194, 198, 201, 230-231,
　234, 243, 251, 263, 270-271, 290-295,
　301, 304, 311-313, 318
　――制度　11
　――利用　6, 12, 34, 43, 134, 136, 147, 155,
　　164-165, 174-177, 180, 183-184, 186,
　　189, 191, 203, 291-294, 306, 313

[な行]
二次林　2, 11, 96, 109, 115, 133-143, 153,
　183
ニッチ分割　134-136
人間圏　1-4, 6-8, 11-16, 20-21, 23-24, 30,
　36, 69, 71, 86-91, 94-96, 99-102, 132,
　149, 153, 166, 170-171, 173-174, 192,
　194, 230, 254-255, 257-260, 262-264,
　266-267, 270-272, 277-280, 283, 286,
　288, 317-322
熱帯　1-2, 10-16, 20-21, 23-26, 28-30, 33,
　36-38, 65, 108, 111, 119, 124, 127, 136,
　170-171, 173, 175-179, 183-184, 186,
　190-195, 254, 258-259, 262-263,
　277-279, 283, 289, 300, 308, 311-313,
　317-322
　――材　112, 122
　――生命圏　170
　――多雨林　108-109, 111-113, 124-126
　――地球圏　20-21, 23-24, 28, 30, 34, 37
　――フロンティア　10, 11
　――林　11, 15, 97, 112, 121, 123-124,
　　126-127, 171, 191, 258, 309
熱帯材　112, 122
　チーク　114
　ラワン　112
　レッド・メランティ　112, 115-117, 120
燃料　95, 198-200, 203, 213-225
農業　9-12, 16, 53, 63, 87, 89, 95-96,
　147-148, 156, 158-159, 170, 173-178,
　181, 191-195, 198, 200-202, 229, 243,
　259-264, 267, 270, 289, 309-310
　伝統的――　147, 178
　――実践　270, 279-280
　――発展　170, 255, 259-260, 262-264,
　　268, 270-271, 277-280
農牧業　199, 201-203
農耕　2-7, 13, 259
　――文化　4, 6

[は行]
バーチャルソイル　98, 101
パイオニア種　134, 136, 138, 142
バイオマス　15, 21, 136, 286, 288-290, 300,
　303, 308, 310-313
　――基盤社会　313
　――社会　255, 286, 288-289, 310-313
ハイブリッド　13, 243, 260, 263
はげ山　80-81, 86, 90-94, 96

335

伐採　4-6, 12, 77-78, 90, 94, 96-102, 109,
　　　111-121, 123, 131, 133-134, 136-137,
　　　149, 153, 183, 185, 224, 254, 290,
　　　301-308
　商業——　113, 288, 299, 304
　低インパクト——　117, 119, 305
　木材——　300-301, 308, 313
ハティア島　234, 236-238, 241, 249
バングラデシュ　12, 229, 231, 234-240, 243,
　　　245, 248, 250
東アジアグリーンベルト　173, 177, 191
非木材森林産物（非木材林産物）　124-125,
　　　155, 254-255, 285, 308
ヒヨドリバナ　135
品種　5-6, 20, 243, 274
　在来種　243, 246-248
　高収量性——　231-232, 243, 246-249,
　　　260, 263, 274
　ハイブリッド　13, 243, 260, 263
フィリピン　21, 29, 31-33, 39-44, 48-53,
　　　55-59, 63, 97, 112
プカランガン　190
複作　181
複雑系　20, 24, 36, 262, 319
　超——　310
ブナン　286-287, 295-300, 310-312
プランテーション　34, 49, 51, 97, 111, 186,
　　　285, 288-291, 300, 306-308, 311-313
　——農業　186, 193
ベンガル・デルタ　171, 229-231, 234,
　　　239-240, 243, 249-251
変動　15, 20-21, 24, 29-31, 37, 42, 48, 53,
　　　56, 58, 70, 78, 85-87, 89, 92, 149, 197,
　　　206, 264, 291, 318
　季節内——　29-30, 37, 318
　日周期——　24
　年周期——　24
萌芽更新　134, 211
牧畜　3-5, 7, 198, 200-201, 204-205,
　　　213-215, 222
ポリティカル・エコロジー　197-198

ボロ　243, 246-248

[ま行]
まぐわ　232, 247-248
マッデン・ジュリアン振動　29
マニラ麻　53-55
マングローブ　12, 148, 234, 237, 286
ミアン　148, 150-165
　——林　151, 153, 155-166
水収支　6, 72, 74, 76, 85
緑の革命　170, 193, 231, 243, 245, 263
未来可能性　170-171, 174
モンスーン　6, 14, 24, 29-30, 37, 99, 229,
　　　234, 264

[や行]
焼畑　5, 96, 109, 121-122, 131-144, 149-150,
　　　153, 181-183, 186, 254-255, 286,
　　　288-294, 296-300, 307-311
　——生態系　136, 145
　——農耕　2, 149, 268, 285
　——陸稲耕作　290
屋敷地　12, 171, 238-240, 243, 249
予測可能性　36

[ら行]
ラニーニャ　29, 31, 42-43, 48, 49
流域貯留量　76
流出モデル　84, 91-92, 94
輪作体系　7
林内チャ園　151
論理　2-3, 7, 13, 23, 195, 200, 226, 254-255,
　　　257-259, 271, 279
　経済の——　200, 225-226
　生存の——　218, 225-226
　生命圏の——　1-2, 4-5, 14-15, 20, 170,
　　　255, 259, 271, 278
　地球圏の——　21, 30
　人間圏の——　1-3, 11-12, 14-15,
　　　258-260, 262, 271, 317, 319-321

(講座 生存基盤論 2)
地球圏・生命圏の潜在力 ―― 熱帯地域社会の生存基盤
©M. Yanagisawa, Y. Kono, O. Kozan, M. Kanzaki 2012

平成 24 (2012) 年 3 月 30 日　初版第一刷発行

|編　者|柳　澤　雅　之|
|河　野　泰　之|
|甲　山　　　治|
|神　崎　　　護|

発行人　檜　山　爲次郎

発行所　**京都大学学術出版会**

京都市左京区吉田近衛町 69 番地
京都大学吉田南構内（〒606-8315）
電　話（075）761-6182
FAX（075）761-6190
URL　http://www.kyoto-up.or.jp
振　替　01000-8-64677

ISBN978-4-87698-203-5
Printed in Japan

印刷・製本　㈱クイックス
定価はカバーに表示してあります

本書のコピー，スキャン，デジタル化等の無断複製は著作権法上での例外を除き禁じられています。本書を代行業者等の第三者に依頼してスキャンやデジタル化することは，たとえ個人や家庭内での利用でも著作権法違反です。